北京市社会科学基金项目重大课题核心成果

中共北京市委党校 北京行政学院学术文库系列丛书

北京高校中国特色社会主义理论研究协同创新中心系列成果

北京市委党校 社会学教研部
北京行政学院
北京市人口研究所
北京人口与社会发展研究中心

首都人口疏解的行与思

尹德挺 等著

中国社会科学出版社

图书在版编目(CIP)数据

首都人口疏解的行与思/尹德挺等著.—北京：中国社会
科学出版社，2017.3
ISBN 978 – 7 – 5203 – 0046 – 9

Ⅰ.①首…　Ⅱ.①尹…　Ⅲ.①人口控制—研究—
北京　Ⅳ.①C924.251

中国版本图书馆 CIP 数据核字(2017)第 054356 号

出 版 人	赵剑英
责任编辑	田　文
特约编辑	陈　琳
责任校对	张爱华
责任印制	王　超

出　　版	中国社会科学出版社
社　　址	北京鼓楼西大街甲 158 号
邮　　编	100720
网　　址	http://www.csspw.cn
发 行 部	010 – 84083685
门 市 部	010 – 84029450
经　　销	新华书店及其他书店

印刷装订	北京君升印刷有限公司
版　　次	2017 年 3 月第 1 版
印　　次	2017 年 3 月第 1 次印刷

开　　本	710×1000　1/16
印　　张	27.75
插　　页	2
字　　数	454 千字
定　　价	99.00 元

前言　在实践中前行，在理论中反思

从全世界来看，许多国家的首都均不同程度地面临着人口过度聚集的难题。例如，日、英两国统计部门数据显示，2014年，日本首都东京都、英国首都伦敦市人口分别为1336万人和853万人，前者以0.6%的国土面积容纳了日本全国10.5%的人口，人口比例较十年前增加了0.7个百分点；后者同样以0.6%的国土面积容纳了英国全国15.7%的人口，人口比例较十年前增加了3.3个百分点，增幅更大。从解决思路上看，这些国家正致力于首都圈的建设来缓解首都的人口压力。

在我国若干超大城市中，首都北京市的人口形势复杂且严峻。2014年，北京市常住人口为2151.6万人，以不足0.2%的国土面积容纳了全国1.6%的人口，人口比例较十年前增加了0.4个百分点。面对这样的客观现实，我们不禁要问：为何超大城市人口会过度聚集？超大城市到底陷入到了怎样的认识误区，进而导致其人口疏解①成效相对有限？首都北京市人口发展的关键特征是什么？北京市应采取怎样的人口疏解思路才能更好地在经济发展、民生关怀及人口疏解之间找到平衡点，有效缓解"大城市病"？这些都是亟待解决的现实难题。

这些现实难题最终凝聚成了本书的主题——"人口疏解的行与思"：在实践中前行，在理论中反思。开宗明义，在一开篇我们就需要明确指出的是，本书的要义并非排斥流动人口。相反，我们坚持社会融合，坚持人口有序管理和服务。我们始终认为，人口流动是时代进步的体现，是城市活力的象征。因此，本书最终的研究目的是在于通过人口的合理流动，实现超大城市及其都市圈内人口、资源、环境、经济、社会的可持续发展。

----

① 由于行文的需要，本书部分章节使用了"人口调控"一词，意思与"人口疏解"相似，特此说明。

基于以上几方面的考虑，本书利用我国历次人口普查、经济普查及历年统计年鉴资料，结合发达国家主要城市的历史数据，在理论与实践相结合的层面上，探讨以首都北京市为代表的超大城市人口疏解困局、原因、认识误区及其应对策略。

长期以来，学界和政府都在从不同学科的视角试图解决大城市人口疏解难题。概括起来，文献资料主要涉及以下两个方面：

第一，关于大城市人口疏解必要性、主观能动性和有效性的分析。一是是否有必要调控大城市人口？学者的主流观点大体可分为两类：一类是"纯市场调节论"，即认为市场体制会使城市人口规模增长形成自动调整机制，无须政府进行强制性行政管理和干预。这类研究者坚持认为，政府即使出台调控措施，也不可能有效控制大城市人口的迁移增长（王桂新，2011），人口调控最后的结果就是城市人口依然在膨胀（陆铭，2015），而最好的办法就是不要为，以免引起诸多不必要的麻烦（段成荣，2011）；另一类则是"多策并举论"，即主张通过经济和社会政策调整，对大城市人口进行必要调控（徐炳煊，1988；黄荣清、段成荣、陆杰华等，2011；冯晓英，2005），同时要注重人口地区结构和职业结构的调整，提高人口素质（胡伟略，1985）。坚持这类观点的学者还认为，人口调控应遵循人口发展受城市化和工业化影响的内在规律（盛亦男、童玉芬，2015），不应简单地以人口规模作为调控目标（张车伟等，2016）。二是如何控制大城市人口无序过快增长。学者研究认为，调控人口的主体应包括中央和地方各级政府（黄荣清等，2011）；调控对象不仅应包括流动人口等自然人，而且还应包括企事业单位的法人等（黄荣清等，2011）；调控思路应涉及三个层次，即在国家层面，需要推进基本公共服务均等化建设，加快分税制等配套制度的改革（陆杰华等，2014）；在区域层面，需要培育城市群，加快产业、交通等链条的一体化，多中心组团发展，以分流人口（张暄，2010）；在大城市层面，需要明确城市功能定位，从城市功能转移、城市规划、产业升级、人口宏观管理体制、人口居住管理、人口信息平台建设、公共服务设施布局、人口管理立法及绩效考核等方面形成人口调控合力（黄荣清，2011；吴群刚，2009；尹德挺，2012；杨舸，2013；侯东民，2007），而且需要明确与城市功能相匹配的区域规划和发展重点，逐步减少经济发展对投资规模、土地出让、房地产开发等路径的依赖度（姚兵，2015）。三是大城市已有人口疏解政策是否有效？研究表明，大城市流动人口管理理念已由"严格管理"向"维护稳定＋服务管理并重"转变，管理体制已由流动人口与出租房屋"分治"走向"融合"，管理重心已由"治安管理"向"综合治理"发展，管理手段也实现了"以业控人"、"以房管人"、"以证管人"等多措并举。然而，有学者认为，多年以来，大城市人口调控并未收到应有成效，总体处于无序状态（段成荣，2011）。

第二，关于国内外大城市人口膨胀原因及人口调控经验教训的分析。一是人口流入的因素分析。已有研究表明，人口流动受到城市功能定位、就业机会、预期工资和迁移成本、获取就业信息的方式、城市文化、城市环境等因素的综合影响（黄荣清，2011；侯亚非等，2012；王桂新，2011；马仲良等，2007）。二是人口调控经验研究。此类学者认为，行政、经济、城市规划、产业升级、社会经济、人口信息管理、法律、教育等措施是调控人口的重要手段（宋迎昌，2013；尹德挺，2012；杨舸，2013；马仲良，2007），而发达国家人口调控的政策体系值得借鉴，如德国建立了"决策性"、"影响性"和"辅助性"三类人口调控政策体系，并在政策执行层面，划分出"政府主导"和"非政府主导"的两类政策实施主体（陆军，2009）。三是人口调控教训研究。这类学者指出，政府管理缺位及政策导向失误是拉美城市化失控、人口长期无序流动的重要原因（张惟英，2006），人口调控要考虑到城市所处的发展阶段（蔡昉，2013），以免造成城市生机的缺失。

已有文献从不同角度论述了大城市人口聚集的特点、原因、措施及成效，对其后的研究起到了很大的推动作用。不过，目前的研究仍然存在三个方面的局限：

一是对超大城市人口增长的内在规律性研究不足。在吸纳人口方面，超大城市与周边地区的经济社会关系、城市功能定位、产业布局、就业机会之间的相互关系如何？各行业就业人口之间的比例关系如何？对这些问题的深入研究，将有助于提高超大城市人口疏解规划和政策体系的科学性。

二是对超大城市人口疏解的特殊性重视不够。超大城市资源优势对人口的吸引力导致人口疏解政策极为敏感，调控后果的不确定性较高，特别是对于首都北京市而言更是如此。因此，超大城市人口调控需要把握好"度"。

三是人口疏解要素的作用关系研究缺乏明确的层次性,导致已有人口疏解措施成效相对有限。目前,对人口疏解要素的作用关系研究以平面陈列为主,而非梯次构建,要素之间的主次关系不明确,从而导致人口疏解已有建议缺乏全局性、整体性和梯次性。

以上这些问题都亟待在理论和实践两个层面进行反思和再认知,这也正是本书的逻辑起点及试图探索的焦点。为了深入探讨以上若干问题,本书共分七篇进行详细论述:第一篇探讨了首都人口疏解的宏观背景、历史演进及其现状特征,并指出北京市正面临着"人口规模困局"、"人口分布困局"和"人口活力困局",其原因可能在于相关部门尚未充分把握集经济、社会、管理于一体的人口系统思维,尚未充分明晰人口影响因素之间的层级关系;第二至第四篇主要从导致首都人口疏解困局的三大因素着手,依次基于经济发展、公共服务以及城市治理这三个方面,分析了北京市人口疏解所面临的主要问题;第五篇基于人口学、经济学等学科方法、分不同假设方案,对北京市的人口预测和人口承载力进行了探讨,以便于对北京市人口疏解后的未来走势进行识别和研判;第六篇针对国内面临的人口疏解困局,从定性和定量两个方面探讨了国内外人口管理和人口疏解的有效经验;第七篇在综合以上若干信息的基础之上,提出了导致超大城市人口疏解困局的三种效应、四个认识误区以及事前、事中和事后的疏解风险,并提出以下政策建议:(1)建立"条件约束型"人口决策机制,以控制城市开发强度;(2)建立居民基本台账系统,以实现人口管理和服务的统一;(3)建立人口结构的市场调节机制,以确保城市的生机活力;(4)打造人口圈层分布的规划格局,以带动人口向外疏解;(5)树立家庭需求整体谋划的调控理念,以提升人口流出的稳定性。

本书是课题组成员集体智慧的结晶。本课题组由党校、高校、社科院及研究中心等多家单位的研究人员组成,是一个跨学校、跨专业、跨年龄段的研究团队。课题组成员包括:中共北京市委党校、北京行政学院社会学教研部(北京市人口研究所)尹德挺教授、侯亚非教授、尹志刚教授、闫萍副教授、胡玉萍副教授、吴军博士、薛伟玲博士、硕士生郝妩阳、王慧;北京大学博士生郭冉、硕士生卢镱逢、张芳;中国人民大学张耀军教授、巫锡炜副教授、硕士生周宇香、颜洛阳、王若丞、李硕、岑俏、陈阳;中国人口发展研究中心史毅实习研究员;中央党校博士生张子谏以及北京市社科院李洋助理研究员、冯晓英研究员等同志。此外,本书还将北京市顺义区常务副区长于庆丰同志的党校研修报告吸收入本书，以增强本书的实践性和实操性。

本书各篇章的执笔情况如下：

第一篇　第一章执笔人：尹德挺

　　　　第二章执笔人：史毅、尹德挺

　　　　第三章执笔人：尹德挺、张子谏

第二篇　第一章执笔人：尹德挺、史毅、郭冉、王慧

　　　　第二章执笔人：张耀军、王若丞、李硕、岑俏

　　　　第三章执笔人：尹德挺、史毅、卢镱逢

第三篇　第一章执笔人：尹德挺、胡玉萍、薛伟玲、郝妡阳

　　　　第二章执笔人：薛伟玲、尹德挺

　　　　第三章执笔人：薛伟玲、尹德挺

第四篇　第一章执笔人：张芳、尹德挺

　　　　第二章执笔人：吴军

　　　　第三章执笔人：吴军

　　　　第四章执笔人：李洋、冯晓英

　　　　第五章执笔人：胡玉萍

第五篇　第一章执笔人：巫锡炜、周宇香、颜洛阳

　　　　第二章执笔人：张耀军、陈阳、李硕

第六篇　第一章执笔人：卢镱逢、尹德挺

　　　　第二章执笔人：尹德挺

　　　　第三章执笔人：于庆丰

第七篇　第一章执笔人：尹德挺

　　　　第二章执笔人：尹德挺

　　　　第三章执笔人：闫萍、尹德挺

　　　　第四章执笔人：尹志刚、尹德挺

全书统稿人：尹德挺、侯亚非

目　　录

第三篇　公共服务因素

第四篇　城市治理因素

第五篇　人口预测与人口承载力

第六篇　它山之石

第七篇　反思与未来

附录 决策咨询系列报告

第一篇　人口疏解背景

第一章　超大城市人口疏解的现实困境

改革开放以来，我国城镇化进程不断加速，人口持续向大城市集聚，并引发了交通拥堵、住房紧张、环境污染等"大城市病"的出现，大城市的宜居性开始受到一些质疑。2013 年的十八届三中全会明确提出"严格控制特大城市人口规模"；2014 年公布的《国务院关于调整城市规模划分标准的通知》进一步明确了"特大城市"和"超大城市"新的划分标准，即城区常住人口 500 万以上、1000 万以下的城市为"特大城市"，而城区常住人口 1000 万以上的城市为"超大城市"（如，北京、上海等）；2015 年颁布的《京津冀协同发展规划纲要》还对超大城市北京市 2020 年的人口总量及中心城区人口比例给出了具体要求。一系列政策文件的出台，再次把超大城市人口调控问题提上了议事日程。

超大城市人口疏解并非新话题，长期以来屡被重提。近些年来，为了推进人口疏解和人口服务管理工作，我国超大城市陆续启动了包括居住证等在内的一系列社会系统工程，人口调控手段也从单一的"以户籍控人"过渡到了"以房管人"、"以业控人"、"以证管人"、"以地管人"的多措并举。这种变化反映出调控政策由刚性调控向重视市场和空间、刚柔并济调控形式的转变。时至今日，从全国范围来看，超大城市人口疏解到底面临怎样的客观形势和现实困境呢？通过数据梳理，我们发现，超大城市人口疏解不同程度地存在三个方面的人口窘境。

一　人口规模困局

人口疏解面临的首要问题就是全国人口进一步向超大城市集中，超大城市"人口流动滞胀"导致人口规模困局。统计年鉴数据显示，6 个超大城市常住人口总量由 2000 年的 8518.1 万增至 2015 年的 11637.4 万（见

表1-1-1），15年间共增3119.3万，年均增加208万，相当于每年增加一个中国大城市的城区人口规模，其中，北京、上海、天津增幅最大，年均分别增加53.8万、53.8万和36.4万。虽然6个超大城市仅占中国国土面积的1.3%，但容纳全国人口的比例却由2000年的6.6%增至2015年的8.5%。当前，中国超大城市面临的人口规模困局在很大程度上源于"人口流动滞胀"。

一是"滞"，即户籍人口流出几乎停滞，流动人口"不流动"。例如，统计年鉴数据显示，从户籍人口迁出率看，上海由1990年的8.4‰降为2014年的4.0‰，广州由1990年的17.0‰骤降至2014年的7.3‰，而北京则长期处于低位，1990年为6.6‰，2014年为6.9‰，且以大中专毕业生分配迁出及复员转业迁出为主。可见，超大城市户籍人口基本表现出"只进不出"的特点；从流动人口居留时间来看，2010年全国第六次人口普查（以下简称"六普"）数据显示，分别有33.5%的在沪流动人口、29.8%的在京流动人口、20.2%的在渝流动人口及18.1%的在津流动人口离开户口登记地五年以上，流动人口滞留超大城市的特征明显。

二是"胀"，即人口流入提速，导致人口规模急速膨胀。超大城市吸纳来自全国的流动人口增多，占比增大。例如，1982年、1990年、2000年、2010年几次人口普查数据显示，北京市常住流动人口占全国流动人口的比例分别为2.1%、2.3%、2.5%及3.3%，而上海则分别为3.1%、5.1%、4.1%及4.9%（段成荣等，2013），流动人口占比保持上升态势。此外，超大城市常住流动人口占本市常住人口的比例也达到了较高的水平。2014年，北京、上海、广州、天津和深圳该比例分别为38.1%、41.1%、35.6%、31.4%和69.2%。

表1-1-1　　1978—2015年中国超大城市常住人口规模变化　　（单位：万人）

	1978年	1987年	1996年	2000年	2005年	2010年	2015年
北京	871.5	1047	1259.4	1363.6	1538	1961.9	2170.5
上海	1104	1265	1451	1608.6	1890.3	2302.7	2415.3
广州	482.9	565.1	830.9	994.8	949.7	1271	1350.1
深圳	—	105.4	482.9	701.2	827.8	1037.2	1137.9
天津	—	831.8	948.2	1001.1	1043	1299.3	1547

续表

	1978 年	1987 年	1996 年	2000 年	2005 年	2010 年	2015 年
重庆	—	—	2875.3	2848.8	2798	2884.6	3016.6
合计	—	—	7847.7	8518.1	9046.8	10756.7	11637.4

注：由于建市时间不同及数据可得性有差异，1978 年深圳、天津、重庆及 1987 年重庆的数据缺失。

数据来源：1978—2010 年北京、上海数据来源于《北京统计年鉴 2015》、《上海统计年鉴 2015》；1987—2010 年深圳数据来源于《深圳统计年鉴 2015》；1996—2010 年重庆数据来源于《重庆统计年鉴 2015》；1987—2005 年天津数据来源于杜西平主编：《辉煌的历程——天津改革开放 30 年》，中国统计出版社，2008 年；2010 年天津数据来源于《天津统计年鉴 2011》；1978—2005 年广州数据来源于黄平湘主编：《科学实践跨越发展：广州改革开放 30 年》，中国统计出版社，2009 年；2010 年广州数据来源于《广东统计年鉴 2011》；所有城市 2015 年数据来源于各城市 "2015 年国民经济与社会发展统计公报"。

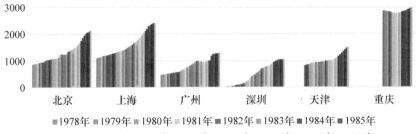

图 1-1-1　1978—2015 年中国超大城市常住人口规模变化（单位：万人）
数据来源：同表 1-1-1。

二　人口分布困局

近些年，超大城市人口空间分布表现出更为不均衡化的变化特点，户籍人口流动向心化、流动人口流动边缘化导致人口分布困局。一方面，超大城市户籍人口加速流向中心城①。例如，人口普查数据显示，从各区县

———————

①　在北京，中心城是指首都功能核心区两区（新东城和新西城）和城市功能拓展区四区（朝阳、海淀、丰台、石景山）的合计。下同。

"市内流入人口"① 占本区县全部流入人口②总量的比例来看，2000—2010
年北京市首都功能核心区的东城、西城③该比例分别由2.8%和2.2%激增
至2010年的25.0%和30.2%，城市功能拓展区的丰台和石景山该比例分
别由2000年的4.5%和2.1%迅速上升至2010年的30.9%和30.8%，增
幅相当明显（见图1-1-2）。也就是说，以西城为例，在100个流入西
城的人口中，2000年约2人是从北京市其他区县流入的户籍人户分离人
口，而2010年该数据猛增至30人；在上海，户籍人口向心化特征也很明
显，卢湾区、闸北区、虹口区、静安区该比例分别达到了37.7%、
36.9%、35.0%和34.4%。

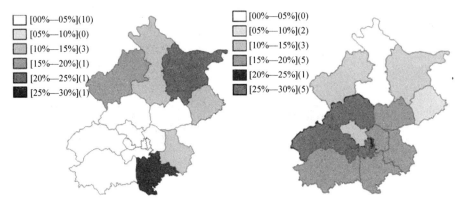

**图1-1-2　2000年（左）和2010年（右）北京市各区县"市内流入人口"
占本区县全部流入人口的比例**

注：本图以本区县全部流入人口为分母，以各区县市内跨区县流入人口作分子，求得各区县
市内流入人口的占比，以此比较北京市本地户籍人口流入各区的情况。色温图中［00%—05%］
(10)是指北京市16个区县中有10个区县，其市内流入人口占本区县全部流入人口总和的比例
在0%—5%之间，其他颜色所显示的比例和区县个数以此类推。

资料来源：《北京市2000年人口普查资料》、《北京市2010年人口普查资料》。

───────────

① 不含本区县内部跨乡镇街道的人户分离户籍人口，仅指从外区县流入本区县的人户分离
户籍人口。

② 包含从本市以外流入的流动人口以及从本市外区县流入的人户分离户籍人口。

③ 由于东城和西城行政区划的调整以及已有普查数据无法分解的数据限制，2000年东城
（东城与崇文）和西城（西城与宣武）该指标实际比例应分别略低于2.8%和2.2%，因为重复
计算了原东城与原崇文之间、原西城与原宣武之间跨区户籍人口的流动。

另一方面，市外流动人口加速向中心城边缘的城乡接合部聚集。以北京市为例，北京市流管办数据平台显示，2012年城乡接合部地区聚集了北京市六成以上的流动人口，即城乡接合部地区的79个街乡镇聚集了490.3万常住流动人口，占同期流动人口总量的65.6%，其中，最高的一个街乡镇吸纳的流动人口数量高达20多万人，大多数街乡镇吸纳的流动人口数量也都在3万—8万人左右。

三　人口活力困局

目前，超大城市人口疏解另一个难点问题表现为人口结构老龄化的加剧，特别是中心城区人口活力问题的凸显，从而导致了超大城市的人口活力困局。

一方面，超大城市户籍人口老龄化加大劳动力供需缺口。例如，2014年北京、上海65岁以上户籍老年人口所占的比例分别达到15.3%和18.8%，不仅明显高于常住人口老龄化水平（见表1-1-2、图1-1-3），而且还高于国际上公认的"深度老龄化社会"标准（14%），天津该比例为13.6%，仅略低于此国际标准。在大多数超大城市中，少子老龄化、家庭核心化导致的养老问题逐渐由隐性转为显性，并对生活类服务业的流动人口产生明显的刚性需求，这将给"后人口调控时代"的劳动力供给及城市活力带来不容忽视的挑战。

表1-1-2　　　　2014年全国与北京市不同出生队列人口
占总人口比例的对比　　　　　　　（单位：%）

	全国平均	北京市常住人口	北京市户籍人口
1949年以前出生（65岁以上）	10.1	9.9	15.3
20世纪50年代出生（55—64岁）	11.4	12.1	15.8
20世纪60年代出生（45—54岁）	15.8	15.4	17.1
20世纪70年代出生（35—44岁）	16.3	16.4	13.8
20世纪80年代出生（25—34岁）	16.1	22.0	17.5
20世纪90年代出生（15—24岁）	13.8	14.3	9.7
2000年以后出生（0—14岁）	16.5	9.9	10.9
合计	100	100	100

注：全国数据来源于《中国统计年鉴2015》；北京市数据来源于《北京统计年鉴2015》。

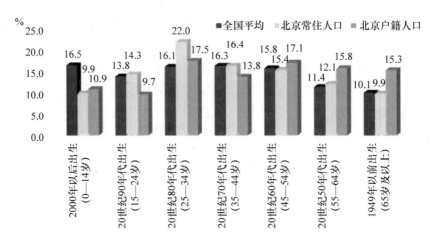

图 1 - 1 - 3 2014 年北京市与全国人口结构的对比柱状图

数据来源：全国数据来源于《中国统计年鉴 2015》；北京市数据来源于《北京统计年鉴 2015》。

    另一方面，非经济活动人口（特别是老年人）中心城聚集程度严重。2010 年人口普查数据显示，北京市有 62.5%[①]的非经济活动人口集中在中心城（城六区）。除此之外，越靠近城市中心，非经济活动人口比例就越高。例如，首都功能核心区该比例为 47.6%[②]，即首都功能核心区内近半数常住人口不就业，该比例明显高于其外围的城市功能拓展区（40.2%）、城市发展新区（37.0%）和生态涵养发展区（38.8%）；从常住老年人口来看，2010 年北京市中心城聚集了全市 61.9% 的 60 岁及以上老年人口和 68.2% 的 80 岁及以上老年人口。图 1 - 1 - 4 显示，从北京市来看，随着年龄的增加，老年人口在空间上进一步向首都功能核心区收缩，在一定程度上降低了超大城市中心城的人口活力。

    以上，本章站在全国超大城市的宏观角度上，探讨了我国超大城市人口疏解面临的三个现实困境。目前，以北京、上海、广州为代表的我国一线城市已经纷纷陷入人口疏解的困局之中。接下来，本书将以首都北京市为例，基于人口及其相关历史数据，以人口疏解困局的成因为切入点，以缓解或消除人口疏解困局为问题导向，以国际经验、认识误区及风险防范

①　以全市所有的非经济活动人口为分母。
②　以该功能区常住人口为分母。

为参考，探寻北京市人口疏解之策。

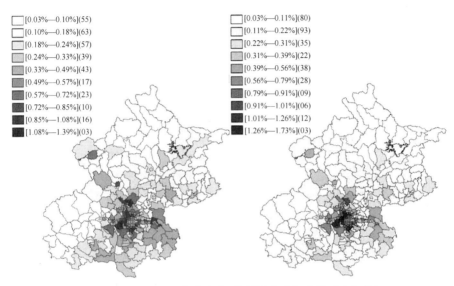

图 1 - 1 - 4　2010 年北京市 60 岁以上老年人口（左）和

80 岁以上老年人口（右）的空间分布

注：1. 颜色越深，代表人口比例越高。

2. 图中 [0.03%—0.10%]（55）的意思是：[0.03%—0.10%] 是指该乡镇街道中的老年人口占全市常住老年人口的比例在 0.03%—0.1% 之间；（55）是指类似的乡镇街道数量在全市有 55 个。其他图标同理。

资料来源：《北京市 2010 年人口普查资料》。

第二章 北京市人口关键特征与
变动态势

　　在以下的章节里，本书在京津冀协同发展的背景下，围绕《国务院进一步推进户籍制度改革的意见》的精神，综合人口普查、经济普查、统计年鉴、文件资料等相关信息，对首都北京市人口疏解的历史演变、现状特征以及未来发展进行了研究，以期为本书后面的篇章奠定客观的人口数据基础。

　　总体来看，综合北京市多年来的历史数据以及国内外城市的对比数据，围绕着人口疏解这一主题，北京市人口发展现状特征主要表现在以下四个方面。

一　人口规模特征

（一）常住人口增速在超大城市中最快

　　1994 年以后常住人口增长进入快车道。具体来说，自新中国成立以来，北京市常住人口规模呈现整体性上升的趋势，并表现出较强的阶段性特点，特别是在 1994 年以后，北京常住人口进入到开放式快速增长阶段。常住人口总量从 1994 年的 1125 万增至 2013 年的 2114.8 万，年均增长 52 万人（见图 1 - 2 - 1），年均增长率为 3.37%，其中，户籍人口总量从 1994 年的 1061.8 万增至 2013 年的 1316.3 万，年均增长 13.4 万人，年均增长率为 1.32%；流动人口总量从 1994 年的 63.2 万增至 2013 年的 802 万，年均增长 38.9 万人，年均增长率为 14.31%。

　　从全国超大城市的比较来看，进入新世纪的 2000 年至 2013 年，北京、深圳、上海、天津 4 个城市的常住人口年均增长率都在 3% 以上，北京市常住人口增速达 3.43%，在全国超大城市中排名第一（见图 1 - 2 - 2）。

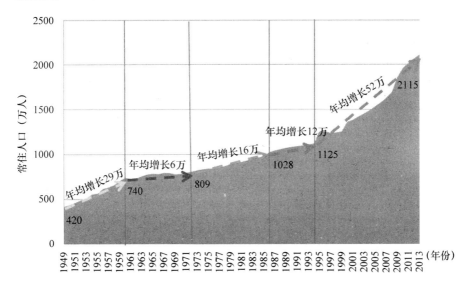

图 1 - 2 - 1　1949—2013 年北京市常住人口规模变动

资料来源:《北京六十年》;2009—2013 年《北京统计年鉴》;《北京市 2013 年国民经济和社会发展统计公报》。

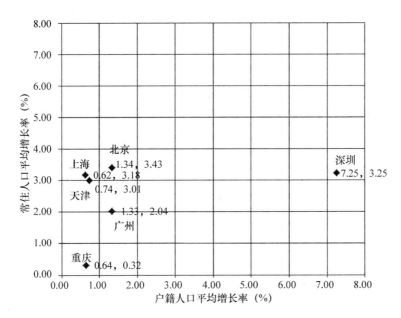

图 1 - 2 - 2　2000—2013 年中国超大城市户籍人口、

常住人口年均增速比较

资料来源:各城市 2000—2013 年的统计年鉴;各城市 2013 年国民经济和社会发展统计公报。

(二) 流动人口规模激增但增速趋缓

北京市流动人口加速膨胀始于 2000 年。具体来说，1995 年北京市常住流动人口①规模突破 100 万，占常住人口的 15%。在短短不到 20 年的时间内，北京市流动人口增加了 8 倍，尤其是 2000 年以后的时间段，北京市流动人口总量加速膨胀，2000 年为 256.1 万，2010 年突破 700 万，2013 年增长到 802.7 万（见图 1-2-3），2000—2013 年 13 年间增加了546.6 万，年均增加约 42 万。从全国超大城市对比来看，2000—2013 年，北京市流动人口增速达 9.19%，年均增速仅次于天津（13.27%），在全国超大城市中排名第二（见图 1-2-2）。

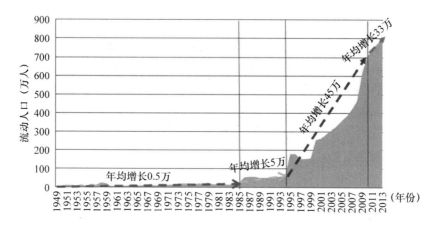

图 1-2-3 1949—2013 年北京市流动人口规模变动

资料来源：《北京六十年》；2009—2013 年《北京统计年鉴》；《北京市 2013 年国民经济和社会发展统计公报》。

近年来流动人口增速趋缓，呈现先升后降的倒 "U" 形发展趋势。具体来说，从流动人口增速来看，2008 年是一个重要的拐点，2008 年流动人口增速达到峰值 16.94%（见图 1-2-4），之后开始下降，2013 年降至 3.73%；从流动人口增量来看，2001 年流动人口年增加量为 6.7 万，2005 年为 27.5 万，2008 年为 78.4 万，2010 年达到近十年来的峰值 90.5

————————

① 常住流动人口是指在北京市居住半年及以上的流动人口。本书无特别说明处，"流动人口"均为"常住流动人口"。

万，之后逐步下降，2012 年降为 31.6 万，2013 年降至 28.9 万，增速放缓；从流动人口增量所占比例来看，2000—2013 年 13 年间，北京市流动人口总增量占常住人口总增量的 72.8%，2008 年、2009 年和 2010 年的年增量占比更是分别高达 82.5%、82.1% 和 88.8%，2011 年之后开始下降，2013 年降至 63.5%。

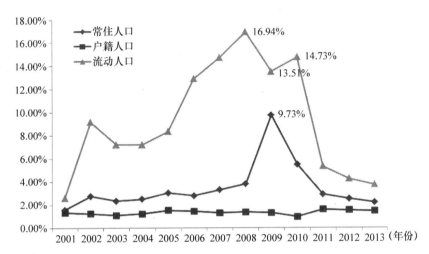

图 1-2-4 2001—2013 年北京市常住人口、户籍人口、

流动人口年均增速变动

资料来源：相应年份的《北京统计年鉴》；《北京市 2013 年国民经济和社会发展统计公报》。

表 1-2-1　　　　　　　中国超大城市流动人口变动比较

	北京市	上海市	广州市	深圳市	天津市
2000 年（万人）	256.1	387	331.29	576.32	87.3
2013 年（万人）	802.7	990.01	837	752.42	440.91
绝对增加量（万人）	546.6	603.01	505.71	176.1	353.61
年均增长率（%）	9.19	7.49	7.39	2.07	13.27

注：由于统计口径问题，本排名不含重庆。

数据来源：2013 年数据来自相应省市统计公报；2000 年数据来自于第五次全国人口普查数据。

（三）户籍人口增速在超大城市中名列第二

2000 年至 2013 年，北京市户籍人口增速达 1.34%，在全国超大城市中排名第二。2000年以后,北京户籍人口总量继续稳步小幅增长。2000年全市户籍人口规模为1107.5万,2013年增至1316.3万,13年间年均增长16.1万,年增幅基本稳定在14万至20万之间。2011年户籍人口增加20.1万人,增长率为1.6%,创近十年来的最大值,而2013年户籍人口增加18.8万人,与2011年相比有一定幅度的下降,这与北京市运用户籍指标限制以调控人口规模等措施有关。然而,尽管北京市较早开始对户籍人口规模进行调控,但结果并不理想,户籍人口年均增速在全部超大城市中仅次于深圳,深圳为7.25%(见图1-2-2)。

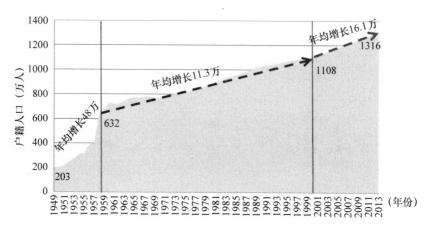

图1-2-5　1949—2013年北京市户籍人口规模变动

资料来源:《北京六十年》;2009—2013年《北京统计年鉴》;《北京市2013年国民经济和社会发展统计公报》。

二　人口结构特征

(一)人口红利期、超少子化、老龄化并存

第一,常住劳动适龄人口规模和所占比例持续增长,接近八成。具体来说,我国六次人口普查数据显示,北京市常住劳动适龄人口占常住人口的比例一直在提升,由1953年的64.3%上升到2010年的78.9%,北京市享受着来自全国的人口红利。

第二,常住少儿人口比例持续降至不足一成。这意味着未来人口劳动力供给能力锐减,尽管这一影响因为大量外来劳动力流入而得到一定程度的缓解,但长期来看不利于经济社会的良性运行和发展。具体来说,1982

年和 1990 年北京市少儿比例基本维持在 20% 左右，但 2000 年降为 13.6%，2010 年再降至 8.6%，即使之后略微回升，2013 年增至 9.5%，但与 2000 年相比，仍下降了 4.1 个百分点。国际上通常认为，0—14 岁人口占总人口的比例在 15% 以下为"超少子化"。目前，"超少子化"是北京市生育水平长期低迷所致的结果，预示着未来人口减少的内在趋势，这对北京市的社会经济发展将产生重要影响。

第三，65 岁以上常住老年人口比例持续上升，接近一成，户籍人口表现出"深度老龄化"特征。具体来说，从常住老年人口比例来看，2000 年以前，北京市就已进入老龄化社会，且老年人口规模大，增长速度快，人口老龄化程度一直高于全国平均水平，且存在继续增加的趋势。在老龄化程度迅速增加的同时，北京市人口死亡率下降到 5‰以下，平均预期寿命从 2000 年的 76.1 岁升至 80.18 岁，10 年间提升了 4 岁，进一步加速了老龄化的发展进程。2000 年北京市 65 岁及以上老年人为 114.29 万人，占总人口的比重为 8.4%，2005—2009 年徘徊在 10%—11% 左右，2010 年降为 8.7%，2013 年 65 岁及以上老年人 194.5 万人，占总人口的比重回升至 9.2%，比 2000 年上升了 0.8 个百分点，比 2012 年上升 0.1 个百分点。值得一提的是，2009 年之后北京人口老龄化程度略微有所缓解，主要得益于户籍迁移人口和流动人口的流入。例如，2010 年"六普"数据显示，60 岁以上流动人口占流动人口总数的比例仅为 3.39%，这说明人口流动主要以年轻人为主体。然而，北京市户籍人口老龄化趋势非常明显。国际上通常认为，当 65 岁及以上人口占总人口的比例超过 14%，则进入"深度老龄化社会"。2013 年，户籍人口 65 岁以上人口比例已经达到 14.9%。可以预测，少子老龄化导致的养老问题在北京市将逐步由隐性转为显性，人口老龄化引发的社会经济问题将进一步凸显。

表 1 - 2 - 2　　　**历次人口普查北京市常住人口年龄结构变动**

	1953 年	1964 年	1982 年	1990 年	2000 年	2010 年
各年龄组人口比重（%）						
0—14 岁	30.1	41.5	22.4	20.2	13.6	8.6
15—59 岁	64.3	51.9	69.1	69.7	73.9	78.9
60 岁及以上	5.6	6.6	8.5	10.1	12.5	12.5
65 岁及以上	3.3	4.1	5.6	6.3	8.4	8.7

续表

	1953 年	1964 年	1982 年	1990 年	2000 年	2010 年
总抚养比（%）	50.2	83.8	38.9	36.1	28.2	20.9
老年抚养比	5.0	7.5	7.8	8.6	10.8	10.5
少儿抚养比	45.2	76.3	31.1	27.5	17.4	10.4
平均预期寿命（岁）	—	—	71.9	72.86	76.1	80.18

注："—"表示为未找到相关数据。总抚养比是 0—14 岁人口与 65 岁及以上人口数之和与
15—64 岁人口数之比；老年抚养比是 65 岁及以上人口数与 15—64 岁人口数之比；少儿抚养比是
0—14 岁人口数与 15—64 岁人口数之比。

资料来源：六次全国人口普查汇总资料。

（二）就业结构优化与分化并存

从常住人口来看，第三产业就业人口比例接近八成。北京市第一、第
二、第三产业的就业人口比例分别由 1978 年的 28.3%、40.1% 以及
31.6% 迅速调整为 2013 年的 4.8%、18.5% 以及 76.7%，就业结构逐步
优化。与此同时，北京市常住人口受教育水平提升速度较快，处于全国领
先水平，2013 年北京市常住人口平均受教育年限达到 11.6 年。

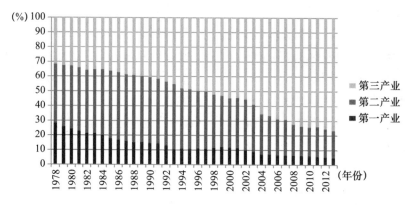

图 1-2-6　1978—2013 年北京市常住人口三次产业的就业比例

资料来源：《北京统计年鉴（2014）》。

从流动人口来看，学历差异日益明显。尽管流动人口平均受教育年限
仍低于常住人口，但其内部存在明显的差异，主要表现为三个特点：一是
初中学历的流动人口在流动人口总体中的主体地位仍未变，2010 年"六

普"为45.9%；二是未上学和小学学历的流动人口比例均低于常住人口的相应比例，体现出人口流动的选择性；三是高学历流动人口聚集度在逐渐提升。2010年"六普"数据显示，24.4%的在京流动人口，其学历在大专及以上，而且在大专以上学历的流动人口中，接近半数为大学本科及以上学历，约有1/10为研究生及以上学历人口，这反映出北京市对高层次流动人口的吸纳能力在进一步提升。

表1-2-3　　2010年北京市6岁以上流动人口与常住人口受教育程度比较

	未上学（%）	小学（%）	初中（%）	高中（%）	大专及以上（%）	平均受教育年限（年）
流动人口	0.8	9.4	45.9	19.5	24.4	10.9
常住人口	1.9	10.4	32.7	22.1	32.8	11.5

资料来源：1. 常住人口数据来自《北京市2010年人口普查资料》（上册）。

　　　　　2. 流动人口数据来自《北京市2010年人口普查资料》（外来人口卷）。

　　流动人口就业结构内部分化明显，呈现"U"形行业分布特征（见图1-2-7）。在北京市流动人口的就业分布中，一方面是高学历人群集

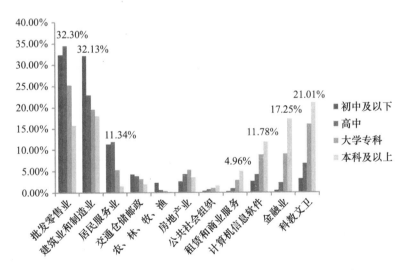

图1-2-7　北京市分行业、分教育程度的流动人口从业比例

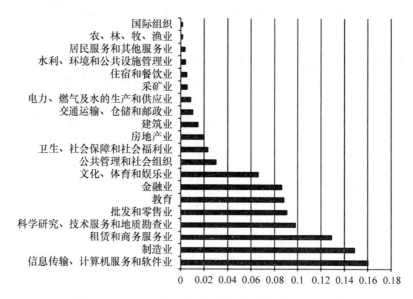

图 1-2-8　研究生及以上学历的流动人口行业分布

注：此百分比是指从事不同行业的研究生及以上学历流动人口占全市研究生及以上学历流动人口总量的比例，其中，0.18 是指 18%，以此类推。

数据来源：《北京市 2010 年人口普查资料》（外来人口卷）。

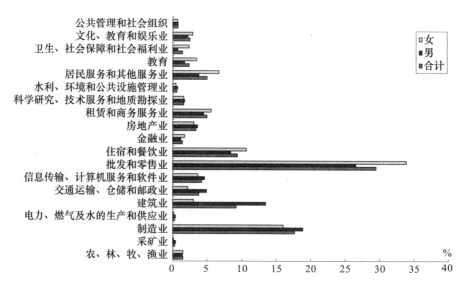

图 1-2-9　2010 年北京常住流动人口分性别的行业分布状况

资料来源：《北京市 2010 年人口普查资料》（外来人口卷）。

中于技术和知识密集型行业，如，第三产业中的金融、科研及公共服务管理等行业，特别是本科及以上学历的流动人口接近半数集中在科教文卫和计算机信息软件行业；一方面是低学历人群集中于劳动密集型行业。例如，初中及以下文化程度的流动人口从事第二产业以及第三产业中的传统服务业比例较高，即建筑业、制造业、批发和零售业和居民服务业等；另一方面是流动人口"U"形就业分布的中段部分从业人员较少，主要是由农、林、牧、渔和公共社会组织等行业构成（如图1－2－7所示）。

（三）新生代流动人口成为就业主力军

新生代已经成为北京市流动人口主体，由"卖苦力"向"拼智力"转变。2000年，北京市1980年以后出生的流动人口占全部流动人口的29.37%，2005年上升到38.7%，2010年"六普"数据则显示，这一比例上升至54.32%。从劳动年龄段来看，2010年北京市16—30岁新生代流动人口人数为331.7万人，占北京市流动人口总量的47.09%，占16—64岁劳动年龄段流动人口的51.75%。因此，新生代流动人口这一群体的特点和需求将会影响到北京市城市治理的方方面面。

从"六普"的数据来看，与31—64岁老一代流动人口相比，16—30岁新生代流动人口表现出以下三大显著特点：第一，大多来源于农村，但基本没有务农经历。第二，生活压力巨大，但打工价值观在转变。他们的"城市梦"也比老一代流动人口更执着、更强烈，他们中的大多数人不愿意在结束若干年的打工生涯后再回乡务农。第三，受教育程度高，职业期望值高，渴望公平发展机会。"六普"数据显示，与老一代流动人口相比，新生代流动人口受教育程度更高，能承担技术含量高的工作。从教育程度来看，新生代高中（含中专）及以上学历的人口比例为57.45%，而老一代仅为36.68%；新生代大专及以上学历的比例达到34.50%，而老一代仅为19.68%；从就业情况来看，新生代职业构成和行业构成正在逐步提升。从职业构成来看，新生代专业技术人员的比例为15.96%，明显高于老一代的10.04%，而从事农、林、牧、渔副业的比例很低，仅占0.65%，老一代此比例为2.43%；从行业构成来看，新生代从事建筑业的比例较低，仅为5.77%，明显低于老一代的12.79%；而新生代从事制造业的比例为19.83%，略高于老一代15.52%的比例；从事住宿餐饮业的比例为11.63%，高于老一代7.00%的比例。由于新生代流动人口在文化程度、人格特征、打工目的、城市认同感、生活方式、工作期望以及与农村家庭的经济联系等方面与老一代流动人口迥然不同，因此，新生代流动人口利益诉求更为多元化，维权意识更强，更加渴望公平的发展机会，期待实现由"城乡两栖"到"城市定居"的转变。

（四）流动儿童规模增加

流动儿童接近 50 万，在京出生的比例超过 1/4，卫生保健和教育需求巨大。据 2010 年"六普"数据，0—14 岁在京常住流动儿童总数在 48.44 万人左右，占全部流动人口的 6.88%，其中，学前儿童（0—5 岁）和学龄儿童（6—14 岁）数量分别为 23.58 万人和 24.86 万人左右。从区县分布来看，朝阳、丰台、海淀、昌平、大兴 0—14 岁常住流动儿童的规模巨大，分别达到 9.26 万人、6.84 万人、6.64 万人、5.56 万人和 4.96 万人。在 18 岁及以下的流动人口中，0—5 岁学前儿童比例很大，达到 30.74%。此外，在 2010 年"六普"长表数据中，0—14 岁流动儿童在北京市出生的比例已经高达 27.22%。这些在北京出生、在北京长大的流动儿童，已经与"老家"失去了联系，很多流动儿童已经基本不具备在"老家"生活所需要的各种文化、习俗和知识，甚至连语言都不通了。这些流动儿童与他们的父辈完全不同，他们是土生土长的"准城市居民"，基本上不可能回到户口所在地的乡村生活。另一方面，由于没有北京市户口，这些流动儿童的很多权利难以得到充分保障，这对他们的健康成长将会产生一定影响。

表 1-2-4　　2010 年北京市 0—18 岁流动人口规模和比例状况

	0—18 岁合计	其中：0—5 岁	其中：0—14 岁
男性人数（人）	426629	129571	269247
女性人数（人）	340566	106289	215194
合计（人）	767195	235860	484441
所占比例（%）	100	30.74	63.14

（五）家庭规模锐减

常住人口户均规模下降。具体来说，自 1982 年全国第三次人口普查以后，北京市常住人口家庭规模下降尤为迅速，从平均每户 3.7 人下降到

2010 年的 2.5 人（见表 1 - 2 - 5）。家庭规模的缩减主要受到家庭结构变化及总和生育率持续低迷的影响。同时，流动人口家庭团聚受阻也是北京市常住人口平均家庭户规模下降的另一重要原因。北京市纯流动人口家庭平均户规模仅为 1.9 人，低于户籍人口和常住人口家庭户均规模，其中，不排除两地分居的影响，这与流动人口享受到的住房等公共服务资源不足有关。

表 1 - 2 - 5　　　　北京市不同类型人口的家庭户均规模对比

		1982 年	1990 年	2000 年	2010 年
纯流动人口家庭	户数（万户）	—	—	—	204.5
	户均规模（人／户）	—	—	—	1.9
常住人口家庭	户数（万户）	233.7	310.2	409.7	668.1
	户均规模（人／户）	3.7	3.2	2.9	2.5

注："—"表明数据缺失。下同。

资料来源：1. 流动人口家庭户数及人口数数据来自《北京市 2010 年人口普查资料》（外来人口卷）。

2. 常住人口户数及人口数数据来自《北京市 2010 年人口普查资料》。

三　人口流动特征

（一）户籍人口流动向心化

无论在规模变化还是增速变动上，北京市户籍人口均表现出流向中心城的态势。首先，由于城市功能定位的差异，大量公共服务资源集中在首都功能核心区和城市功能拓展区，超过 50% 的市内人户分离人口聚集在城市功能拓展区。其次，中心城对户籍人口的吸引力持续存在，城市功能拓展区的户籍人口年均增长率始终高于 2%（见图 1 - 2 - 10），同时，市内人户分离人口增速也远远超过其他三个功能区（见表 1 - 2 - 6）。

从各功能区的市内人户分离人口占全市本地人户分离人口的比例来看，2000—2010 年期间，首都功能核心区和城市功能拓展区人户分离人口占比迅速上升：从中心城来看，该比例由 41.94% 上升到 64.06%；从功能区来看，首都功能核心区此比例由 5.17% 增至 11.45%；城市功能拓展区由 36.77% 上升到 52.61%（见表 1 - 2 - 6）；从区县来看，城市功能拓展区的朝阳区和丰台区，分别由 12.33% 和 11.20% 均上升至 19.42%（见表 1 - 2 - 7），这进一步显示北京市户籍人户分离人口存在一定程度的"向心化"趋势。

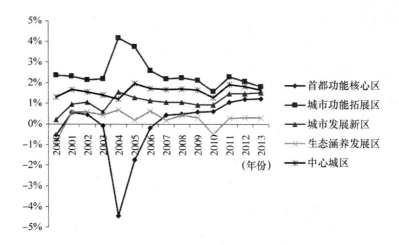

图 1 - 2 - 10　北京市各功能区户籍人口增速变化

资料来源：1958—2008 年各地区户籍人口数来自《北京六十年》；2009—2013 年户籍人口数据来自相应年份的《北京统计年鉴》。

表 1 - 2 - 6　　北京市各功能区人户分离人口占全市人户分离人口的比例①

	2000 年		2010 年	
	人口数（人）	占比（%）	人口数（人）	占比（%）
首都功能核心区	7247	5.17	214171	11.45
城市功能拓展区	51584	36.77	984392	52.61
城市发展新区	63900	45.55	622774	33.28
生态涵养发展区	17568	12.52	49844	2.66
合计	140299	100	1871181	100

注：人户分离的跨区流动指市内跨行政区流动的行为。

数据来源：《北京市 2010 年人口普查资料》（外来人口卷）。

---

①　此书"人户分离人口"均是指人户分离的户籍人口，不包括从北京市市外流入的外省市流动人口。下同。

表 1 - 2 - 7　　　北京市各区县人户分离人口占全市人户分离人口的比例

	2000 年		2010 年	
	人口数（人）	占比（%）	人口数（人）	占比（%）
东城区	3475	2.48	73012	3.90
西城区	3772	2.69	141159	7.54
朝阳区	17294	12.33	363421	19.42
丰台区	15720	11.20	363366	19.42
石景山区	2689	1.92	91731	4.90
海淀区	15881	11.32	165874	8.86
房山区	2670	1.90	39923	2.13
通州区	11503	8.20	107011	5.72
顺义区	3765	2.68	49862	2.66
昌平区	4409	3.14	287048	15.34
大兴区	41553	29.62	138930	7.42
怀柔区	2514	1.79	9756	0.52
平谷区	6276	4.47	5161	0.28
密云县	5379	3.83	10247	0.55
延庆县	2703	1.93	6127	0.33
门头沟区	696	0.50	18553	0.99
合计	140299	100	1871181	100

资料来源：《北京市 2000 年人口普查资料》、《北京市 2010 年人口普查资料》。

　　从各区县市内流入人口占本区县全部流入人口总量的比例来看，2000 年至 2010 年期间，北京首都功能核心区、城市功能拓展区以及城市发展新区市内流入人口占比上升迅速，而生态涵养发展区的市内流入人口占比有所下降。由此可见，北京各区县的市内流入人口存在一定程度的向心化趋势。在各区县中，市内流入人口占本区县全部流入人口比例最高的三个区分别是西城区、丰台区和石景山区，均超过 30%，东城区、昌平区和门头沟的占比也较高，均在 25% 左右。市内流入人口占比较低的三个区分别是平谷区、怀柔区和海淀区。然而，海淀区不同于平谷区和怀柔区。长期以来，平谷区和怀柔区市外流动人口总量的增速较慢，且市内流入人口占比在 2010 年显著下降，而海淀区在市外流入人口总量激增的前提下，市内流入人口占比竟从 2000 年的 2.8% 上升至 2010 年的 11.7%，实际上更加反映出市内流动人口向以海淀区为代表的城市功能拓展区集中的趋势。

(二) 流动人口流动离心化

流动人口开始由城市功能拓展区向城市发展新区外移。北京市市外流动人口规模巨大，是影响人口空间分布的重要因素。根据全国第六次人口普查的数据，北京市市外流入人口主要集中于城市功能拓展区，其中，朝阳、海淀和丰台区的流动人口最多，分别占全市市外流入人口的22%、18%和12%。然而，近年来，城市发展新区也成为市外流入人口的集中地，其中，大兴区市外流入人口占全市市外流入人口的12%。从各区县市外流入人口占流入人口总量的比例来看，中心城市外流动人口占比下降明显，由2000年的90%以上下降到2010年的70%左右的水平，呈现显著的离心化流动趋势。

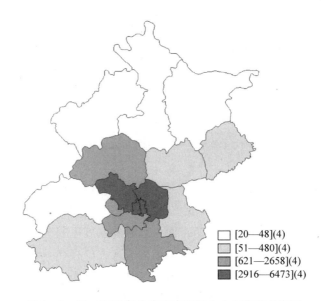

[20—48](4)
[51—480](4)
[621—2658](4)
[2916—6473](4)

图 1 - 2 - 11　2010 年北京市市外流入人口密度分布图

注：本图将北京市区县市外流入人口密度分为四个等级，每个等级包含 4 个区县。色温图 [20—48] (4) 中的 [20—48] 是指某区市外流入人口的人口密度为 20 人/平方公里至 48 人/平方公里，而 (4) 是指 16 个区县中有 4 个区县是在此区间之间，其他颜色所显示的比例和区县个数以此类推。

资料来源：《北京市 2010 年人口普查资料》（外来人口卷）。

四　人口分布特征

(一) 同心圆式分布

中心城吸纳六成常住人口,城中心/外围的人口密度比明显高于发达国家首都。北京市是我国最典型的以同心圆方式发展的大城市,人口分布变动和城市化的发展都呈现同心圆的分布模式,人口高度集聚在中心城。根据第六次人口普查数据,首都功能核心区 (东城区、西城区) 和城市功能拓展区 (朝阳区、丰台区、石景山区、海淀区) 常住人口占全市常住人口的 59.7%;其次是城市发展新区 (房山区、通州区、顺义区、昌平区、大兴区),占 30.8%;生态涵养发展区 (门头沟区、平谷区、怀柔区、密云县、延庆县) 常住人口较少,所占比重仅为 9.5%。从人口密度来看,北京市首都功能核心区人口密度百倍于远郊,按区域由内圈向外圈扩展,人口密度依次减小。从全世界来看,北京市的"城中心/外围人口密度比"远高于其他国家的首都。2010 年,北京市该指标为 16.32,而纽约、伦敦和东京分别仅为 2.95、2.57 和 5.36。

北京市常住人口密度整体上升,首都功能核心区人口密度不降反增。从全市来看,人口密度由 2009 年的 1069 人/平方公里增加到 2013 年的 1289 人/平方公里;从分功能区及分区县来看,人口加速向西北和东南方向聚集 (见图 1-2-12)。2000 年,常住人口密度超过 6000 人/平方公里的区县只有东城区和西城区,海淀区、朝阳区、丰台区和石景山区的常住人口密度在 4000—6000 人/平方公里左右,其他 10 个区县常住人口密度全部低于 700 人/平方公里,其中,以密云县、顺义区、延庆县和门头沟区为代表的 4 个区县的常住人口密度最低,全部低于 200 人/平方公里,构成了现今生态涵养发展区的主体部分。2008 年,北京市常住人口密度整体上升迅速,高于 6000 人/平方公里的区县从首都核心功能区的 2 个增至包括城市功能拓展区在内的共计 6 个区,城市发展新区中的通州区和大兴区人口密度几乎也增加了 1 倍。此外,远郊区县的常住人口密度平均水平也有所上升,低于 700 人/平方公里的区县从 10 个降至 6 个。2013 年,首都功能核心区人口密度持续增长,人口密度增至 23942 人/平方公里;城市功能拓展区人口密度继续上升,达到 8090 人/平方公里;城市发展新区人口密度增长明显,特别是昌平区人口密度由 2009 年的 760 人/平方公里激增到 2013 年的 1406 人/平方公里，将近增加 1 倍；通州区人口密度由 2009 年的 1206 人/平方公里增至 2013 年的 1463 人/平方公里，生态涵养发展区人口密度略有增加。

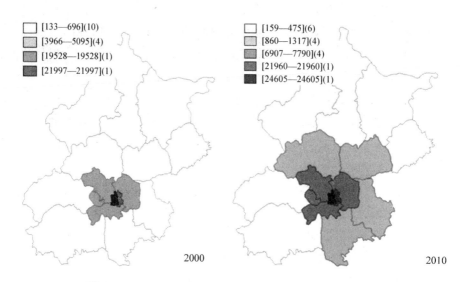

图 1 - 2 - 12　2000 年和 2010 年北京市常住人口密度的比较

注：色温图中［133—696］（10）是指人口密度在 133 人/平方公里至 696 人/平方公里的区县有 10 个，其他以此类推。

（二）中心城非经济活动人口聚集

第一，中心城非经济活动人口聚集程度严重。从功能区来看，首都功能核心区非经济活动人口占区内人口的比例达到 47.58%（见表 1 - 2 - 8），远高于其他功能区。值得特别关注的是，60 岁以上老年人口大多集中于中心城，80 岁以上的高龄老人则进一步向首都功能核心区聚集。这种人口分布特征与全市优质医疗资源"中心化"的分布状况密切相关。

表 1 - 2 - 8　2010 年北京市各功能区 16 岁及以上人口经济活动情况比较

	区内非经济/经济人口比	区内非经济活动人口比例（%）	占全市非经济活动人口比例（%）
首都功能核心区	91	47.58	13.68
城市功能拓展区	67	40.20	48.85

续表

	区内非经济/经济人口比	区内非经济活动人口比例（%）	占全市非经济活动人口比例（%）
城市发展新区	59	36.99	28.19
城市生态涵养发展区	63	38.79	9.28
合计	—	—	100

资料来源：《北京市 2010 年人口普查资料》（下），长表就业数据。

第二，中心城户籍人口流动活力不足。"区内人口流动"是指区内人户分离①的情况，反映出一个地区内部的迁移流动活跃程度②。我们使用"六普"数据对各区县户籍人口人户分离情况进行空间描述，结果发现：首都核心功能区区内户籍人口流动活力不足，东城区和西城区户籍人口人户分离比例最低，在5%左右，其次是延庆县、密云县、昌平区、房山区为代表的区县。同时，城市功能拓展区也存在人口流动活力不足的情况，除朝阳区外的其他3个区，本区户籍人口人户分离的比例在10%到13%之间。首都功能核心区和部分城市功能拓展区本区户籍人口的人户分离比例低，意味着户籍与常住地之间的关系更为紧密，且区域内部资源配置差异小，而部分城市发展新区和生态涵养发展区较低的内部流动活跃度则反映出区域内公共资源匮乏且区域内部资源配置差异小。户籍人口区内人户分离最高的是朝阳、顺义和怀柔区，接近20%，其次是通州区、大兴区和门头沟区，接近15%，显示出其区域内部经济社会发展及公共资源分配存在较大的内部分化。

第三，首都功能核心区内部的经济活动人口占比存在显著差异。中心城内经济活动人口占比低于非中心城，仅为59.23%，意味着在中心城内每100个经济活动人口就对应着约69个非经济活动人口③。此外，中心城内部不同区之间的经济活动人口占比也存在很大差异，东城区经济活动人口占比最低，仅为46.34%，意味着每100个经济活动人口需要对应116个非经济活动人口，在考虑到16岁以下少儿抚养人口的前提下，东城区

① 区内人户分离指居住在本地，户口在外乡镇、街道，但同时拥有本区户籍的人口流动情况。

② 区内迁移流动活跃程度 = 区县内人户分离人口数/区县户籍人口数。

③ 59.23%：40.77% = 100：68.8

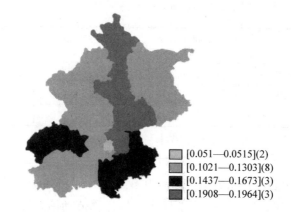

图 1 - 2 - 13 2010 年北京各区县"区内人户分离人口占全区

户籍人口数之比"的空间分布（单位:%）

注：色温图中 [0.051—0.0515]（2）是指 16 个区县中有 2 个区县，其区内人户分离人口占
全区户籍人口数的比例在 5.1% 到 5.15% 之间。其他颜色所显示的比例和区县个数以此类推。

数据来源：《北京市 2010 年人口普查资料》（上）。

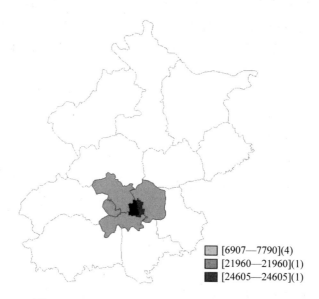

图 1 - 2 - 14 2010 年北京市中心城居住人口空间

分布特征（单位：人/平方公里）

注：色温图中 [6907—7790]（4）是指中心城 6 个区中有 4 个区，其居住人口密度在
6907—7790 人/平方公里之间，其他颜色所显示的比例和区的个数以此类推。

资料来源：《北京市 2010 年人口普查资料》（上）。

聚集了相对更多的非经济活动人口。东城区非经济/经济人口比高达 116，远高于西城区，在全市 16 个区县中最高。

表 1 - 2 - 9　　　2010 年北京市中心城和非中心城 16 岁及以上
人口经济活动情况比较

	区内非经济/ 经济人口	区内非经济活动 人口比例（%）	占全市非经济活动 人口比（%）
中心城区	69	40.77	62.53
东城	116	53.66	6.54
西城	81	44.7	7.14
朝阳	62	38.41	17.66
丰台	66	39.59	10.62
石景山	72	42.01	3.41
海淀	70	41.1	17.16
非中心城区	60	37.42	37.47
合计	—	—	100

资料来源：《北京市 2010 年人口普查资料》（下），长表就业数据。

（三）中心城法人单位总数及从业人员数皆增

产业调控的成效主要体现在中心城第二产业企业单位数的明显下降。首先，在 2004—2008 年，中心城第二产业企业单位数下降 8%。部分第二产业活动单位转移至远郊区县，非中心城区第二产业活动单位数增加了 26%。此外，非中心城区产业结构调整也在加速进行，北京市非中心城区第三产业企业单位数量增长速度远超中心城，前者增速大约是后者的 2 倍。

其次，在 2008—2013 年，中心城第二产业法人单位进一步下降 3%。受到北京市产业调控政策等因素的影响，第二产业单位数量继续向郊区和京外转移，导致非中心城第二产业单位增加了 43%。此外，尽管中心城和非中心城的第三产业单位都有增加，但中心城第三产业单位的增速仅为非中心城的 1/2，这在一定程度上表明了中心城产业结构和空间分布调控的有效性。

然而，遗憾的是，三次经济普查连续数据显示，中心城法人单位总数在增加，中心城非企业法人单位数量在增加，中心城从业人员也在增加，特别是非企业法人单位的单位数增速与从业人员增速表现出更强的正相关，这是中心城人口疏解时应该关注的一个问题。

首先是中心城法人单位总数在增加。从 2004 年到 2013 年，中心城法人单位总数由 16.77 万个激增至 43.25 万个，后者约是前者的 2.6 倍。

其次是中心城非企业法人单位数量在增加，其中，机关单位、事业单位、社会团体以及民办非企业等单位数量都出现了增长。例如，民办非企业由 2004 年的 0.09 万个增加至 2013 年的 0.22 万个；中心城和非中心城机关法人单位数量也都有大量增加，不过，中心城增速竟高于非中心城，即中心城机关法人单位数量增加了 68%，非中心城区增加了 59%；中心城以行业协会为典型的社会团体数量增加，从 2008 年的 2.27 万个增至 2013 年的 4.03 万个，增加了 149%，而非中心城区的社会团体数量仅从 0.23 万个增至 0.87 万个，远小于中心城的单位数量。

最后是中心城从业人员数量在增加。2004 年，北京市中心城从业人员总数为 511.08 万人，而 2013 年增至 798.25 万人，以第三产业单位数量的增加为最。例如，机关事业单位从业人员的增加。2004 年至 2008 年这一阶段，政府机关事业单位的机构合并与精减虽然在控制单位数量上取得了一定成效，但在控制从业人员数量上作用不明显，事业单位数量在减少 15% 的情况下，其从业人员规模却增加了 12%，即从 62 万人增至 70 万人；机关法人单位数量在减少 3% 的情况下，其从业人员规模增加了 21%，即从 14 万人增至 17 万人；在 2008 年至 2013 年这一阶段，尽管国家对机关事业单位人员编制的要求更为严格，但在控制从业人员规模上的作用依然有限。在机关法人单位数量增加 68% 的情况下，其从业人员规模增加了 30%，即从 17 万人增至 22 万人；事业单位数量在增加 39% 的情况下，其从业人员规模增加了 17%，即从 70 万人增至 82 万人。

表 1 - 2 - 10   三次经济普查北京市中心城与非中心城各类单位数量变动

（单位：万个）

	2004 年		2008 年		2013 年	
	中心城	非中心城	中心城	非中心城	中心城	非中心城
法人单位	16.77	5.33	21.03	7.38	43.25	19.80

续表

	2004 年		2008 年		2013 年	
	中心城	非中心城	中心城	非中心城	中心城	非中心城
第二产业	1.75	2.00	1.61	2.53	1.56	3.62
第三产业	15.01	3.32	19.42	4.86	41.69	16.18
机关单位	0.07	0.06	0.07	0.07	0.11	0.11
事业单位	0.61	0.26	0.52	0.24	0.72	0.47
社会团体	0.20	0.03	0.17	0.03	0.43	0.15
民办非企业	0.09	0.04	0.12	0.08	0.22	0.15

资料来源：2004 年、2008 年、2013 年《北京市全国经济普查资料》。

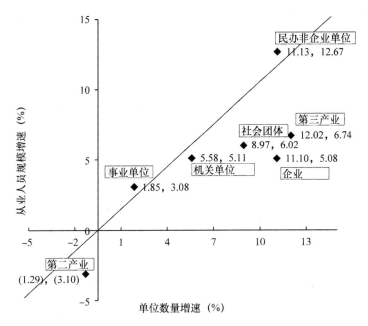

图 1 - 2 - 15　2004—2013 年北京市中心城各类单位数量
及从业人员规模增速比较

利用北京市全国第三次经济普查数据，通过对中心城各类单位的数量
及其从业人员规模的增速比较，可以发现：第二产业单位数量和从业人员
数量均为负数（位于图 1 - 2 - 15 的第三象限），在减少；事业单位和民
办非企业单位的单位数量增速低于从业人员规模增速（位于图 1 - 2 - 15

直线上方），而其他类型单位数量增速则高于从业人员规模增速（位于图 1 - 2 - 15 直线下方）。换言之，北京市中心城不同类型单位的单位数增速与相应就业人口的增长速度并不一致，"以业控人" 需要注意对不同类型的单位加以区分，其中，机关单位等非企业法人单位的单位数增速与从业人员增速表现出更强的正相关，这类单位的从业人员存量基本都集中于中心城，高达 73.4%。

表 1 - 2 - 11　　三次经济普查北京市中心城与非中心城各类单位
从业人员数量变动比较　　　　　（单位：万人）

	2004 年		2008 年		2013 年	
	中心城	非中心城	中心城	非中心城	中心城	非中心城
法人单位	511.08	193.11	505.88	176.79	798.25	313.09
第二产业	115.75	114.47	91.32	109.92	87.16	129.47
第三产业	395.32	78.64	414.56	66.87	711.09	183.62
机关单位	14.15	6.52	17.06	9.05	22.16	13.21
事业单位	62.11	18.06	69.79	19.96	81.58	23.90
社会团体	2.42	0.18	2.27	0.23	4.09	0.87
民办非企业	2.60	1.50	3.76	2.86	7.62	3.86

资料来源：2004 年、2008 年、2013 年《北京市全国经济普查资料》。

表 1 - 2 - 12　　三次经济普查北京市中心城与非中心城各类单位
从业人员数量变动比较　　　　　（单位：%）

		2004—2008 年		2008—2013 年		2004—2013 年	
		中心城	非中心城	中心城	非中心城	中心城	非中心城
从业人员数量变动	法人单位	-1	-8	58	77	56	62
	第二产业	-21	-4	-5	18	-25	13
	第三产业	5	-15	72	175	80	133
	机关单位	21	39	30	46	57	103
从业人员数量变动	事业单位	12	11	17	20	31	32
	社会团体	-6	31	80	271	69	386
	民办非企业	44	91	103	35	193	157

续表

		2004—2008 年		2008—2013 年		2004—2013 年	
		中心城	非中心城	中心城	非中心城	中心城	非中心城
各类单位数量变动	法人单位	25	39	106	168	158	272
	第二产业	-8	26	-3	43	-11	81
	第三产业	29	46	115	233	178	387
	机关单位	-3	8	68	59	63	72
	事业单位	-15	-7	39	92	18	79
	社会团体	-13	-5	149	460	117	434
	民办非企业	40	105	84	97	159	304

资料来源：2004 年、2008 年、2013 年《北京市全国经济普查资料》。

（四）职住分离特征明显

"职住分离"几乎是所有大城市的主要特征之一，北京市亦不例外。本研究使用 Bivariate Moran'I 指数测量常住人口与经济活动人口分布之间的关系，即使用经济活动人口密度作为常住人口密度的空间滞后变量进行相关分析，用所有相邻位置的平均值评估经济活动人口与常住人口的空间相关关系。结果显示，经济活动人口与常住人口存在显著的空间相关关系，Moran'I 系数为 0.39。这表明：在存在相关关系的同时，两者在空间上却又并不完全重合，即存在空间分离性，这为北京市经济活动人口存在较为明显的"职住分离"现象提供了数据支持。

为了更为直观地了解经济活动人口的空间分布与常住人口的空间分布之间的关系，我们以每平方公里经济活动人口数为自变量，每平方公里常住人口数为因变量进行单变量 OLS（Ordinary Least Square）回归。回归结果显示：$F = 259.451$，$p < 0.001$，调整后的 R^2 为 0.945。这表明：在不考虑其他影响因素的情况下，各个区县常住人口密度 94.5% 的变化可以用经济活动人口密度来解释。经济活动人口密度的回归系数为 1.566，这表明，在其他情况不变的前提下，每平方公里经济活动人口增加 1 人，该区域每平方公里常住人口将增加约 1.57 人。[①]

---

① 由于数据获取的限制，本模型未放入其他影响常住人口密度的变量，也未能与第三次经济普查的情况进行对比验证，因此，模型结果仅供参考。

表 1 - 2 - 13   常住人口密度单变量 OLS 回归结果

变量名	回归系数	标准误	T 值	显著性
经济活动人口密度	1.566	0.097	16.076	0.000
常数项	1328.746	484.111	2.745	0.016
F 值	258.451			
调整后的 R^2	0.945			

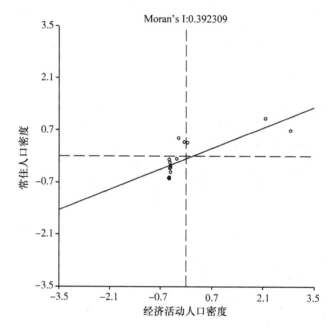

图 1 - 2 - 16　2010 年北京市经济活动人口与常住人口空间相关关系①

　　此外，从空间分布来看，北京市居住郊区化、郊区规模化特征明显。从 2002—2012 年的住宅分布变化来看，北京市人口居住状况向西北部、西南部聚集，而且呈现出成片聚集、不断扩大的发展态势。

_____

　　①　使用 Geoda 进行散点图的绘制，其中，横轴为经济活动人口密度，纵轴为常住人口密度。

2002年年末　　　2007年年末　　　　2012年年末

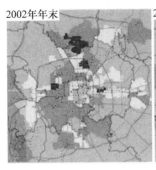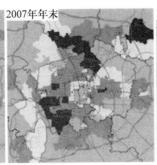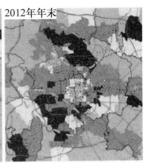

图 1 - 2 - 17　2002—2012 年北京市住宅分布变化图

资料来源：陈刚（市），北京市人口、空间、功能及规划实施综合分析报告（内部资料）。

（五）六成流动人口聚居城乡接合部

2012 年市流管平台数据显示，北京市 79 个城乡接合部地区的乡镇、街道聚集了 490.3 万常住流动人口，占全市同期流动人口总量的 65.6%，可见，城乡接合部地区仍然是流动人口聚居的重点区域，也是强化流动人口有序管理的重点地区。朝阳区 2 个和昌平区 3 个乡镇、街道（朝阳区的十八里店、崔各庄；昌平区的北七家、回龙观、东小口）"人口倒挂"明显，5 个街乡流动人口总量达到了 80 万人，其流动人口占城乡接合部地区流动人口总量的 1/6。从区位上来看，这 5 个街乡分别位于北京市的北部和东南部地区，而其他城乡接合部区域流动人口数量分布较为平均，不同街乡流动人口数量以 3 万—8 万人为主，除朝阳区和昌平区外，海淀区和大兴区也是流动人口"倒挂"现象较为严重的区县。

城乡接合部地区流动人口向城市发展新区外扩趋势明显，但仍以城市功能拓展区为主。从城乡接合部地区流动人口的具体街乡分布来看，城市功能拓展区等区域由于受到产业功能齐全、吸纳流动人口时间较长等因素的影响，很多街道和乡镇已经形成了"成熟"的有利于流动人口聚居的产业条件和居住业态。例如，朝阳区、海淀区和丰台区流动人口密集的乡镇、街道占到全市城乡接合部地区流动人口密集街乡总数的 66%。

流动人口"九小"等非正规就业在城市功能拓展区的分布较为集中，以朝阳、海淀、丰台为最。本研究特别选用了北京市流动人口管理部门提供的相关数据进行归类分析，筛选出 9 类流动人口集中就业的小规模经营行业（俗称"九小"行业），并取比重居前三位的区县，从中发现：在流

图 1 - 2 - 18　北京各区县城乡接合部地区流动人口规模在 3 万人以上的乡镇街道占比①

动人口管理部门分类的"九小"行业中,朝阳区、海淀区和丰台区等城市功能拓展区从事小规模生产经营活动的人数最多,而昌平区等城市发展新区"九小"行业的从业人员比重远低于城市功能拓展区。

表 1 - 2 - 14　流动人口集中的小规模经营行业中比较排在前三位的区县

	第一位	第二位	第三位	前三所占比例合计
交通运输工作	朝阳	海淀	大兴	54.5%
经销蔬菜干鲜水果	通州	海淀	朝阳	62.1%
废品收购	通州	海淀	朝阳	55.9%
经营小百货店	朝阳	丰台	海淀	60.8%
产品批发、零售	朝阳	丰台	海淀	72.5%
小旅馆服务	朝阳	海淀	—	51.6%
经营小饮食店	海淀	朝阳	顺义	47.4%
其他住宿、餐饮	海淀	朝阳	—	68.1%
理发及美容保健服务	朝阳	海淀	丰台	55.3%

资料来源:市流管办提供的北京市流动人口数据资料。截至 2012 年 1 月。

---

① 根据市流管办提供的北京市流动人口数据资料(截至 2012 年 1 月)汇总计算。

第三章 人口疏解的历史与现实

首都人口疏解的复杂性在于既要"控规模",又要"优分布",还要"调结构"。长期以来,为了应对人口疏解的复杂局面,推进人口疏解工作,北京市相关部门可谓齐抓共管、多措并举。就当前而言,这些政策措施归纳起来大体可分为7类:推进产业结构调整升级,加大"以业控人"的力度;加强出租房屋依法管理,加大"以房管人"力度;开展土地整治专项行动,加大"以地控人"力度;完善人口调控工作机制,分解落实人口调控方案;强化城市重点区域的综合治理,促进人口合理分布;完善不同人群的社会综合治理,推进人口服务管理;建立人口动态监测制度,强化数据基础。

然而,我们不禁要问:自新中国成立以来,首都人口管理机构、人口管理主体以及人口管理手段分别经历了怎样的历史演变过程?在此过程之中,首都各个历史阶段的人口疏解效果又如何?为何会是这样的结果?为了回答这三个问题,本章对新中国成立以后至今的历史资料和统计数据进行了梳理,在人口规划目标与现实人口的对比中,我们可以感受到首都人口疏解的曲折性和艰巨性。

一 人口疏解的历史演变

厘清人口调控机构、调控主体、调控手段、调控效果之间的作用关系,对于整体把握北京市的人口疏解工作具有重要意义(见图1-3-1)。因此,本部分将从人口调控机构设置、人口调控政策举措、人口调控参与主体等方面,系统梳理新中国成立以后至今的北京市人口疏解工作情况。

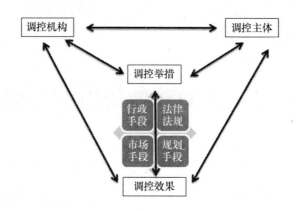

图 1 - 3 - 1　北京市人口调控格局示意图

（一）调控机构从"1"到"3 + 1"

人口调控主要是指调节人口再生产，实现人口结构优化，促进人口合理分布，而人口调控机构的设置则是有效控制城市人口规模、优化人口结构和分布的重要组成部分。新中国成立以后至今，北京市人口调控机构的设置在各个历史时期虽有不同，但核心内容都是围绕"户籍人口"和"流动人口"两类人群的调控和管理而展开。总的说来，北京市人口调控机构实现了由"1"到"3 + 1"的转变，即由"公安"独管到"公安、发改、卫计 + 流管"协同管理的转变。

1. 户籍人口管理：从"1"到"3"

从历史进程来看，北京市户籍人口管理机构的演变经历了从"1"到"3"的转变过程，即由市公安局"一家独管"渐变为市公安局、市发改委、市卫计委"三足鼎立"的格局。从发展阶段来看，北京市户籍人口调控机构的演变可以大体分成三个阶段：

第一个阶段是新中国成立后到 20 世纪 60 年代初，这一时期主要是由市公安局负责人口的管理工作，主要特点是"管控"。具体来说，1949 年新中国成立之后，北京市政府决定废除国民党警卫局、民政局关于市民申报户口的规定，由市公安局统一管理户籍。① 北京市公安局作为户籍人口管理机构，主要承担户籍管理工作。同年，北京市政府还

---

① 参见《北京志·政府志》，第 694 页，http：//www. bjdfz. gov. cn/search/markChapterFrameSet. jsp？PDF_ Data = % D5% FE% B8% AE% D6% BE&Page _ No = 002&Identifier = bjzzhengfuzhi&Period_ Diff = &Mark_ Name = % D5% FE% B8% AE% D6% BE。

颁布了《北京市市民申报户口暂行规则》，加强户籍人口登记管理工作。1952 年，北京市公安局制定并下发《户口管理实施细则》，规定："所有居住本市的市民，不论籍属、民族、职业，均一律调查登记管理。"[①] 1953 年，北京市公安局制定了《北京市公共户口管理暂行办法》，对公共户口立户原则及户主登记办法作出了规定。此后，市公安局又下发了《关于更改机关、团体、学校、企业等单位户口登记制度的通知》，加强了机关、企事业单位户籍人口登记管理工作。1958 年，《中华人民共和国户口登记条例》公布，随之而来的是一系列配套制度的实施，"这些制度的实行使农村人口完全失去了在城市立足的可能性，农村人口向城市的自然迁徙过程停止了"[②]。自此，中国城乡二元社会体制正式确定，而且在较长时期内，公安局一直扮演的是主要人口管理机构的历史角色。

第二个阶段是 20 世纪 60 年代初至 2014 年前后，这一时期主要是由市公安局和市计生委负责人口的管理工作，后者的主要职责是人口规划和生育调节。自马寅初等人提出控制人口增长的理论之后，针对人口基数大、经济社会发展落后的现实国情，我国政府开始提倡实行计划生育。1962 年 12 月，中共中央、国务院发出《关于认真提倡计划生育的指示》，要求加强对节制生育和计划生育工作的领导。1963 年，北京市成立北京市计划生育委员会。计划生育委员会成立之后，打破了由公安局管理人口的单一管理格局，即公安局依旧承担户籍和人口流动的管理工作，计划生育委员会开始承担人口控制工作。可以说，在北京市人口调控工作中，市公安局扮演的主要角色是"管控"，即控制人口流动；市计划生育委员会主要职责则是"规划与调节"，也就是规划人口发展，调节人口再生产，从而形成了户籍人口调控"1＋1"[③] 的模式。

第三个阶段是 2014 年之后至今，这一时期演变成由市公安局、市卫计委和市发改委共同负责户籍人口的管理工作。2014 年，北京市卫计委

---

① 参见《北京志·政府志》，第 694 页，http://www.bjdfz.gov.cn/search/markChapterFrameSet.jsp? PDF_ Data ＝％ D5％ FE％ B8％ AE％ D6％ BE&Page_ No ＝002&Identifier ＝ bjz-zhengfuzhi&Period_ Diff ＝&Mark_ Name ＝％ D5％ FE％ B8％ AE％ D6％ BE。

② 冯晓英：《城市人口规模调控政策的回顾与反思——以北京市为例》，《人口研究》2005 年第 5 期。

③ "1＋1"模式是指户籍人口由公安机关和计生系统两家共同调控。

成立，人口发展战略、人口规划和人口政策制定的相关职能划归市发改委，市卫计委主要负责户籍人口生育调节、参与制定户籍人口调控规划和政策，落实全市户籍人口调控规划中的有关任务，而市公安局主要负责全市户籍人口的管理及登记、统计、查询；审批户口；组织、指导户籍人口信息计算机管理等工作。就此，"三足鼎立"的人口调控格局形成，并且发挥着重要作用。

2. 流动人口管理：从"1"到"3+专"

总体来看，自新中国成立以来，北京市对于流动人口的调控主要可以归结为三个阶段："行政调控模式"阶段、"行政＋法规调控模式"阶段以及"多方共治模式"阶段。这是综合调控机构、调控手段等多个因素而作出的分类，并侧重于对调控机构变化的考量，即调控机构由公安独管，过渡到公安和计生协作，再演变到10余个部门联合成立北京市外来人口管理领导小组的协同管理，最后形成由公安、发改、卫计参与、专业化流动人口管理机构（市流管办）统筹的多方共治模式。

一是以公安独管的行政调控模式阶段。在国民经济恢复时期和第一个五年计划时期（1953—1957年），由于行政区划的调整、城市建设对劳动力需求的增加以及1954年《宪法》对公民居住和迁徙自由权的明确规定，在此期间，"乡—城"社会流动十分活跃，此时北京市流动人口的规模达到相对较高的一个高峰。1958年，北京市流动人口约为27万[1]（表1-3-1反映了1949—1958年北京市暂住人口[2]规模的变化）。在这一阶段，对于流动人口的管理，主要是由公安局承担，流动人口管理的载体是户籍。我国的户籍制度，除了具有治安、统计的功能之外，"同时兼有人口迁移调控的特殊功能"。[3] 大体而言，这一时期的人口调控属于行政调控，是国家根据经济社会发展需要而制定的行政性调控模式。

---

① 参见北京市流动人口和出租房屋管理委员会办公室、北京市人口和计划生育委员会主编，《北京市流动人口问题研究》（内部资料），2011年。

② 暂住人口（外来人口）是按当年区划统计的三天以上外地来京人口，本章部分内容以暂住人口指标代替流动人口进行数据分析。

③ 冯晓英：《城市人口规模调控政策的回顾与反思——以北京市为例》，《人口研究》2005年第5期。

表 1-3-1　　　　　1949—1958 年北京市暂住人口统计　　　　（单位：万人）

年份	暂住人口
1949	6.08
1950	9.37
1951	13.44
1952	12.96
1953	10.45
1954	15.46
1955	7.92
1956	19.24
1957	14.29
1958	27.00
1959	22.79

数据来源：北京市统计局、国家统计局北京调查总队编《北京六十年》，中国统计出版社 2009 年版，第 73 页。暂住人口（外来人口）是按当年区划统计的三天以上外地来京人口。

二是以领导小组协同管理的"行政＋法规调控模式"阶段。1958 年，《中华人民共和国户口登记条例》公布，严格限制农村人口向城市流动，之后我国社会正式进入严格控制人口流动阶段。自 20 世纪 60 年代提倡计划生育后，1963 年北京市成立计划生育委员会。市计生委成立之后，不仅加强了对户籍人口的生育管理，还在流动人口中开展了计划生育管理工作。1975 年，全国《宪法》修订，北京市实行严格的户籍管理制度，限制人口流入。这一时期，公安局依旧承担着流动人口的管理、调控工作，但调控模式从纯行政性调控转变为"行政＋法规"调控。

然而，伴随着家庭联产承包责任制的土地改革制度和中国改革开放政策，20 世纪 80 年代中期以来，流动人口开始快速增长。1984 年中共中央、国务院出台了《关于农民进入集镇落户问题的通知》，允许农民、务工经商人员自理口粮到集镇落户。20 世纪 90 年代，形成了向城市涌动的大规模"民工潮"。1985 年北京市委市政府颁布《关于快速发展第三产业、解决人民生活"几难"的几点意见》、《关于外地企业和个人来京兴办第三产业的若干规定》等文件，打开了人口涌入北京市的闸门。北京市流动人口快速增长，一方面为北京市的经济建设和社会发展贡献了较大力量；另一方面大量流动人口也给城市社会管理和公共服务供给带来了重大挑战。在原有公安、计生调控人口格局的基础上，1995年5月，北京市政府成立了北京市外来人口管理领导小组，由法制、建委、公安、劳动、工商、房管、规划、计生等17个成员单位组成。可见，面对人口的大量流入，单凭公安和计生两个部门已难以进行有效管理和调控，由此开始呈现多部门联合管理流动人口、"多方共治"格局的端倪，但此时的人口调控机构只是各部门的机械联合，尚未形成整体"合力"。

表1-3-2   1959—1999年北京市暂住人口统计   （单位：万人）

年份	暂住人口	年份	暂住人口
1959	22.79	1980	18.62
1960	7.42	1981	18.33
1961	8.17	1982	18.00
1962	8.58	1983	20.93
1963	10.54	1984	21.40
1964	11.31	1985	31.23
1965	11.18	1986	61.21
1966	11.89	1987	78.81
1967	14.43	1988	79.65
1968	13.06	1989	64.68
1969	12.08	1990	71.27
1970	13.03	1991	76.13
1971	14.85	1992	79.90
1972	16.49	1993	86.05
1973	20.19	1994	102.57
1974	22.86	1995	100.19
1975	22.09	1996	106.33
1976	17.11	1997	131.15
1977	22.44	1998	131.92
1978	21.85	1999	150.14
1979	26.49		

资料来源：北京市统计局、国家统计局北京调查总队编《北京六十年》，中国统计出版社2009年版，第75页。

三是以"3＋专"统筹管理的多方共治模式阶段。21 世纪以来，我国经济社会持续快速健康发展，农村务工劳动力持续增长，并纷纷涌向大城市。北京市作为全国的政治文化中心，承载了大量流动人口。面对巨大的流动人口压力，2000 年 11 月，北京市公安局户籍处与外来人口管理处合并正式成立了北京市公安局人口管理处，承担对全市流动人口的管理及登记、统计、查询工作，组织指导暂住证制发工作。2001 年，市计生委成立了外来人口管理处，依法加强对流动人口的计划生育管理。2004 年，北京市外来人口管理工作领导小组更名为北京市流动人口管理工作领导小组。2005 年，市政府出台文件对北京市流管体制和公安机关的主要职能进行了明确规定，将流动人口管理和出租房屋管理体制合一，成立市流动人口和出租房屋管理委员会，作为本市负责流动人口和出租房屋指导协调和综合管理工作的议事协调机构。2007 年市流管委、流动人口和出租房屋管理委员会办公室正式成立（简称"市流管办"），流管委替代北京市流动人口管理领导小组，承担本市流动人口管理的组织协调等工作。至此，多部门联合参与人口调控的格局成形，并形成了专业化的人口调控机构，人口多方调控模式正式形成。2014 年，人口规划和人口政策制定职能划归市发改委，发改委在流动人口调控中的功能得以进一步强化。

概括起来，多方调控模式的基本特征有二：一是人口调控机构由多部门参与向多部门联合成立专业化的人口管理机构转变；二是人口管理机构的基本格局是市委、市政府统一领导，多部门联合参与、统一协调、分工负责、条块结合。多方调控模式较之之前的人口调控模式更能发挥多部门"合力"作用，但由于未设置大一统的人口统筹机构（如"人口委员会"），所以现实中的条块分割仍在一定程度上抵消了本应有的"合力效应"。

表 1 - 3 - 3	2000—2014 年北京市流动人口①统计　　　　（单位：万人）
年份	半年以上流动人口
2000	256.1
2001	262.8
2002	286.9

---

①　由于暂住人口的统计口径是在京滞留三天以上的人口，所以此处需要运用"流动人口"指标反映在京滞留半年以上的常住流动人口规模。

续表

年份	半年以上流动人口
2003	307.6
2004	329.8
2005	357.3
2006	383.4
2007	419.7
2008	465.1
2009	509.2
2010	704.7
2011	742.2
2012	773.8
2013	802.7
2014	818.7
2015	822.6

资料来源：2000—2014 年数据来源于北京市统计局、北京市统计信息网：http：// www. bjstats. gov. cn/；2015 年数据来源于《北京市 2015 年国民经济和社会发展统计公报》。

（二）调控手段从"以行政为主"到"多措并举"

无论是针对户籍人口，还是针对流动人口，北京市综合运用行政、法律法规、市场、规划等手段进行人口的调控。总体来看，传统思路下"以控为主"的行政性调控手段难以解决日益严峻的流动人口问题，而在当前，市场、法律以及规划等手段的使用程度和作为空间都亟待提高。

图 1－3－2 北京市人口调控手段示意图

1. 行政手段：以"双准入"、"双管理"、"属地责任"为特色

行政举措是北京市人口管理和调控的重要手段之一，主要是依靠政府的政策力量来加强和引导人口管理与调控。概括起来，北京市人口调控的行政举措主要包括"双准入"（户籍准入、市场准入）、"双管理"（以证管人、以房管人）以及"属地责任"三个大类。

自"一五"计划以来，行政手段一直在北京市人口调控领域发挥着重要作用。在早期自由迁徙阶段，"大办工业"就是靠行政手段引导人口向城市流动；到严格控制人口流动阶段，北京市强化了户籍管理政策，严格限制农村人口流动，以户籍政策控制人口流入。这些配套政策包括招收农村劳动力审批制、收容遣返制以及严格限制农民经商等；在1978年改革开放以后，国家开始放宽农民进城务工经商政策，打破了严格的城乡分割状态；1984年，国务院发布《关于农民进入集镇落户问题的通知》，开启了农民进入北京市务工、经商的闸门。在此背景下，1985年北京市发布了《关于暂住人口户口管理的规定》，允许非户籍农民在京居住；在允许人口流动阶段，北京市打破政策限制，允许外地人口流入，并开启了流动人口政策的新时代；21世纪以来，大量人口聚居北京市，给北京市的环境、治安、交通、居住等方面带来了严重挑战。为应对新时期流动人口管理难题，北京市又陆续出台相关政策，以控制流动人口总量。这些政策包括《暂住证》制度、《外来人员就业证》制度、务工经商人员中育龄妇女《婚育证》制度以及《房屋租赁许可证》制度等。此后，北京市还颁布了外地来京人员户籍、房屋租赁、务工管理、经商管理、收容遣送管理等相关规定。这些制度清晰地勾勒出"以证管人"的行政调控手段。至此，北京市对外来流动人口逐渐形成了一套"以证控人"、"以房管人"的管理模式，以期有效调控流动人口规模；2014年以后，则进一步明确了各个区县在人口调控中的"属地责任"。

2. 法律手段：以"管证"、"管房"、"管生"为主体

法律手段对户籍人口和流动人口的影响既有共性，又有差异。从共性上来看，1949年中国人民政治协商会议上提出的《共同纲领》，以宪法的形式规定公民有迁徙自由，但1958年的《中华人民共和国户口登记条例》又以法律的形式限制了城乡间人口流动，这一法令对户籍人口和流动人口均有效。

从两个群体之间的法律差异来看，在针对户籍人口的系列调控法规

中，计划生育条例值得特别一提。1991 年 6 月 1 日，北京市人大制定颁布了《北京市计划生育条例》，用地方法规的形式明确了本市各项计划生育政策。① 2000 年 3 月 8 日，北京市政府发布了《北京市生育服务证管理办法》（第 49 号政府令）、《北京市外地来京人员计划生育管理规定》（第 51 号政府令）。2003 年，北京市颁布了《北京市人口与计划生育条例》，同时废止了《北京市计划生育条例》。新的计生条例增加了人口战略研究、统筹规划的内容，以期"建立和完善有利于合理调控人口数量、人口年龄结构、人口分布的政策及制度，使人口状况与本市经济、社会发展水平和资源、环境的承载能力相适应"。计划生育条例还主要通过利益导向机制调节户籍人口，主要包括：独生子女父母奖励制度、财政贴息贷款扶持低收入家庭增收致富工程、农村部分计划生育家庭奖励扶助制度、独生子女伤残死亡家庭救助制度、免费计划生育"四术"制度为主的优质服务工程以及农村计划生育家庭养老保障制度、生育关怀行动等，旨在通过利益导向来调节人口。

改革开放以来，随着流动人口规模的剧增，北京市出台了一系列法律法规来调控流动人口。对于流动人口的相关法律法规主要是集中在以下几个方面②：一是户籍管理。北京市针对流动人口户口管理的法规主要是《外地来京人员户籍管理规定》，通过暂住证和暂住登记的"以证管人"实现对流动人口数量的把控；二是居住管理。1995 年，北京市施行《外地来京人员租赁房屋管理规定》和《北京市外地来京人员租赁房屋治安管理规定》。2004 年北京市政府发布《北京市外地来京人员租赁房屋治安管理规定》，并要求房屋出租人"带领或者督促承租人在 3 日内到公安派出所办理暂住登记、申领《暂住证》，对育龄妇女还必须同时带领或者督促其到所在地计划生育主管机关办理本市《婚育证》。"③ 这些法律法规旨在通过这些规定实现"以房管人"；三是计划生育管理。针对流动人口计划生育管理的现行法规是《北京市流动人口计划生育管理规定》，其中规

---

① 北京市人口和计划生育委员会网站（http：//www.bjfc.gov.cn/web/static/articles/catalog_ff8080813678bee3013678cd20c70015/article_ff80808136880dd601368afdc61a0044/ff80808136880dd601368afdc61a0044.html）。

② 参见宋健、侯佳伟：《流动人口管理：北京市相关政策法规的演变》，《市场与人口分析》2007 年第 3 期。

③ 北京市公安局网站（http：//www.bjgaj.gov.cn/web/gspdAction.do？method＝getFlfgInfo & lawid＝204）。

定"公安、工商行政管理、劳动和社会保障、卫生、民政、建设等部门应当配合计划生育行政部门，在各自的职责范围内做好流动人口计划生育管理工作"；"各级计划生育、公安、工商行政管理、劳动和社会保障、卫生、民政、建设等部门应当建立流动人口信息通报制度，实现信息共享。"①

然而，不可否认的是，尽管法律法规这一举措一直在人口调控中发挥着重要作用，但在人口流动巨浪的冲击下，部分领域的法律法规手段仍存在一定程度的缺位，执行效果较弱、落地难等现实问题亟待解决和突破。

3. 市场手段：以"市场准入" + "升级改造"为主导

市场手段在人口调控中的作用不可替代，而且其应用价值将与日俱增。实现人口调控目标的根本途径是转变经济发展方式，而通过产业来调整人口成为"十二五"、"十三五"时期人口调控的重要举措之一。

具体来看，早在2011年的北京市政府工作报告就提出："发挥产业发展对人口规模的调节作用，制定行业准入标准，提升传统产业组织化程度和现代化水平"；2012年的北京市政府工作报告提出："制定促进产业业态调整的专项行动计划"。近几年，为了控制人口无序增长，北京市在市场调控方面，归纳起来，主要有两类措施：一是提高新增产业准入门槛。加快构建"高精尖"经济结构，严格控制与首都功能定位不一致的产业发展，发布《北京市新增产业的禁止和限制目录（2014年版）》，严控新增产业项目落地，减少产业人口聚集，加快推进新增产业准入标准制定；二是加强存量产业管理。推进改造升级，加大工业发展资金对企业技术改造的支持力度，提高工业自动化水平，减少产业人口数量；推动转移疏解，加强与天津、河北政府合作，推进企业与政府之间的对接，发挥好平台和引导作用；运用价格杠杆等经济手段，实行差别化的水价政策，提高排污费和垃圾收费标准，发挥价格对产业结构升级、人口规模调控的杠杆作用；推进淘汰退出，制订污染企业调整退出计划和工作方案；加强税收管理，加大落实本市不宜发展产业税收征管措施，对列入本市不宜发展的高污染、高耗能等产业名录的企业，报国家税务总局批准，取消其享受税

① 北京市人口和计划生育委员会网站（http：//www.bjfc.gov.cn/web/static/articles/catalog_ ff8080813678bee3013678cd20c70015/article_ ff80808136880dd601368b01a57d004e/ff80808136880dd601368b01a57d004e. html）。

收优惠政策的资格；全面梳理在途审批项目，根据人口资源承载力，重新审视调整产业项目内容。北京市发布实施了《北京市提高生活性服务业品质三年计划》，创新商业模式，发展连锁经营，培育新型业态，在规划引导、行业准入、结构调整等方面综合施策，引导低端业态有序退出；2015 年 4 月 30 日，中央政治局会议审议通过的《京津冀协同发展规划纲要》（以下简称《纲要》）指出，"推动京津冀协同发展是一个重大国家战略，核心是有序疏解北京非首都功能。中央指出要加快破除体制机制障碍，推动要素市场一体化，构建京津冀协同发展的体制机制，加快公共服务一体化改革。"① 《纲要》出台后，北京市委市政府召开会议，提出要坚持市场与政府两手用力，"善于运用市场机制，充分发挥市场在资源配置中的决定性作用，加强对市场的引导，完善面向市场的服务，对于列入疏解的项目，属地政府都要有'嫁女'的心态，积极为疏解创造便利条件；更好地发挥政府作用，加强对市场的调控和引导，形成与城市战略定位相适应的治理体制和机制，使各项工作都能按照城市战略定位的要求来推进。"②

整体来看，市场调控举措在有效调控人口方面发挥了积极的作用。长远来说，在京津冀协同发展的大战略背景下，市场调控还将有进一步拓展空间和发展潜力，这也应是未来北京人口调控的重要方向。

4. 规划手段：从单个城市发展规划到京津冀协同发展规划

规划既是一种制度安排，也是北京市人口调控的举措之一。1949 年至今，北京市陆续编制了一系列单个城市发展的城市规划，旨在通过科学制定城市发展规划，实现城市发展与人口规模之间的契合。北京市先前的城市规划主要是着眼于城市空间和布局，然而随着北京市人口规模的扩大、人口压力的凸显，尤其是流动人口激增给北京市带来前所未有的挑战，在 1983 年国务院批复的城市规划方案中，北京市开始触及人口调控这一问题，并开始设定北京市人口发展设定时期内的上限数量及市区人口规模上限。

在 2004 年最新一轮的《北京城市总体规划（2004—2020 年）》中，

---

① 参见新京报（http：//epaper. bjnews. com. cn/html/2015 – 05/01/content_ 574635. htm？div = –1）。

② 新华网（http：//news. xinhuanet. com/house/bj/2015 – 07 – 12/c_ 1115895873. htm）。

开始进一步凸显京津冀协同发展对人口调控的影响作用。2004 年的规划贯彻了"五个统筹原则"，充分考虑资源与环境的承载能力，提出要处理好经济建设、人口增长与资源利用、生态环境保护的关系，正确处理城市化快速发展与资源环境之间的矛盾。新的规划不仅注重人与自然关系的协调发展，还提出产业布局调整、京津冀地区协调发展以及通过加快新城建设，有机疏散中心城的人口与功能等战略。可见，随着人口压力和人口风险的加大，城市规划正以战略布局的高度对人口进行调控，并结合市场的引导作用，以弥补单纯行政手段、法律法规手段在人口调控作用上的有限性。2015 年 4 月 30 日通过的《京津冀协同发展规划纲要》更为明确地指出，2020 年北京人口总量不突破 2300 万，中心城区人口比 2014 年下降15% 的硬性目标，从而将人口调控目标从单个城市规划上升到了国家战略性的区域协同规划之中。

（三）调控主体从"政府独大"到"多元共治"

在梳理了北京市人口调控机构设置和调控手段之后，我们不难发现：北京市人口调控一直由政府主导，大多情况下可视为政府行为。然而，在当前社会治理格局多元化的背景下，面对层出不穷的人口问题，单凭政府力量进行人口调控，难免会出现"力不从心"的局面。如何探索人口有序管理的多元社会治理格局，是当前北京市人口调控问题的一个重要转向。

1. 政府部门的主体地位一直未变

1949 年以来，北京市户籍人口一直由公安进行管理，主要负责人口登记、人口迁入和迁出、死亡注销等。在国家推行计划生育后，北京市计划生育委员会具体负责户籍人口再生产的调控。

相对于户籍人口管理调控的参与机构而言，流动人口管理和调控的机构除了公安局和计生委之外，还涉及政府诸多部门。具体来说：公安局负责流动人口的登记管理工作，并以户籍制度为依据，限制或放开流动人口进入北京市；人口和计划生育委员会针对流动人口，掌握流动人口生育信息、宣传生育政策、提供计划生育服务，在控制流动人口再生产方面作出重要努力。此外，在改革开放以后，尤其是新世纪城市化进一步向纵深发展之后，流动人口规模与日俱增。1978 年改革开放伊始，北京市流动人口达 21.8 万人，1990 年达到 53.8 万人，而 2000 年则高达 256.1 万人。[①]
1978 年到 2000 年，北京市流动人口规模扩大将近 12 倍，可知来京流动
人口势头发展之迅猛。面对日益严峻的流动人口问题，北京市先后成立公
安局人口管理处、市计生委外来人口管理处、北京市流动人口管理工作领
导小组、流动人口和出租房屋管理委员会、市流动人口和出租房屋管理委
员会等机构，并涉及公安、计生委、发改委、建委、劳动保障、交通、教
育、医疗、税务、工商、住房等多个部门，形成了政府部门分工负责、交
叉管理的调控格局。

2. 相关辅助调控主体深度参与不足

党的十八届三中全会提出，要建立国家治理体系，推进治理能力的现
代化。人口管理和调控，尤其是北京市这一超大城市的人口调控问题更是
关乎国家治理能力的现代化。也就是说，在社会治理大背景下，如何实现
人口治理的现代化是当前和未来需要关注的重要改革。社会治理理论、协
同治理理论、多中心理论等诸多理论模型的核心要义都提到：当前要努力
实现社会治理多元化。因此，本书认为，在人口调控领域需要实现参与主
体的多元化。

然而，就目前北京市人口调控格局而言，还未出现对人口调控辅助机
构的明确界定。本书所谓的人口调控辅助机构涵盖那些可以为人口调控发
挥作用的所有机构和组织。目前，社区作为城市基层社会的自治组织，在
当前人口流动管理中也发挥了一定作用，城市社区流动人口管理是社区管
理的重要组成部分，是社会管理体制转轨和城市管理重心下移的表现。主
要作用表现在：对社区流动人口进行管理；着眼于流动人口的自我管理和
自我服务，促进流动人口的居民参与；引导流动人口融入社区，建立归属
感。社区作为政府的辅助机构在流动人口管理方面发挥了积极作用。但
是，总的来说，在流动人口网格化管理的格局中，社区参与流动人口管理
的方式和程度都有待改进和提高。

科研机构是流动人口管理的重要辅助机构，可以视为是政府部门的
"智囊"，因此，在某种程度上也可视为人口调控的辅助机构。中国人口
学会、北京市人口学会、北京大学人口研究所、中国人民大学人口发展研
究中心、北京市人口研究所等科研机构都为北京市人口管理和人口调控提

---

① 数据来源于北京市统计局 2014 年年度数据（http：//www.bjstats.gov.cn/）。

供了诸多有借鉴意义的科研成果。

我国当前社会正处于转型期，流动人口的管理调控也更加需要注重公共服务的供给。在这一社会背景下，社会力量及社会组织应该更为广泛地参与到流动人口的公共服务之中：社会组织可以通过政府购买公共服务的方式，为流动人口提供社会服务；政府应积极鼓励社会组织、社会力量和社会资本在北京市郊区及周边地区兴办教育机构、医疗机构等，并对流动人口实行优惠政策，引导人口向外疏解。

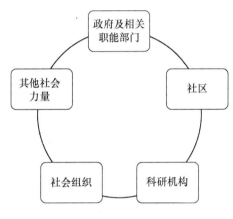

图 1 - 3 - 3　人口调控主体示意图

二　人口规划目标与人口发展

以上，本书对新中国成立以后北京市人口调控机构、调控主体和调控措施进行了历史回顾和梳理。接下来，我们需要回答的一个客观问题就是：在综合施策的背景下，北京市人口疏解到底取得了怎样的成效？我们试图从人口规划目标和现实人口的对比中寻求答案。

新中国成立至今，北京市城市规划至今已有若干个版本，分别是：1953 年的《改建与扩建北京市规划草案》、1954 年的《改建与扩建北京市规划草案》修改版、1957 年的《北京市城市建设总体规划初步方案》、1958 年的《北京市城市建设总体规划初步方案》修订版、1973 年的城市总体规划方案、1981 年的《北京城市建设总体规划方案》、1991 年的《北京城市总体规划（1991—2010 年）》、2004 年的《北京城市总体规划

(2004—2020 年)》等。①

1958 年的北京城市规划提出"分散集团式"的城市布局，这也为此后北京市人口发展与分布奠定了基础。这一时期的指导思想还指出：要控制大城市规模。可见，在北京市城市规划历史上，很早便提出了控制城市规模的规划思路。

在北京市城市规划方案中，正式提出控制城市人口规模的是 1983 年中共中央、国务院原则同意的《北京城市建设总体规划方案》。这一方案强调要"严格控制城市人口规模，到 2000 年全市总人口控制在 1000 万左右，市区人口控制在 400 万左右"。但 2000 年第五次全国人口普查数据公报中，北京市总人口达到 1381.9 万人，城八区（包括原崇文区、宣武区）的人口高达 850.3 万人。这一统计数据显示，当时北京市总人口和城区人口均超过 1983 年城市规划中的人口目标。

针对北京市城市人口压力，1991 年编制的新一轮城市总体规划提出：在坚持"分散集团式"布局的前提下，兴建卫星城以分散中心城人口与产业压力。1991 年的城市总体规划进一步提出"今后 20 年北京市的人口控制规模为：2000 年全市常住人口从 1990 年的 1032 万增至 1160 万左右，流动人口从 127 万增至 200 万左右；2010 年常住人口 1250 万左右，流动人口 250 万左右"。但 2010 年第六次全国人口普查数据显示：全市常住人口达到 1961.2 万人，其中，流动人口高达 704.5 万人。

2004 年的《北京城市总体规划（2004—2020 年）》指出："到 2020年，北京市总人口规模规划控制在 1800 万人左右，其中，户籍人口 1350万人左右，居住半年以上流动人口 450 万人左右。考虑到其他因素，本次城市规划基础设施相关指标按照 2000 万人预留。"② 根据北京市统计局数据显示：2014 年北京市常住人口达到 2151.6 万人，常住流动人口 818.7万人，显然人口规模已经远远超过 2004 年的规划方案，甚至相关基础设施已经超过预留人口数量的上限，进一步加重了"大城市病"。

概括起来，自城市规划方案提出人口规模目标之后，北京市人口调控就屡次陷入被动的怪圈，即 1982 年规划未来 20 年内全市常住人口控制在

①　参见李东泉、韩光辉：《1949 年以来北京城市规划与城市发展的关系探析——以 1949—2004 年间的北京城市总体规划为例》，《北京社会科学》2013 年第 5 期。

②　参见北京市规划委员会，http：//www.bjghw.gov.cn/web/static/articles/catalog_ 233/article_ 4629/4629. html。

1000 万人左右，此目标 4 年后（1986 年）被突破；1991 年规划到 2010 年常住人口控制在 1250 万人左右，此目标 5 年后（1996 年）被突破；2003 年规划 2020 年实际居住人口控制在 1800 万人左右，此目标 7 年后（2010 年）被突破。可见，北京市人口规划目标大多在规划期的中段即被突破（见表 1 - 3 - 4）。

表 1 - 3 - 4　改革开放后北京市规划人口和现实人口的差异比较

名称	目标	实际
1982 年修编的《北京市总体规划方案》	20 年内全市常住人口控制在 1000 万人左右	1986 年突破
1991 年修编的《北京城市总体规划方案》	到 2010 年常住人口控制在 1250 万人左右	1996 年突破
2003 年修编的《北京城市总体规划（2004—2020）》	2020 年北京实际居住人口控制在 1800 万人左右	2010 年人口普查 1961.2 万，突破

数据来源：胡兆量：《北京人口规模的回顾与展望》，《城市发展研究》2011 年第 4 期。

除了城市总体规划以外，从"六五"至"十一五"时期①，北京市实际人口总是超过人口规划目标（见图 1 - 3 - 1），超过的幅度分别为 1.1%、6.5%、13.2%、21.2%、32.6% 以及 56.9%，幅度越来越大。

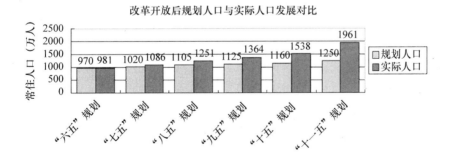

图 1 - 3 - 4　"六五"规划至"十一五"规划规划人口和实际人口的对比图

数据来源：张真理：《北京市流动人口规模调控：历史与反思》，《法制与社会》2009 年第 29 期。

---

① 在"十二五"规划中，笔者没有找到人口规划目标。

不过，值得肯定的是，虽然北京市人口调控现实与预期目标尚存差距，但人口调控还是在以下几个方面取得了明显进展：在人口总量方面，近年来流动人口增速趋于平缓，甚至开始下降；在人口分布方面，城市发展新区人口密度明显上升，人口向中心城以外地区转移的发展态势初现端倪；在产业结构调整，北京市将低端产业链外移，产业带动人口转移的效果开始逐步显现。

三　破解困局的起点：人口疏解的系统思维

基于以上的分析，我们发现，虽然目前北京市在人口增速、人口分布、产业外迁带动人口转移方面取得了一定的成绩，但面对人口规划目标和现实人口对比的客观结果，我们不禁要问：为何北京市屡次突破人口规划目标，且面临人口规模、人口分布和人口活力这三个困局呢？本书认为，在理论思维上，这是三种循环系统综合作用的结果（见图1-3-2）。

一是人口经济循环，处于人口系统中的最高层级，是影响当前首都人口发展的"首要"规律。在人口经济循环中，人口与经济之间形成了第一个闭环，即人口增加——税收增加，政府支出能力增加——新的项目开工——区域成为增长极——发明、创造推动新产业引进或原有产业规模扩张——就业机会增加，购买力增加——合格劳动力增加，对住房以及各类服务需求增加——人口增加。

二是人口社会循环，处于人口系统中的第二层级，对家庭整体需求产生重要影响。在人口社会循环系统中，人口与社会之间形成了第二个闭环，即人口增加——税收增加，政府支出能力增加——人口公共服务供给能力和水平提升——人口生活质量和人力资本提升——人口就业机会和就业能力提升，购买力增加——各类服务需求增加——人口增加。

三是人口管理循环，处于人口系统中的第三层级，对人口产生叠加影响。在人口管理循环系统中，人口与政府管理之间形成了第三个闭环，即人口增加——公共服务需求增加——管理体制机制不适应新的形势——管理难以形成合力——服务管理基础不实（如人口信息不清等）——管理不精细——局部行业、局部领域的就业机会增加、居住空间增加——人口增加。

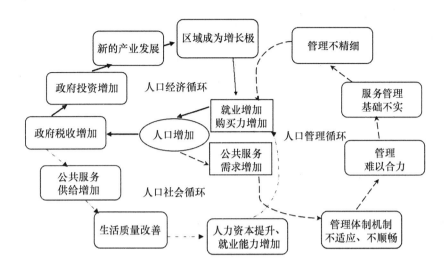

图 1-3-5　人口疏解的系统思维和理论解释

以上这一系统思维将贯穿全书，成为全书框架中的主线。也就是说，首都人口疏解需要关注三个循环——人口经济系统的循环、人口社会系统的循环、人口管理系统的循环。若要抑制首都人口无序过快增长，就需要在这三个循环中寻求突破：通过区域协同发展，利用人口经济循环和人口社会循环的作用，在首都圈内孵化新的经济增长极和公共服务高地，促进产业和公共服务部分向京外有序转移；通过城市治理的精细化，抑制人口管理循环对人口增加的负面影响，从而避免人口在京内无序过度聚集。

遵循以上三方面的系统分析，在第二篇至第四篇里，本书将依次在经济发展因素、公共服务因素以及城市治理因素这三个方面，寻求破解人口调控困局的若干抓手。

第二篇　经济发展因素

第一章 功能定位、产值结构与就业结构

　　城市功能定位、产业规划是影响人口流动的重要因素。通过推进经济结构调整，发展高端、高效、高辐射的产业，能够促进产业发展方式由劳动密集型向劳动生产率提升型的转变；通过制定、修订行业标准和管理办法，加强对低端业态的规范管理，能够加快低端业态的调整退出；通过疏解不符合首都功能定位的行业形态，并引导其升级、改造，能够达到调控人口的目的。

　　基于北京市及各区县的城市功能定位和产业规划，本章将利用国际对比数据以及京津冀对比数据，探讨在人口疏解过程中北京市人口就业结构、产值结构表现出来的若干问题。

一　北京市情

（一）不断演变中的城市功能定位

　　新中国成立以后，北京市的功能定位经历了一个长期的调整过程，这种调整势必会对人口疏解的方向性产生影响。从历史发展来看，1953 年《中共北京市委关于改建与扩建北京市规划草案的要点》提出：我们的首都，应该成为我国政治、经济和文化的中心，特别要把它建设成为强大的工业基地和技术科学的中心。1958 年，北京市委进一步提出，争取在 5 年内把北京建设成为"现代化工业基地"，这为北京市打下了"老工业"的底子。直到 1982 年修订的城市总体规划，才不再提及"工业基地"这一城市功能。

　　与此同时，关于"经济中心"这一功能定位，同样也经历了一个演变过程。在 1993 年国务院批复的北京城市总体规划中，北京市的功能定位为"国家政治、经济、文化中心"，依然保留了"经济中心"这一提

法。直到 2004 年制定的《北京市城市总体规划（2004—2020 年）》，才不再提及"经济中心"，并将北京市的功能定位调整为"国家首都、政治中心、文化中心、宜居城市"，而 2015 年审议通过的《京津冀协同发展规划纲要》进一步将北京市的城市功能定位更新为"四个中心"，即"全国政治中心、文化中心、国际交往中心、科技创新中心"。按此功能定位，北京市人口就业结构、产值结构表现出怎样的特点？是否与其匹配？到底存在哪些问题？为了回答这些问题，接下来，本章将利用人口普查数据和经济普查数据对其进行详细分析。

（二）人口就业的税收贡献率待提高

基于经济普查的数据，我们发现，北京市大量人口就业于税收贡献率较低的行业，这与北京市的功能定位并不相匹配。具体来说，在 2004 年、2008 年以及 2013 年北京市 3 次经济普查中，分行业从业人员和单位营业税金统计结果如表 2－1－1 所示，表现出以下几个特点：

第一，第二产业人均税金的贡献率并不算太高，大部分行业中类甚至还在 2008—2013 年期间出现了下降的趋势，例如，采矿业、制造业及电力等行业。

第二，第三产业中的传统生活性服务业人均税金贡献率较低，以批发零售业和住宿餐饮业为代表。例如，批发零售业的就业人口从 2004 年的 83 万人增至 2008 年的 94 万人、2013 年的 148 万人，但其创造的单位税收只有 2008 年较多，达到 5.2 万元/人年，2013 年迅速回落到 7500 元/人年；住宿和餐饮业的从业人员从 2004 年的 38 万人激增至 2013 年的 50 万人，单位税收也只有 1.1 万元/人年。

第三，第三产业中的部分中高端服务业人均税金明显高于其他行业，以金融业和信息产业为代表。例如，信息产业 2004 年从业人员只有 28.5 万人，单位税收也只有 9800 元/人年，但 2008 年其从业人员增至 46.7 万人，单位税收达到 4.1 万元/人年，而到了 2013 年，信息产业再创新高，从业人员增加到 93 万人，单位税收也达到了 61.1 万元/人年，此产业代表了未来北京市经济发展方式转型的方向；金融业从业人员由 2004 年至 2013 年增长了 3 倍，达到 43.3 万人，单位税收也达到了 9.4 万元/人年，尽管低于 2008 年的 19.7 万元/人年，但仍然是一个较高的水平；房地产业从业人员在 2013 年达到 56 万人，几乎是 2004 年的两倍，其单位税收收入也从 2004 年的 3 万元/人年增长到 2013 年的 8 万元/人年。然而,值得一提的是,在部分中高端服务业中,其税金贡献率却明显偏低,如教育、卫生和社会工作。

由此可见,未来北京市人口疏解的关键问题是如何优化产业结构,如何根据城市功能定位,形成与之匹配的人口就业结构,并保证一定量的税收,这是未来北京市人口疏解中面临的一个重大现实挑战。

表 2 - 1 - 1　　　三次经济普查中分行业从业人员及单位营业税金

(单位:千元/人年、人)

行业门类	2004 年		2008 年		2013 年	
	人均税金	人数	人均税金	人数	人均税金	人数
采矿业	1.98	41435	44.34	51436	12.58	68713
制造业	3.00	1487910	28.20	1346902	18.91	1385479
电力、热力、燃气及水的生产和供应业	4.45	77917	148.08	67316	21.51	92611
建筑业	8.30	696788	26.40	547007	38.40	655183
批发和零售业	1.78	832167	52.09	943428	7.50	1477745
交通运输、仓储和邮政业	4.81	429951	10.01	695443	8.15	685680
住宿和餐饮业	4.93	383722	11.50	449491	10.93	505941
信息传输、软件和信息技术服务业	9.81	285138	41.11	466609	611.42	930016
金融业	40.59	149977	197.62	251263	94.40	432821
房地产业	30.62	318576	75.34	409868	80.21	563547
租赁和商务服务业	5.23	637832	18.63	958542	8.15	1417321
科学研究和技术服务业	4.40	388763	22.03	564414	5.30	952372
水利、环境和公共设施管理业	1.31	74530	5.61	92756	6.45	128696
居民服务、修理和其他服务业	1.82	195691	5.27	140962	3.69	214739
教育	0.23	387146	0.75	430834	0.99	530729
卫生和社会工作	0.16	160463	0.90	199715	0.10	278145
文化、体育和娱乐业	4.60	162198	17.22	186353	5.27	275951
公共管理、社会保障和社会组织	—	341340	0.06	366460	0.01	517748

数据来源:2004 年北京市第一次经济普查资料;2008 年北京市第二次经济普查资料;2013 年北京市第三次经济普查资料。

同样地，人口普查数据也证实了北京市人口就业结构的相关问题。具体来说，从常住人口就业结构来看，北京市第一、第二、第三产业的就业人口比例分别由 1978 年的 28.3%、40.1% 及 31.6% 调整为 2013 年的 4.8%、18.5% 以及 76.7%，但北京市常住人口第三产业的内部就业结构仍与目前的城市功能定位相差较远。例如，2010 年人口普查数据显示，北京市常住人口中在批发零售业领域的就业者仍占据主导地位，比重达 28.1%；从流动人口来看，2010 年北京流动人口在第一、二、三次产业的人口就业结构分别为 1.5%、27.5% 和 71.0%；流动人口主要分布在批发和零售业、制造业和建筑业，占比分别为 29.5%、17.7% 及 9.2%。

（三）部分行业产值占比偏高

由于北京市在经济发展方面已经处于全国领先的地位，所以若要寻求北京市未来在产值结构以及人口疏解方面的调整方向，则需要利用国际发达国家发达地区的相关数据与之比较后，才能更为清晰。为了达到此目的，本部分对美国东北部城市群核心区域——纽约州的产值结构进行了分析，并将其与北京市的相关数据进行比较，结果发现几点差异：

第一，纽约州的制造业、交通运输业两大行业的产值占总产值的比例仅为 6.65%，北京市二者合计则高达 17.7%，这两个行业都属于高能耗、聚人多的行业。特别是制造业，纽约州其产值占比仅为 4.84%，而北京市则高达 13.24%。

第二，纽约州公共管理、社会保障和社会组织、卫生和社会工作、金融等行业的产值比例高于北京市。北京市卫生和社会工作行业产值仅占 2.19%，远低于纽约州的 6.72%，这表明作为区域医疗卫生等公共资源中心，北京市在医院占地面积过高的同时，其产值并未达到较高的水平，需要进行优化升级。此外，北京市文化、体育和娱乐业以及金融业两者产值比例合计仅为 17.95%，而纽约州相应比例则为 21.71%，北京市在此领域具有提升的空间。

表 2 - 1 - 2　　　　　　2014 年纽约州和北京市产值结构比较　　　　　（单位:%）

	北京市	纽约州	北京市与纽约州相比
农、林、牧、渔业	0.76	0.24	偏高

续表

	北京市	纽约州	北京市与纽约州相比
采矿业	0.83	0.07	偏高
制造业	13.24	4.84	偏高
电力、热力、燃气及水的生产和供应业	3.50	2.36	偏高
建筑业	4.23	3.05	偏高
批发和零售业	11.30	9.54	偏高
交通运输、仓储和邮政业	4.44	1.81	偏高
住宿和餐饮业	1.71	2.50	偏低
信息传输、软件和信息技术服务业	9.76	7.57	偏高
金融业	15.74	17.93	偏低
房地产业	6.23	13.49	偏低
租赁和商务服务业	7.97	1.91	偏高
科学研究和技术服务业	7.79	7.93	偏低
水利、环境和公共设施管理业	0.64	1.34	偏低
居民服务、修理和其他服务业	0.73	1.92	偏低
教育	4.03	1.77	偏高
卫生和社会工作	2.19	6.72	偏低
文化、体育和娱乐业	2.21	3.78	偏低
公共管理、社会保障和社会组织	2.70	11.23	偏低

（四）第二产业待转移，第三产业待优化

为了更为清晰地了解北京市城市功能定位、产业规划与人口就业结构、产值结构之间的偏离程度，本部分运用"产业结构偏离度"指标，测量了北京市的产业和就业情况，并辅以美国东北部城市群相关数据的比较，以期从中找到人口疏解的作为空间。

结构偏离度是不同产业 GDP 占 GDP 总量的比重与不同产业就业人口占总就业人口比重的比值。其绝对值越小，说明结构越均衡。结构偏离度通过如下公式计算：

$$结构偏离度 = \frac{三次产业在地区生产总值所占百分比}{三次产业中就业人数占总体百分比} - 1$$

当结构偏离度为负值时，产值份额小于就业份额，意味着该产业劳动生产率较低，可以通过提高劳动生产率，"挤出"部分劳动人口；当结构

偏离度为正值时，产值份额大于就业份额，意味着单位生产率较高，较少的劳动力就有更多的产出。为了实现总产出的最大化，可以增加劳动力数量。根据一般均衡假设，若国民经济各个部门均开放，排除行政因素导致的制度壁垒，那么通过市场对于劳动力资源的重新配置，各产业生产率会逐步趋于一致，结构处于完全均衡状态（常进雄、楼铭铭，2004；金福子、崔松虎，2010）。

本部分对美国东北部城市群[①]和京津冀城市群进行了对比，结果发现：从产业结构偏离度的变动情况看，自1969年以来，美国东北部城市群第二产业的结构偏离度缓慢上升，表明其建筑业、制造业等行业吸纳劳动力的空间在逐渐增加；同时，第三产业的结构偏离度显示劳动力吸纳能力已经饱和，第三产业相应产业人口不会再继续增长。与此同时，美国东北部城市群的核心区域纽约州表现出与城市群整体不同的产业结构走向，第二产业的结构偏离度下降明显，由2010年的0.16下降为2014年的0.06，表明了纽约州产业转移的成效。

表2-1-3　1969—2014年美国东北部城市群及核心区域纽约州
产业结构偏离度情况

年份	美国东北部城市群			核心区域纽约州		
	第一产业	第二产业	第三产业	第一产业	第二产业	第三产业
1969	-0.47	0.05	-0.01	-0.39	0.00	0.01
1970	-0.47	0.04	0.00	-0.41	0.00	0.01
1975	-0.48	0.06	-0.01	-0.51	0.01	0.01
1980	-0.56	0.10	-0.02	-0.53	0.04	0.00
1985	-0.53	0.08	-0.01	-0.60	0.05	0.00
1990	-0.50	0.10	-0.01	-0.56	0.07	-0.01
1995	-0.63	0.11	-0.01	-0.67	0.05	0.00
2000	-0.79	0.13	-0.01	-0.82	-0.04	0.02
2005	-0.63	0.16	-0.02	-0.67	0.05	0.00

① 京津冀城市群包含北京、天津和河北省11个市的区域，既包含城市地区，也包含非城市地区。为了与上述定义相对照，文中美国东北部城市群包含弗吉尼亚、宾夕法尼亚、新泽西等13个州的区域，也同时包括城市地区和非城市地区。此外，本部分中涉及的城市群核心区域分别是指京津冀城市群中的北京市、美国东北部城市群的纽约州。

续表

年份	美国东北部城市群			核心区域纽约州		
	第一产业	第二产业	第三产业	第一产业	第二产业	第三产业
2010	-0.65	0.26	-0.03	-0.61	0.16	-0.01
2014	-0.59	0.24	-0.02	-0.57	0.06	0.00

数据来源：美国经济统计局。

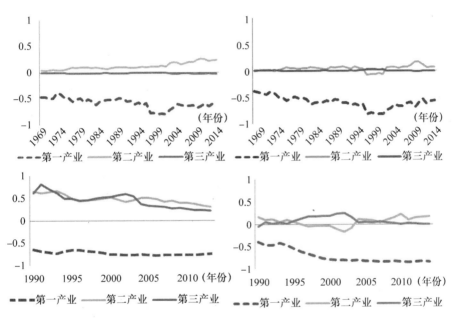

图 2-1-1　美国东北部城市群（左上）、纽约州（右上）、京津冀
城市群（左下）、北京市（右下）产业结构偏离度变动比较

注：东北部城市群使用 1969—2014 年数据计算，京津冀城市群使用 1990—2013 年数据计算。

与美国东北部城市群相比，京津冀城市群具有以下特点：首先，京津冀第一产业就业人口亟待转移。京津冀城市群第一产业结构偏离度稳定在 -0.7 以上，表明可以通过挤出劳动人口，提升其单位产值。考虑到京津两市第一产业从业人口所占比重较小，分别占到 4.5% 和 8.1%，而河北第一产业从业人口比重达到 33.6%，所以河北省是实现京津冀农业人口转移的关键，加快城镇化和产业调整非常必要；其次，京津冀第二产业吸纳劳动力的空间在逐渐下降。北京市和天津市两地结构偏离度在 0.2 左

右，低于河北的 0.52，因此，第二产业可以作为产业调控重点，利用河
北第二产业的劳动力吸纳能力转移京津的就业人口；最后，京津冀第三产
业的结构偏离度在下降，但仍然具备对一定的劳动力吸纳能力。尽管第三
产业发展给就业带来了非常积极的影响，但北京市的结构偏离度接近零
值，表明其第三产业的劳动力吸纳能力已经饱和，相应产业人口不会再继
续增长。与此同时，河北的第三产业劳动力吸纳能力明显不足，偏离度仅
为 0.1，高新技术产业向河北地区转移有助于提升第三产业的生产率，有
助于提升河北地区的劳动力吸纳能力。

表 2 - 1 - 4　　　　1990—2013 年京津冀及北京市产业结构偏离度

年份	京津冀产业结构偏离度			核心区域（北京市）		
	第一产业	第二产业	第三产业	第一产业	第二产业	第三产业
1990	− 0.65	0.65	0.61	− 0.40	0.16	− 0.04
1991	− 0.69	0.62	0.82	− 0.47	0.10	0.06
1992	− 0.71	0.64	0.70	− 0.47	0.12	0.02
1993	− 0.73	0.67	0.61	− 0.42	0.06	0.04
1994	− 0.69	0.58	0.49	− 0.47	0.10	0.02
1995	− 0.66	0.49	0.48	− 0.55	0.05	0.08
1996	− 0.67	0.45	0.44	− 0.63	0.01	0.13
1997	− 0.69	0.46	0.45	− 0.67	− 0.04	0.18
1998	− 0.71	0.46	0.49	− 0.72	− 0.03	0.18
1999	− 0.73	0.49	0.51	− 0.77	− 0.03	0.20
2000	− 0.76	0.52	0.53	− 0.80	− 0.03	0.19
2001	− 0.76	0.47	0.57	− 0.81	− 0.10	0.24
2002	− 0.77	0.41	0.59	− 0.81	− 0.16	0.25
2003	− 0.78	0.45	0.54	− 0.82	− 0.08	0.17
2004	− 0.76	0.50	0.36	− 0.81	0.12	0.04
2005	− 0.78	0.50	0.32	− 0.83	0.10	0.05
2006	− 0.79	0.47	0.31	− 0.83	0.09	0.05
2007	− 0.77	0.41	0.30	− 0.85	0.05	0.06
2008	− 0.78	0.44	0.26	− 0.84	0.10	0.05
2009	− 0.78	0.39	0.28	− 0.84	0.16	0.03
2010	− 0.77	0.38	0.25	− 0.85	0.22	0.01
2011	− 0.77	0.36	0.23	− 0.85	0.10	0.04
2012	− 0.76	0.32	0.22	− 0.85	0.16	0.02
2013	− 0.75	0.30	0.21	− 0.83	0.17	0.01

值得一提的是，产业结构调整对于城市群空间协作的价值不仅表现在经济效益上，而且对人口空间流动的规模和方向也会产生积极的影响。然而，当前京津冀城市群的人口空间结构现状不利于区域协调发展，而人口空间流动的惯性也使京津冀城市群空间协作的实现受到阻碍：首先，京津冀内部人口流动①加剧向两个区域增长极聚集。北京市一直是区域内人口流入的主要集中地，同时北京市和河北省户籍人口流动至天津的比例也有所增加，天津成为区域内人口流入的次核心（见表2－1－5）；其次，京津冀外部流入人口②同样加速向两个区域增长极聚集。这一群体人口规模持续增加，而北京市一直是外部流入人口的主要聚集地，占外部流入人口总规模的比例由57.50%增至60.29%；天津是外部流入人口的次要聚集地，由2000年的16.06%增至2010年的24.71%。从人口流动趋势来看，天津的人口吸引力在逐渐上升，而河北省对外部流入人口的吸引力下降，共同推动京津冀外部人口流入两极化格局的形成。未来，从"单极"到"两极"再到"多核心"格局的转变，既依托于城市群产业结构的调整结果，也依赖于核心区域产业转移的方向与进程。

表2－1－5　　**京津冀地区内部流动人口数量与方向**　　（单位：万人）

流出地		流入地		
		北京	天津	河北
2000年	北京	—	0.4	2.9
	天津	1.8	—	3.2
	河北	55.5	23.9	—
2010年	北京	—	2.3	7.5
	天津	8.3	—	6.5
	河北	155.9	75.5	—

资料来源：2000年和2010年人口普查资料。

① 内部流动人口是指京津冀户籍人口在京津冀三个区域之间流动的人口。
② 外部流入人口是指非京津冀户籍、来源于其他省份的流动人口。

二　北京市各功能区状况

（一）不断清晰化的功能区定位

由于并未找到"十二五"时期北京市对四类功能区的整体定位，因此，本部分仅以 2005 年为例，说明北京市各功能区的发展方向。2005年，市委、市政府制定了《关于区县功能定位及评价指标的指导意见》，根据各区县之间不同的自然条件、发展环境、资源禀赋、人口及经济发展基础等比较优势以及承担的不同功能，从总体上划分为首都功能核心区、城市功能拓展区、城市发展新区和生态涵养发展区四类功能区。首都功能核心区包括东城、西城、崇文、宣武四个区（2010 年以后合并为新东城和新西城）；城市功能拓展区包括朝阳、海淀、丰台、石景山四个区；城市发展新区包括通州、顺义、大兴、昌平、房山；生态涵养发展区包括门头沟、平谷、怀柔、密云、延庆。

表 2 - 1 - 6　　　　2005 年北京市四大功能区的任务和功能

四大功能区	包含区县	主要功能	主要任务
首都功能核心区	东城、西城、崇文、宣武	集中体现北京作为我国政治、文化中心功能	加强城市管理，保护古都风貌，改善人居环境，大力发展现代服务业
城市功能拓展区	朝阳、海淀、丰台、石景山	体现北京现代经济与国际交往功能	拓展面向全国和世界的外向经济服务功能，推进科技创新与高新技术产业发展，大力发展高端产业，为提升城市的核心竞争力作出贡献
城市发展新区	通州、顺义、大兴、昌平、房山	是北京发展制造业和现代农业的主要载体，也是北京疏散城市中心区产业与人口的重要区域，是未来北京经济重心所在	依托新城、国家级和市级开发区，增强生产制造、物流配送和人口承载功能，成为城市新的增长极，为全市的持续快速协调发展作出贡献
生态涵养发展区	门头沟、平谷、怀柔、密云、延庆	北京的生态屏障和水源保护地	加强生态环境的保护与建设，引导人口相对集聚，引导自然资源的合理开发与利用，发展生态友好型产业，成为首都坚实的生态屏障和市民休闲游憩的理想空间

资料来源：《关于区县功能定位及评价指标的指导意见》，2005 年。

通过对北京市各区县"十二五"规划等相关资料的整理，表2-1-7呈现了北京市各区县的功能定位。通过将各区县功能定位与人口就业结构进行对比，就有可能找到北京市各区县人口疏解的领域和方向。

表2-1-7　　　"十二五"时期北京市各区县的功能定位

区县	功能定位	具体发展方向
新东城	首都文化中心区，世界城市窗口区	1. 首都政务服务重要承载区 2. 历史文化传承发展示范区 3. 世界著名文化旅游城区 4. 国际知名商业中心
新西城	首都功能核心区	1. 国家政治中心的主要载体 2. 具有国际影响力的金融中心 3. 传统与现代融合发展的文化中心 4. 国内外知名的商业中心和旅游地区 5. 和谐宜居健康的首都功能核心区
朝阳	国际商务中心的功能作为核心定位	更大的空间强化总部经济、国际金融、国际商务、国际贸易、国际信息传播等核心功能
海淀	科技创新中心	重点规划建设四大功能区，北部研发服务和高新技术产业聚集区、中部研发、技术服务和高端要素聚集区、西北部高端休闲旅游区、南部高端商务服务和文化创意产业区
丰台	承接城市核心功能拓展、现代经济要素转移、新兴产业聚集	"一轴两带四区"发展格局
石景山	首都文化娱乐休闲区（CRD）	重点发展五大主导产业文化创意、高新技术、商务服务、现代金融、旅游休闲
通州	北京发展新磁场、首都功能新载体	1. 中心功能疏解的重要承接地 2. 世界城市新功能的核心承载区 3. 首都经济新的增长极 4. 滨水低碳宜居新典范
顺义	北京东北部中心城市	1. 国际枢纽空港 2. 高端产业新城 3. 和谐宜居家园
大兴	战略产业新区	发展成为高技术制造业和战略性新兴产业聚集区
昌平	京北创新中心、国际科教新城	打造中关村核心区、城市化示范区、生态旅游区，形成科技教育发展新区域
房山	高端制造业新区和现代生态休闲新城	1. 产业发展趋于高端 2. 城市形象趋于休闲 3. 城市形态和产业趋于融合统一

续表

区县	功能定位	具体发展方向
门头沟	首都生态涵养发展区和西部综合服务中心	加快建设新城区，规划发展浅山区，保护涵养深山区
平谷	首都生态第一区	"生态绿谷"、"京津商谷"、"绿能新谷"和"中国乐谷"
怀柔	首都生态涵养发展区和文化科技高端产业新区	1. 文化科技新区 2. 国际交往新城 3. 现代产业基地 4. 生态宜居典范
密云	绿色国际休闲之都	"两区、两带、一基地"
延庆	绿色北京示范区	建设国际一流的旅游休闲名区、国际一流的低碳经济社会示范区、国际一流的宜居城市和美丽乡村

资料来源：东城区来源于《北京市东城区总体发展战略规划（2011—2030 年）》；西城区来源于《北京市西城区十二五规划纲要》；朝阳区来源于《北京市朝阳区十二五规划纲要》；海淀区来源于《北京市海淀区十二五规划》；丰台区来源于《北京市丰台区十二五规划》；石景山区来源于《北京市石景山区十二五规划纲要》；通州区来源于《北京市通州区十二五规划纲要》；顺义区来源于《北京市顺义区十二五规划纲要》；大兴区来源于《北京市大兴区十二五规划纲要》；昌平区来源于《北京市昌平区十二五规划纲要》；房山区来源于《北京市房山区十二五规划纲要》；门头沟区来源于《门头沟区国民经济和社会发展第十二个五年规划纲要》；平谷区来源于《北京市平谷区十二五规划》；怀柔区来源于《北京市怀柔区十二五规划纲要》；密云县来源于《北京市密云县十二五规划纲要》；延庆县来源于《北京市延庆县十二五规划》。

（二）各功能区就业结构的调整方向不同

1. 首都功能核心区

首都功能核心区包括新东城和新西城，其功能定位主要定位在我国的政治、文化中心以及具有国际影响力的金融中心等。然而，这一功能区的就业人口比例前三位主要是：批发和零售业，占总就业人口的 18.2%；住宿和餐饮业，占比为 9.9%；公共管理和社会组织，占比为 8.5%。对于首都功能核心区而言，其公共管理和社会组织业、金融业从业人员明显要比其他功能区要高，这符合该区域的城市功能定位，但是过高的制造业和批发零售业就业人口比例与这一区域的功能有一定出入。就当前的人口就业结构而言，这一区域制造业、批发和零售业等行业的从业人员比例相对偏高。

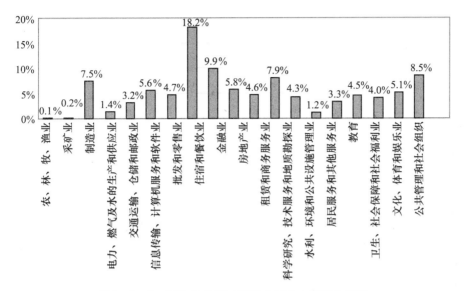

图 2 - 1 - 2 2010 年首都功能核心区的人口就业结构

从首都功能核心区的两个区来看，东城区和西城区产业人口分布基本相似，西城区批发零售业从业人员比东城区稍高一些，达到了 18.4%，但其制造业从业人员的占比低于东城区，为 6.9%。

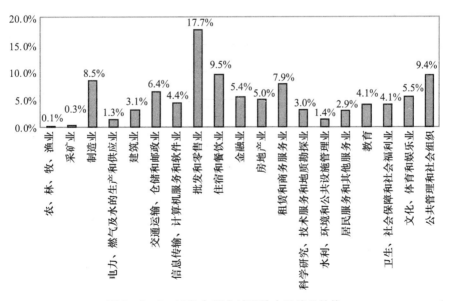

图 2 - 1 - 3 2010 年新东城区的人口就业结构

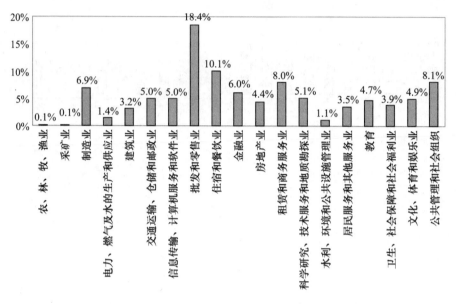

图 2 - 1 - 4   2010 年新西城区的人口就业结构

2. 城市功能拓展区

城市功能拓展区包括朝阳区、海淀区、丰台区、石景山区。这一功能区的功能定位主要围绕现代经济、国际交往、科技创新中心而展开。从功能拓展区的人口就业结构来看，就业人口比例前三位的是批发零售业、制造业和住宿餐饮业，其中，批发零售业和制造业占比高于首都功能核心区，分别为 24.2% 和 10.5%，而住宿餐饮业占比低于首都功能核心区，为 6.8%。相比而言，城市功能拓展区在信息传输、计算机服务和软件业（5.3%）、科学研究、技术服务和地质勘探业（4.5%）、教育（5.4%）等行业的从业人口比例略高于首都功能核心区，这也体现了这一功能区的自我特色。

这一区域的人口疏解重点可以考虑放在批发和零售业、制造业等领域，而公共管理和社会组织、金融业、文化、体育和娱乐业、卫生、社会保障和社会福利业等领域存在就业吸纳空间。

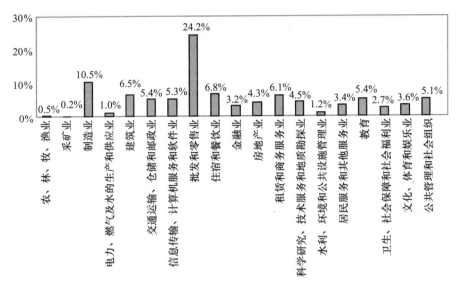

图 2 - 1 - 5　2010 年城市功能拓展区的人口就业结构

从区县来看，朝阳区的人口主要集中在批发和零售业，占总就业人口的 23.8%；其次为制造业，占比为 10.9%；第三位的是建筑业，占比为 8.3%，城市开发强度依然较大。

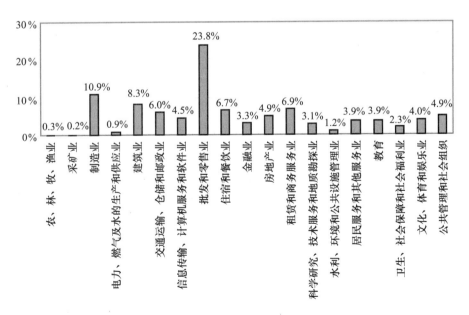

图 2 - 1 - 6　2010 年朝阳区的人口就业结构

　　海淀区的人口主要集中在批发和零售业，占总就业人口的 22.8%；其次为教育，占比为 8.4%；第三位的是制造业，占比为 7.6%，而信息传输、计算机服务和软件业列在第四位，占比为 7.5%。海淀区功能定位为科技创新中心，所以，批发零售业和住宿餐饮业等行业的从业人员比例应有下降空间。

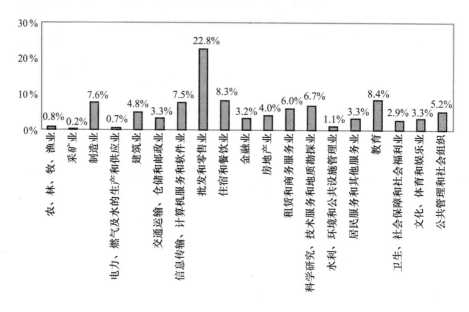

图 2 - 1 - 7   2010 年海淀区的人口就业结构

　　丰台区的人口主要集中在批发和零售业，占总就业人口的 28.6%；其次为制造业，占比为 12.5%；第三位的是交通运输、仓储和邮政业，占比为 7.3%，而其他产业人口分布较为均匀。丰台区功能定位主要在于促进新型产业的聚集，因此，人口调控的重点产业可以放在批发和零售业、制造业等方面。

　　石景山区的人口主要集中在批发和零售业，占总就业人口的 18.1%；其次为制造业，占比为 16.9%；第三位的是建筑业，占比为 7.4%。石景山区的功能定位为首都文化娱乐休闲区，所以人口调控的重点产业可以是制造业和建筑业等行业。

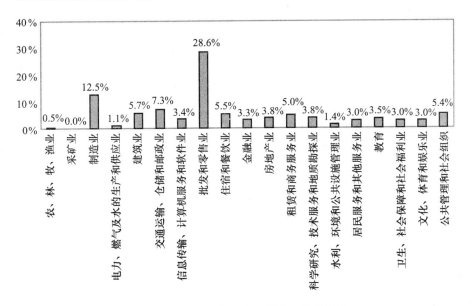

图 2 - 1 - 8　2010 年丰台区的人口就业结构

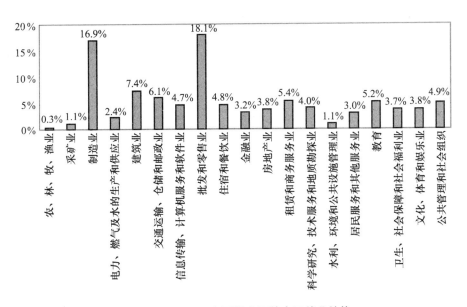

图 2 - 1 - 9　2010 年石景山区的人口就业结构

3. 城市发展新区

城市发展新区包括通州、顺义、大兴、昌平、房山。这一功能区的功能定位主要集中在承接中心城功能的疏解、战略性新兴产业以及高端制造业等。从人口就业结构来看，这一功能区人口主要集中在制造业，占总就业人口的25.5%；其次为批发和零售业，占比为16.9%；第三位的是农、林、牧、渔业占比为9.1%。在这一区域，可以考虑进一步减少第一产业、适当提升生产性服务业的从业人员比例等。

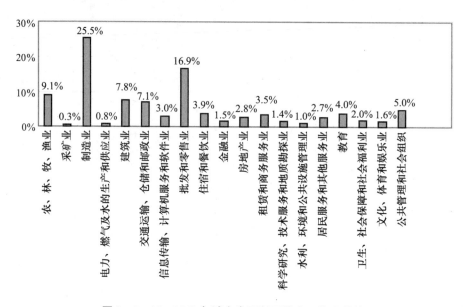

图 2 - 1 - 10   2010 年城市发展新区的人口就业结构

从区县来看，通州区的人口主要集中在制造业，占总就业人口的29.7%；其次为批发和零售业，占比为17.2%；第三位的是农、林、牧、渔业，占比为10.3%。2016 年，通州区功能定位调整为北京城市副中心，因此，第一产业、制造业等行业的从业人员比例可适度控制。

顺义区的就业人口主要集中在制造业，占总就业人口的29.0%；其次为批发和零售业，占比为12.5%；第三位的是交通运输、仓储和邮政业，占比为11.0%。未来，顺义区可以通过发展高端制造业等产业，优化人口就业结构。

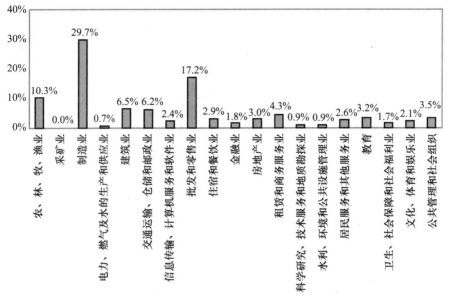

图 2 - 1 - 11 2010 年通州区的人口就业结构

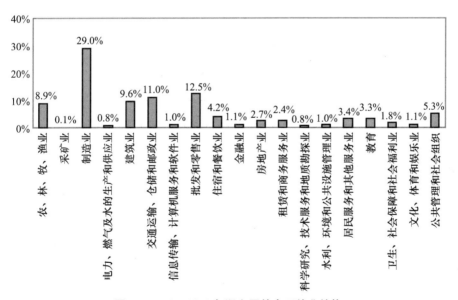

图 2 - 1 - 12 2010 年顺义区的人口就业结构

大兴区的人口主要集中在制造业，占总就业人口的 33.3%；其次为农、林、牧、渔业，占比为 15.0%；第三位的是批发和零售业，占比为 14.1%。大兴区人口疏解的方向可以放在第一产业以及制造业的优化上。

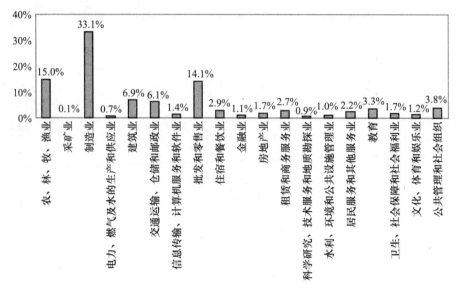

图 2 - 1 - 13   2010 年大兴区的人口就业结构

昌平区的就业人口主要集中在批发零售业，占总就业人口的 22.7%；其次为制造业，占比为 17.1%；第三位的是建筑业，占比为 7.3%。昌平区可以通过对批发零售业的调整来优化人口结构。

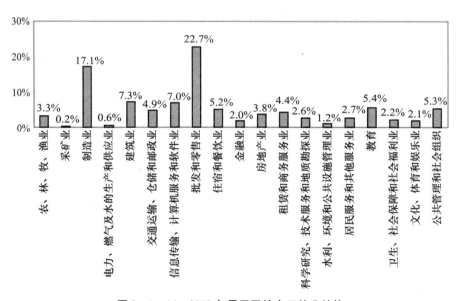

图 2 - 1 - 14   2010 年昌平区的人口就业结构

房山区的就业人口主要集中在制造业，占总就业人口的 18.1%；其次为批发和零售业，占比为 14.9%；第三位的是建筑业，占比为 10.3%。在房山区，第一产业、建筑业等行业的从业人员比例有下降的空间。

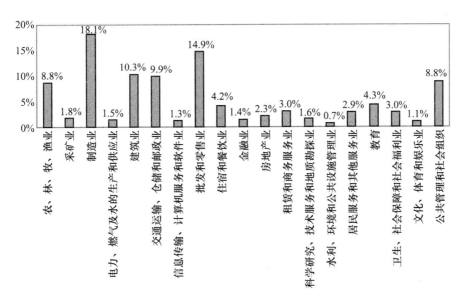

图 2 - 1 - 15　2010 年房山区的人口就业结构

4. 生态涵养发展区

生态涵养发展区包括门头沟、平谷、怀柔、密云、延庆。这一区域的功能定位是北京市的生态屏障和水源保护地。从人口就业结构来看，这一功能区人口主要集中在农、林、牧、渔业，占该区域总就业人口的比 23.4%；其次为制造业，占该区域总就业人口比为 16.4%；第三位的是批发和零售业，占比为 10.3%。从人口疏解的方向上来看，制造业的适度退出可能成为未来的一个重点领域。

分区县的数据来看，在这一功能区中，延庆的产业发展和功能匹配度较好，而怀柔、门头沟、平谷、密云的制造业从业人员比例相对偏高。

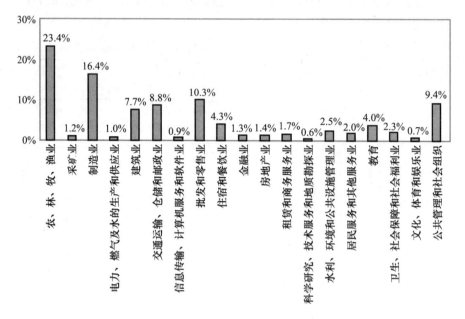

图 2-1-16   2010 年生态涵养发展区的人口就业结构

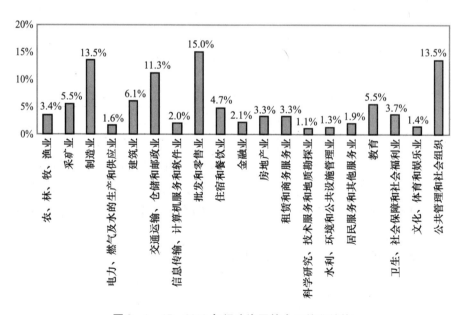

图 2-1-17   2010 年门头沟区的人口就业结构

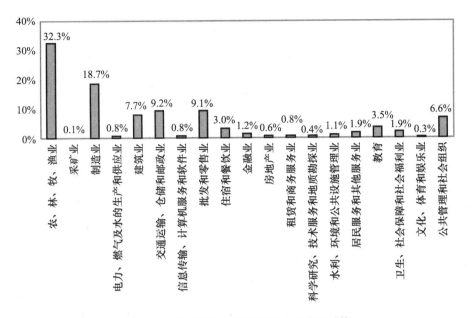

图 2-1-18　2010 年平谷区的人口就业结构

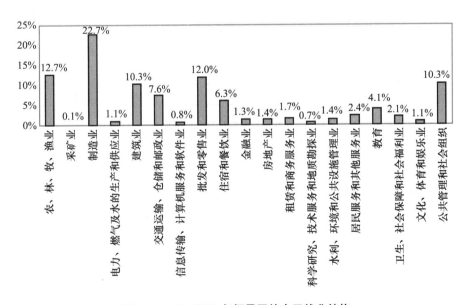

图 2-1-19　2010 年怀柔区的人口就业结构

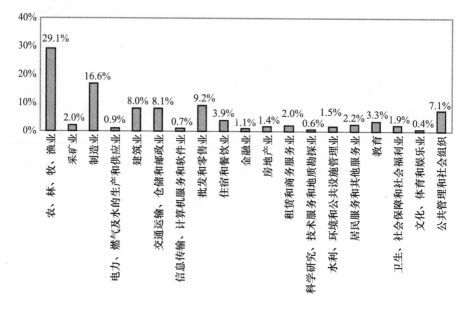

图 2 - 1 - 20 2010 年密云县的人口就业结构

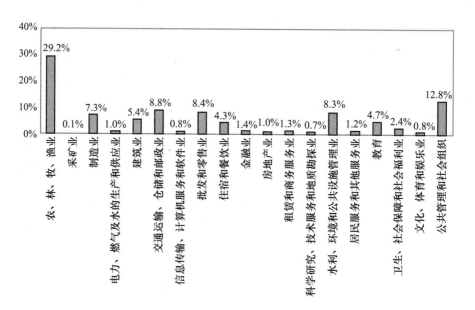

图 2 - 1 - 21 2010 年延庆县的人口就业结构

三　城市功能与就业结构的匹配性引发的思考

通过对北京市城市功能定位与产值结构、就业结构的对比,本书认为,未来在人口疏解上,我们需要注意以下两个方面的问题:

第一,以功能定位为指引,推动各功能区形成各具产业特色的发展格局,重塑人口行业结构和空间分布。目前,北京市各功能区在功能定位上虽然并没有明显的冲突和重叠,但其产业结构、人口就业结构与功能定位的匹配度还需进一步提升。在功能定位分工明确的基础上,北京市亟待形成产业梯度转移的发展格局,各个功能区应更具各自的发展特色。从国际经验来看,纽约都市圈最突出的特色是圈内各中心城市之间形成了功能互补、错位发展的格局,其中,纽约作为国际金融中心,拥有最为发达而齐全的生产性服务业;波士顿是全美最负盛名的高科技产业基地和高等教育名城;华盛顿是全美政治中心和大国首都,总部经济优势明显;费城交通运输、国防及航空工业比较发达;从产业的空间分布来看,纽约大都市圈的三个圈层存在明显的产业集聚与转移梯度差异:在以纽约市为主的核心层,高度集聚的产业大多是高附加值、高技术含量、知识密集型的现代服务业;在内圈,高度集聚的产业主要是经由核心层产业升级后转移出来的产业;而其外圈,则主要承载农业及部分服务于本地居民的零售、医疗服务业。

第二,以城市总体规划及市场机制为导向,引导人口由中心城向外围分流。一是要推动大都市圈建设,统筹规划城市人口。例如,日本1954年颁布了以东京为核心的首都圈整备法,1960年明确对大都市圈作出界定,即中心城市为中央制定市,或者人口超过100万且附近还有50万人口以上的城市,外围地区到中心城市的通勤量不得少于自身人口的15%,并以此划分为八大都市圈。二是要加强城市功能分区的规划。例如,法国巴黎在郊区建设了汽车、航空、基础化学、制药等一系列新的工业区,在近郊建设了相对发达的金融、保险、商业性服务业和运输业等,有效缓解了城市中心区的人口压力。三是要积极调整中心城的产业布局,引导产业和人口分流。通过产业布局调整,将首都核心区现有的劳动密集型产业外迁。东京都政府通过制定东京圈基本规划,实施《工业控制法》等,使大批劳动力密集型企业和东京原有的一些重化工业相继迁往郊区、中小城市甚至海外，而以研究开发型工业、都市型工业为主的现代城市型工业开始聚集。资本和技术密集型产业代替劳动力密集型产业在东京高度聚集，一方面增加了地区生产总值和人均地区生产总值；另一方面也大大降低了东京城市的人口总量。中心城产业以高端服务业为主，科技创新以及文化创意产业是其发展的方向。再以法国为例，法国政府对巴黎大区进行整体规划，实施工业分散化政策，迫使工业企业向周边地区扩散，从而使得中心城区的高端专业性及生产性服务功能得以不断强化，并为金融、文化、艺术、科研、创意、旅游、会展等环境依托型产业创造了良好的条件。四是要建设新城和卫星城，疏导城市中心区人口。例如，英国伦敦在 20 世纪 70 年代中期先后建立了 33 个新城，其中 11 个分散在伦敦外围 129 公里的周长范围内。五是要加强城市基础设施建设，引导城市中心区教育、医疗、生活保障资源和基础设施向城市发展新区转移，吸引大量人口迁移。

第二章　市场作用与人口聚集

　　长期以来，随着我国经济的高速发展和市场化改革的不断深入，北京市由于其特殊的区位优势及多元化功能定位的特性，不断发挥着对各种资源的聚合效应，实现了经济的持续快速增长，并吸引了全国各地大量人口的不断迁入。数据表明，进入 21 世纪以来，每年都有一定规模的人口以各种途径和形式流入北京市。第六次全国人口普查数据显示，2010 年全市常住人口中，外省市来京人员为 704.5 万人，占常住人口的 35.9%。与 2000 年人口普查相比，流动人口增加 447.7 万人，平均每年增加 44.8 万人，年均增长率为 10.6%，远远高于常住人口 3.8% 的年均增速。2000 年每 5 个常住人口中有 1 个流动人口，而到了 2010 年每 3 个常住人口中就有 1 个流动人口。2000 年北京市流动人口有 256.1 万，到 2013 年，达到 802.7 万，净增 546.6 万。由此可见，21 世纪以来北京市常住人口的增长主要是由于外来迁入人口的大量增加造成的（见表 2 - 2 - 1）。

表 2 - 2 - 1　　　　北京市 2000—2013 年人口变动迁移情况

年份	市外迁入（人）		迁往市外（人）		城镇户籍人口净迁入（人）	农村户籍人口净迁入（人）	户籍人口净迁入（人）	暂住人口（万人）	常住流动人口（万人）
	城镇	农业	城镇	农业					
2000	130162	11386	47265	5183	82897	6203	89100	170.4	256.1
2001	146352	12286	33131	3805	113221	8481	121702	244.3	262.8
2002	150408	5304	29305	1915	121103	3389	124492	358.9	286.9
2003	168482	6383	32193	1572	136289	4811	141100	332.6	307.6
2004	178142	11561	41926	1303	136216	10258	146474	341.5	329.8
2005	202486	13592	51969	1002	150517	12590	163107	355.1	357.3
2006	191053	11966	60463	882	130590	11084	141674	516.9	403.4
2007	163871	11580	67451	823	96420	10757	107177	554.9	462.7

续表

年份	市外迁入（人）		迁往市外（人）		城镇户籍人口净迁入（人）	农村户籍人口净迁入（人）	户籍人口净迁入（人）	暂住人口（万人）	常住流动人口（万人）
	城镇	农业	城镇	农业					
2008	172233	12537	73906	909	98327	11628	109955	748.3	541.1
2009	175997	13747	76741	840	99256	12907	112163	874.9	614.2
2010	171506	13595	75188	822	96318	12773	109091	886.1	704.7
2011	200022	11425	81186	948	118836	10477	129313	825.8	742.2
2012	180335	10155	82480	958	97855	9197	107052	784.2	773.8
2013	186990	11879	87706	1507	99284	10372	109656	—	802.7

数据来源：《北京统计年鉴（2001—2014）》。

一　市场收益对人口流动的影响

如此数量众多并且持续的人口净迁入，北京市对于周边省市甚至全国具有强大的吸引力。虽然流动人口离开家乡来到北京市这样一个完全陌生的环境，需要面对就业、生活、社会保障、子女教育等各个方面的问题，但人们仍然努力克服流动过程中的各种成本问题，向城市或经济发达地区迁移。那么，究竟是什么原因使得如此大规模的人口每年源源不断地外出流动，在京流动人口为什么选择流动到北京市？根据北京市第六次人口普查数据显示，2010年全市户口登记地在外省的人口总量为704.45万人，其中迁移原因为"务工经商"的有520.62万人，占73.9%，远远高于其他几类原因。尤其是15—54岁年龄组的流动人口，他们迁移的主要原因是务工经商，这部分人群是流动人口的主体。可见，经济因素是吸引流动人口迁入的主要因素。

（一）收入水平明显高于全国和周边地区

2013年北京市城镇居民可支配收入40321元，高于全国26955元的平均标准，远远高于周边河北省（22580元）、河南省（22398元）和山东省（28264元），而北京市流动人口的40%来自河北、河南、山东这三省，从收入上看，北京市非常具有吸引力。

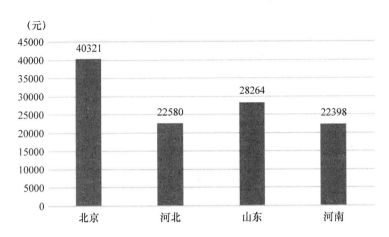

（元）

图 2 - 2 - 1　2013 年北京与周边三省城镇居民可支配收入比较

数据来源：2014 年北京、河北、山东、河南《国民经济和社会发展统计公报》。

（二）部分领域的生活成本低于周边地区

根据能够找到的最新数据，这里对北京、石家庄、济南、郑州四地以"衣食住行"为代表的生活成本进行比较。2012 年，北京地区可支配收入接近河北、山东、河南的两倍，在主要生活成本上的支出却仅仅略高于这三个省会城市，因此，在北京市工作和生活的净收益在四个地市中最大，如图 2 - 2 - 2。在生活成本方面经常被人忽视的是，北京市的衣、食、住、行等基础生活成本，以相对于收入的相对价格计算，要比周边地区低。以位于北京市周边、同时也是北京市流动人口主要来源的河北、河南、山东三省为例。在穿衣方面，北京市由于商场众多，同时也是世界各大服装品牌汇集之地，市场竞争激烈，但潜力也巨大，以致商家为了抢占市场，商家各种打折促销活动层出不穷，相比于周边二、三线城市而言，北京市甚至能够吸引周边城市居民前来购买。在食品方面据调查显示，北京市的副食品价格、水电价格都基本持平河北、山东、河南三省，如果相比于收入而言其相对价格是低于这三个地区的，其中，不乏超大城市经济规模效应对价格的影响。

需要强调的是，租房成本是生活成本中重要的一部分。流动人口绝大部分在北京市居住的是出租房屋，房屋租赁支出由于在收入中所占比重较大，因此可能会对流动人口的迁移选择有较大影响。由于未找到各地区实

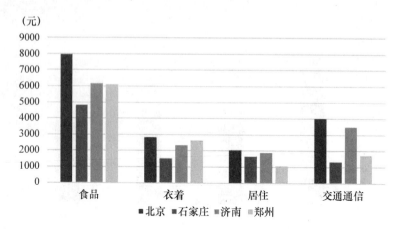

图 2 - 2 - 2　2012 年四地市居民家庭主要生活支出

数据来源:《2013 年中国城市年鉴》。

际房屋租金的确切数字,现采用住房租金和水电燃料价格指数对北京和河北、山东、河南的租房成本进行比较。众所周知,北京市的房屋租赁价格水平比较高,但大部分流动人口却能够通过选择离市区相对较远、房租相对较低的地方居住,并且随着北京市公共交通网络的逐渐完善,会选择到与北京市相邻的河北省境内居住,以保证较低的租房成本。而且,从水电燃料等指数来看,北京市的指数并不高。

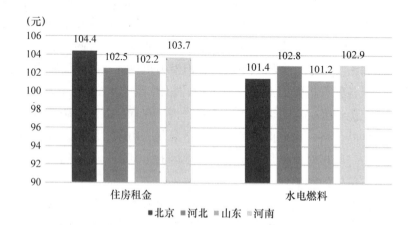

图 2 - 2 - 3　2012 年住房租金及水电燃料价格指数

数据来源:《2013 年中国城市统计年鉴》。

北京市的公共交通网络非常发达，同时价格便宜。2014年年底前，北京公交办卡后乘车是四折优惠，学生是两折优惠，即一般的公交费用优惠后是0.4元，学生价是0.2元。即便是2014年北京市公共交通提价之后，其价格水平也基本上与周边城市的郑州、石家庄、济南等城市持平。①

表2-2-2　　　　　　　　　公共交通成本比较

	北京	石家庄	济南	郑州
公交价格	计程票价 起步价2元 IC卡5折	单一制票价1元 IC卡8折	复合制票价1元/2元 IC卡8折	单一制票价1元 IC卡8折
备注	不计月卡、学生卡、老年卡			
地铁价格	计程票价 起步价3元	建设中 （2012年9月动工）	建设中 （2013年12月动工）	计程票价2—4元

北京市有着相对便捷的地铁网络，这是其他城市所不具备的。郑州目前只有一条地铁线路，石家庄和济南的地铁还在建设当中，这也在无形中降低了北京市交通出行的支出成本和时间成本。

（三）净结余较高

2012年，北京市城镇居民可支配收入为36469元，河北、山东、河南三地2012年的人均可支配收入分别为20543元、25755元、20443元。尽管北京的人均消费性支出最多，如果用当期（2012年）当地平均可支配收减去消费性支出的话，北京地区的结余是最多的，每年人均结余10751元，石家庄、济南、郑州三地人均结余7156元、5723元、3665元。

---

①　北京于2014年12月28日起正式实施了新的公共交通价格：地面公交10公里（含）内2元，10公里以上部分，每增加1元可乘坐5公里。市政一卡通刷卡，市域内普通卡打5折，学生卡2.5折；市域外按现行政策不变；轨道交通6公里（含）内3元；6—12公里（含）4元；12—22公里（含）5元；22—32公里（含）6元；32公里以上部分，每增加1元可乘坐20公里。

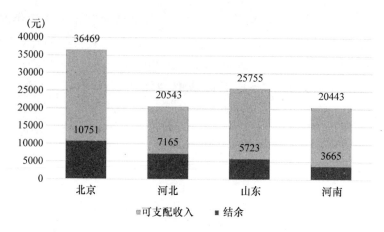

图2-2-4　2012年四地可支配收入与收入结余比较

数据来源:《2013年中国城市年鉴》。

　　综上分析,流动人口迁移到北京市主要是当地经济净收益低下等"推力"因素和北京经济净收益优势"拉力"因素的共同作用。经济因素是吸引流动人口不断迁入的主要因素。

二　市场结构对人口流动的影响

(一)人口经济协调性待改善

　　"经济—人口弹性系数"这一概念作为衡量人口与经济两者是否协调的基本指标,反映的是一种动态下的协调状态。人口经济学家认为,人口总量每增长1%,就需要国内生产总值增长3%—4%,才能维持原有的水平,所以选取人口增长速度和经济增长速度两个指标,用经济—人口弹性系数E来表示两者的协调度,即:

　　经济—人口弹性系数E=经济(GDP)增长速度/人口增长速度

　　当经济—人口弹性系数E≤1,则认为经济社会发展处于停滞阶段,人民生活水平会下降,整个社会呈现出停滞或退步状态;当1<E<5,则认为经济社会发展处于缓进阶段,人民生活水平虽有所改善,但是改善速度缓慢;当E≥5,则认为经济社会发展处于协调阶段,在此状态下人口与经济处于协调发展的良性循环之中。

　　根据北京市2000—2011年的国内生产总值和常住人口,可以得到北京市 2001—2013 年国内生产总值和常住人口的年增长率,以及经济—人口弹性系数。近年来北京市经济保持较高的增长率,GDP 的年增长率均保持在 15% 以上,近年来稳步回落;常住人口年增长率自 2001 年起呈现不断上升趋势;总的来看,北京市的经济—人口弹性系数 E 在波动中不断下降,2005 年之前经济社会发展处于协调阶段,2006 年以后,经济社会发展协调度在下降(见表 2-2-3)。

表 2-2-3　　　　 2001—2013 年北京市经济—人口弹性系数

年份	经济(GDP)年增长率(%)	常住人口年增长率(%)	经济—人口弹性系数 E
2001	17.28	1.58	10.96
2002	16.37	2.75	5.95
2003	16.04	2.33	6.88
2004	20.49	2.49	8.22
2005	15.52	3.03	5.11
2006	16.48	4.10	4.02
2007	21.30	4.68	4.55
2008	12.88	5.67	2.27
2009	9.34	5.03	1.86
2010	16.13	5.48	2.94
2011	15.15	2.89	5.24
2012	10.01	2.51	3.99
2013	9.07	2.20	4.12

数据来源:相关年份的《北京市统计年鉴》。

相比于总体的经济—人口弹性系数,将经济增长指标细化到行业 GDP 增长率,将人口变化指标细化到该行业从业人员变化率,得到的分行业经济—人口弹性系数能够更加直观地说明整个经济结构的发展情况。分行业经济—人口弹性系数可以表示为:

行业经济—人口弹性系数 = 行业 GDP 增长率/行业从业人数增长率

为了能够更加直观地反映北京市当前经济与人口协调发展状况,将北京市的经济—人口弹性系数与我国四个超大城市(上海、广州、深圳、天津)进行比较。同时,由于不同城市之间功能定位、产业配比情况存在差异，因此，单纯整体比较并没有实际意义，本研究将各个城市的经济—人口弹性系数细化到分行业，重点比较 2010 年五个城市分行业的经济—人口弹性系数。

从表 2 - 2 - 4 可以看出，2010 年北京市的工业 GDP 增长较快，相对弹性系数强于天津、广州和深圳，但是相比于上海而言，差距依然明显；在第三产业方面，交通运输、卫生与社会福利、公共管理等方面的弹性系数较高，但其发展并未领先于所有超大城市，例如，交通运输方面低于上海和广州，卫生方面低于上海，公共管理方面低于天津和上海。此外，对于北京而言，信息传输、计算机服务和软件业、批发与零售业、住宿餐饮业、房地产业、水利、环境和公共设施管理业、居民服务和其他服务业以及文化、体育和娱乐业的经济—人口弹性系数很低，甚至在五个超大城市中是最低的。

表 2 - 2 - 4   各大城市 2010 年分行业经济—人口弹性系数

	北京	天津	上海	广州	深圳
第一产业	—	- 2.33	0.02	- 0.57	0.10
第二产业	4.49	10.81	40.38	5.96	1.15
工业	27.79	7.16	66.32	3.85	1.09
建筑业	0.85	- 5.60	5.01	- 4.54	2.16
第三产业	3.43	7.60	3.55	2.84	1.31
交通运输、仓储和邮政业	15.03	9.16	16.70	29.27	1.26
信息传输、计算机服务和软件业	0.91	- 1.17	4.23	1.95	0.97
批发与零售业	2.30	4.50	4.64	8.74	2.58
住宿和餐饮业	- 18.45	0.86	1.50	2.16	2.64
金融业	2.21	5.34	0.92	2.80	0.69
房地产业	- 1.14	0.64	6.61	0.38	0.46
租赁和商务服务业	2.62	- 4.71	5.88	8.32	0.85
科学研究、技术服务与地质勘查业	3.38	3.02	0.65	1.50	0.65
水利、环境和公共设施管理业	- 105.71	- 5.26	- 2.02	0.47	- 0.43
居民服务和其他服务业	- 14.55	- 0.73	- 1.00	0.28	0.08
教育	- 6.09	- 29.48	- 2.57	4.32	3.01
卫生、社会保障和社会福利业	7.40	3.65	13.95	3.07	1.57

续表

	北京	天津	上海	广州	深圳
文化、体育与娱乐业	−3.81	—	2.42	11.56	—
公共管理与社会组织	4.01	7.67	5.08	1.76	1.94

数据来源：《中国城市统计年鉴2010》、《中国城市统计年鉴2011》。

可以看出，北京市的 GDP 增长率在几个特大城市当中并不十分突出，特别是相比于临近的天津市和南方的广州、深圳两地，GDP 增长率相对较低；而北京市近年来的常住人口增长率在波动中逐年上升，常住人口增长率长期排在几个特大城市之首。因此，北京市各行业的经济—人口弹性系数并不处于领先位置，这也一定程度上反映了在城市发展过程中，北京市面临着人口过快无序增长抵消经济增长效应的现实压力。

（二）劳动生产率待提高

劳动生产率是指劳动者在一定时期内创造的劳动成果与其相适应的劳动消耗量的比值。劳动生产率水平可以用同一劳动在单位时间内生产某种产品的数量来表示，单位时间内生产的产品数量越多，劳动生产率就越高；也可以用生产单位产品所耗费的劳动时间来表示，生产单位产品所需要的劳动时间越少，劳动生产率就越高。劳动生产率是反映人口与经济协调发展的重要指标。社会劳动生产率的提高与否，也必然取决于产业结构与就业结构的发展水平。产业结构水平高，表明劳动生产率高，也意味着能够吸纳更多的劳动力人口就业。

分行业的劳动生产率是将不同行业的从业人口与其产值分别考虑，能够更加具体地反映各个行业生产率情况。用 P 表示总的劳动生产率，P_i 表示某行业（$i=1, 2, 3\cdots$ 下同）的劳动生产率，用 GDP 表示地区总产值，GDP_i 表示某行业产值，L 表示就业总人口数，L_i 表示某行业就业人口数，则各产业的劳动生产率为：

$$P_i = GDP_i/L_i \qquad (i=1, 2, 3\cdots)$$

总的劳动生产率为：

$$P = GDP/L = \sum GDP_i / \sum L_i \qquad (i=1, 2, 3\cdots)$$

为了能够更加直观地反映北京市当前劳动生产率发展状况，将北京市的劳动生产率与我国四个超大城市（上海、广州、深圳、天津）进行比较。同时由于不同城市之间功能定位、产业配比情况存在差异，单纯整体比较并没有实际意义，本研究将各个城市的劳动生产率细化到分行业，重点比较 2010 年五个超大城市分行业的劳动生产率。

表 2 - 2 - 5   超大城市 2010 年分行业劳动生产率   （万元/人）

	北京	天津	上海	广州	深圳
第一产业	28.27	1.97	3.08	2.40	18.94
第二产业	17.49	16.01	16.27	12.79	12.46
工业	19.59	18.78	18.80	13.31	12.24
建筑业	11.87	6.36	7.10	9.16	16.77
第三产业	15.95	12.02	16.12	16.49	14.78
交通运输、仓储和邮政业	12.60	22.32	15.18	19.98	15.20
信息传输、计算机服务和软件业	20.79	30.16	33.75	28.47	25.08
批发与零售业	17.90	10.61	14.36	10.05	8.12
住宿和餐饮业	7.52	4.79	5.61	8.05	7.38
金融业	66.80	48.48	80.92	77.14	106.83
房地产业	23.74	25.90	27.89	50.21	26.48
租赁和商务服务业	8.48	8.48	13.19	29.91	6.73
科学研究、技术服务与地质勘查业	14.41	13.55	11.82	9.99	11.30
水利、环境和公共设施管理业	7.53	9.30	4.20	14.56	17.94
居民服务和其他服务业	6.09	5.13	2.87	3.64	5.35
教育	11.47	7.28	13.80	12.53	13.64
卫生、社会保障和社会福利业	11.62	7.03	12.27	17.45	17.21
文化、体育与娱乐业	15.03	10.46	7.89	30.75	27.53
公共管理与社会组织	11.30	9.55	19.63	18.59	16.28

数据来源：以上原始数据均来自各城市 2011 年统计年鉴，就业人数为分行业的社会从业人员数。

通过对比可知，2010 年北京市各行业的劳动生产率相比于其他四个超大城市而言，并没有完全处于领先的地位。交通运输、仓储和邮政业、信息传播、计算机服务和软件业、房地产业等行业的劳动生产率在几个大城市中居然是最低的，而金融业的劳动生产率仅略高于天津，低于上海、深圳、广州。

第三章 城业联动与人口空间分布

伴随着经济的高速发展，2014年我国城市化率达到54.77%，已经超过世界平均水平且仍将提速。由于人口向城市聚集具有强烈的指向性和区域性，因此，近些年来我国大城市常住人口总量激增且在空间分布上表现出明显的内部不均衡性。作为我国首都的北京市，同样面临这些问题，其人口和功能"双疏解"难题亟待破解，亟须在把握大城市人口空间演变规律的基础上，通过城业联动的手段，重塑人口空间分布。

关于经济发展、城市化与人口分布之间的相关关系已有较多研究，大体可分为两类：一是区域发展与人口空间分布的关系。文献普遍认为，区域经济差异刺激了区域间的人口流动规模和方向（Zhang J.，2002；张车伟、蔡翼飞，2012等），影响着区域人口分布的空间格局，而人口的流动则进一步推动城市化进程，通过劳动力资源的优化配置反作用于经济发展。对于三者之间的关系，最成熟的是城市化发展的"三阶段论"。该理论认为，城市化一般遵循"S"形的发展曲线，即早期发展缓慢、中期进程加速、后期速度放缓（周毅，2009）。当前，我国城市化发展处于中期阶段，快速城镇化导致了人口向大中型城市的过度聚集（赵新平、周一星，2002）。

二是城市发展与内部人口空间分布的关系研究。孙平军等使用自然断裂法对东北城市进行空间分析后发现，经济城市化的空间分异是人口城市化和空间变动的主导因素（孙平军等，2011）；刘洁等认为，经济聚集和人口聚集之间不合理状态是影响发展的重要原因，经济——人口分布的协调是提升经济系统收益和人口系统福利转化效率的有效方法（刘洁等，2011）。在大城市发展的不同阶段，经济发展对不同区位的人口增加有着显著推动作用（冉淑青等，2015），即在城市发展的早期阶段，城市几何中心承担行政、经济和文化等重要功能，是城市人口密度最高的区域；在城市发展的中期阶段，城市化水平不断加速，城市土地利用和开发开始向外扩散，人口密度开始由几何中心向外围转移，形成围绕中心区发展的重要功能区（储金龙，2006）；在城市发展的后期阶段，城市化已达到较高水平，核心城区人口对经济发展的敏感性下降，"逆城市化"显现，形成城市人口"郊区化"现象（汪光焘，2004；周一星，1996），最终培育出单核心的大都市区或多核心的城市群（Champion A.，1998；Salvati L.，2014）。然而，当前对于中国大城市是否已经基本完成城市化进程，是否已经进入"郊区化"阶段等问题，仍有较大争论（陈光庭，1996；宗跃光，2000；陈俊峰等，2003；黄荣清，2008）。

　　总之，多数文献致力于经济发展、城市化与区域人口分布之间的关联性研究，而对城市群及大城市内部人口空间分布变动与经济发展阶段的规律性研究相对不足。因此，本章力图在以下三方面寻求新的探索：第一，从京津冀城市群的角度，探讨经济发展与区域人口空间分布的关系如何？有何问题？第二，从北京市城市内部的角度，基于与东京和多伦多的比较，探讨北京城市发展阶段与内部人口空间分布表现出怎样的关联性？重塑人口分布的调整方向在哪里？第三，首都人口疏解的突破口是什么？

　　从数据来源来看，本章使用了如下数据：一是人口数据。中国数据主要来源于北京市"五普"和"六普"的分街道数据和统计年鉴；日本数据主要来自日本和东京市统计局以及《日本国势图绘》；加拿大数据主要来自多伦多统计局和多伦多大都市区的普查单元数据。本章选择东京都市圈和多伦多大都市区作为比较对象，是综合考虑区域面积、经济水平和城市化阶段的结果①；二是坐标数据。本章以普查资料中的街道或单元为分析单位。使用 Geocoding 对 Google 地图的数据库进行地址解析，得到各个普查街道或单元的坐标数据，并依据坐标数据，分别计算各街道或单元与城市中心坐标的直线距离。

　　从研究方法来看，本章使用了四种方法：

---

　　① 从城市面积和人口数量上看，东京都市圈和北京市人口分别为 3680 万人和 2152 万人。两者在空间上具有可比性：东京都市圈面积为 1.34 万平方公里，小于北京市的 1.64 万平方公里，但北京的平原面积仅占 38%；选择多伦多作为比较对象主要是因为在城市规划方面加拿大与中国相似，上级政府对其所需辖区发展规划具有直接影响，多伦多大都市区经历多次城市规划，其人口空间分布受到政策的影响较大，其空间变动情况反映了城市发展和城市规划共同作用的结果。

　　一是区域几何重心法。这种方法用于测量京津冀区域内人口和经济的空间分布状况以及人口重心和经济重心的坐标及空间变动趋势。经纬度具体计算公式分别为：$\bar{x} = \dfrac{\sum X_i W_i}{\sum W_i}; \bar{y} = \dfrac{\sum Y_i W_i}{\sum W_i}$，其中，$W_i$ 为区域内第 i 个基本单位的某一属性值，X_i 为该单位的经度坐标，Y_i 为纬度坐标。经计算后的 $(\bar{x}, \bar{y})$ 即为某一属性的区域几何重心。本章主要使用人口属性（人口数）测量人口重心，使用经济属性（地区生产总值）测量经济重心。

　　二是 Gini 系数法和 Wright 系数法。洛伦茨曲线较早地被应用于城市土地空间利用的研究（Gordon P.，1986），使用洛伦茨曲线可有效反映城市人口的空间聚集状态。由于洛伦茨的具象化特点不适用于比较研究，因此需要使用洛伦茨曲线的数值指标进行比较分析。通过从右下角画一条 45 度的对角斜线，将洛伦茨曲线分割为区域 A、B 和 C，Gini 系数和 Wright 系数的计算方法分别为：

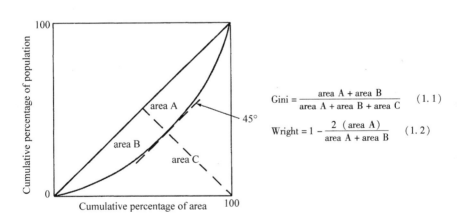

$$\text{Gini} = \frac{\text{area A} + \text{area B}}{\text{area A} + \text{area B} + \text{area C}} \qquad (1.1)$$

$$\text{Wright} = 1 - \frac{2 \ (\text{area A})}{\text{area A} + \text{area B}} \qquad (1.2)$$

　　运用 Gini 系数可测量城市人口分布的分离程度，但不能用于测量人口分布的峰值不对称情况。因此，我们进一步使用 Wright 系数测量人口的相对集中度，取值范围从 −1 到 +1，取值越大表示峰值倾向于高密度区域，取值为 0 则表示其为标准的洛伦茨曲线。在 Gini 系数既定的情况下，Wright 系数越高表示区域人口集中度越高。

　　三是空间自相关分析。这种方法是指同一个变量在不同空间位置上的相关性，是空间单元人口聚集程度的一种度量。空间自相关性使用"全局"和"局部"两种指标，全局指标（Univariate Moran'I 指数）用于探测整个区域的人口空间模式，使用单一的值来反映该区域的自相关程度，其计算公式为：$I = \dfrac{n \sum_{i=1}^{n} \sum_{j=1}^{n} w_{ij}(x_i - \bar{x})(x_j - \bar{x})}{\sum_{i=1}^{n} \sum_{j=1}^{n} w_{ij}(x_i - \bar{x})^2}$，其中，$I$ 为 Moran 指数，n 为街道单位数，x_i 和 x_j 分别为 i 街道和 j 街道的人口数，w_{ij} 为标准化的空间权重矩阵，该指数的取值范围为 [-1, 1]：大于 0 表示各单元存在空间正相关，单位内观察值有趋同趋势；小于 0 表示各单元存在空间负相关，单位内观察值有不同趋势；等于 0 时表示各单位为独立随机分布，空间不相关；局部指标 [Local Moran'I 指数（LISA）] 用于计算每一个空间单元与邻近单元人口分布的局部自相关程度，即识别"热点区域"，其计算公式为 $I_i = z_i \sum_{i=1}^{n} w_{ij} z_j$，其中，$z_i$ 和 z_j 为 i 街道和 j 街道上人口数的标准化。依据 I_i 和 z_j 的正负取值差异，可将全部空间单位划分为四种类型的空间模式："高—高类型"代表了人口规模大的街道被相似街道所包围，"低—低类型"代表了人口规模小的街道被相似街道所包围，"低—高类型"和"高—低类型"则代表某一街道被与其人口规模相差巨大的其他街道所包围。

四是城市人口圈层比较分析。用于比较处于不同发展阶段的城市，其人口空间分布的规律性。数据来源有二：一是人口普查数据。加拿大和东京以普查区（Census Tarcts）为基本单位，而我国能够获得的最小单位为街道数据；二是利用普查区坐标数据产生距离变量，根据距离变量对普查区进行梯度分组，最后对各组人口数量和密度进行纵向比较，并与其他城市进行横向比较。

一　城业分离、职住分离导致的人口空间布局问题

（一）京津冀经济重心与人口重心仍向北京聚集

人口空间分布模式变动与经济发展和城市化进程相互影响。北京市作为京津冀协同发展空间布局中的关键"一核"，其人口分布既会受到周边省市经济发展的影响，同时也会对整个京津冀人口和经济空间分布模式产生重要影响。因此，在京津冀的框架下分析经济和人口空间分布之间的关

联性，有助于了解北京市人口空间变动的内在规律和外在影响。结合京津冀地区 2000 年至 2014 年的统计资料，以北京、天津和河北的 11 个地级市为基本单位，使用区域重心法对京津冀地区的经济重心和人口重心进行分析后，结果发现：

第一，京津冀经济重心经历了向北、向东"锯齿状"转移过程，即由"霸州"向"廊坊"方向移动，持续向北京逼近；第二，京津冀人口重心正经历"快速向北、持续向东"的转移过程，即由"任丘"向"霸州"方向移动，持续向北京聚集；第三，人口重心与经济重心高度相关，但人口重心滞后于经济重心的转移，经济重心对人口重心的移动具有显著的引领作用（见图 2 - 2 - 1）。因此，尽早提高北京周边区域的经济发展水平，推动北京部分产业外迁，对于引导北京市人口向外疏解意义重大。

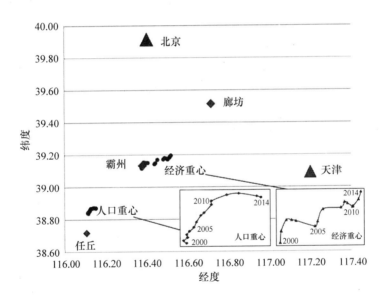

图 2 - 2 - 1　2000—2014 年京津冀地区经济重心和人口重心转移趋势
注：右下角两幅小图是图 2 - 2 - 1 左侧"经济重心"和"人口重心"的放大图。

（二）人口空间分布严重不均衡

北京市是我国最典型的以同心圆方式发展的大城市，人口分布变动和城市化的发展都呈现出圈层分布的特点，人口高度集聚在中心城区[①]：

---

① 中心城区是指当前的西城、东城、朝阳、海淀、丰台、石景山六个区。

1949 年以前的北京市人口分布保留着传统大城市的分布特征，即呈现出典型的同心圆分布，人口密度由中心城区向四周逐步降低；新中国成立后，北京市进行多次城市规划和行政区扩充，尽管中心城区仍保持着较高的人口密度，但近郊区和远郊区的人口增长速度高于中心城（王雯菲等，2001；王静文等，2010）；20 世纪 90 年代后，首都功能核心区（今东城和西城所在区域）的人口吸纳能力基本饱和，人口密度保持相对稳定，但在这一阶段北京市人口总量激增，进一步导致了城市功能扩展区人口密度的快速增加，中心城区人口超负荷运转，其中，城业联动对非中心城的人口引导作用亟待加强。

1. 常住人口空间分异持续扩大，区域集中度不断增强

1990 年至今，北京市常住人口更多地向城区集中，城市化率继续上升，北京市进入到城市化的新阶段。基于 1990 年、2000 年和 2010 年 3 次人口普查的街道人口数据，本章使用 Gini 系数法和 Wright 系数法对北京市人口空间分布均衡程度的变动情况进行分析，发现两个特点：

第一，Gini 系数显示：北京城市内部人口分布的不均衡性增强，中心城区问题最突出。依照空间 Gini 系数的判定标准，0.3—0.4 位于相对合理区间，0.4—0.5 为差距较大区间。按此标准，北京市人口分布的 Gini 系数不断扩大：从 1990 年的 0.31 增加至 2010 年的 0.47，特别是中心城区自 20 世纪 90 年代开始就已超出合理范围，2010 年更是达到 0.46 的水平，北京市的人口分布越来越不均衡（见表 2 - 2 - 1）。

表 2 - 2 - 1　　　**北京市人口空间分布的 Gini 系数和 Wright 系数**

	1990 年	2000 年	2010 年
Gini 系数	0.3091	0.3904	0.4716
中心城	0.4023	0.4159	0.4573
非中心城	0.2810	0.2635	0.2551
Wright 系数	0.1448	0.2202	0.3956

第二，Wright 系数显示：北京市人口空间分布的区域集中度增加，更多的人口集中于更少的街道。结合 2000 年和 2010 年北京市人口分布的洛伦兹曲线比较发现，在北京市人口分布 Gini 系数扩大的同时，洛伦兹曲线变得更加陡峭，Wright 系数也变得更高（见表 2 - 2 - 1、图 2 - 2 - 2），

这表明北京市人口空间分布不仅表现出严重的区域不均衡特征，而且大量人口主要集中在小部分区域。

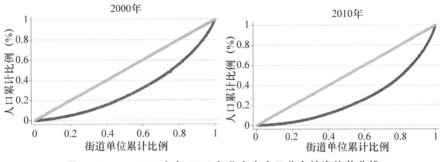

图 2 - 2 - 2　2000 年与 2010 年北京市人口分布的洛伦茨曲线

2. 全局常住人口空间关联程度下降，流动人口空间聚集减弱

由于北京市人口集中的重心以及离散的具体情况并不能仅仅通过 Gini 系数和 Wright 系数展现出来，所以我们有必要对北京市人口空间分布的关联模式加以分析。本章进一步使用"全局 Moran'I 指数"对北京市常住人口和流动人口数据进行分析，以便于更直观地比较北京市常住和流动人口的空间关联特征；使用"局部 Moran'I 指数"（LISA）对流动人口数据进行分析，以便于探讨北京市流动人口空间分化格局及其变动趋势（由于户籍人口空间分布比较稳定，常住人口的空间集聚变动很大部分受到流动人口的影响，因此文中只选取了流动人口的 LISA 结果）。

表 2 - 2 - 2　　　　　　　　北京市人口空间关联性分析

年份	全局 Moran'I：常住人口	全局 Moran'I：流动人口
1990	0.3668	—
2000	0.4486	0.5129
2010	0.3970	0.4003

第一，全局 Moran'I 指数显示：常住人口空间关联度存在"先升后降"的趋势。一方面，1990—2010 年北京市常住人口全局 Moran'I 指数均大于 0，表明北京市各街道常住人口存在显著的空间正相关关系，各街道常住人口在空间上更多地表现出"高—高"、"低—低"的聚集分布；另

一方面，常住人口全局 Moran'I 指数先升后降的特点与城市化进程的阶段性变化有关，特别是与流动人口规模和居住方式的阶段性特征相关。其中，1990 年至 2000 年常住人口全局 Moran'I 指数的快速上升与流动人口的大量流入有关。2000 年流动人口全局 Moran'I 指数为 0.51，显著的空间正相关关系表明：北京市流动人口居住分布具有更强的聚集性，即流动人口数高的街道更多地聚集在一起，流动人口数低的街道也更多地聚集在一起；而 2000 年至 2010 年 Moran'I 指数的小幅下降也与流动人口的空间分布变动有关。2010 年，北京市流动人口占常住人口的比例提高为 35.9%，而流动人口全局 Moran'I 指数下降为 0.40，下降速度比常住人口指数还快，从而推动了北京市常住人口全局空间聚集程度的下降。

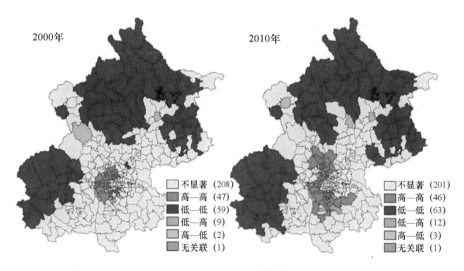

图 2 - 2 - 3　北京市常住人口空间聚集特征及其变化比较

注："红色"代表人口高密度组团的乡镇街道。"高—高"是指高人口密度的乡镇街道被高人口密度的乡镇街道所包围，其他类型同理。

第二，流动人口的局部 Moran'I 指数结果显示：流动人口空间分化格局变动较大，高关联区域在中心城和外围均有所减少，人口分布的圈层结构明显。与 2000 年相比，北京市 2010 年流动人口的空间分化格局更加明显，流动人口规模趋于稳定且居住选择更为多元（见图 2 - 2 - 4）：（1）强聚集圈层在扩散："高—高"类型区域开始向城市外围扩散（西北和东南方向），中心城各区流动人口聚集程度下降明显，呈现显著的"离

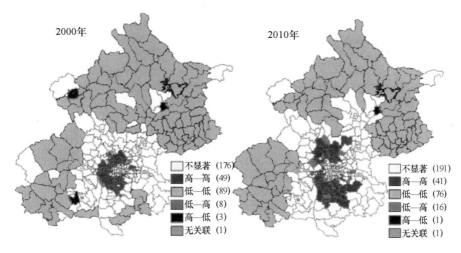

图2-2-4　北京市流动人口空间聚集特征及其变化比较

心化"流动趋势；（2）弱聚集圈层在缩小：城市远郊区对市区流动人口仍缺乏足够吸纳能力，显著的"低—低"类型区域主要集中在生态涵养区；（3）中间过渡圈层在扩散：存在一部分"低—高"和"高—低"类型区域，该类区域自身流动人口较为集中，但并未带动周边区域的人口增长；（4）部分地区流动人口空间分布相对独立，不存在显著的空间关联模式，主要集中在远郊区县与市区的接合部，构成了市区周边典型的圈层分布。

（三）倒"U"形人口空间分布状况亟待转变

依据城市化发展的阶段论，在城市化进程中的第二阶段，大城市数量、城市空间和人口规模会伴随经济发展而迅速扩大。在这一过程中，大城市的空间扩张和人口规模扩大促使城市群和大都市区应运而生，城市发展也表现出阶段性的空间特点。北京、东京和多伦多分别作为京津冀经济圈、东京都市圈和多伦多大都市区的中心，占地面积存在差异，但核心区域基本都在半径50公里范围之内。因此，为了统一口径，本章均对三者50公里圈层以内的人口分布演变规律进行比较，并发现大城市经历了由"极化""扩散"到多城市协同发展的过程。

1. 北京市由极化到扩散的倒"U"形人口圈层分布

在北京市人口总量不断增加的同时，其人口圈层分布已度过城市

"极化"阶段，呈现倒"U"形的发展特点（10—20 公里人口占比最高，其两侧较低，见表 2 - 2 - 1），波峰开始由核心区向外推移，即越趋近于城市中心，人口比例下降幅度越大，人口空间增长重心由最核心的 0—10 公里圈层（约四环以内）① 向 10—30 公里圈层（约四环外至六环外围）转移，从中心城区向城市发展新区转移。

第一，0—10 公里圈层内（约四环以内）人口占 50 公里圈层人口的比例显著下降，且仍有下降空间。2000 年，北京市中心 5 公里圈层内（约三环以内）常住人口占比为 14.89%，2010 年下降到 9.74%；2000 年 5—10 公里圈层内（约三环和四环之间）常住人口占比为 26.13%，2010 年下降到 21.58%。然而，10 公里圈层以内人口总占比依然很高，占 31.32%。

第二，10—30 公里圈层内（约四环至六环外）人口比重显著上升。2000 年 10—15 公里圈层内（约四环与五环之间）常住人口占比为 20.36%，2010 年上升到 25.99%；2000 年 15—30 公里圈层内（约五环至六环外围）常住人口占比为 22.95%，2010 年上升到 29.79%。五环外围位于城市发展新区，在吸纳中心城人口的功能方面发挥了一定作用，与其"疏散城市中心区产业与人口的重要区域"的功能定位相一致。

第三，0—30 公里圈层内（约六环外围以内）人口占比不降反升，高达 87.11%。尽管 10 公里圈层人口占比有所下降，但 10—30 公里圈层人口占比上升幅度更大，所以 30 公里圈层内人口比例不仅没有得到有效控制，2010 年反比 2000 年上升了 2.78 个百分点。

第四，30—50 公里圈层内人口占比不升反降。由 2000 年的 15.67% 下降至 2010 年的 12.89%，下降了 2.78 个百分点。

表 2 - 2 - 3   北京市人口空间分布变化的比较

距离	常住人口数（万人）		调整前占比（全市口径:%）		调整后占比（50 公里口径:%）	
	2000 年	2010 年	2000 年	2010 年	2000 年	2010 年
0—5 公里	179.22	175.29	13.21	8.94	14.89	9.74
5—10 公里	314.48	388.46	23.18	19.81	26.13	21.58
10—15 公里	245.01	467.83	18.06	23.85	20.36	25.99

---

① 以市中心为原点的城市圈层与北京城市环路尽管有相当的空间重合，但并不严格一致。

距离	常住人口数（万人）		调整前占比（全市口径:%）		调整后占比（50公里口径:%）	
	2000年	2010年	2000年	2010年	2000年	2010年
15—20公里	119.93	250.15	8.84	12.75	9.97	13.90
20—30公里	156.16	286.06	11.51	14.59	12.98	15.89
30—40公里	105.48	139.20	7.77	7.10	8.76	7.73
40—50公里	83.17	92.88	6.13	4.74	6.91	5.16
50—60公里	24.50	25.70	1.81	1.31	—	—
60—70公里	63.95	74.63	4.71	3.81	—	—
70+公里	40.15	40.89	2.96	2.08	—	—

注：1. 表中"距离"按照各街道办事处、乡镇政府与天安门的直线距离计算得到。

2. 调整前人口比例是以全市人口为基数，显示了0—70公里以上10个分组的人口比例；调整后人口比例是以50公里圈内人口为基数，显示了0—50公里7个分组的人口比例。

2. 东京都市圈由扩散到协同的"M"形人口圈层分布

国家经济发展水平不仅能直接影响区域间的人口流动，而且还能影响城市人口内部空间结构的变动。日本作为较早进入发达国家行列的国家之一，经济发展经历了1955—1972年激增、1973—1990年减缓以及1990年以后相对停滞等阶段，而东京都市圈人口分布的空间模式也随之发生了重大变化。狭义的东京都市圈主要包括东京都、千叶县、埼玉县、神奈川县等区域，总面积约1.34万平方公里，占日本国土面积的3.5%。从1920年到2010年，伴随着经济发展，东京都市圈城市化经历了先慢后快、再趋于稳定的过程，城市化水平从18%增加到90%，特别是1950年以后城市化进入加速期，东京人口空间分布变动很大。

第一，10公里圈层内的人口占比显著下降。该比例从1955年的30.8%下降至1999年的10.6%，而在1999年之后略有回升，直到2011年基本保持在11%的水平。当前的北京也具有此特点，但此圈层人口比例（31.32%）仍明显高于东京。

第二，10公里至30公里圈层内人口占比表现出显著上升趋势，10公里至20公里圈层是第一个人口高峰。尽管10公里至20公里圈层人口占比持续下降，但最终稳定在28%左右，依然保持较高比例；而10公里至30公里圈层内人口占比从1955年的43.4%增长到2011年的51.5%，主要来自于 20—30 公里圈层人口增长的贡献，其人口占比从 1955 年的 12.8% 连续增长到 2011 年的 23.7%，增长期主要是从 1965 年开始。

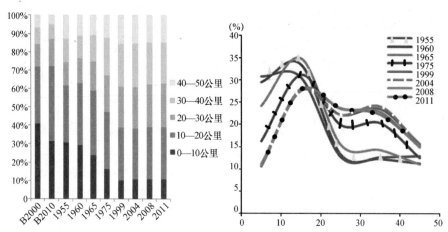

图 2 - 2 - 5   东京都市圈 50 公里人口圈层分布变动趋势（1955—2011 年）

注：B2000 是指北京 2000 年的情况；B2010 是指北京 2010 年的情况。

第三，30 公里圈层以内人口占比显著下降。该比例从 1955 年的 74.2% 下降至 2004 年的 60.4%，2011 年微升至 62.6%。下降的主要原因是 10 公里圈层人口占比的迅速下降，从 1955 年至 2011 年下降了 19.7 个百分点，远远超过 20—30 公里圈层人口占比的增幅。

第四，30 公里至 40 公里圈层人口占比显著上升，形成人口圈层分布的第二个小高峰。该比例由 1955 年的 12.7% 上升到 2004 年的最高值（24.1%），而后略降至 22%，并保持稳定。

可见，东京都市圈早期人口分布一直保持着典型的同心圆式城市空间结构，之后的人口分布由核心区开始出现波浪式、向四周推动的特点，并最终形成以东京都为核心的多极重心。此外，东京都市圈人口增加的幅度、速度与到市中心的距离存在非线性关系，人口分布也呈现出"M"形的双峰曲线特征，这与不同时期的经济发展和城市化阶段有关：1955 年以后，日本经济开启高速发展模式。规划中，东京都市圈被定位为国家经济中心，利用其聚集效益加速推动日本经济发展；随后，东京都的可利用空间严重不足，1968 年《第二次首都圈建设规划》将规划范围扩展至"一都七县"，也使城市外围区域得到开发建设；随着 20 世纪 70 年代中

期日本经济增速趋缓，经济发展模式开始稳定，东京都市圈也经历了由
"一极集中"的地域结构向"多心多核"地域结构规划的转变，最终形成
了人口空间分布10—20公里和30—40公里的双峰格局。

　　3. 多伦多都市圈变中求稳的"全局式"人口城市群

　　多伦多是加拿大人口规模最大的城市，同时也是北美第四大都市区。
多伦多大都市区除了多伦多市外，还包括其他四个地级市，2011年总人
口规模为657万，是加拿大人口密度最高的城市群。1950年，安大略省
政府制定多伦多大都市区发展规划，计划将地方政府划分为区域政府和市
镇政府，分别管理相应公共事务。1970年，安大略省政府进一步制定新
的规划，以多伦多为核心分别向东、西、北三个方向延伸，涵盖120公里
的范围，并建立了皮尔、约克、达拉莫和霍尔特姆四个区域政府，与多伦
多分别制定各自的区域发展规划（Ontario，1970）。直到1996年，安大略
省政府成立金色委员会（The Golden Commission）统一研究多伦多大都市
区的发展问题，重新建议成立涵盖多伦多大都市区的区域和市镇政府。尽
管这一建议最后未能落实，但多伦多大都市区各个区域之间的关联性得到
增强。

表2-2-4　　　　多伦多人口基本分布情况（1991—2011年）

	1991年	1996年	2001年	2006年	2011年
多伦多大都市区	423.8	463.2	508.5	555.1	605.3
多伦多市	227.6	238.5	248.1	250.3	261.5
其他区域	196.0	224.3	260.0	305.3	343.9
霍尔特姆	31.3	34.0	37.5	43.9	50.2
皮尔	73.3	85.3	98.9	115.9	129.7
约克	50.5	59.2	72.9	89.3	103.3
达拉莫	40.9	45.9	50.7	56.1	60.8
多伦多市人口占GTA比例	53.7%	51.5%	48.8%	45.1%	43.2%

　　注："GTA"是"Greater Toronto Area"的缩写，中文名称为"大多伦多地区"。

　　第一，在多伦多大都市区的视野下，多伦多市的人口占比明显下降。
该比例由1991年的53.7%下降到2011年的43.2%，下降了10.5个百
分点。

第二，多伦多市 10 公里以内圈层人口的占比显著下降，从 1951 年的 30.6% 下降至 2011 年的 15.4%。多伦多大都市区依安大略湖而建，其整体空间结构呈扇形或半圆形分布，人口主要集中在多伦多市区，构成了半径为 20 公里左右的内部扇形区域。从长期趋势看，多伦多市区人口的增长主要集中在 10—20 公里圈层，10 公里以内的人口圈层则持续下降。

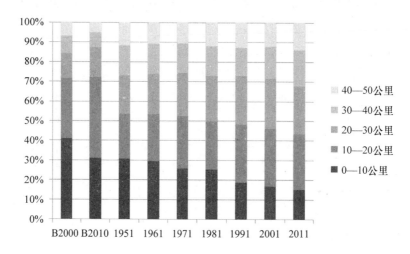

图 2 - 2 - 6   多伦多大都市区 50 公里人口圈层分布变动趋势（1951—2011 年）

注：B2000 是指北京 2000 年的情况；B2010 是指北京 2010 年的情况。

第三，10—30 公里的圈层内人口占比呈现显著上升态势，从 1951 年的 42.2% 上升至 2011 年的 53.6%，增加了 11.4 个百分点。1951—1961 年，多伦多市中心区人口空间增长与 2000 年以前的北京非常相似，增长中心即几何中心。1981 年以后的多伦多大都市区与 2010 年的北京人口空间分布特点一致，增长重心开始外移。二战以后，加拿大城市化开始加速进行，直到 20 世纪 70 年代以后才开始放缓。尽管在 70 年代以后城市人口增加缓慢，但城市内部人口空间分布模式却在发生迅速变化，人口重心逐渐外移，稳定集中于 10—30 公里的圈层范围内。

第四，30 公里圈层内人口占比相对稳定。先由 1951 年的 72.9% 上升到 1971 年的 77%，之后下降在 70% 左右，并保持稳定。30 公里圈层人口占比稳定的主要原因来自 10—30 公里圈人口占比的迅速上升，抵消了 10 公里圈层内人口占比下降的影响。

　　第五，多伦多大都市区的人口增长主要集中在外围 30—40 公里圈层内，呈现出与东京相似的双峰格局。由于多伦多大都市区为扇形结构，半径为 50 公里左右，其人口圈层分布数据信息在图 2－2－7 中不能得到充分反映。然而，根据加拿大普查资料显示①的 2006 年到 2011 年人口增幅，可以发现：市中心区人口几乎没有过快增长，仅有部分小幅增长集中在市中心区的外围，大部分人口增长集中于距离市中心 30—40 公里的范围内。

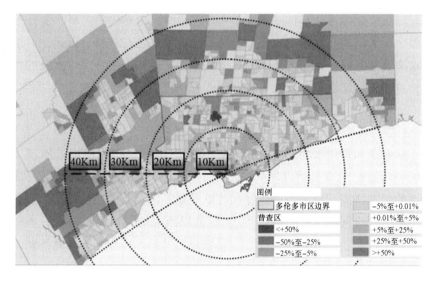

图 2－2－7　多伦多大都市区人口增幅分布图（2006—2011 年）

注：图中外围深色部分反映了此圈层明显的人口增长。

二　经济发展、城市化与人口空间分布演变引发的思考

　　由以上分析可知，首都人口疏解需要打破"规模调控"的旧思维，应在人口空间分布上寻求突破口，在城郊及北京周边地区亟待建立"有城有业、城业联动、配套完善、生活宜居"的卫星城或"微中心"；打造以"区域协作"为核心的人口圈层分布规划格局，以促进中心城区人口向郊区乃至都市圈里的城市群转移。

---

①　数据来自 2011 年加拿大国家人口普查统计公报，2012 年 2 月 8 日发布。

（一）推动城市人口重心呈现波浪式外推态势

基于北京、东京和多伦多的发展演变，可以发现：城市化的早期阶段，城市人口在空间上呈线性分布，城市人口高度聚集于市中心，距离市中心越远，人口密度越低；城市化的中期阶段，城市人口在空间上呈倒"U"形分布，城市开始新区建设，人口重心随经济重心而转移，由市中心向外扩散；城市化的后期阶段，城市人口在空间上呈"M"形分布，形成人口双极或多极分布特点。城市人口在由线性分布转向"M"形分布的过程中，人口重心呈波浪式外推趋势，经济重心也在外移。因此，对于我国京津冀地区而言，完善外围区域的城市功能，实现中心区与新城的功能互相对接，对于城市未来人口空间模式变动将产生积极影响。

（二）半径30公里圈层是城市重要分界线

从东京和多伦多的发展规律来看，半径30公里以内的城市圈层人口比例相对稳定，30公里以外的城市圈层承载一定量的人口，这是大都市发展的基本特点，也是市场选择和政策规划等因素共同影响的结果。若要解决城市人口问题，首先需要解决30公里圈内的人口拥挤问题，需要通过功能或产业转移等方式，提升卫星城或新城的人口吸引力。基于此，东

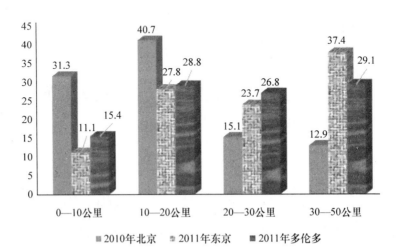

图2-2-8　北京、东京、多伦多人口空间分布的比例比较（单位:%）
注：三者均以距离城市中心50公里以内的地域范围为统计口径。

京和多伦多都从规划、改造和产业调整等方面对外围城区和卫星城建设做了大量工作，最终，对于 30 公里圈层内的人口比例，东京降至 63% 左右、多伦多降至 70% 左右，而目前的北京依然位于 87% 的高位（以 50 公里圈层为统计口径），而且 2010 年比 2000 年还有一定程度的增长，这表明北京市人口分布仍有调整空间，需要通过城业联动，提升外围城区和津冀地区的人口吸引力。

（三）城市人口空间演变周期大约为 50 年

人口空间分布从剧烈变动到趋于稳定，东京都市圈和多伦多大都市区基本都经历了 50 年左右的时间。日本在 1950 年后经历了经济加速增长、缓慢和停止阶段，人口空间分布直到 1999 年之后开始趋于稳定（当时人均 GDP 为 35025 美元）；加拿大在 20 世纪 50 年代后人口空间分布也经历多次变动，直至 2001 年以后开始稳定（2005 年人均 GDP 为 36116 美元）。而 2000 年我国人均 GDP 为 949 美元，与 1965 年的日本相近，当时的北京还处于演变周期的早期阶段；2010 年我国人均 GDP 激增至 4434 美元，参照东京和多伦多的发展规律，北京 10 公里圈内人口比例将会进一步下降，10—20 公里圈人口比例维持在 40% 左右的水平，20 公里以外人口比例将进一步上升。同时，北京市人口空间分布模式可能在 2035 年左右趋于稳定，短期干预可以缩短周期，但难以完全改变阶段性特征。

（四）推动"单一城市"规划向"全局式"城市群区域发展规划的转变

多伦多大都市区通过成立金色委员会的方式消除区域规划的内部冲突，执行全区统一的基本建设规划，其经验和教训值得借鉴。相比北京而言，津冀地区无论是可利用面积还是资源承载力均有较大发展空间，若仅依赖北京市自身规划进行人口分布优化，仍难以解决京津冀人口均衡协调发展的根本问题。京津冀协同发展需要改善北京周边地区的发展环境，实现公共服务和产业功能的综合统筹，因此，对京津冀经济社会发展进行"全局式"城市群协同规划，对于北京市人口疏解、人口空间布局重塑以及京津冀城市群的孵化都具有重要意义。

第三篇　公共服务因素

公共服务是维护社会基本公平的基石。作为政府治理国家的重要职能，全世界各国一直积极改善和推进公共服务的建设和水平。在我国，伴随着社会经济不断向纵深方向发展，社会各界对体现公民权利和政府责任的公共服务项目的重视程度不断加强。国务院出台的《国家基本公共服务体系"十二五"规划》进一步明确了基本公共服务在调结构、促转型、稳增长、保民生中的重要价值。随着北京市公共服务水平的进一步提高，公共服务与人口发展之间的互动关系日益紧密和复杂。一方面，北京市公共服务"高地"效应吸引人口的加速流入，加剧公共服务的供给压力；另一方面，北京市公共服务的"引导"效用又能推动人口的有序流动，在一定程度上疏解北京市中心城，甚至全市的人口压力。

然而，现阶段北京市日益膨胀的人口规模，复杂多变的人口结构和多样化的个性需求，对全市公共服务水平提出了更高要求。日益增多的人口问题所带来的各种隐患，迫使我们思考，若要同时实现人口控制与城市发展的双重目标，除了传统的人口数量控制措施外，还应当注重公共服务的作用。目前，人口与公共服务之间的模糊关系在很大程度上影响着未来北京市制定出科学、前瞻和可操作的公共服务规划和决策。因此，深入研究全市及其各区县公共服务状况及其对人口的综合影响，有助于将二者之间的关系具体化和明晰化，从而确保未来北京市国民经济和社会发展目标的顺利实现，推动全市人口疏解工作的开展。

从学界情况来看，目前关于公共服务与地区人口之间关系的研究大体上可划归为两大逻辑：第一，公共服务"被动适应"人口的逻辑。在此类研究中，公共服务被当作由人口态势决定的变量，公共服务资源配置跟着人口走。例如，部分学者认为，以人口城市化为主要特征的人口聚集带来了民生类公共需求的激增，从而造成地方政府的应对相对滞后，即在民生类公共产品供给过程中存在"瓦格纳效应"（赵领娣、张磊，2013），同时也存在人口流动和地方公共品的拥挤效应等（Yin Por Chen, 2009; 付文林，2012）。第二，公共服务"主动引导"人口的逻辑。此类研究将公共服务变量看作是能够对人口变动起引导作用的自变量。假设通过公共服务的科学配置，引导人口的合理分布。自从蒂布特模型（Charles M. Tiebout, 1956）提出以来，西方学者在人口引导逻辑下开展了一系列卓有成效的研究。然而，我国学者的此类研究还处于起步阶段，比较有代表性的成果是方大春和杨义武的研究。他们认为，尽管总体而言医疗卫生和文化服务对人口迁移具有正向作用，交通基础设施有负向作用，教育的作用不显著，但蒂布特模型在中国的适用性却存在显著的地区差异（方大春、杨义武，2013），应在不同区域加强此关系链条的研究。那么，北京市的情况是怎样的呢？结合国内外相关研究成果，本篇拟解决三个问题：

第一，现状问题：北京市公共服务资源现状及吸纳的现有人口状况怎样？在充分利用已有的北京市及各区县、统计、教育、卫生等部门的相关数据的基础上，全面考察和分析北京市公共服务资源配置的现状及其吸纳人口的特征和规律，并找出具有北京市特色的发展特点，为北京市政府统筹解决公共服务问题提供必要的决策依据。

第二，关系问题：公共服务供给与北京市人口变动的关系是什么？在控制经济因素之后，公共服务与人口之间是否依然存在显著的关联性。基于公共服务引导人口分布的逻辑，对北京市各项公共服务人口吸引度进行比较研究，以发现公共服务在常住人口和流动人口的"吸引效应"之间可能存在的差异。

第三，路径问题：首都北京市如何在保障民生与人口疏解之间找到一条相对适宜的公共服务供给之路？在公共服务引导人口分布逻辑的基础上，通过柔性引导，而非刚性限制的策略，化解北京市人口过度集聚所带来的各种矛盾。

第一章　教育资源与人口疏解

随着经济水平的提高，作为首都的北京市也越来越多地将政府职能倾注于如何更好地提供公共服务上，而教育作为公共服务的主要内容之一，其资源配置情况一直以来都是政府的关注重点。北京市统计局根据"六普"数据得出结论，北京市流动人口大量增加的主要原因之一便是"北京市的公共服务日趋完善，政府加强了对流动人口的服务与管理，相关的社会保障措施吸引了更多的流动人口来京就业和就学"。而教育资源配置方式与教育资源的获取方式是相互影响的两个过程。随着人口流动性的加大和流动人口家庭式迁移的增多，定居的流动人口将不断增加，其子女的义务教育需求也将随之扩大，城市现有的教育资源将难以满足不断增长的教育需求。城市义务教育资源在流动人口子女和户籍人口子女之间的配置也将出现新的不平衡。以下，我们分析了 2001 年以来北京市各级教育资源配置状况及发展变化，以探求 21 世纪以来北京市教育资源布局与人口变动的双向影响。

从研究现状可知，我国大城市教育资源配置与人口发展之间互动性的深入研究仍然相对匮乏。对于首都北京市而言，虽然在教育领域已经形成了全国公认的"服务高地"效应，但站在新的时代节点上，北京市依然面临两类难题亟待解决：一是如何根据求学人口的现实需求，在时间上和空间上提升教育资源配置的效率？二是如何按照非首都功能疏解、人口疏解的双重要求，明确首都教育的功能定位，通过教育资源的优化配置，引导人口在整个京津冀空间上的再分布？这是北京市教育与人口互动领域里的两个关键问题。

为了更有效地对以上问题作出回应，更清晰地展现出北京市教育与人口供需状况的发展脉络，本章基于 2001—2015 年的《北京市教育事业统计资料》，首先利用常规统计分析方法，对北京市教育资源与人口发展的互动性进行了详细地梳理和探讨，例如，需求侧的就学人口规模、构成及区域分布状况，供给侧的教育资源总量和结构配置状况等；之后利用动态和静态面板模型，探寻了北京教育资源与人口态势之间的量化关系，特别是在控制经济因素之后，教育资源与人口聚集之间是否依然存在显著的关联性，最终本章期望在兼顾公平和效率的视角下推动北京市教育资源在人口总量、结构和空间上的有效配置，形成一种人本化、双向互动的人口教育发展策略。

一　全市教育资源配置与人口发展之互动

一直以来，在教育资源供需领域，学校数量及其分布、就学规模、就学人口结构及其分布、师生比等若干问题都备受社会各界的密切关注。然而，这些问题混杂于各级各类教育的海量数据之中，容易让人迷失于微观数据而忽视宏观层面共性与差异的整体把握。北京市教育资源的优化配置需要结合未来人口发展态势，站在全市乃至京津冀协同发展的高度加以综合研判：既需要微观数据的支撑，又不失宏观视角的提炼；既需要各级各类教育阶段局部人口数据的分析，又不失各阶段之间全局式、纵贯人口数据的把握。在这样的要求下，本章对2001—2015年北京市各级各类教育资源供需状况①进行了横纵向分析，结果发现，自21世纪以来，北京市教育资源配置与人口发展态势的互动表现出以下几大现状特征：

（一）在校生规模"两头大、中间小"

"两头大"是指一方面幼儿园、小学这些低龄组就学人数多；另一方面高等教育阶段就学人数也较多，而且十多年来整体上表现出增长的态势，其中，幼儿园就学人数由2003年②的22.7万激增至2015年的39.4万，占全市各阶段在校生总数的比例由2003年的7.5%升至2015年的10.6%；小学就学人数由2003年的69.1万增至2015年的85.0万，占全市各阶段在校生总数的比例由2003年的19.8%上升到2015年的22.8%；

---

① 本章中的"高等教育"（含普通高校、成人高校、民办高校等）在校生数包含学历教育、非计划招生和各类培训学生；"中等职业教育"不含技工学校教育。

② 由于2001年和2002年缺失中等职业教育数据，所以在校生规模仅提供的是2003—2015年的数据情况。

高等教育阶段就学人数由 2003 年的 117.9 万激增至 2015 年的 189.5 万，占全市各阶段在校生总数的比例由 2003 年的 39.0% 上升到 2015 年的 50.8%，增加了 11.8 个百分点，上升幅度最为明显。"十三五"期间，教育部门应对这几类人群给予高度重视，特别是对高校在校生数占比突破半数的激增现象给予关注。

"中间小"是指全市初中、普通高中、中等职业教育阶段就学人数较少，而且近十年整体上呈现下降态势，其中，初中就学人数由 2003 年的 45.3 万减至 2015 年的 28.3 万，占全市各阶段在校生总数的比例由 2003 年的 15.0% 锐减到 2015 年的 7.6%，比例折半明显；普通高中就学人数由 2003 年的 25.1 万减少至 2015 年的 16.9 万，占全市各阶段在校生总数的比例由 2003 年的 8.3% 锐减到 2015 年的 4.5%；中等职业教育就学人数由 2003 年的 21.7 万减少至 2015 年的 13.4 万，占全市各阶段在校生总数的比例由 2003 年的 7.2% 锐减到 2015 年的 3.6%。在各类教育中，中等职业教育就学人数最少、占比最低。然而，"十三五"期间，这几类教育阶段的就学规模在一定程度上会受到低龄组补给人口增加的影响，存在止跌回升的可能。

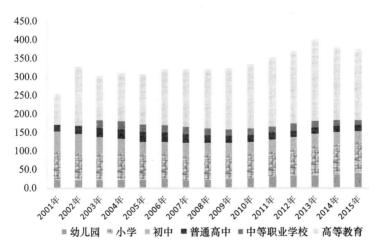

图 3-1-1　2001—2015 年北京市各级各类教育在校生数的
历史变化（单位：万人）

数据来源：北京市教育委员会编，2001—2015 年《北京市教育事业统计资料》（内部资料）。下同。

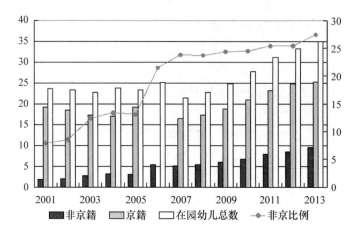

图 3 - 1 - 2　2001—2013 年北京市在园幼儿人口规模及

非京籍比例（单位：万人；%）

注：1. 京籍数据中，2001 年到 2005 年数据为本市正式户口学生数。2006 年数据未获得；2007—2013 年数据为在校学生数与非本市户籍学生数之差。非京籍数据中，2001 年到 2005 年数据为外省市户口借读生数量，2006 年到 2013 年数据为非本市户籍幼儿数，其中不包括外国籍幼儿。2. 非京籍比例请参照右侧刻度。

数据来源：北京市教育委员会编，2001—2013 年《北京市教育事业统计资料》。

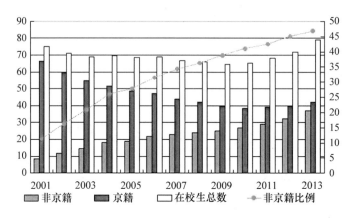

图 3 - 1 - 3　2001—2013 年北京市小学在校学生人口规模及

非京籍比例（单位：万人；%）

注：京籍数据中，2001 年到 2006 年数据为本市正式户口学生数，2007—2010 年数据为本市户籍学生数。非京籍数据中，2001 年到 2006 年为外省市户口借读生数量，2007 年到 2013 年数据为非本市户籍学生数。

数据来源：北京市教育委员会编，2001—2013 年《北京市教育事业统计资料》。

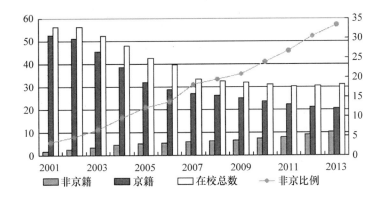

图 3 - 1 - 4   2001—2013 年北京市初中在校生人口规模及
非京籍比例（单位：万人；%）

注：1. 京籍数据中，2001 年到 2006 年数据为本市正式户口学生数，2007—2010 年数据为本市户籍学生数。非京籍数据中，2001 年到 2006 年非京籍数据为外省市户口借读生数量，2007 年到 2013 年数据为非本市户籍学生数。2. 非京比例请参照右侧刻度。

数据来源：北京市教育委员会编，2001—2013 年《北京市教育事业统计资料》。

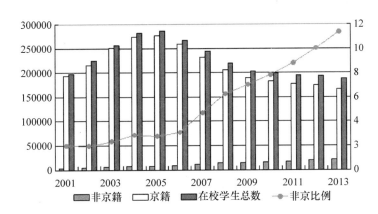

图 3 - 1 - 5   2001—2013 年北京市高中在校生人口规模及
非京籍比例（单位：人；%）

注：1. 非京比例请参照右侧刻度。2. 京籍数据中，2001 年到 2006 年数据为本市正式户口学生数，2007—2010 年数据为本市户籍学生数；非京籍数据中，2001 年到 2006 年非京籍数据为外省市户口借读生数量，2007 年到 2013 年数据为非本市户籍学生数。

数据来源：北京市教育委员会编，2001—2013 年《北京市教育事业统计资料》。

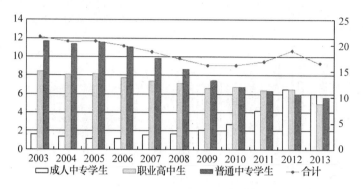

图 3 - 1 - 6 2003—2013 年北京市中职在校学生规模及
非京籍比例（单位：万人；%）

注：1. 2001—2002 年数据口径不一致，故未纳入分析。2. 合计请参照右侧刻度。

数据来源：北京市教育委员会编，2001—2013 年《北京市教育事业统计资料》。

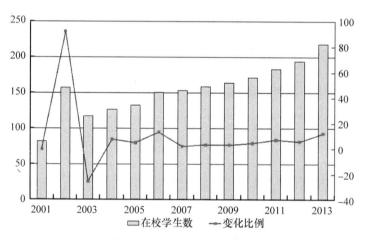

图 3 - 1 - 7 2001—2013 年普通高等教育在校学生人口规模及
年增速变化（单位：万人；%）

注：年增速变化比例为相对于去年同期的变化情况，请参照右侧刻度。

数据来源：北京市教育委员会编，2001—2013 年《北京市教育事业统计资料》。

（二）义务教育阶段非京籍学生占比骤增

在各阶段的就学人口中，幼儿园阶段非京籍就学人口占全市幼儿园就学总人口的比例接近三成，即由 2001 年的 8.3% 上升至 2015 年 26.6%，增幅较大；在义务教育阶段，非京籍学生占比最高：小学阶段非京籍就学人口占全市小学就学总人口的比例突破四成，即由 2001 年的 11.3% 增至

2015 年的 41.6%，年均增幅高达 2.2 个百分点；初中阶段非京籍就学人口占全市初中就学总人口的比例约为三成，即由 2001 年的 3.4% 增至 2015 年的 33.4%，年均增幅达 2.1 个百分点；而普通高中阶段非京籍就学人口占全市普通高中就学总人口的比重虽仅占一成左右，但也呈上升趋势，即由 2001 年的 2.0% 增至 2015 年的 8.8%。小学和初中阶段非京籍学生占比的快速增长，与 21 世纪以来北京市实施的义务教育均等化政策密切相关。

总体来看，目前北京市各教育阶段非京籍学生的占比现状反映出在京流动人口对基本公共服务需求的迫切性和规模化，这就要求政府部门在基本公共服务均等化与非首都功能疏解、人口疏解之间寻求一个平衡点，实现服务与管理的协调。

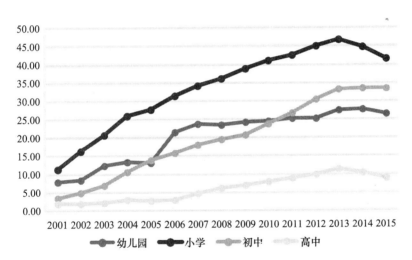

图 3 - 1 - 8 2001—2015 年北京市不同教育阶段非京籍学生占比的
历史变化（单位:%）

数据来源：北京市教育委员会，2001—2015 年《北京市教育事业统计资料》。

（三）学校数量"高校和高中增加、其他皆降"

从全市整体上来看，在各级各类学校中，普通高校和普通高中学校数量保持增长，而其他各类学校数量在减少。

第一，学校数量增加类。全市普通高等学校数量由 2001 年的 61 所增加到 2015 年的 90 所，增加了 29 所，增长比例达到了 47.5%，其中，中央部委属高校数量变化无几，增加较多的主要是市属高校，即由 2001 年的 30 所增至 2015 年的 53 所，增加了 76.7%。因此，在疏解非首都功能的视野下，市属高校发展方向的调整和优化亟待关注。此外，值得注意的是，在普通高等学校数量增加的同时，普通高校学生规模扩招的速度更快，全市普通高校的校均生数由 2001 年的 1.3 万人/所激增至 2015 年的 2.4 万人/所①，后者约是前者的 1.8 倍。可见，在人口疏解的背景下，如何有效控制高校"过度规模化发展"的内在冲动已经成为未来全市教育领域里一个难以回避的问题。

从普通高中来看，学校②数量先降后升。全市由 2001 年的 289 所增至 2015 年的 306 所，然而值得注意的是，由于 20 世纪 90 年代后生育率锐减导致 2005 年以后入校人数减少，因此，从 2001—2013 年全市普通高中学校数量一直在减少，而在 2014 年迅速增加到 306 所。在此影响之下，普通高中的校均生数由 2001 年的 672 人/所先升至 2013 年的 778 人/所③，后又降至 2015 年的 554 人/所。

第二，学校数量减少类。从幼儿园来看，园数先骤降后略升，但难阻整体性下降之趋势。因受出生率低下的影响，全市幼儿园数由 2001 年的 1719 所减少到十余年来的最低值 2010 年的 1245 所。之后，随着出生率的回升、幼儿园成立门槛的降低以及加快发展学前教育等政府相关规划的出台，幼儿园数量开始回暖，并在 2015 年提高到 1487 所，不过，仍低于 2001 年的水平。然而，从校均生数来看，学前教育的校均生数由 2001 年的 127 人/所翻倍至 2015 年的 265 人/所，从中可以感受到当前全市就学人口对幼儿园资源的压迫感。

从小学来看，学校数量前期急降、后期缓降。全市由 2001 年的 1960 所锐减到 2015 年的 996 所，其中，在 2001—2005 年"十五"期间全市小学学校数减少得最为明显，这是因为当时基础教育学龄人口逐年减少，北京市对中小学进行了结构布局调整，撤并了部分学校所致。当然，现实中存在着学校被兼并但功能未变的情况。④ 值得注意的是，全市小学的校均

---

① 此处普通高等学校的学生数包括普通本专科生、成人本专科生、网络本专科生、研究生、在职人员攻读硕士学位、自考助学班、普通预科生、研究生课程进修班、进修及培训以及留学生这几类。

② 高中学校包含高级中学、完全中学。

③ 此数据包含完全中学的学校数，因此，普通高中校均生数仅是反映大致情况的参考值。

④ 有些学校被合并，变成其他小学的分校，依然行使小学教育的职能。但从全市来看，小学数量却在减少。

生数由 2001 年的 339 人/所翻倍至 2015 年的 853 人/所，后者是前者的 2.5 倍。可见，全市小学学校数量明显减少与小学就学人口增加之间存在显著矛盾。

从初中来看，学校①数量锐减。全市由 2001 年的 727 所减少到 2015 年的 340 所，其中，降幅最明显的是初级中学，而完全中学稳中略降，九年一贯制学校表现出逐年增加的态势②，这基本符合未来学校建设的发展方向。由于近十余年来北京市初中学校数量下降的速度比初中生数量减少的速度更快，所以初中校均生数③却由 2001 年的 723 人/所增至 2015 年的 833 人/所。未来大量低龄组就学人口会整体性地进入初中阶段，所以对于初中学校的供给能力是一个挑战。

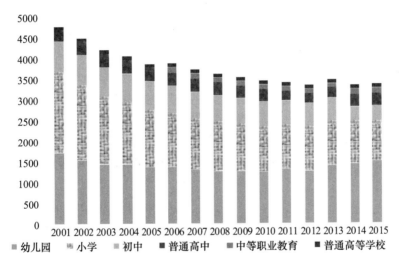

图 3 - 1 - 9　2001—2015 年北京市各教育阶段学校数量变化（单位：所）
数据来源：北京市教育委员会，2001—2015 年《北京市教育事业统计资料》。

从中等职业教育来看，学校④数量有所减少。全市由 2006 年的 135 所

---

①　初中学校包含初级中学、完全中学和九年一贯制学校。
②　初级中学是指只有初中部的中学；完全中学是指既有初级中学的学段，又有高级中学学段的学校；九年一贯制学校是指该校的小学和初中施行一体化教育，小学毕业后可直升本校初中的学校，即同时开办小学和初中的学校。
③　此数据包含完全中学的学校数，因此，初中校均生数仅是反映大致情况的参考值。
④　中等职业学校包含普通中等专业学校、职业高中学校、成人中等专业学校，但未含技工学校。

锐减到 2013 年的 97 所，之后又回升至 2015 年的 122 所。2013 年以前学校数量的减少是因 2006 年以来全市加快对中等职业学校的布局结构调整，撤并了一部分学校所致。而 2014 年以后学校数量的增加，可能与全市开始加大职业教育力度有关。

总之，北京市教育部门对市内各级各类学校的撤并计划应加强与未来各教育阶段就学人口变动趋势的匹配性，以确保基本公共服务的可及性和连续性。

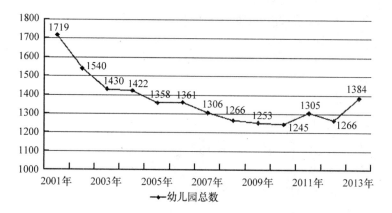

图 3 - 1 - 10　2001—2013 年北京市幼儿园园数（单位：所）

数据来源：北京市教育委员会编，2001—2013 年《北京市教育事业统计资料》。

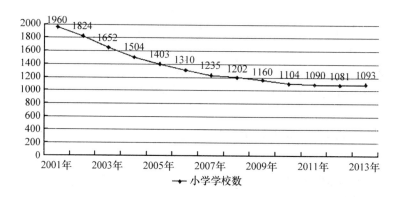

图 3 - 1 - 11　2001—2013 年北京市小学学校数量变化（单位：所）

数据来源：北京市教育委员会编，2001—2013 年《北京市教育事业统计资料》。

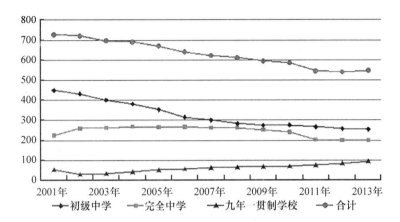

图 3 - 1 - 12 2001—2013 年北京市初中教育学校数量（单位：所）

注：1. 完全中学是既有初级中学的学段，又有高级中学学段的学校。2. 九年一贯制学校是指该校的小学和初中施行一体化的教育，小学毕业后可直升本校初中的学校，即同时开办小学和初中的学校。

数据来源：北京市教育委员会编，2001—2013 年《北京市教育事业统计资料》。

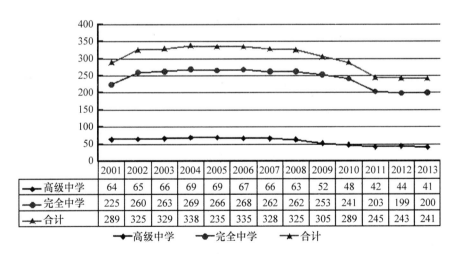

	2001	2002	2003	2004	2005	2006	2007	2008	2009	2010	2011	2012	2013
高级中学	64	65	66	69	69	67	66	63	52	48	42	44	41
完全中学	225	260	263	269	266	268	262	262	253	241	203	199	200
合计	289	325	329	338	235	335	328	325	305	289	245	243	241

图 3 - 1 - 13 2001—2013 年北京市高中教育的学校数量（单位：所）

注：完全中学是既有初级中学的学段，又有高级中学学段的学校。

数据来源：北京市教育委员会编，2001—2013 年《北京市教育事业统计资料》。

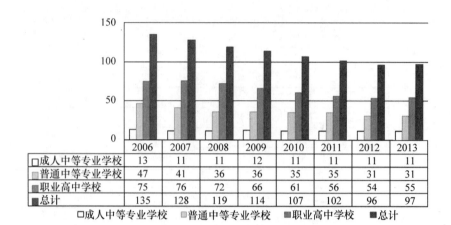

	2006	2007	2008	2009	2010	2011	2012	2013
□成人中等专业学校	13	11	11	12	11	11	11	11
普通中等专业学校	47	41	36	36	35	35	31	31
职业高中学校	75	76	72	66	61	56	54	55
总计	135	128	119	114	107	102	96	97

□成人中等专业学校　普通中等专业学校　职业高中学校　总计

图 3 - 1 - 14　2006—2013 年北京市中等职业学校的机构数（单位：所）

注：为保持连续年份的统计口径一致，故中等职业学校中未含技工学校数。

数据来源：北京市教育委员会编，2001—2013 年《北京市教育事业统计资料》。

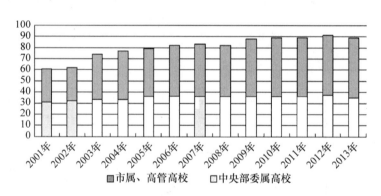

■市属、高管高校　□中央部委属高校

图 3 - 1 - 15　2001—2010 年北京市普通高等学校的数量（单位：所）

数据来源：北京市教育委员会编，2001—2013 年《北京市教育事业统计资料》。

（四）师生比"两头在降"

"两头在降"是指全市小学和大学的师生比在逐步降低，资源配置略显紧张。然而，两者之间却存在明显差异，即小学阶段的资源配置紧张是由就学人口增长的客观形势所致，但大学阶段的资源配置相对紧张则是由主动扩张的主观意志所致。2001—2015 年，全市小学教育专任教师数量由 5.4 万人略减少至 4.9 万人，小学在校生数量由 66.4 万人增加至 82.1 万人，小学师生比由 2001 年的 1∶12 降至 2015 年的 1∶17；而高等教育①师生比显著下降。2001 年高校师生比为 1∶10，"十一五"时期②降至 1∶22，"十二五"时期以后则进一步降至 1∶28。当前，政府部门需要分别从基本公共服务与功能定位两个角度看待小学和大学师生比的历史变化问题，即目前小学阶段师资的紧张是"服务需求推动型"，若再考虑"普遍二胎"生育政策的影响，这种紧张度会进一步加剧，而大学阶段师资的紧张则更多地表现为"功能过载拉动型"，是"虚假性"紧张。

表 3 - 1 - 1　　　　　2001—2015 年北京市各级各类教育师生比③

年份	高等教育	中等教育	小学教育
2001	1∶10	1∶15	1∶12
2002	1∶11	1∶15	1∶11
2003	1∶12	1∶15	1∶11
2004	1∶11	1∶14	1∶11
2005	1∶11	1∶14	1∶10
2006	1∶22	1∶14	1∶14
2007	1∶22	1∶14	1∶14
2008	1∶22	1∶13	1∶14
2009	1∶22	1∶12	1∶13
2010	1∶22	1∶12	1∶13
2011	1∶27	1∶11	1∶15
2012	1∶28	1∶11	1∶15
2013	1∶27	1∶10	1∶16
2014	1∶27	1∶9	1∶17
2015	1∶28	1∶8	1∶17

注：1. 师生比由历年教育事业统计资料中的专任教师数和在校学生数计算得出；2. 由于统计口径不一致，2001—2005 年高等教育师生比为普通高等学校本专科的师生比；2006 年以后高等教育统计口径包括研究生教育、普通高等本专科、成人高等教育、其他各类高等学历教育；3. 普通中等教育包括普通高中、中等职业教育、初中教育。

数据来源：北京市教育委员会，2001—2015 年《北京市教育事业统计资料》。

---

① 高等教育统计口径包括研究生教育、普通高等本专科、成人高等教育、其他各类高等学历教育。

② "十五"时期，高等教育专任教师数统计口径与后续年份不一致，无法连续比较分析，故此处未纳入。

③ 由于专任教师数未获得各区县数据，故未对各区县师生比作分析。

（五）基础教育就学空间布局倒"U"形特征在强化

倒"U"形特征（见图 3 - 1 - 16 中的曲线）是指在 2001—2015 年期间，从空间分布来看，城市功能拓展区就学人口的占比始终最高，且仍在进一步提升，而首都功能核心区、城市发展新区和生态涵养区的就学人数占比明显不及城市功能拓展区。

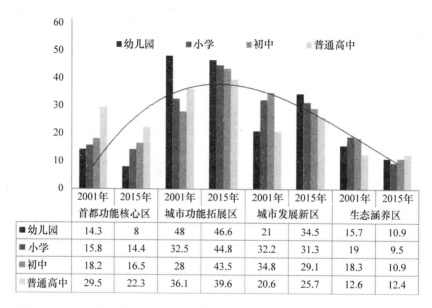

	2001年 首都功能核心区	2015年	2001年 城市功能拓展区	2015年	2001年 城市发展新区	2015年	2001年 生态涵养区	2015年
■幼儿园	14.3	8	48	46.6	21	34.5	15.7	10.9
■小学	15.8	14.4	32.5	44.8	32.2	31.3	19	9.5
■初中	18.2	16.5	28	43.5	34.8	29.1	18.3	10.9
□普通高中	29.5	22.3	36.1	39.6	20.6	25.7	12.6	12.4

图 3 - 1 - 16　2001—2015 年北京各教育阶段学生数的空间分布比例（单位:%）

注：图中黑色曲线示意的是学生数空间分布比例的倒"U"形特征。

数据来源：北京市教育委员会，2001—2015 年《北京市教育事业统计资料》。

具体来看，在学前教育阶段，八成在园幼儿主要集中于城市功能拓展区和城市发展新区，并呈现继续集中的趋势，其中，城市功能拓展区的朝阳区在园幼儿占比最高，2015 年占全市的 17.0%。值得特别注意的是，2015 年城市功能拓展区集中了近一半（46.6%）的在园幼儿，但城市功能拓展区幼儿园的园数仅占全市的 37.9%，由此可见，城市功能拓展区学前教育阶段资源配置处于相对紧张的状况。

在义务教育阶段，在校生进一步向城市功能拓展区集中，以海淀、朝阳两区最多且增长幅度较大，这两个区容纳了超过三成的义务教育在校生。值得特别注意的是，2015 年城市功能拓展区聚集了全市 44.8% 的小学生，但其小学学校的数量仅占全市的 29.1%；分户籍性质来看，京籍义务教育阶段在校生继续向城市功能拓展区和首都功能核心区集中，呈现"向心化"趋势，以海淀、朝阳、东城和西城等区最多；非京籍在校生继续向城市功能拓展区和城市发展新区集中，呈现"离心化"趋势，除海淀和朝阳外，丰台、昌平、通州、大兴等区也较多。

在普通高中阶段，在校生主要集中于城市功能拓展区和城市发展新区，并继续向这两个功能区转移，呈现由中心城区向外扩展的趋势。目前这两个功能区集中了超过六成的高中在校生，特别是海淀区占全市的比例最高，达到 23.9%，即全市五个高中生中就有一个在海淀上学，此比例明显高于其他区县。

表 3-1-2　　2001—2013 年北京市各区县幼儿园园数及空间比例变化

	2001 年（所）	2013 年（所）	2001 年（%）	2013 年（%）
全市	1719	1384	100.0	100.0
首都功能核心区	176	120	10.23	8.67
东城区	78	51	4.53	3.68
西城区	98	69	5.69	4.99
城市功能拓展区	525	518	30.54	37.42
朝阳区	165	191	9.60	13.80
丰台区	124	127	7.21	9.18
石景山区	42	47	2.44	3.40
海淀区	194	153	11.29	11.05
城市发展新区	481	475	27.98	34.32
房山区	86	103	5.00	7.44
通州区	113	126	6.57	9.10
顺义区	104	78	6.05	5.64
昌平区	148	103	8.61	7.44
大兴区	30	65	1.75	4.70
生态涵养区	525	271	30.54	19.58
门头沟区	16	23	0.93	1.66
怀柔区	97	68	5.64	4.91

续表

	2001 年（所）	2013 年（所）	2001 年（%）	2013 年（%）
平谷区	179	58	10.41	4.19
密云县	189	67	10.99	4.84
延庆县	44	55	2.56	3.97

注：1. 2010 年以前东城区数据含原东城区及原崇文区数据；西城区数据含原西城区及原宣武区数据。2. 2006 年以前房山区数据包括原房山区及原燕山区数据。

数据来源：北京市教育委员会编，2001—2013 年《北京市教育事业统计资料》。

表 3 - 1 - 3　　2001—2013 年北京市各区县在园幼儿人口规模及空间比例变化

	2001 年人数（人）	2013 年人数（人）	2001 年（%）	2013 年（%）	2001 年校均生数（人/所）	2013 年校均生数（人/所）
全市	217521	348681	100.0	100.0	127	252
首都功能核心区	31147	29107	14.31	8.34	177	243
东城区	14741	12722	4.03	3.65	189	249
西城区	16406	16385	4.95	4.70	167	237
城市功能拓展区	104387	169090	47.98	48.49	199	326
朝阳区	30645	58653	14.09	16.82	186	307
丰台区	24579	40694	11.30	11.67	198	320
石景山区	9035	13319	4.15	3.82	215	283
海淀区	40128	56424	18.45	16.18	207	369
城市发展新区	45634	110689	20.97	31.74	95	233
房山区	12163	28752	5.59	8.25	141	279
通州区	9663	20894	4.44	5.99	86	166
顺义区	8001	16962	3.68	4.86	77	217
昌平区	9309	20579	4.28	5.90	63	200
大兴区	6498	23502	2.99	6.74	217	362
生态涵养区	34147	39795	15.69	11.41	65	147
门头沟区	4175	5442	1.92	1.56	261	237
怀柔区	5415	9547	2.49	2.74	56	140
平谷区	9742	8113	4.48	2.33	54	140
密云县	8918	10253	4.10	2.94	47	153

续表

	2001 年人数（人）	2013 年人数（人）	2001 年（%）	2013 年（%）	2001 年校均生数（人/所）	2013 年校均生数（人/所）
延庆县	5897	6440	2.71	1.85	134	117

注：1.2010 年以前东城区数据含原东城区及原崇文区数据；西城区数据含原西城区及原宣武区数据。2.2006 年以前房山区数据包括原房山区及原燕山区数据。

数据来源：北京市教育委员会编，2001—2013 年《北京市教育事业统计资料》。

表 3-1-4　　2001—2013 年各区县小学学校数及空间比例变化

	2001 年（所）	2013 年（所）	2001 年（%）	2013 年（%）
全市	1960	1093	100.0	100.0
首都功能核心区	206	136	10.51	12.44
东城区	95	64	4.80	5.86
西城区	112	72	5.71	6.59
城市功能拓展区	505	357	25.76	32.66
朝阳区	203	134	10.36	12.26
丰台区	111	84	5.66	7.69
石景山区	41	31	2.09	2.84
海淀区	150	108	7.65	9.88
城市发展新区	753	429	38.41	39.24
房山区	215	109	10.97	9.97
通州区	141	82	7.19	7.50
顺义区	120	42	6.12	3.84
昌平区	126	100	6.43	9.15
大兴区	151	96	7.70	8.78
生态涵养区	488	171	24.89	15.64
门头沟区	68	29	3.47	2.65
怀柔区	66	25	3.37	2.29
平谷区	131	43	6.68	3.93
密云县	111	40	5.66	3.66
延庆县	112	34	5.71	3.11

注：1.2010 年以前东城区数据含原东城区及原崇文区数据；西城区数据含原西城区及原宣武区数据。2.2006 年以前房山区数据包括原房山区及原燕山区数据。

数据来源：北京市教育委员会编，2001—2013 年《北京市教育事业统计资料》。

表3-1-5   2001—2013年各区县小学学生人口规模及空间比例变化

	2001年人数（人）	2013年人数（人）	2001年（%）	2013年（%）	2001年校均生数（人/所）	2013年校均生数（人/所）
全市	664443	789276	100.0	100.0	339	722
首都功能核心区	104731	109776	15.76	13.91	508	807
东城区	49982	49091	7.52	6.22	526	767
西城区	54749	60685	8.24	7.69	489	843
城市功能拓展区	215743	351952	32.47	44.59	427	986
朝阳区	64402	118780	9.69	15.05	317	886
丰台区	45543	68840	6.85	8.72	410	820
石景山区	16399	22903	2.47	2.90	400	739
海淀区	89399	141429	13.45	17.92	596	1310
城市发展新区	213883	252025	32.19	31.93	284	587
房山区	52563	44787	7.91	5.67	244	411
通州区	47336	59413	7.12	7.53	336	725
顺义区	45115	38146	6.79	4.83	376	908
昌平区	24421	53649	3.68	6.80	194	536
大兴区	44448	56030	6.69	7.10	294	584
生态涵养区	126229	75523	19.00	9.57	259	442
门头沟区	13290	11100	2.00	1.41	195	383
怀柔区	21684	16143	3.26	2.05	329	646
平谷区	35697	16037	5.37	2.03	272	373
密云县	32722	20436	4.92	2.59	295	511
延庆县	22836	11807	3.44	1.50	204	347

注：1. 2010年以前东城区数据含原东城区及原崇文区数据；西城区数据含原西城区及原宣武区数据。2. 2006年以前房山区数据包括原房山区及原燕山区数据。

数据来源：北京市教育委员会编，2001—2013年《北京市教育事业统计资料》。

表3-1-6   2001—2013年北京市各区县"京籍"小学在校生
人口规模及空间比例变化

	2001年（人）	2013年（人）	2001年（%）	2013年（%）
全市	664443	419693	100.0	100.0
首都功能核心区	104731	79068	15.80	18.84

续表

	2001 年（人）	2013 年（人）	2001 年（%）	2013 年（%）
东城区	49982	35758	7.50	8.52
西城区	54749	43310	8.20	10.32
城市功能拓展区	215683	167965	32.50	40.02
朝阳区	64402	46000	9.70	10.96
丰台区	45543	24239	6.90	5.78
石景山区	16399	9934	2.50	2.37
海淀区	89339	87792	13.40	20.92
城市发展新区	217800	116576	32.80	27.78
房山区	56480	26876	8.50	6.40
通州区	47336	24795	7.10	5.91
顺义区	45115	21369	6.80	5.09
昌平区	24421	19821	3.70	4.72
大兴区	44448	23715	6.70	5.65
生态涵养区	126229	56084	19.00	13.36
门头沟区	13290	7167	2.00	1.71
怀柔区	21684	10478	3.30	2.50
平谷区	35697	12853	5.40	3.06
密云县	32722	16158	4.90	3.85
延庆县	22836	9428	3.40	2.25

注：1. 2010 年以前东城区数据含原东城区及原崇文区数据；西城区数据含原西城区及原宣武区数据。2. 2006 年以前房山区数据包括原房山区及原燕山区数据。

数据来源：北京市教育委员会编，2001—2013 年《北京市教育事业统计资料》。

表 3 - 1 - 7　　2007—2013 年北京市各区县"非京籍"小学在校生
人口规模及空间比例变化

	2007 年（人）	2013 年（人）	2007 年（%）	2013 年（%）
全市	228779	369583	100.0	100.0
首都功能核心区	21963	30708	9.60	8.31
东城区	9609	13333	4.20	3.61
西城区	12354	17375	5.40	4.70
城市功能拓展区	121482	183987	53.10	49.78

续表

	2007 年（人）	2013 年（人）	2007 年（%）	2013 年（%）
朝阳区	40036	72780	17.50	19.69
丰台区	36147	44601	15.80	12.07
石景山区	7550	12969	3.30	3.51
海淀区	37749	53637	16.50	14.51
城市发展新区	69320	135449	30.30	36.65
房山区	8236	17911	3.60	4.85
通州区	20819	34618	9.10	9.37
顺义区	11439	16777	5.00	4.54
昌平区	13956	33828	6.10	9.15
大兴区	15099	32315	6.60	8.74
生态涵养区	16015	19439	7.00	5.26
门头沟区	4576	3933	2.00	1.06
怀柔区	4118	5665	1.80	1.53
平谷区	2288	3184	1.00	0.86
密云县	3203	4278	1.40	1.16
延庆县	1830	2379	0.80	0.64

注：1. 2010 年以前东城区数据含原东城区及原崇文区数据；西城区数据含原西城区及原宣武区数据。2. 2006 年以前房山区数据包括原房山区及原燕山区数据。

数据来源：北京市教育委员会编，2001—2013 年《北京市教育事业统计资料》。

表 3-1-8　　　2001—2013 年北京市各区县初中在校学生人口的
规模及空间比例变化

	2001 年（人）	2013 年（人）	2001 年（%）	2013 年（%）
全市	525844	310568	100.0	100.0
首都功能核心区	95852	53264	18.23	17.15
东城区	44402	24308	8.44	7.83
西城区	51450	28956	9.78	9.32
城市功能拓展区	147049	132692	27.96	42.73
朝阳区	45742	40382	8.70	13.00
丰台区	29334	20624	5.58	6.64
石景山区	12108	10048	2.30	3.24

续表

	2001 年（人）	2013 年（人）	2001 年（%）	2013 年（%）
海淀区	59865	61638	11.38	19.85
城市发展新区	182825	88480	34.77	28.49
房山区	46346	18800	8.81	6.05
通州区	34902	17727	6.64	5.71
顺义区	44161	16656	8.40	5.36
昌平区	20361	16828	3.87	5.42
大兴区	37055	18469	7.05	5.95
生态涵养区	96122	36132	18.28	11.63
门头沟区	10656	4794	2.03	1.54
怀柔区	13979	6995	2.66	2.25
平谷区	31214	7075	5.94	2.28
密云县	23320	9897	4.43	3.19
延庆县	16953	7371	3.22	2.37

注：1.2010 年以前东城区数据含原东城区及原崇文区数据；西城区数据含原西城区及原宣武区数据。2.2006 年以前房山区数据包括原房山区及原燕山区数据。

数据来源：北京市教育委员会编，2001—2013 年《北京市教育事业统计资料》。

表 3-1-9　　2001—2013 年北京市各区县"京籍"初中在校生
人口规模及空间比例变化

	2001 年（人）	2013 年（人）	2001 年（%）	2013 年（%）
全市	525844	207098	100.0	100.0
首都功能核心区	95852	41784	18.20	20.18
东城区	44402	19100	8.40	9.22
西城区	51450	22684	9.80	10.95
城市功能拓展区	147049	77013	28.00	37.19
朝阳区	45742	18543	8.70	8.95
丰台区	29334	10653	5.60	5.14
石景山区	12108	5264	2.30	2.54
海淀区	59865	42553	11.40	20.55
城市发展新区	186821	57190	35.50	27.61
房山区	50342	14270	9.60	6.89

续表

	2001 年（人）	2013 年（人）	2001 年（%）	2013 年（%）
通州区	34902	11149	6.60	5.38
顺义区	44161	11915	8.40	5.75
昌平区	20361	8486	3.90	4.10
大兴区	37055	11370	7.00	5.49
生态涵养区	96122	31111	18.30	15.02
门头沟区	10656	3602	2.00	1.74
怀柔区	13979	5434	2.70	2.62
平谷区	31214	6542	5.90	3.16
密云县	23320	8865	4.40	4.28
延庆县	16953	6668	3.20	3.22

注：1. 2010 年以前东城区数据含原东城区及原崇文区数据；西城区数据含原西城区及原宣武区数据。2. 2006 年以前房山区数据包括原房山区及原燕山区数据。

数据来源：北京市教育委员会编，2001—2013 年《北京市教育事业统计资料》。

表 3 - 1 - 10　　　　2007—2013 年北京市各区县"非京籍"初中在校生
人口规模及空间比例变化

	2007 年（人）	2013 年（人）	2007 年（%）	2013 年（%）
全市	60276	103470	100.0	100.0
首都功能核心区	7851	11480	13.00	11.10
东城区	3538	5208	5.90	5.03
西城区	4313	6272	7.20	6.06
城市功能拓展区	32353	55679	53.70	53.81
朝阳区	11173	21839	18.50	21.11
丰台区	7774	9971	12.90	9.64
石景山区	2517	4784	4.20	4.62
海淀区	10889	19085	18.10	18.44
城市发展新区	16368	31290	27.20	30.24
房山区	2378	4530	3.90	4.38
通州区	3332	6578	5.50	6.36
顺义区	2741	4741	4.50	4.58
昌平区	3927	8342	6.50	8.06

续表

	2007 年（人）	2013 年（人）	2007 年（％）	2013 年（％）
大兴区	3990	7099	6.60	6.86
生态涵养区	3704	5021	6.10	4.85
门头沟区	1067	1192	1.80	1.15
怀柔区	1141	1561	1.90	1.51
平谷区	448	533	0.70	0.52
密云县	640	1032	1.10	1.00
延庆县	408	703	0.70	0.68

注：1. 2010 年以前东城区数据含原东城区及原崇文区数据；西城区数据含原西城区及原宣武区数据。2. 2006 年以前房山区数据包括原房山区及原燕山区数据。

数据来源：北京市教育委员会编，2001—2013 年《北京市教育事业统计资料》。

表 3 - 1 - 11　　　　**2001—2013 年北京市各区县高中在校学生**
人口规模及空间比例变化

	2001 年（人）	2013 年（人）	2001 年（％）	2013 年（％）
全市	194283	187586	100.0	100.0
首都功能核心区	57252	41206	29.47	21.97
东城区	26466	17940	13.62	9.56
西城区	30786	23266	15.84	12.40
城市功能拓展区	70120	72514	36.09	38.66
朝阳区	19754	15955	10.17	8.51
丰台区	10849	9279	5.58	4.95
石景山区	5309	5169	2.73	2.76
海淀区	34208	42111	17.61	22.45
城市发展新区	39979	50644	20.58	27.00
房山区	8624	9269	4.44	4.94
通州区	8226	10535	4.23	5.62
顺义区	10289	11828	5.30	6.31
昌平区	6488	8934	3.34	4.76
大兴区	6352	10078	3.27	5.37
生态涵养区	24547	23222	12.63	12.38
门头沟区	3161	2490	1.63	1.33

续表

	2001 年（人）	2013 年（人）	2001 年（%）	2013 年（%）
怀柔区	4698	4674	2.42	2.49
平谷区	7369	5578	3.79	2.97
密云县	4876	6329	2.51	3.37
延庆县	4443	4151	2.29	2.21

注：1.2010 年以前东城区数据含原东城区及原崇文区数据；西城区数据含原西城区及原宣武区数据。2.2006 年以前房山区数据包括原房山区及原燕山区数据。

数据来源：北京市教育委员会编，2001—2013 年《北京市教育事业统计资料》。

（六）普通高校的核心培养对象所占比例降至不足四成

从统计数据来看，北京市普通高校学生的比例构成已经发生了明显变化，在一定程度上表现出"市场化"倾向。对于首都高校而言，核心培养对象是研究生和普通本专科学生，而全市这一群体占高校学生数的比例由 2001 年的 50.0% 降至 2015 年的 35.1%，每年下降约 1 个百分点。相反，网络本专科以及进修培训人数明显增加，其中，网络本专科学生由 2001 年的 4.6 万倍增至 2015 年的 64.4 万，后者是前者的 14 倍；进修培

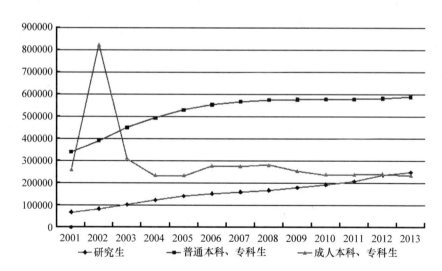

图 3-1-17　2001—2013 年北京市普通高等教育部分类别在校
学生人口规模（单位：人）

数据来源：北京市教育委员会发展规划处编，2001—2013 年《北京市教育事业统计资料》。

训学生数由 2001 年的 6.5 万激增至 2015 年的 37.6 万，后者是前者的 5.8
倍。此外，成人本专科学生的规模也不小，每年基本稳定在 20 万人左右。
可见，北京市高校的学生构成与首都的功能定位并不完全匹配，首都对全
国人才培养的引领功能亟待强化。

（七）教育资源配置"被动适应"人口发展

基于北京教育资源配置的基本态势，本章进一步对 2005—2013 年①
北京市及各区县常住人口变量（万人）和教育变量建立模型，以研究教
育资源与人口之间的量化关系。结合研究需要及数据的可得性，本章的教
育变量最终选择使用"公共财政中的教育支出"（万元）、"幼儿园数"
（个）、"小学数"（个）来衡量。在模型的选择上，出于两点考虑：第
一，由于教育资源和常住人口之间可能存在"被动适应"和"主动引导"
两种逻辑，因此，首先结合历史数据，基于动态面板模型，考察北京市教
育与人口之间究竟是哪种逻辑关系占据主导地位；第二，如果假设"主
动引导逻辑"成立，那么进一步使用静态面板分析模型，估测未来在
"主动引导逻辑"下，公共服务变量对人口变量的带动作用。

1. 现在：以"被动适应"逻辑为主导

为了测量 2005—2013 年间，北京市教育与人口之间到底是"主动引
导"还是"被动适应"的逻辑，本章建立了两类动态面板模型，以识别
教育与人口之间的主导逻辑，第一类模型假定"主动引导"逻辑，即将
常住人口变量作为被解释变量，而将教育变量作为解释变量；第二类模型
假定"被动适应"逻辑，即将教育变量作为被解释变量，而将常住人口
变量作为解释变量。② 公式为：

$$y_{it} = \beta_k x_{it} + \rho y_{i,t-1} + \delta z_i + \mu_i + \varepsilon_{it}$$

其中，x_{it} 表示既随个体变化又随时间 t 变化的 $1 \times k$ 变量向量，β 表示 x 的
$k \times 1$ 系数向量，z_i 表示只随个体变化而不随时间变化的 $1 \times p$ 变量向量；δ
表示 z 的 $p \times 1$ 系数向量；μ_i 表示个体层面效应，ε_{it} 表示扰动项。$\rho y_{i,t-1}$ 为

---

① 为了更好地反映近些年教育与人口的互动关系，本章将数据时间点定位于 2005—2013
年。

② 由于面板数据的动态模型能很好地控制模型中可能出现的双重因果关系和样本选择性，
所以通过对这两类模型结果的比较，可以很好地识别 2005—2013 年北京市教育变量与常住人口
变量之间的主导发展逻辑。

被解释变量的一阶滞后变量。[1]

表 3 - 1 - 12 显示了"主动引导"逻辑下，北京市 2005—2013 年教育变量对常住人口变量的动态面板分析。[2] 由表可知，解释变量，即常住人口变量的一阶滞后项、地区生产总值变量（GDP）对被解释变量（常住人口变量）具有显著的正向作用，但教育变量，包括幼儿园数量变量、小学数量变量、教育支出变量对常住人口变量的作用不显著。这说明北京市在 2005—2013 年间教育资源配置对常住人口分布的主动引导逻辑比较微弱，之前的因果假设并不成立。此模型再次证明了经济因素（GDP）对常住人口增加的影响。

表 3 - 1 - 12　"主动引导"逻辑下教育变量——常住人口变量动态面板模型

	Coef.	Robust. SE
L. Y	0.85 ***	0.04
幼儿园数	0.02	0.03
小学数	− 0.06	0.06
教育支出	− 0.00006	0.00002
GDP	0.01 ***	0.00

注：＊＊＊$p<0.001$；＊＊$p<0.01$；＊$p<0.05$，L. Y 是常住人口变量的一阶滞后变量。

另一方面，2005—2013 年北京市及各区县数据是否支持教育资源配置被动适应常住人口增长的逻辑呢？为此，分别用幼儿园数量和小学数量变量作为因变量，用常住人口变量作为自变量，用 GDP 变量作为控制变量建立动态面板分析模型 Ⅰ 和模型 Ⅱ。此处之所以并没有使用公共财政中的教育支出变量是由于该变量和常住人口变量之间并不存在显著的正向关系。模型 Ⅰ 和模型 Ⅱ 分别对应于使用"幼儿园数"和使用"小学数"作为被解释变量进行建模。其中，对模型进行过度识别检验结果显示：模型

---

[1] ［美］克里斯托弗·F. 鲍姆：《用 Stata 学计量经济学》，王忠玉译，中国人民大学出版社 2012 年版，第 193—206 页。

[2] 对扰动项差分的一阶到三阶差分检验结果显示扰动项的差分项不存在自相关，其一阶、二阶、三阶差分检验的 z 值分别为：− 1.73、0.13 和 0.78，且在 0.05 的显著度标准下都不能拒绝原假设，所以使用差分 GMM 进行模型估计是一致估计。同时，模型结果显示，估计过程使用了 40 个工具变量，所以有必要对模型进行过度识别检验，其检验结果显示卡方值为 2.81，模型并未出现过度识别现象。

Ⅰ和模型Ⅱ都通过了过度识别检验。

由表 3 – 1 – 13 可知，在模型Ⅰ中"幼儿园数"的一阶滞后变量、常住人口数对被解释变量（幼儿园数）具有显著的正向作用，但地区生产总值变量（GDP）对幼儿园数的作用并不显著[①]。同样地，在模型Ⅱ（即小学模型）中也发现了类似的规律。模型Ⅰ和模型Ⅱ的结果都显示，常住人口变量对幼儿园数和小学数的正向积极作用，其中，模型Ⅰ中常住人口变量对幼儿园数的作用系数为 0.30；模型Ⅱ中常住人口变量对小学数的作用系数为 0.06。这个结果说明，北京市在 2005—2013 年间，教育变量与常住人口变量之间的主导逻辑主要表现为"被动适应"逻辑，即主要根据常住人口的集聚情况来配置幼儿园和小学。

表 3 – 1 – 13　　"被动适应"逻辑下教育变量——常住人口变量动态面板模型

	模型Ⅰ（幼儿园）		模型Ⅱ（小学）	
	Coef.	S. E.	Coef.	S. E.
L. Y	0.74 ***	0.07	0.80 ***	0.03
常住人口	0.30 ***	0.08	0.06 ***	0.03
GDP	– 0.00	0.00	– 0.00	0.00

注：$* * * p < 0.001$；$* * p < 0.01$；$* p < 0.05$，L. Y 为幼儿园数量和小学数量的一阶滞后变量。

2. 未来："主动引导"存在可能性

在前述教育变量与常住人口变量关系探讨的基础上，本章进一步假定"主动引导"逻辑进行建模，与前文不同的是此处不考虑模型中存在的双向因果关系问题，所以，此处揭示的仅仅是一种可能性。[②] 为了更好地了解教育变量对常住人口的作用关系，建立静态面板嵌套模型 1 和模型 2，其中，模型 1 是没有控制经济发展水平下的模型，模型 2 则是控制了不同

[①]　这固然和 GDP 变量与其他被解释变量的相关性有关，同时，也说明北京市经济发展水平相对较高，在不同时期不同区县，经济发展水平都不是制约幼儿园数量的关键因素。

[②]　对于使用固定效应还是随机效应模型的检验发现：Hausman 检验结果显示 X^2 值为 248.40，p 值为 0.00，小于 0.05，所以拒绝原假设，即认为随机效应模型是不合适的，应当使用固定效应模型。对于是否有必要在模型中加入时间虚拟变量的问题，检验结果显示 LR X^2 值为 46.71，p 值为 0.00，所以认为应该在模型中加入时间变量。同时，对固定效应模型异方差进行检验的结果 p 值为 0.00，所以该模型存在严重的异方差性，需要在建模时注意对异方差的控制。

时期不同区县经济发展水平条件下的模型。公式为：

$$y_{it} = \beta_k x_{it} + \delta z_i + \mu_i \varepsilon_{it}$$

其中，x_{it} 表示既随个体变化又随时间 t 变化的 $1 \times k$ 变量向量，β 表示 x 的 $k \times 1$ 系数向量，z_i 表示只随个体变化而不随时间变化的 $1 \times p$ 变量向量；δ 表示 z 的 $p \times 1$ 系数向量；μ_i 表示个体层面效应，ε_{it} 表示扰动项。具体结果见表 3 - 1 - 14 所示。

表 3 - 1 - 14   **教育变量——常住人口面板模型（2005—2013 年）**

	模型 1		模型 2	
	Coef.	Beta	Coef.	Beta
幼儿园数	0.62（0.07）***	0.29	0.31（0.05）***	0.15
小学数	1.02（0.65）***	0.36	1.11（0.06）***	0.39
教育支出	0.00032（0.00003）***	0.45	−0.00039（0.00060）	−0.55
GDP	—	—	0.11（0.01）***	1.05

注：此表省略了时间变量的作用。$* * * p < 0.001$；$* * p < 0.01$；$* p < 0.05$。

模型 1 和模型 2 的 Wald X^2 值分别为 1307.04 和 3761.82，说明模型具备很好的拟合度。通过对模型 1 和模型 2 的比较可以发现最大似然卡方值为 72.98，p 值为 0.00，说明模型 2 为更优模型。由表 3 - 1 - 13 模型 2 可知，在控制了地区生产总值变量（GDP）的作用后，与地区生产总值变量有直接关系的"教育支出"对于常住人口变量的作用不再显著，而 GDP、小学数、幼儿园数对常住人口变量的作用是显著的，即地区生产总值变量对常住人口变量的作用系数为 0.11，表明随着地区生产总值变量的增加，常住人口也会不断增加；幼儿园数对于常住人口的作用系数为 0.31，也就是说在控制了经济发展水平的作用后，每增加一所幼儿园，常住人口大约会增加 3100 人；小学数对于常住人口变量的作用系数为 1.11，即在控制经济发展水平的条件下，每增加一所小学，常住人口大约会增加 11100 人。可见，未来通过教育资源的配置来引导常住人口的合理集聚和科学分布具有可能性。

二   主要结论

2015 年中央出台的《京津冀协同发展规划纲要》要求北京市未来在

空间布局上发挥"一核"的作用，即要求北京市对整个京津冀产生辐射和带动作用。在这样的战略要求下，北京市教育资源的配置既要强调市域范围内的空间优化，又要兼顾京津冀范围内的均等化；既要满足各级各类教育人口的现实需求，又要与非首都功能疏解、人口疏解相协调。因此，综合以上研究发现，我们认为，北京市在教育与人口的互动性方面有六个问题值得密切关注：

（一）关注教育需求的增长拐点

处理好"教育资源供给"与"人口发展惯性"之间的关系。研究发现，目前全市各阶段就学人口表现出"两头大、中间小"的特点，中等教育就学人数偏少。然而，人口发展具有惯性，目前小学阶段就学人数的规模化将推动未来初中就学人数增长拐点的到来。若仅考虑年龄增长的变化，而其他条件大体不变，那么依据年龄移算法，京籍初中生数将在2016年前后迎来最低的拐点18万左右，并在2020年增至28万左右（见表3-1-15）；京籍高中生预计在2019年左右迎来最低点12.6万左右，2020年增至约13.3万。[①] 因此，教育部门应顺应人口发展的惯性，把握各类教育阶段的人口数量拐点，更为合理地做好教育资源供给侧改革。

表3-1-15　2020年北京市初中、高中阶段京籍在校生规模预测

（单位：万人；%）

	2016年	2017年	2018年	2019年	2020年
初中	18.0	18.9	21.2	25.4	28.0
高中	14.3	14.1	13.1	12.6	13.3

注：预测数据根据2010年"第六次人口普查数据"得出。

（二）关注流动人口子女的流向

处理好"教育政策限制"与"人力资本提升"之间的关系。研究发现，非京籍就学人口在义务教育阶段占比很高（小学约占2/5，初中约占1/3），却在高中阶段骤降至一成，这与北京市对流动人口执行的高中教

---

① 由于非京籍就学人口的变化受到政策调整的显著影响，不可控性较大，所以本章未对这一人群的拐点进行预测。

育政策有关。目前，大量完成义务教育的在京流动人口子女需要"现实出口"：若短期内全市高中教育政策无大的调整，那么教育部门需要在中等职业教育政策上做足文章，否则大量初中毕业、肄业的流动人口子女沉淀于北京市，既影响其自身人力资本的提升，也会对北京市的社会治理产生一定影响。

我们对北京较早一家挂牌接受流动儿童入学的公立中学的调查显示，非京籍初中毕业生"两个60%"的问题十分突出，即只有60%的学生从初一读到了初三；有60%的初中毕业生直接步入社会，升入职业高中的仅占35%，升入普通高中的仅占5%，无法跟踪或不知去向的占10%。大批年龄尚小的非京籍初中毕业生沉淀于北京市，由于自我规划、自我约束的能力尚未定型且有待提升，他们对社会治理的影响具有不确定性，因此，政府部门亟待关注这一群体的升学、深造等民生性问题。

（三）关注教育资源配置的优化

处理好"教育资源总量"与"人口空间布局"之间的关系。研究发现，教育资源配置"三多三少"的结构性问题较为突出，即低龄组就学人数增加与学校数量萎缩之间、小学与大学阶段学生增加和老师有限之间、城市功能拓展区学生数量过多与学校数量有限之间存在一定的不匹配性。因此，教育部门应处理好"资源总量"和"空间布局"之间的关系，根据常住人口总量变化和适龄入学人口的持续高峰，着力加强居住区配套幼儿园、中小学的统筹管理，提高学前教育和中小学的教育资源供给能力，特别是加强对城市功能拓展区等区域的资源配置。由于有相当规模的城乡接合部位于城市功能拓展区，因此，北京市教育规划中的结构优化和空间布局应与《北京市城乡接合部建设三年行动计划（2015—2017 年)》衔接起来，以提升空间配置的前瞻性和有效性。

（四）关注高校"生态链人口"的激增

处理好"首都教育特色"与"首都人口疏解"之间的关系。如前所述，北京市高校存在着过度规模化、市场化特征，这与"首都特色"以及非首都功能疏解、人口疏解存在一定的现实矛盾。在疏解非首都功能的视野下，不仅要注意控制横向各教育阶段的就学人口规模，而且更应关注因高校"功能过载"造成纵向"生态链人口"规模膨胀的问题。"生态链人口"主要是指为就学人口服务的行政人员、餐饮服务人员等。

目前，首都高校已表现出向网络本科、成人本科、非计划招生、各类培训方向扩招的态势，将会进一步推高高校"生态链人口"的数量。据1999 年一项关于北京高校的调查估计，高校在校生数与其"生态链人口"数的比例约是 1∶3，即 1 个高校在校生会带动 3 个服务业岗位。若按此比例，目前北京高校约 80 万的研究生和普通本专科生，那么为其服务的"生态链人口"可能已突破 240 万。若再考虑成人教育、非计划招生及各类培训等的人数，那么为其服务的"生态链人口"规模会更大。因此，北京市的高等教育需要考虑"去规模化"、"去低层次化"的"瘦身"问题，需要集中精力于领军人才、创新人才、科技人才的培养上，处理好"功能疏解"与"首都特色"之间的关系。

（五）关注职业教育的强化

处理好"创新驱动"与"职业人才培养"之间的关系。研究发现，目前北京市中等职业教育和高校就学人数形成明显的反差，"一冷一热"的现实窘境在一定程度上反映出当前中职教育政策引导效果不明显、对流动人口子女引力不足的问题。当前，北京市正值深入贯彻创新驱动发展战略的重要时期，然而，创新驱动依赖的不仅是科技创新人才，同时也离不开职业技术人才的支撑。有研究表明，一个制造业岗位带动 1.6 个服务业岗位，而一个高科技行业岗位带动 5 个服务业岗位，其中有 2 个高端的岗位，例如律师、医生等，有 3 个其他消费型服务岗位[①]。也就是说，产业升级会带动高科技行业岗位人数的增加，而这一群体人数的增加同时也会加大对职业技术人才、技能劳动力的衍生需求。因此，对于北京而言，如何在京津冀协同发展的视野下加大力度培育职业技术人才，如何为职业教育"强身健体"，如何处理好"创新驱动"与"职业人才培养"的关系，是打造区域创新中心时不可回避的问题。

（六）关注教育资源配置对人口的引导

处理好"被动适应"与"主动引导"之间的关系。从本章的模型结果来看，教育变量与常住人口之间表现出的是以被动适应为主导逻辑，即

---

① 陆铭：《大城市人口规模配置：市场先于控制》，《社会科学报》2014 年 3 月 20 日。

目前是根据常住人口的集聚情况来配置教育资源，特别是幼儿园和小学教育资源；在未来，仍然存在着教育资源引导常住人口的可能性，特别是对流动人口的引导。

第二章　医疗卫生资源与人口疏解

在本篇第一章里，本书对北京市教育资源配置与人口发展态势之间的关系进行了梳理。在本篇第二章中，本书将进一步分析北京市公共服务中医疗卫生资源配置与人口之间的互动关系，以助于加强对人口疏解问题的思考。

一　全市医疗卫生资源配置与人口发展之互动

（一）常住人口增速远高于户籍人口

由图3-2-1可知，无论是户籍人口还是常住人口，北京市都呈现出逐年递增的趋势，其中，户籍人口从2003年的1148.83万人增长到了2013年的1316.34万人，10年间增加了167.51万人，年平均增长率为

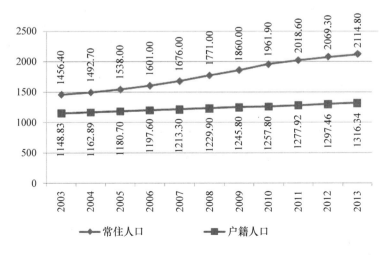

图3-2-1　2003—2013年北京市人口变动趋势（单位：万人）

1.46％；常住人口则从 2003 年的 1456.40 万人增长到了 2013 年的 2114.80 万人，10 年间增加了 658.40 万人，年平均增长率为 4.52％。显然，常住人口增长速度要远高于户籍人口增长速度。在人口增长的同时，医疗资源是否也同人口增长保持同步呢？

（二）卫生人力资本优势明显

从全市医疗卫生机构数量来看，2013 年北京市拥有医疗卫生机构 10141 家①，其中，医疗机构 9984 家，而 2013 年全国有医疗卫生机构 974398 家②，北京市医疗卫生机构占全国的 1.04％；从床位数来看，2013 年北京市医疗卫生机构实有床位 122754 张，全国卫生机构床位数 618.19 万张，占全国的 1.98％；从各类卫生人员来看，2013 年北京市共有卫生人员 294012 人，全国共有 979.05 万卫生人员，占全国的 3.00％，其中，北京市 2013 年有卫技人员 229720 人，全国有 721.06 万人，占全国的 3.19％。在卫技人员中，2013 年北京市有执业（助理）医师 85819 人，全国有 279.48 万人，占全国的 3.07％；2013 年北京市有注册护士 100652 人，全国有 278.31 万人，占全国的 3.62％。同时，北京市常住人口为 2114.8 万人，2013 年全国总人口为 136072 万人，占全国的 1.55％。

以上数据表明，相对于 2013 年北京市常住人口占全国总人口 1.55％ 的比例来看，尽管北京市医疗卫生机构数在全国所占的比重低于常住人口比重，但床位数和各类卫生人员在全国所占的比重都高于常住人口在全国所占的比重。尤其是，北京市卫生人员、卫技人员、执业（助理）医师、注册护士数在全国所占的比例都高于 3.0％。所以，总体来看，北京市各类卫生人力资本在全国所占的比重都要高于常住人口在全国所占的比重，这说明了：就全国水平来看，北京市常住人口拥有更高的卫生人力资本。这些也可以从每千人拥有各类卫生人员数指标得到证实。2012 年，北京市每千常住人口拥有卫生技术人员 10.6 人，而全国的平均水平仅为 4.9 人；北京市每千常住人口拥有执业（助理）医师 4.0 人，而全国的平均水平仅为 1.9 人；北京市每千常住人口拥有注册护士 4.6 人，而全国的平

①　此处数据与图 3 - 2 - 2 数据中 2013 年数据不一致，是由于统计口径不同导致的，图 3 - 2 - 2 中没有将部队医院统计在内。

②　http://data.stats.gov.cn/workspace/index；jsessionid = F6AF57CB481A3A669B90F69E8FA 03AA9?m = hgnd。如无特殊说明，本章所使用国家级医疗卫生数据均出自此处。

均水平仅为 1.8 人。

（三）医疗卫生资源增速快于人口增速

1. 卫生机构与床位数增速快于人口增长

由图 3 - 2 - 2 可知，北京市卫生机构数与人口变动规律一样，都呈现出随年份增长而逐年增加的趋势。卫生机构从 2003 年的 7265 家增加到了 2013 年的 10126 家，10 年间增加了 2861 家，年均增长率为 3.94%。同样地，实有床位数在 2003—2013 年间也呈现出逐年递增的趋势，从 2003 年的 66990 张增加到了 2013 年的 122754 张。10 年间，实有床位数增加了 55764 张，年均增长率为 8.32%。对比 10 年间人口增长情况可以发现：10 年间，医疗机构增长率快于户籍人口增长，但慢于常住人口增长，但实有床位数增长率却不仅远远超过户籍人口增长率，而且同样远远超过常住人口增长率。所以说，实有床位增长速度远快于人口增长，医疗机构数增长速度快于户籍人口增长。

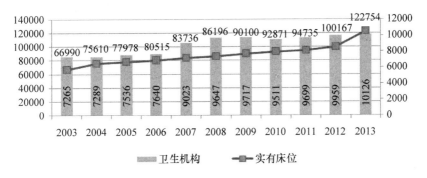

图 3 - 2 - 2　北京市卫生机构和实有床位数变动趋势（单位：个；张）

注：2004 由于数据缺失，所以在计算卫生机构数时，对村卫生室数进行了插值处理。以上卫生机构统计均不包括部队医院。

2. 卫生支出增速远快于人口增长

由图 3 - 2 - 3 可知，北京市医疗卫生支出呈现出逐年递增的趋势，而其在公共财政中所占的比例则显现出平稳中略有波动的态势，10 年间都维持在 6.02%—7.40% 之间。医疗卫生支出从 2003 年的 496358 万元增长到 2013 年的 2761274 万元，10 年间增长了 2264916 万元，年均增长率为 45.63%，因此，北京市医疗卫生支出增长速度远远快于人口增长。

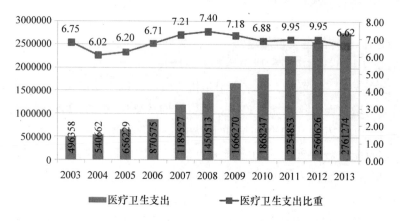

图 3 - 2 - 3 北京市医疗卫生支出及其在公共财政中所占的
比重变动趋势（单位：万元;%）

3. 卫生人员增速远快于人口增长

由图 3 - 2 - 4 可知，10 年间北京市卫生人员数呈现逐年递增的趋势。从 2003 年的 148406 人，增加到了 2013 年的 294012 人，10 年间增加了 145606 人，年均增长率为 9.81% 。在卫生人员中，卫技人员数从 2003 年的 112212 人，增加到了 2013 年的 229720 人，10 年间增加了 117508 人，年均增长率为 10.47% ；在卫技人员中，执业（助理）医师从 2003 年的 47887 人持续增加到了 2013 年的 85819 人，10 年间增加了 37932 人，年

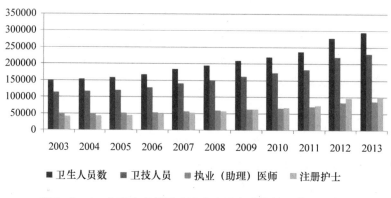

图 3 - 2 - 4 北京市各类医疗卫生人员变动趋势（单位：人）

均增长率为 7.92%；卫技人员中的注册护士数增长速度更快，从 2003 年的 39912 人，增加到了 2013 年的 100652 人，10 年间增加了 60740 人，年均增长率为 15.22%。对比人口增长速度，可以发现：卫生人员增长速度远远快于人口增长。

（四）医疗卫生资源与人口的互动处于不断均衡之中

在上文分析的基础上，该部分将重点分析医疗资源均衡性的变动趋势。为了更好地了解医疗资源分布与人口的均衡性，我们构造了医疗资源偏离度指数。即

$$MP = \sum_{i=1}^{16} \left(\left| \frac{H_{ik}}{\sum H_{ik}} - \frac{P_i}{\sum P_i} \right| \right)$$

其中，MP 为某项医疗资源的偏离度指数，H_{ik} 为某区某项医疗资源的量，P_i 为某区的人口。该指数对各个年份上各区县医疗资源和该区县的人口分布协调度进行度量，然后再使用各区县的偏离度汇总数据来共同表示北京市医疗卫生资源的偏离度在不同年份的变动情况。如果该指数等于零值，则说明医疗卫生资源分布和人口分布之间不存在偏差；数据越大，说明偏离度越大。

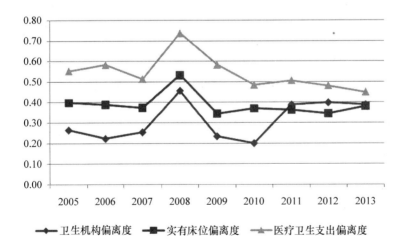

图 3 - 2 - 5　全市卫生机构、实有床位、医疗卫生支出偏离度变动趋势

1. 卫生机构与人口的偏离度相对较低

由图 3 - 2 - 5 可知，除了 2008 年外，北京市卫生机构数偏离度基本上呈现在平稳波动中有所上升的趋势。2008 年的卫生机构数偏离度最高，为 0.46，2010 年以后的卫生机构数偏离度指数相对较高，分别为 0.39、0.40 和 0.39。而除 2008 年外，2010 年之前的医疗机构数偏离度都处在 0.26 以下。

2. 实有床位数与人口的偏离度处于中等水平

同样地，除了 2008 年之外，实有床位数偏离度指数基本上呈现出平稳波动的趋势。2008 年实有床位数偏离度指数在所有观测年份上是最高的，为 0.53，其他年份都在 ［0.30，0.40］ 之间波动。总体来看，2008 年后实有床位偏离度指数要低于 2010 年前的水平。

3. 卫生支出与人口的偏离度整体偏高

2008 年北京市医疗卫生支出偏离度指数同样是所有观测年份中最高的，为 0.74。其他年份上基本上都呈现出较为平稳的波动趋势。即便如此，仍然可以发现 2008 年后医疗卫生支出偏离度指数要低于 2010 年以前的水平。

4. 卫生人员与人口的偏离度整体下降

除了对医疗机构数、实有床位数和医疗卫生支出指标的分析外，该部分也对各类卫生人员的偏离度指数进行了计算。由图 3 - 2 - 6 可知，2008 年北京市卫生人员数偏离度指数为 0.60 之外，在各个观测年份是最高的。该指标在其他年份上虽然呈现出小幅震荡，但基本上呈现出随年份增长而不断缩小的趋势。也就是说，除 2008 年外，对于常住人口而言，北京市卫生人员数基本呈现出随年份增长在各区县间不断均衡的过程。

同样地，2008 年卫技人员数偏离度指数在所有观测年份上是最高的。而在其他年份上，即便在一些年份上存在小幅震动，但卫技人员数偏离度基本上呈现出随年份推移而不断降低的趋势。所以对于常住人口而言，北京市卫技人员数基本呈现出随年份增长在各个区县间不断均衡的过程。

与卫生人员数和卫技人员数指标类似，2008 年执业（助理）医师数偏离度指数为 0.65，同样在各个观测年份上都是最高的。而在其他年份上基本上呈现一个稳态变动趋势，其数值都在 ［0.37，0.41］ 之间变动。总体来看，仍然可以发现 2008 年后执业（助理）医师数偏离度指数整体低于 2008 年前的情况。所以对于常住人口而言，执业（助理）医师数在各个区县的分布处于一个更加均衡的过程中。

　　对注册护士数偏离度指数的分析可以发现，2008 年注册护士数偏离度指数为 0.65，在所有观测年份上是最高的，而在其他年份上基本上呈现出随着年份推移而不断降低的趋势。也就是说，对于常住人口而言，注册护士数在各个区县的分布处于一个不断均衡的过程中。

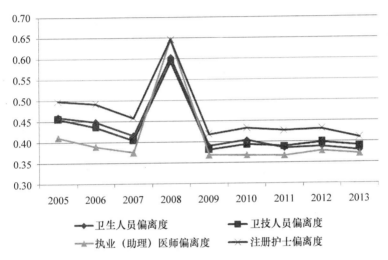

图 3 - 2 - 6　全市各类医疗卫生人员指标偏离度变动趋势

5. 小结

　　通过以上研究，我们可以发现以下几个特点：

　　第一，北京市医疗卫生资源具有十分明显的优势。北京市床位数、卫生人员、卫技人员、执业（助理）医师、注册护士数在全国所占的比重，都要高于北京市常住人口在全国所占的比重。尤其是北京市各类卫生人力资本在全国所占的比重都要远远高于北京市常住人口在全国所占的比重，北京市常住人口拥有更高的卫生人力资本。

　　第二，相对人口的布局，医疗卫生支出和注册护士指标在区县间分布最不均衡。对各类卫生资源偏离度指数的对比可以发现：卫生机构数偏离度指数相对较低，其次是实有床位数偏离度指数也相对较低，而公共财政中医疗卫生支出指标的偏离度指数则是在几类医疗卫生资源中最高的。卫生人员和卫技人员指标的偏离度指数基本一致，其中，注册护士的偏离度指数相对较高，而执业（助理）医师数偏离度指数则最低。所以总体而言，对常住人口来说，医疗卫生支出指标在各个区县分布最不均衡，其次是注册护士指标，然后是卫生人员和卫技人员指标，接着是实有床位数和执业（助理）医师指标，最后是卫生机构数指标。

第三，北京市医疗卫生资源与常住人口变化之间整体上不协调，但处于逐步均衡的过程之中。纵观北京市各类医疗资源变动规律可以发现，北京市医疗卫生资源变化和常住人口变化之间存在着非协调性增长的现象。医疗资源偏离度指数显示，对于常住人口而言，北京市各类医疗资源都存在一定的偏离度。但从总体上看，相对于常住人口而言，各类医疗资源在各个区县间的分布处于一个逐步均衡化的过程中，2008 年后各类指标的偏离度指数基本上都低于 2008 年前的值。

二　各区县医疗卫生现状及其分布特征

尽管从全国范围来看，北京市医疗卫生资源优势突出，但也不可忽视北京市医疗卫生资源在各个区县间分布的非均衡性特征。以下内容，将分别就北京市医疗卫生机构数、实有床位数、卫生人员数、卫技人员数、执业（助理）医师数、注册护士数和公共财政开支中的医疗卫生支出指标的区县分布进行分析。在此，构造各类医疗卫生资源的区位商指标[①]来表示相对于人口指标而言，对应的医疗卫生资源在各个区县的分布情况。具体计算公式为：

$$\text{区位商 } D = \frac{\dfrac{H_{ik}}{\sum H_{ik}}}{\dfrac{P_i}{\sum P_i}}$$

也就是说，区位商是某区县某项医疗卫生资源占全市该项医疗卫生资源的比重除以该区县常住人口占全市常住人口比重。很明显，区位商越

---

① 之所以构建卫生资源区位商指标来考察卫生资源在各区县的分布情况，主要基于以下考虑：第一，该指标通过考察卫生资源在全市所占的比重，同人口变量在全市所占的比重之间的比值，将卫生资源变量和人口变量很好地融合在一起考察。第二，卫生资源区位商指标是比重的比，是一个相对数，能够很好地消除变量的量纲对比较研究的影响。第三，该指标的"1"值具备非常明确的含义，通过考察对"1"值的偏离情况，更加有助于找出各个区县在卫生资源配置上的优势地位。第四，并非所有卫生资源变量都可以用"每千人拥有……"指标来表示，而区位商指标则可以应用于所有卫生资源指标，如此操作便于在各个指标间保持一致性。

大，表明相对于常住人口分布而言，特定项的医疗卫生资源在该区县所占的相对比重越高，该区常住人口在占有相应医疗卫生资源上，拥有更加突出的优势。

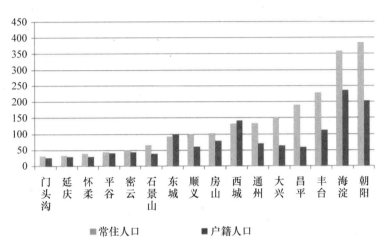

图 3 - 2 - 7　2013 年北京市各区县人口分布情况（单位：万人）

（一）各区县人口规模差异显著

图 3 - 2 - 7 为 2013 年北京市各区县常住人口和户籍人口分布情况。按照常住人口从少到多对各个区县进行排序，最少的是门头沟区（30.30万），最多的是朝阳区（384.10万）；从户籍人口指标来看，门头沟区最少（24.88万），海淀区最多（235.27万）。那么，对应于常住人口分布特征而言，北京市各区县医疗卫生资源分布状况如何呢？

（二）丰台、海淀、石景山医疗卫生机构相对不足

图 3 - 2 - 8 显示了 2013 年北京市医疗卫生机构在各个区县的分布情况。可以发现，北京市医疗卫生机构在各个区县间的分布是非常不均衡的。其中，朝阳区的医疗卫生机构数最多，为 1275 家，占全市的 12.59%，其次是海淀区拥有 1051 家医疗卫生机构，占 10.38%。而石景山区拥有医疗卫生机构数最少，为 205 家，仅占北京市医疗卫生机构数的 2.02%，而延庆县拥有医疗卫生机构 252 家，占北京市医疗卫生机构数的 2.49%。按照各区县所拥有的医疗卫生机构数从低到高对各区县进行排序，石景山区最

低（205 个，2.02%），朝阳区最高（1275 个，12.59%）。

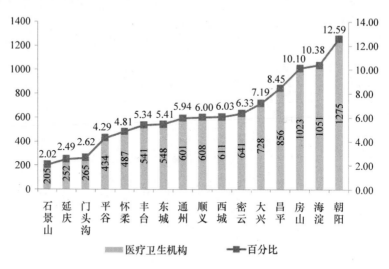

图 3 - 2 - 8   2013 年北京市医疗卫生机构区县分布（单位：个；%）

然而，以上分布仅仅反映了医疗卫生机构绝对数在各个区县的分布。为了更加科学地考察各区县占有医疗卫生机构的优劣地位，则还要结合常住人口在各区县间的分布情况来考察。为此，此处对各区县的医疗卫生机构区位商指标进行考察，具体见图 3 - 2 - 9 所示。

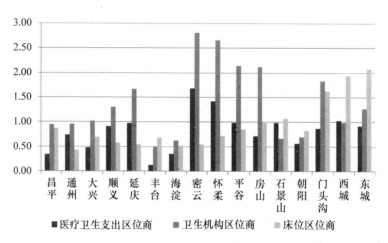

图 3 - 2 - 9   北京市各区县 2013 年医疗卫生支出、医疗卫生机构、
实有床位区位商

由图 3 - 2 - 9 可知，医疗卫生机构区位商最大的三个区县分别为：密云县、怀柔区、平谷区。医疗卫生机构区位商最小的三个区县分别为：丰台区、海淀区、石景山区。如果按照医疗卫生机构区位商指标从小到大对各区县进行排序，丰台区最小（0.50），而密云县最大（2.81）。[1] 所以，尽管从图 3 - 2 - 8 来看，朝阳区、海淀区拥有的医疗卫生机构数是最多的，但当将常住人口因素考虑在内后，就会发现相对于其他区而言，海淀区、丰台区和朝阳区由于常住人口占的比重过高，所以与其他区县相比，丰台区、海淀区、石景山区和朝阳区的医疗卫生机构相对于常住人口而言比重较低。此外，医疗卫生机构区位商数小于 1 的还有：昌平区、通州区和西城区，但这三个区的医疗卫生机构区位商数却非常接近于 1，接近北京市的平均水平。

（三）通州、海淀、密云实有床位不足

图 3 - 2 - 10 显示了北京市各区县 2013 年实有床位数指标的分布情况。由图 3 - 2 - 10 可知，北京市实有床位数在各个区县的分布呈非均衡分布。其中，朝阳区拥有床位数最多，有 18252 张，占北京市全市床位数的 17.54%，其次是西城区，有 14652 张，占 14.00%；接着是东城区，实有床位 10948 张，占 10.52%。实有床位超过 1 万张的还有海淀区，实有床位 10557 张，占 10.15%。实有床位数最少的是延庆县，实有床位 982 张，仅占 0.94%；密云县实有床位 1485 张，占 1.43%。怀柔区的实有床位数也低于 2000 张，有 1576 张，占 1.51%。按照实有床位数由少到多对各区县进行排序，延庆县最少，朝阳区最多。

这些数据揭示的仅仅是实有床位指标的绝对数。但考虑各区县常住人口分布之后，实有床位数指标又是怎样的情况呢？这需要通过实有床位区位商指标来分析，具体如图 3 - 2 - 9 所示。按照实有床位区位商指标从小到大对各区县进行排序，通州区最小（0.42），而东城区最大（2.07）。由此可知，仅有石景山区、门头沟区、西城区和东城区的实有床位区位商是大于 1 的，全市多数区县的实有床位区位商都是小于 1 的，说明全市多

---

① 由于医疗卫生机构区位商指标是卫生医疗机构在全市的比重指标同常住人口在全市的比重指标的比值，所以该指标值小于 1，则说明医疗资源占全市的比重低于常住人口在全市的比重；相反地，如果该指标大于 1，则说明医疗资源占全市的比重高于常住人口在全市的比重；如果等于 1，则说明医疗资源聚集度与人口聚集度相一致，处于均衡分布状况。

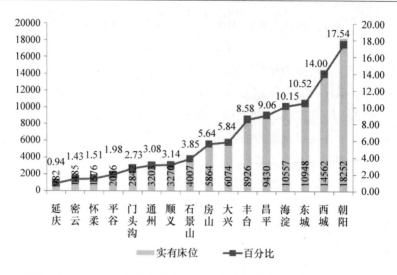

图 3 - 2 - 10　2013 年北京市各区县实有床位数分布（单位：张;%）

数区县实有床位数的比重低于常住人口的比重，尤其是通州区、海淀区、密云县、延庆县和顺义区的情况更加严重。

以上结果也可以通过图 3 - 2 - 11 各区县每千常住人口实有床位数指标得以佐证。通过图 3 - 2 - 11 可知，全市 2013 年每千常住人口实有床位

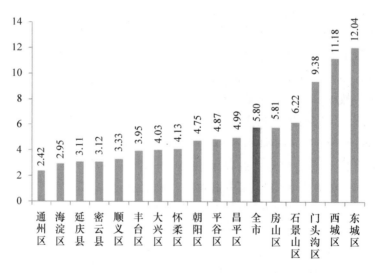

图 3 - 2 - 11　2013 年北京市每千常住人口实有床位数区县分布（单位：张）

5.80张，其中，房山区、石景山区、门头沟区、西城区、东城区每千人实有床位数高于平均水平，而其他区县都低于平均水平。而通州区、海淀区、延庆县、密云县和顺义区的实有床位数指标则远低于全市平均水平。

（四）丰台、昌平、海淀卫生支出相对不足

以上内容主要分析了医疗卫生机构数指标和实有床位数指标在各个区县的分布情况。而公共财政支出中，医疗卫生支出也同样是重要组成部分。接下来将对各区县医疗卫生支出情况进行分析。图3－2－6显示了北京市各区县医疗卫生支出及其在公共财政中所占的比重。

由图3－2－12可知，如果按照医疗卫生支出从少到多对各区县进行排序，那么门头沟区最少（34143万元），朝阳区最多（282569万元）。而从相对数来看，密云县的医疗卫生支出在公共财政中所占的比重最高，为11.58%，其次是通州区，为10.10%；再次是朝阳区，为8.92%。海淀区医疗卫生支出在公共财政支出中的比重最低，为4.03%，其次是门头沟区为4.49%，而全市平均水平为6.62%。也就是说，密云县、通州区和朝阳区的公共财政中，医疗卫生支出占的比重较高；而海淀区、门头沟区和延庆县的公共财政支出中，医疗卫生支出占的比重较低。

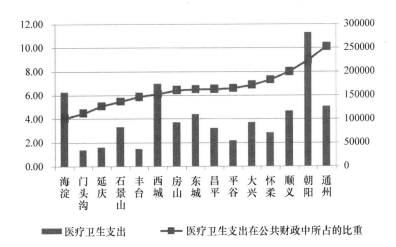

图3－2－12 北京市各区县医疗卫生支出及其在公共财政中所占的
比重（单位：万元;%）

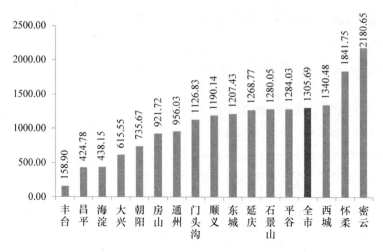

图 3 - 2 - 13   2013 年北京市各区县常住人口人均医疗卫生支出
分布（单位：元/人）

此外，图 3 - 2 - 13 反映了各区县 2013 年每位常住人口平均占有公共财政中医疗卫生支出的情况。由图 3 - 2 - 13 可知，该指标的全市平均水平为 1305.69 元/人。其中，西城区、怀柔区、密云县的水平要高于全市平均水平，而该指标值最低的是丰台区，为 158.90 元/人。可知，从人均享有公共财政中医疗卫生支出额来看，丰台区、昌平区、海淀区的常住人口人均水平是最低的。对比图 3 - 2 - 9 中医疗卫生支出区位商数同样可以发现，丰台区、昌平区和海淀区的医疗卫生支出区位商数是最低的；而密云县、怀柔区、石景山区的医疗卫生支出区位商则是最高的，且这三个区县的医疗卫生支出区位商数是大于 1 的，说明这三个区县医疗卫生支出在全市中的位置要高于常住人口在全市的位置。

（五）昌平、通州、大兴卫生人力资本相对不足

除了医疗卫生支出、医疗卫生机构和实有床位数之外，人力资本的投入也是重要的医疗卫生资源。在此，主要考察卫生人员总数、卫技人员数、执业（助理）医师数、注册护士数几个指标。

图 3 - 2 - 14 显示了北京市 2013 年各区县卫生人员总数分布情况。可以看出，从卫生人员总数指标来看，朝阳区、西城区、海淀区和东城区拥有的卫生人员数较多，而延庆县、怀柔区、门头沟区等拥有的卫生人员数

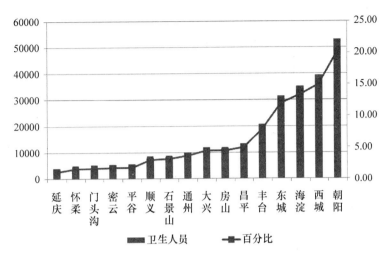

图 3 - 2 - 14 2013 年北京市各区县卫生人员分布情况（单位：人；%）

较少。从各区县卫生人员占全市卫生人员总数的比重来看，比重最高的朝阳区卫生人员占全市的 20.16%；而最低的延庆县卫生人员则仅占全市的 1.06%，二者相差了将近 20 倍。由此可见，北京市卫生人员在各个区县的分布呈现出强烈的非均衡性。

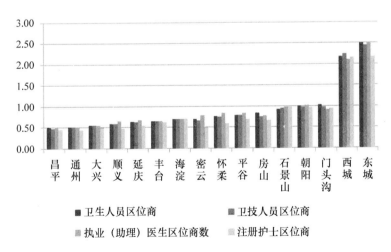

图 3 - 2 - 15 2013 年北京市各区县各类卫生人员区位商分布

在考虑常住人口指标情况下，计算各区县卫生人员区位商指标。由

图 3 - 2 - 15 可知，卫生人员区位商指标大于 1 的仅有门头沟区、西城区和东城区三个区，而其他 13 个区县的卫生人员区位商都小于 1，说明这 13 个区县常住人口在全市常住人口中所占的比例要高于其卫生人员数在全市卫生人员数中所占的比重。

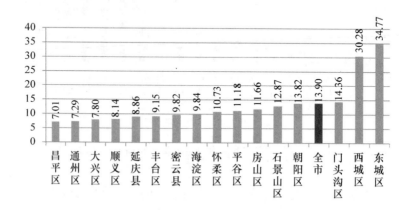

图 3 - 2 - 16   2013 年北京市每千常住人口卫生人员数区县分布（单位:%）

图 3 - 2 - 17 反映了 2013 年卫生人员中，各类卫生技术人员在各个区县的分布情况，其中，从卫技人员的总数来看，朝阳区、西城区、海淀区、东城区的卫技人员总数相对较多；而延庆县、怀柔区、门头沟区、密云区和平谷区的卫技人员数则相对较少；在卫技人员中，朝阳区的执业（助理）医师数最多，为 15840 人，延庆县的执业（助理）医师最少，为 867 人，朝阳区是延庆县的 18.27 倍；对注册护士指标的考察，也发现了基本一致的规律，即朝阳区、西城区、海淀区、东城区的注册护士较多；而延庆县、怀柔区、密云县、门头沟区、平谷区的注册护士较少。总之，如果仅从绝对数来看，东城区、西城区、朝阳区、海淀区的各类卫技人员数是较多的，而延庆县、怀柔区、门头沟区、密云县和平谷区的各类卫技人员数则是相对较少的。

为了更好地理解 2013 年各类卫技人员在各区县的分布情况，我们同样可以考察图 3 - 2 - 15 中的各类卫技人员区位商指标以及各区县每千常住人口各类卫技人员分布情况，具体分别见图 3 - 2 - 16、图 3 - 2 - 17 和图 3 - 2 - 18 所示。

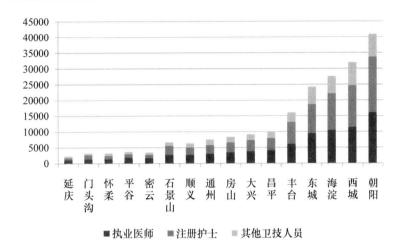

图 3 - 2 - 17　2013 年各类卫技人员区县分布（单位：人）

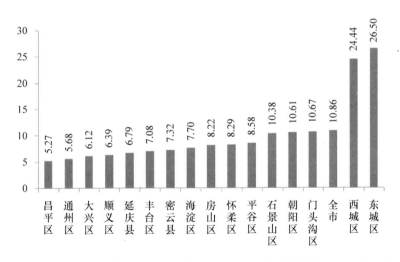

图 3 - 2 - 18　2013 年北京市每千常住人口卫技人员数的区县分布（单位：人）

由图 3 - 2 - 15 可知，2013 年北京市卫生技术人员在各个区县的分布呈现严重的非均衡分布特征。其中，卫技人员区位商大于 1 的区县仅有东城区和西城区，而除了东城区和西城区之外的其他 14 个区县卫技人员区位商都小于 1，说明这 14 个区县卫技人员占全市卫技人员的比重小于常住人口占全市常住人口的比重。综合考虑人口和卫技人员配置的条件下，东城区和西城区常住人口的卫技人员拥有量更高；昌平区、通州区、大兴区和顺义区常住人口的卫技人员拥有量更低。

　　通过图3－2－15也可以发现，东城区执业（助理）医师区位商最高，为2.49；西城区执业（助理）医师区位商为2.10；朝阳区执业（助理）医师区位商也超过了1，为1.02，而昌平区的执业（助理）医师区位商最小，为0.50。

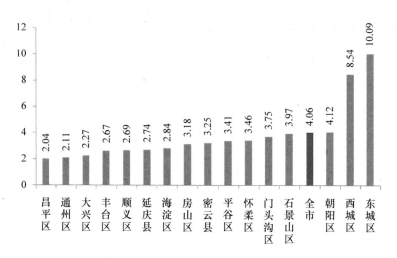

图3－2－19　2013年北京市每千常住人口执业（助理）医师数的
区县分布（单位：人）

　　图3－2－19中每千常住人口拥有的执业（助理）医师数的区县分布情况也印证了以上结论。图3－2－19显示，2013年，北京市全市每千常住人口拥有执业（助理）医师数为4.06名，朝阳区、西城区和东城区都高于平均水平，而昌平区每千常住人口拥有执业（助理）医师仅2.04名。

　　除了执业（助理）医师外，此处也基于常住人口区县分布情况，对注册护士指标进行了考察。通过图3－2－15可知，注册护士指标在各个区县的分布是非常不均衡的。仅有东城区和西城区的注册护士区位商大于1，东城区的注册护士区位商为2.17，西城区的注册护士区位商为2.16。而通州区注册护士区位商为0.44，昌平区注册护士区位商为0.45。

　　以上结论同样也可以通过图3－2－20中各个区县每千常住人口注册

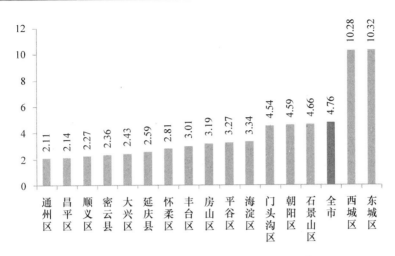

图 3-2-20　2013 年北京市每千常住人口注册护士数的区县分布（单位：人）

护士数的情况得以验证。由图 3-2-20 可知，2013 年北京市每千常住人口注册护士数为 4.76 人。其中，东城区每千常住人口拥有注册护士 10.32 人，西城区每千常住人口拥有注册护士 10.28 人，都远远高于北京市的平均水平。

以上分析结果表明，和全国水平相比，北京市卫生资源明显要优于全国平均水平，尤其是床位数指标，以及常住人口拥有的卫生人员数、执业（助理）医师数、注册护士数指标都要远远高于全国平均水平。同时，也可以发现，北京市医疗卫生资源在区县间呈现出严重的非均衡分布特征，考虑了常住人口分布特征之后，东城区和西城区无论在卫生机构数、实有床位数、执业（助理）医师数、注册护士数指标上都居于明显优势。即便如此，通过对医疗卫生资源与常住人口分布之间偏离度指标的考察可以发现，总体而言，对于常住人口来讲，北京市医疗卫生资源整体上处于不断均衡的过程之中。

三　医疗卫生资源与人口增长之间
关系的模型检验

为了更好地理解北京市医疗卫生资源分布和人口增长变量之间的关系，在以上描述统计基础上，本章根据研究需要和数据特点，使用

2005—2013 年北京市各区县医疗卫生数据和人口数据建立了多元面板分析模型。在此,人口数据分别使用常住人口和户籍人口两个变量;医疗卫生资源数据则使用实有床位数变量、公共财政支出中的医疗卫生支出变量;控制变量为 GDP 变量。

(一) 医疗卫生资源"被动适应"常住人口

该部分内容着重对常住人口同医疗卫生资源之间的关系进行建模识别。建立两类动态面板模型对当前北京市常住人口与医疗卫生资源变量之间关系的主导逻辑进行识别。第一类模型假定引导逻辑,即将常住人口变量作为被解释变量,而将医疗卫生资源变量作为解释变量,建立动态面板模型。第二类模型假定适应逻辑,即分别将医疗卫生资源中的实有床位数变量和医疗卫生支出变量作为被解释变量,而将常住人口变量作为解释变量,建立动态面板模型。由于面板数据的动态模型能够很好地控制模型中可能出现的双重因果关系和样本选择性,所以通过对这两类模型结果的比较,可以很好地识别 2005—2013 年北京市医疗卫生资源变量与常住人口变量之间的主导发展逻辑。

第一类模型,即引导逻辑下将常住人口变量作为被解释变量的动态面板分析模型,如表 3 - 2 - 1 所示。而第二类模型,即适应逻辑下分别将实有床位数量变量和医疗卫生支出变量作为被解释变量的动态面板分析模型,分别见表 3 - 2 - 2 和表 3 - 2 - 3 所示。

表 3 - 2 - 1　　引导逻辑下医疗卫生资源——常住人口动态面板模型

	Coef.	Robust. SE
L. Y	0.8912 ***	0.0343
实有床位	- 0.0008	0.0006
医疗卫生支出	0.0001	0.0000
GDP	- 0.0008	0.0016

注: $* * * p < 0.001$; $* * p < 0.01$; $* p < 0.05$。

使用差分 GMM 估计引导逻辑下常住人口——医疗卫生资源动态面板

模型。由表 3 - 2 - 1 可知，在第一类模型①，即引导逻辑下常住人口——医疗卫生资源动态面板分析模型中，仅有常住人口的一阶滞后变量对于常住人口变量具有显著的正向作用，而反映医疗卫生资源状况的实有床位和医疗卫生支出变量的作用都不再显著了。这实际上正好反映了在控制了样本选择性和双向回归关系后，北京市 2005—2013 年间医疗卫生资源与常住人口变量的关系，也说明北京市 2005—2013 年医疗卫生资源对常住人口起到引导作用的假设并不成立，即医疗卫生资源分布引导常住人口分布的逻辑并非 2005—2013 年北京市常住人口增长的主导逻辑。那么，是否适应逻辑更加符合北京市 2005—2013 年的情况呢？以下内容将就这个问题进行建模，即第二类模型②，具体见表 3 - 2 - 2 和表 3 - 2 - 3。

表 3 - 2 - 2　　　适应逻辑下常住人口——实有床位动态面板模型

	Coef.	Robust. SE
L. Y	- 0. 02	0. 04
常住人口	23. 45 ***	5. 09
GDP	0. 80	0. 46

注：＊＊＊$p < 0.001$；＊＊$p < 0.01$；＊$p < 0.05$。

表 3 - 2 - 2 结果显示，在控制了样本选择性和双重因果关系后，常住人口——实有床位动态面板模型结果显示，2005 年—2013 年间北京市各区县常住人口变量对实有床位变量具有显著的正向作用，回归系数为 23. 45，且在 0. 001 的显著度标准下统计显著。这也验证了实有床位变量

---

① 差分 GMM 估计能够成为一致估计的前提是扰动项不存在自相关。这可以通过检验扰动项的差分是否存在一阶、二阶、三阶差分来表示来判断。检验结果显示：在扰动项差分的一阶、二阶、三阶差分检验 z 值分别为 - 1. 73、0. 44 和 0. 41，在 0. 05 的显著度标准上均统计不显著，所以可以认为扰动项的差分项不存在自相关，使用差分 GMM 估计是合适的。而模型结果显示，在估计过程中使用了 32 个工具变量，所以此处对模型进行过度识别检验，检验结果显示，卡方值为 11. 37，在 0. 05 的显著度下不显著，所以无法拒绝"所有工具变量都有效"的原假设。

② 通过检验扰动项的差分是否存在一阶、二阶、三阶差分结果显示：在扰动项差分的一阶、二阶、三阶差分检验 z 值分别为 - 1. 68、 - 0. 47 和 0. 65，在 0. 05 的显著度标准上均统计不显著，所以可以认为扰动项的差分项不存在自相关，使用差分 GMM 估计是合适的。同时，模型结果显示，在估计过程中使用了 31 个工具变量，所以此处对模型进行过度识别检验，检验结果显示，卡方值为 10. 64，在 0. 05 的显著度下不显著，所以无法拒绝"所有工具变量都有效"的原假设。

被动适应常住人口增长的逻辑是北京市 2005—2013 年间实有床位增加和常住人口增长之间关系的主导逻辑。

表 3 - 2 - 3　　适应逻辑下常住人口——医疗卫生支出动态面板模型

	Coef.	Robust. SE
L. Y	0. 65 ***	0. 09
常住人口	395. 49 **	123. 69
GDP	13. 47	10. 66

注： * * * $p < 0.001$ ； * * $p < 0.01$ ； * $p < 0.05$ 。

表 3 - 2 - 3 结果表明在控制了样本选择性和双重因果关系后，常住人口——医疗卫生支出动态面板模型①结果显示，2005—2013 年间北京市各区县常住人口变量对医疗卫生支出变量具有显著的正向作用，回归系数为 395. 49，且在 0. 01 的显著度标准下统计显著。这也验证了医疗卫生支出变量被动适应常住人口增长的逻辑是北京市 2005—2013 年间的医疗卫生支出增加和常住人口增长之间关系的主导逻辑。

该部分使用 2005—2013 年北京市各区县常住人口和医疗卫生资源变量，分别基于两种逻辑构建了动态面板分析模型，即医疗卫生资源被动适应人口增长的模式和医疗卫生资源主动引导人口分布的模式。结果进一步证实了 2005—2013 年北京市的医疗卫生资源和人口增长主导逻辑为：被动适应逻辑。

（二）卫生资源引导户籍人口的作用仍待考察

上文通过构建固定效应面板模型和动态面板模型，重点讨论了北京市常住人口和医疗卫生资源之间的关系。为了更好地了解二者的关系，此处也对北京市 2005—2013 年各区县户籍人口数据建模，以便进行对

---

①　同样地，对扰动项差分的一阶到三阶差分检验结果显示扰动项的差分项不存在自相关，其一阶、二阶、三阶差分检验的 z 值分别为：- 1. 87、0. 81 和 - 0. 60，且在 0. 05 的显著度标准下都不能拒绝原假设。所以使用差分 GMM 进行模型估计是一致估计。同时模型结果显示，估计过程使用了 31 个工具变量，所以有必要对模型进行过度识别检验，其检验结果模型中并未出现过度识别。

比。模型①结果见表3-2-4所示。

表3-2-4　户籍人口——医疗卫生资源面板模型（2005—2013年）

	模型1		模型2	
	Coef.	Beta	Coef.	Beta
实有床位	0.0011（0.0004）**	0.09	0.0006（0.0003）*	0.05
医疗卫生支出	0.0001（0.0000）***	0.07	-0.0000（0.0000）	-0.02
GDP			0.0131（0.0011）***	0.22
sigma_u	30.80		16.02	
sigma_e	3.31		2.02	
rho	0.99		0.98	

注：＊＊＊$p<0.001$；＊＊$p<0.01$；＊$p<0.05$。

通过对模型Ⅰ和模型Ⅱ解释力度②的对比可以发现：模型Ⅱ的解释力度更高。由表3-2-4可知，模型Ⅱ中rho的值为0.98，表明几乎所有因变量的变异都和个体间的差异有关，复合扰动项的几乎所有方差都来自个体效应扰动的变化。

表3-2-4模型Ⅱ的结果表明在控制了地区生产总值变量之后，在模

---

① 使用BP拉格朗日乘数检验（Breusch and Pagan Lagrangian multiplier test for random effects）。其检验的卡方值为202.51，p值为0.00，小于0.05，说明模型中要包括一个反映个体特征的随机扰动项μ_i，所以要使用随机效应模型，而并非混合回归模型。对于是选择固定效应模型还是随机效应的问题，Hausman检验结果显示其X^2值为5.63，P值为0.13，大于0.05，所以不能拒绝原假设，即认为随机效应模型是合适的，此时随机效应模型既是一致估计，又是有效估计。而对于"面板自相关"问题，由于该研究所使用的样本是一个只有9个调查年份的短面板，即$T=9$，而$N=16$，所以可以不考虑"面板自相关"问题。对于是否有必要在模型中加入时间虚拟变量的问题，检验结果显示LR X^2值为1.62，P值为0.99，所以认为时间虚拟变量的作用不显著，无须在模型中加入时间变量。

② 对模型拟合度的检验结果显示，模型Ⅰ卡方值为139.80，模型的拟合度很好，在0.001的显著度标准下统计显著。模型Ⅱ的卡方值为400.54。模型Ⅰ中得到解释的个体内变化的比例为0.55，得到解释的个体间的差异比例为0.74。观测值和预测值相关系数的平方为0.64。模型Ⅱ中得到解释的个体内变化的比例为0.83，得到解释的个体间的差异比例为0.74。观测值和预测值相关系数的平方为0.64。在模型Ⅱ中，对模型拟合度的检验结果显示，F值为63.61，模型的拟合度很好，在0.001的显著度标准下统计显著。得到解释的个体内变化比例为0.83，得到解释的个体间的差异比例为0.92。观测值和预测值相关系数的平方为0.65，即模型解释的总变化的比例为0.86。模型解释变量对被解释变量同样具有较大作用。

型Ⅰ中显著的医疗卫生支出变量与户籍人口变量的正向关系不再显著了。模型Ⅱ显示，实有床位变量与户籍人口变量之间具有显著的正向关系，实有床位每增加1张，户籍人口增加6人。这个值明显低于实有床位每增加1张，常住人口增加47人的水平。如考察常住人口与医疗资源分布之间的关系一样，此处也通过建立动态面板模型的方法以进一步验证这种主动引导逻辑假设是否成立。动态模型结果如表3-2-5所示。

表3-2-5   引导逻辑下医疗卫生资源——户籍人口动态面板模型

	Coef.	Robust. SE
L. Y	0.8836 ***	0.0166
实有床位	0.0000	0.0000
医疗卫生支出	0.0000	0.0000
GDP	0.0013 ***	0.0003

注：＊＊＊$p < 0.001$；＊＊$p < 0.01$；＊$p < 0.05$，L. Y 为户籍人口变量的一阶滞后。

在动态面板模型①中仅有被解释变量的一阶滞后变量和地区生产总值变量对于被解释变量的作用是显著的，而医疗卫生资源变量的作用则是不显著的。所以和常住人口模型一样，2005—2013年北京市医疗卫生资源与户籍人口的变动关系中，起主导作用的也不是引导逻辑。由于在表3-2-4模型Ⅱ中医疗卫生支出变量与户籍人口变量之间的关系并不显著，所以此处基于被动适应逻辑下对户籍人口和医疗卫生资源进行动态建模时，仅考虑实有床位变量的情况。

表3-2-6   适应逻辑下户籍人口——实有床位动态面板模型

	Coef.	Robust. SE
L. Y	0.04	0.07
户籍人口	72.21	60.94

---

① 对扰动项差分的一阶到三阶差分检验结果显示扰动项的差分项不存在自相关，其一阶、二阶、三阶差分检验的 z 值分别为：-1.25、-0.91和0.90，且在0.05的显著度标准下都不能拒绝原假设，所以使用差分GMM进行模型估计是一致估计。同时模型结果显示，估计过程使用了32个工具变量，所以有必要对模型进行过度识别检验，其检验结果显示卡方值为12.96，P值为0.99，所以模型并未出现过度识别现象。

续表

	Coef.	Robust. SE
GDP	0.81	0.59

注：＊＊＊$p < 0.001$；＊＊$p < 0.01$；＊$p < 0.05$，L. Y 为实有床位变量的一阶滞后。

与常住人口模型不一样的是：户籍人口与医疗卫生资源的关系[①]并未出现明显的被动适应逻辑。而且结合表 3 - 2 - 4 结果，可以发现，实有床位变量和户籍人口之间的作用仅仅是在 0.05 的显著度下统计显著，如果提高统计精度，这种显著度便不复存在了。而且，其作用系数也远远低于常住人口模型中的相应系数。所以，单纯就户籍人口而言，通过医疗卫生资源来引导人口分布的可能性非常小。户籍人口增长和分布与地区生产总值变量和模型之外的其他因素关系更大。

以上通过在主动引导和被动适应两种逻辑假设基础上，使用 2005—2013 年北京市医疗卫生资源数据、常住人口数据、户籍人口数据建立面板分析模型。模型结果表明：户籍人口增长与分布同医疗资源之间的关系并不十分显著，被动适应和主动引导逻辑假设在户籍人口群体中都不成立。而常住人口增长与分布则同医疗资源之间存在显著的正向关系，而且 2005—2013 年在二者关系中占主导地位的逻辑是医疗卫生资源被动适应常住人口变化的逻辑。

（三）医疗卫生资源引导常住人口存在可能性

该部分内容假定引导逻辑，将常住人口变量作为因变量，而将医疗卫生资源变量作为自变量，试图通过对 2005—2013 年北京市各区县常住人口变量（万人）和医疗卫生资源变量进行建模。该模型与前面常住人口模型引导逻辑模型的主要区别在于不考虑数据中可能出现的双向因果关系问题。其中，医疗卫生资源变量使用实有床位数（张）和公共财政支出中的医疗卫生支出（万元）两个变量来衡量。具体如下：

[①]　对扰动项差分的一阶到三阶差分检验结果显示扰动项的差分项不存在自相关，其一阶、二阶、三阶差分检验的 z 值分别为：－1.75、0.83，和 1.12，且在 0.05 的显著度标准下都不能拒绝原假设，所以使用差分 GMM 进行模型估计是一致估计。同时模型结果显示，估计过程使用了 31 个工具变量，所以有必要对模型进行过度识别检验，其检验结果显示模型并未出现过度识别现象。

$$y_{it} = \beta_k x_{it} + \delta z_i + \mu_i + \varepsilon_{it}$$

其中，x_{it} 表示既随个体变化又随时间变化的 $1 \times k$ 变量向量，β 表示 x 的 $k \times 1$ 系数向量，z_i 表示只随个体变化而不随时间变化的 $1 \times p$ 变量向量；δ 表示 z 的 $p \times 1$ 系数向量；μ_i 表示个体层面效应，ε_{it} 表示扰动项。在此模型中，根据 μ_i 与 x_{it} 中的回归元以及 z_i 的相关性可以将模型分为随机效应模型和固定效应模型。如果 μ_i 与回归元不相关，为随机效应模型；否则为固定效应模型。[1]

为了更好地理解医疗卫生资源和常住人口之间的作用关系，首先对医疗卫生资源变量和常住人口变量建立面板固定效应模型[2]，记为模型1；然后在此基础上加入能够反映不同区县不同时期经济发展状况的地区生产总值变量进行建模，记为模型2，以实现在控制不同时期不同区县经济发展水平基础上，对常住人口变量和医疗卫生资源变量之间的关系进行更加客观的考察。对模型1和模型2两个嵌套模型之间进行似然比卡方检验，结果表明其似然比卡方值为 13.42，p 值为 0.0002，小于 0.001，所以模型2是更优模型。由此，使用北京市各区县 2005—2013 年面板数据，对常住人口变量与医疗卫生资源变量之间的面板固定效应模型结果如表 3-2-7 所示。

表 3-2-7　　　常住人口——医疗卫生资源面板模型（2005—2013年）

	模型1		模型2	
	Coef.	Beta	Coef.	Beta
实有床位	0.0055（0.0014）***	0.09	0.0047（0.0013）***	0.22

①　[美] 克里斯托弗·F. 鲍姆：《用 Stata 学计量经济学》，王忠玉译，中国人民大学出版社 2012 年版，第 193—203 页。
②　关于使用随机效应模型还是使用混合回归模型的检验中，使用 BP 拉格朗日乘数检验（Breusch and Pagan Lagrangian multiplier test for random effects）。其检验的卡方值为 381.59，p 值为 0.00，小于 0.05，说明模型中要包括一个反映个体特征的随机扰动项 μ_i，所以要使用随机效应模型，而并非混合回归模型。对于是选择固定效应模型还是随机效应的问题，Hausman 检验结果显示其 X^2 值为 10.10，p 值为 0.02，小于 0.05，所以拒绝原假设，即认为随机效应模型是不合适的，应当使用固定效应模型。而对于"面板自相关"问题，由于该研究所使用的样本是一个只有 9 个调查年份的短面板，即 $T = 9$，而 $N = 16$，所以可以不考虑"面板自相关"问题。对于是否有必要在模型中加入时间虚拟变量的问题，检验结果显示 LR X^2 值为 10.86，P 值为 0.21，所以认为时间虚拟变量的作用不显著，无须在模型中加入时间变量。

续表

	模型 1		模型 2	
	Coef.	Beta	Coef.	Beta
医疗卫生支出	0.0003 (0.0000) ***	0.07	0.0001 (0.0001) **	0.18
GDP			0.0182 (0.0052) ***	2.62
sigma_ u	71.35		64.85	
sigma_ e	13.04		12.50	
rho	0.97		0.96	

注：＊＊＊$p < 0.001$；＊＊$p < 0.01$；＊$p < 0.05$。sigma_ u 是个体之间的随机截距，sigma_ e 是个体内的差异，rho 是因 μ_i 而引起的变异部分。

在模型 1 中，无论个体内、个体间，还是就总体而言，实有床位数变量和医疗卫生支出变量对被解释变量——常住人口变量的作用都较大[①]。在模型 2 中，与模型 1 一样，模型 2 中解释变量对被解释变量同样具有较大作用[②]。而且，通过对模型 1 和模型 2 解释力度的对比可以发现：模型 2 的解释力度更高。

模型 1 显示[③]，北京市 2005—2013 年医疗卫生资源变量的变化和常住人口变量的变化之间呈现出显著的正向关系。即医疗卫生资源增长的同时，常住人口同样在不断增长。其中，实有床位数变量对常住人口变量作用的粗系数为 0.0055，在 0.001 的显著性标准下统计显著，即实有床位每增加一张，常住人口大约增加 55 人。政府公共财政中的医疗卫生

---

① 对模型拟合度的检验结果显示，F 值为 82.02，模型的拟合度很好，在 0.001 的显著度标准下统计显著。得到解释的个体内变化（R-sq: within）的比例为 0.57，该指标反映的是均值化数据中被个体的差异所解释掉的变化，反映的是同一个个体在不同调查时点的差异对因变量的预测能力。得到解释的个体间的差异的比例为 0.58。观测值和预测值相关系数的平方为 0.55，即模型解释的总变化的比例为 0.55。

② 对模型拟合度的检验结果显示，F 值为 63.61，模型的拟合度很好，在 0.001 的显著度标准下统计显著。得到解释的个体内变化比例为 0.60。得到解释的个体间的差异的比例为 0.67。观测值和预测值相关系数的平方 0.65，即模型解释的总变化的比例为 0.65。

③ 模型 1 中 rho 的值为 0.97，表明几乎所有因变量的变异都和个体间的差异有关，复合扰动项的几乎所有方差都来自个体效应扰动的变化。另一项针对个体之间的差异在统计学上是否有意义的检验结果显示 F 值很大，为 196.54，p 值小于 0.001，所以可以判断个体之间存在显著差异，所以不能使用混合最小二乘估计，而应当使用固定效应模型。相比而言，估计的个体之间的差异 sigma_ u 很大，为 71.35，而个体内的差异 sigma_ e 很小，为 13.04。

支出变量对常住人口变量作用的粗系数为 0.0003，同样在 0.001 的显著性标准下统计显著，表明，医疗卫生支出每增加 1 万元，常住人口大约增加 3 人。而标准化回归系数则消除了变量的量纲影响，它是一个随时间和具体情境而变的相对数。通过对模型 1 中 2005—2013 年北京市各区县实有床位变量和医疗卫生支出变量对常住人口变量作用的标准化回归系数的比较可以发现，实有床位变量对常住人口变量的标准化回归系数为 0.09，大于医疗卫生支出变量对常住人口变量的标准化回归系数 0.07。这说明，在 2005—2013 年的北京市区县样本中，医疗卫生支出变量比实有床位变量对常住人口变量的相对作用要小。当然，在讨论医疗卫生资源对常住人口变量的作用时，不能离开对研究对象经济状况变量的控制。为此，在模型 2 中加入了地区生产总值变量，以考察在控制了地区生产总值变量之后，医疗卫生资源变量对于常住人口变量的作用会发生怎样的变化？

模型 2 结果显示[①]，在 0.001 的显著度标准下，地区生产总值变量对常住人口变量之间具有显著的正向关系。即随着地区生产总值的增加，常住人口也在不断增加。其作用的粗系数为 0.0182，即地区生产总值每增加 1 亿元，常住人口增加 182 人。在控制了地区生产总值的作用后，实有床位变量与常住人口变量之间仍然呈现出显著的正向作用，且仍然在 0.001 的显著度标准下统计显著。即便如此，也可以发现在模型 2 中，实有床位变量对常住人口变量的作用有所下降。在模型 1 中粗系数为 0.0055，而在模型 2 中则为 0.0047。说明在控制了地区生产总值变量后，实有床位每增加 1 张，则常住人口增加 47 人。模型 2 也显示在控制地区生产总值变量后，在 0.01 的显著度标准下，医疗卫生支出变量和常住人口变量之间存在显著的正向关系。但是，其作用系数从模型 1 中的 0.0003 下降到了模型 2 中的 0.0001。说明在控制了地区生产总值变量后，医疗卫生支出每增加 1 万元，则常住人口增加 1 人。对模型 2 中变量进行去量纲化处理后得到的标准化回归系数表明：2005—2013 年北京市各区

---

① 在模型 2 中，rho 的值为 0.96，表明几乎所有因变量的变异都和个体间的差异有关，复合扰动项的几乎所有方差都来自个体效应扰动的变化。另一项针对个体之间的差异在统计学上是否有意义的检验结果显示 F 值很大，为 131.96，p 值小于 0.001，所以可以判断个体之间存在显著差异，所以不能使用混合最小二乘估计，而应当使用固定效应模型。估计的个体之间的差异 sigma_ u 很大，为 64.85；而个体内的差异 sigma_ e 很小，为 12.50。

县地区生产总值变量对常住人口变量作用的标准化回归系数为 2.62；实有床位变量对常住人口变量作用的标准化回归系数为 0.22；医疗卫生支出变量对常住人口变量作用的标准化回归系数为 0.18。由此可知，在 2005—2013 年区县样本数据中，地区生产总值变量对常住人口变量的相对作用更大，而医疗卫生机构实有床位数变量对常住人口变量的作用则大于医疗卫生支出变量的作用。

当然，以上模型设定中将常住人口变量作用被解释变量，而将医疗卫生资源变量当作了解释变量进行建模。这里面实际上包含了一个假设，就是通过医疗卫生资源的布局，可以实现对常住人口分布的引导。表 3－2－7 中模型 1 和模型 2 的结果都证实了这种可能性，即解释变量和被解释变量之间存在显著的正向关系。

然而，这种运算仅仅是用 2005—2013 年北京市各区县的面板数据论证了一种可能性：采取引导模型，通过对医疗卫生资源的布局来引导常住人口的分布。值得注意的是，这种测算建立的依据是对主动引导逻辑的假定，使用的数据也是被动适应逻辑占主导地位的 2005—2013 年的数据，所以这个结果只是未来人口调控的一种预期，而这种预期一旦实现，显然医疗卫生资源产生的带动效应会更大。通过对常住人口以及常住人口中的户籍人口两类模型的对比可以发现，未来通过医疗卫生资源来调控人口、引导人口合理分布的重点在于对流动人口的调控。

总之，长期以来北京市医疗卫生资源是在被动适应着常住人口的增长，二者之间呈现出一种非协调增长的现象，医疗卫生资源的增长要远远快于常住人口的增长，伴随着常住人口的增长，医疗卫生资源呈现出更高比例的增长。相对于常住人口而言，医疗卫生资源在北京市各区县的分布呈现出一种非均衡分布的状况。这样的增长逻辑下很容易陷入人口增长—医疗资源增长—人口继续增长—医疗资源继续增长—人口继续增长……的无限循环怪圈中去，对于人口调控工作以及"城市病"治理带来不利影响。

同时，面板分析模型也证实了未来人口调控的另一种可能性逻辑——通过医疗卫生资源配置主动引导常住人口分布。这种逻辑不但适用于在北京市内的人口调控，也同样可以适用于京津冀一体化背景下的跨区域人口疏解和调控工作。不可忽视的是，与北京市临近的河北省每年将近 700 万人次进京看病，而与此同时，距离北京市很近的燕郊三甲医院床位闲置率高达70%。①这必然会对北京市的人口环境承载能力带来压力。

一直以来,在"被动适应"逻辑下,北京市内医疗卫生资源的分布跟着人口分布走,造成大医院和优质医疗卫生资源过度集中于某些重点区域,也是造成大医院人满为患、医生不堪重负及医患矛盾突出的重要原因。这一点从各级医疗机构的床位使用率就可窥见一斑。2013年全市统计数据显示,一级医疗机构、二级医疗机构、三级医疗机构实有床位使用率分别为:49.87%、80.59%及89.41%。

此外,本研究还分别对北京市2家三级甲等医院、2家二级甲等医院、3家一级甲等医院的基本情况进行了研究。结果表明:分别有2家三级甲等医院、2家二级甲等医院、3家一级甲等医院对实有床位使用率进行了有效填答。统计结果显示,2013年,2家三甲甲等医院的实有床位使用率分别为93.71%和95.92%;2家二级甲等医院的实有床位使用率分别为83.82%和84.55%;3家一级甲等医院的实有床位使用率分别为11.00%、45.05%及53.00%。可见,三级医疗机构的实有床位率高于二级医疗机构,更远高于一级医疗机构。以上结果表明,通过优质医疗卫生资源的均衡分布来疏解人口、引导人口合理分布是非常必要的。

不仅医疗卫生资源这种公共服务的配置可以引导其服务对象人口的分布,而且也可以引导相关就业人口的分布。为了弄清北京市医疗卫生资源对就业人口的吸引模式,本研究也还对这几家医院的用工情况进行了调查(见表3-2-8)。其结果表明:

在2家三级医院中,朝阳某三级专科医院,2013年的员工总人数为3047人,其中,在编员工2267人,占74.40%;合同制员工780人,占25.60%;某市属三甲医院2013年员工总人数为2877人,其中在编1211人,占42.1%。

在2家二级甲等医院中,怀柔某医院员工总数1125人,其中,在编1031人,占91.64%;合同制94人,占8.36%。海淀某医院员工总数779人,其中在编443人,占56.87%;合同制336人,占43.13%。

在3家一级甲等医院中,海淀某社区卫生服务中心员工总数167人,在编104人,占62.28%;合同制63人,占37.72%。怀柔某社区卫生服务中心员工总数76人,在编60人,占78.95%;合同制16人,占

---

① http://news.xinhuanet.com/politics/2014-05/19/c_126518525.html。

26.67%。2013 年通州某卫生院员工总数 88 人，在编 75 人，占 85.23%；合同制 13 人，占 14.77%。

表 3-2-8　　　　　北京市部分医院在编员工比例状况　　　（单位:%）

医院级别	医院名称	在编员工比例	合同制员工比例
三级医院	朝阳某三级专科医院	74.4	25.6
	市属三甲医院	42.1	57.9
二级医院	怀柔某医院	91.64	8.36
	海淀某医院	56.87	43.13
一级医院	海淀某社区卫生服务中心	62.28	37.72
	怀柔某社区卫生服务中心	78.95	26.67
	通州某卫生院	85.23	14.77

由以上结果可知：三级医院和城六区医院合同制用工比例更高；相应地，城市发展新区和生态涵养区一、二级医院合同制用工比例更低。这种用工模式，从根本上反映着医疗卫生机构对就业人口的吸引规律，也为通过医疗卫生资源这种公共服务资源的配置来吸引和带动就业人口的分布提供了可能。

四　主要结论

通过对北京市医疗卫生状况及其对人口影响的研究，本研究发现如下几点结论：

（一）卫生资源呈现强非均衡性特征

尽管医疗卫生资源随年份推移而不断均衡，但是当前北京市医疗卫生资源仍然呈现出很强的非均衡性。医疗资源在中心城区聚集的现象非常突出，东城区和西城区明显占有更多的医疗卫生资源。

（二）目前医疗卫生资源被动适应人口增长

当前人口与医疗卫生资源关系的主导逻辑是医疗卫生资源被动适应人口增长的逻辑，这样容易陷入人口增长—增加医疗卫生资源—人口进一步增长—医疗卫生资源继续增长……这样的恶性循环之中。相对于户籍人口而言，常住流动人口的增长是推动医疗卫生资源增长的主导因素。

（三）未来存在通过医疗卫生资源引导常住人口的可能

未来要逐步打破长期以来医疗卫生资源被动地适应人口增长的局面，通过医疗卫生资源的配置来主动引导人口在北京市内和京津冀大区域内更加均衡地分布。一方面，在京津冀一体化发展背景下，充分重视北京市医疗卫生资源优势，鼓励有条件的医疗机构通过在周边地区开设分支机构，和周边地区医疗卫生机构合作办医，建立医联体，为周边地区医疗卫生机构提供技术指导等多种形式，提升周边地区医疗卫生机构品质，将周边地区的患者更多地留在本地，减少"瞬时人口"对北京带来的压力；另一方面，鼓励北京市优质医疗卫生人力资源对周边地区医疗机构的辐射。尤其可以充分发挥时间相对充裕的退休老年医疗卫生专家资源优势通过定期坐诊、医事指导等形式提升周边地区医疗卫生人力资本。

第三章　公共交通资源与人口疏解

伴随着环境污染、交通拥挤等"大城市病"日益凸显，北京市的公共交通问题也逐渐成为社会关注的焦点问题。学者们从北京市公共交通补贴、生态足迹以及发展历史等多个视角，对北京公共交通问题展开了广泛的讨论。本章在以往研究的基础之上，将研究主题界定为北京市人口增长对公共交通的影响。结合研究需要，本章以常住人口为出发点，主要讨论以下三个方面的问题：第一，北京市公共交通现状；第二，北京市公共交通发展的历时性特征；第三，北京市公共交通与常住人口数据关系建模。通过三个方面的分析，以期发现人口增长对北京市公共交通发展的影响特征和规律。

一　北京市公共交通现状

结合研究需要和数据特征，本章对于公共交通状况的考察主要采用的是城市公共交通状况的相关指标。首先，对城市公共交通运营线路总长度变量进行分析，该部分内容不仅包括对城市公共交通运营线路总长度的考察，而且分别对城市公共交通中的公共电汽车运营线路总长度和轨道交通运营线路总长度进行了考察。

图 3 - 3 - 1 显示了 2013 年各省、自治区、直辖市公共交通运营线路总长度，其中，北京的城市公共交通运营线路长度居全大陆各省份前列，排名第 7 名。

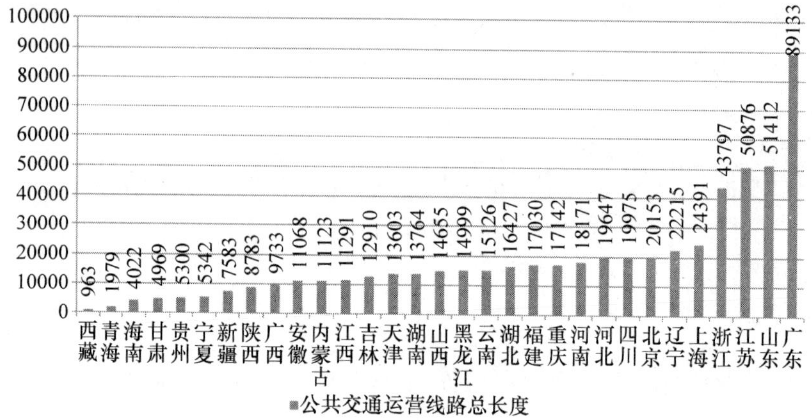

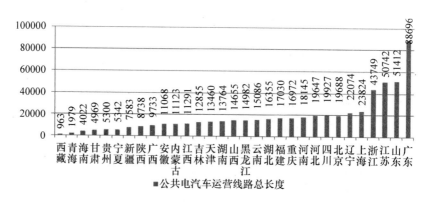

图 3-3-1　2013 年各省、自治区、直辖市公共交通运营线路
总长度（单位：公里）

基础数据来源：中华人民共和国国家统计局编，《中国统计年鉴·2014》，中国统计出版
社，2014 年 10 月，http://www.stats.gov.cn/tjsj/ndsj/2014/indexch.htm。

图 3-3-2 对城市公共交通中公共电汽车运营线路总长度指标进行了
考察，结果发现北京市同样在各省、自治区、直辖市中位居前列，排名全
国第 8 位。

图 3-3-2　2013 年各省、自治区、直辖市公共电汽车运营线
路总长度（单位：公里）

基础数据来源：同图 3-3-1。

图 3-3-3 对城市公共交通中轨道交通运营线路总长度指标进行了考

察，结果发现北京在各省份中位居前列，排在了第2位。进一步对城市轨道交通运营线路长度在城市公共交通运营线路长度中所占的比重指标进行考察，可以发现：北京仍然位居各省份中的第2位。

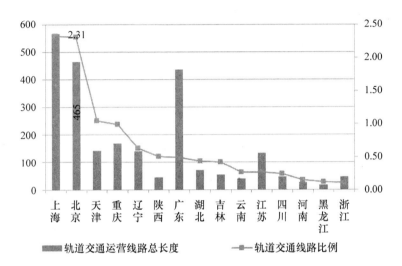

图3-3-3 2013年轨道交通运营线路总长度和轨道交通线路比例地区分布（单位：公里；%）

基础数据来源：同图3-3-1。

以上对于公共交通线路长度指标的考察，显然没有考虑到地区的人口总量。而要考察某个地区某项交通资源配置在全国的水平，显然需要考虑该地区人口因素，尤其是人口总量的作用。为了更好地理解北京市公共交通资源在全国的水平，此处构造区位商指标对公共交通资源配置情况进行分析。

具体的计算公式如下：区位商D＝某地某项公共交通资源在全国所占的比重/该地常住人口在全国所占的比重。

由此可见，区位商指标是一个更加清晰的概念，它通过考察北京市公共交通资源在全国交通资源中所占的比重，与北京市的常住人口在全国常住人口中的比重之间的比值，来客观衡量北京市交通资源配置在全国的水平。如果某地区位商值＞1，说明在考虑人口分布的情况下，该地公共交通资源配置水平优于全国水平，数值越高，说明优势越突出。

此处，对于北京市城市公共交通运营线路长度区位商、公共电汽车运营线路长度区位商、轨道交通运营线路长度区位商指标的考察结果见图3-3-4所示。由图3-3-4可知：按照城市公共交通线路运营总长度区位商指标由低到高排序，贵州最低（0.36），而上海最高（2.38），北京第二高（2.25）；对城市公共电汽车运营线路长度区位商指标由低到高排序，贵州最低（0.36），而上海最高（2.33），北京第二高（2.20）；对轨道交通运营线路长度区位商指标的非零值由低到高进行，河南最低（0.16），而上海最高（13.28），北京第二高（12.43）。

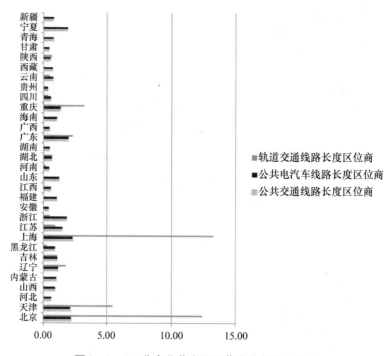

图3-3-4 北京公共交通运营线路长度区位商

以上考察结果表明，北京市城市公共交通运营线路总长度区位商、公共电汽车运营线路长度区位商、轨道交通运营线路长度区位商指标都大于1。这意味着在考虑人口因素的情况下，北京市公共交通运营线路长度区位商指标在全国位居前列，不仅高于全国水平，而且三项指标都处于第2位的水平。

除了对公共交通运营线路长度进行考察外，本章也对公共交通资源配置中的另外一个重要指标——公共交通运营车辆数进行考察。2013年各省、自治区、直辖市公共交通运营车辆数具体分布见图3－3－5所示。图3－3－5具体显示了公共交通中公共电汽车和轨道交通运营车辆数的情况，这两类数据的和就等于公共交通运营车辆总数。

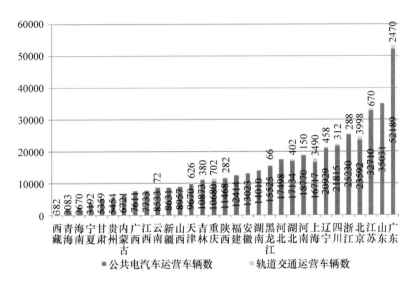

图3－3－5　公共交通运营车辆数分布（单位：辆）

基础数据来源：同图3－3－1。

由图3－3－5可知，北京公共交通运营车辆数指标同样处在全国较高水平上，排名第4；公共交通中公共电汽车运营车辆数北京排名第5；轨道交通运营车辆数北京居首。

除了以上对公共交通运营车辆数绝对数进行考察外，也同样对公共交通车辆数区位商指标、公共电汽车运营车辆区位商、轨道交通运营车辆数区位商进行考察，北京市都是最高的（见图3－3－6）。

通过以上对公共交通运营车辆数区位商指标的考察，可以发现：2013年北京市公共交通运营车辆数区位商、公共电汽车运营车辆数区位商、轨道交通运营车辆数区位商都大于1，这客观反映了在考察人口因素的情况下，北京市公共交通车辆数仍然优于全国水平的客观情况。而且，通过对三个区位商数的进一步考察，可以发现：在所有省、自治区、直辖市中，北京公共交通运营车辆数区位商、公共电汽车运营车辆数区位商、轨道交通运营车辆数区位商三个指标都远高于其他省、自治区和直辖市，处于领

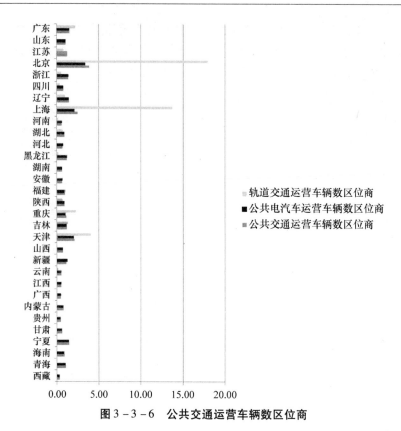

图 3 - 3 - 6　公共交通运营车辆数区位商

先水平，这突出反映了北京市公共交通在全国的领先优势。

除了以上对公共交通资源配置情况的讨论之外，本章还对公共交通资源的使用情况进行了研究（见图 3 - 3 - 7）。

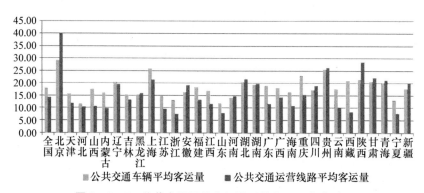

图 3 - 3 - 7　公共交通平均客运量（单位：万人次/辆）

以上对于公共交通车辆平均客运量和公共交通线路平均客运量指标的分析结果反映出：北京市公共交通车辆平均客运量和公共交通线路平均客运量都是全国最高的，远远高于全国其他省、自治区、直辖市的水平。这一方面验证了前文中所述的北京公共交通资源优势；另一方面也反映出北京公共交通所面对的较大的客运压力。

二　北京市公共交通历时特征分析

通过上文分析可以发现，当前北京市公共交通资源配置水平优于全国水平的同时，也面临着较大客运压力的挑战。那么，北京市公共交通发展具有哪些历时特征呢？

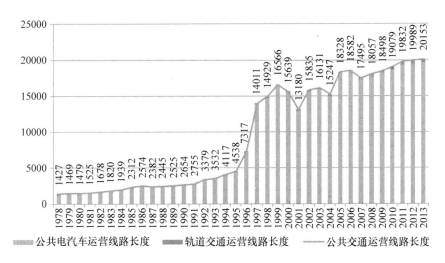

图 3 - 3 - 8　北京市公共交通运营线路长度历年变化（单位：公里）

基础数据来源：北京市统计局、国家统计局北京调查总队编，《北京统计年鉴 2014》，http：//www.bjstats.gov.cn/nj/main/2014 - tjnj/CH/index.html。

图 3 - 3 - 8 显示了北京市公共交通运营线路长度历年变化情况。由图 3 - 3 - 8 可知：从 1978 年到 2013 年间，北京市公共交通运营线路长度总体上呈现出随时间推移而不断增长的态势，而且 1996 年以后在较高水平上持续增长。

对北京市公共交通运营线路长度历年数据求环比增长速度，可以发现：在 1978—2013 年间，北京市公共交通运营线路长度，除 1987 年、2000 年、2001 年、2004 年、2007 年 5 个年份出现了环比下降之外，其他年份上都呈现出环比增长的情况。

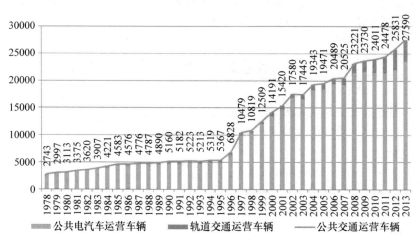

图 3 - 3 - 9 北京市公共交通运营车辆历年变化（单位：辆）
基础数据来源：同图 3 - 3 - 8。

对于 1978—2013 年北京市公共交通运营车辆数量变化情况的考察，见图 3 - 3 - 9 所示。由图 3 - 3 - 9 可知：北京市公共交通运营车辆数在 1978—2013 年间出现了持续增长的基本态势，尤其是 1995 年以后出现了在较高水平上稳步、持续增长的态势。

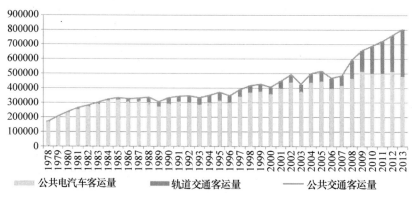

图 3 - 3 - 10 北京市公共交通客运量历年变化（单位：万人次）
基础数据来源：同图 3 - 3 - 8。

图 3 - 3 - 10 显示了 1978—2013 年北京市公共交通客运量的变化情况。由图 3 - 3 - 10 可知：1978—2013 年间北京市公共交通客运量呈现出随时间增长的基本态势，而轨道交通客运量增长速度更快。

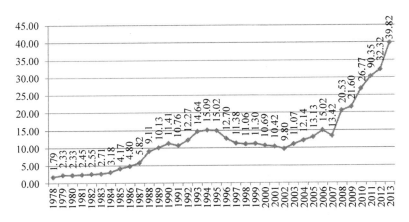

图 3 - 3 - 11　轨道交通客运量占比（单位:%）

图 3 - 3 - 11 显示了轨道交通客运量占公共交通客运量的比重变化情况。由图 3 - 3 - 11 可知，1978—2013 年北京市公共交通客运量中，轨道交通客运量占比大体呈现随年份震荡增长态势。尤其是 2008 年以后，轨道交通客运量在公共交通客运量中的比例呈现高位增长态势。到了 2013 年，乘坐公共交通工具出行的乘客中，乘坐轨道交通出行的比例高达 39.82%。

图 3 - 3 - 12　北京市公共交通线路平均客运量变化情况（单位：万人次/公里）

　　图 3 - 3 - 12 显示了北京公共交通线路平均客运量的变化情况。由图 3 - 3 - 12 可知，总体上来看，北京公共交通线路在每公里上的平均客运量呈现出震荡下降趋势。

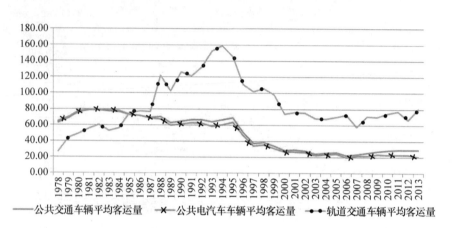

图 3 - 3 - 13　北京市公共交通车辆平均客运量变化情况（单位：万人次/辆）

　　图 3 - 3 - 13 显示了北京公共交通运营车辆平均客运量的历时变化规律。由图 3 - 3 - 13 可以发现：在 1978—2013 年间北京市公共交通运营车辆平均客运量基本上呈现出震荡下降态势。

　　通过以上对 1978—2013 年北京市公共交通的历时性数据分析，可以发现：北京市公共交通客运量呈现逐年上升态势；与此相应的是北京市公共交通资源基本上呈现出快速、震荡增长态势；其中，轨道交通资源和客运量的增速更高。同时，公共交通运营线路平均客运量和公共交通运营车辆平均客运量都并未呈现出持续增长态势，尤其是轨道交通运营线路平均客运量和轨道交通运营车辆平均客运量都呈现出明显的倒"U"形分布特征。

三　常住人口和公共交通之间关系的模型检验

　　公共交通客运量的逐年增长以及公共交通运营线路和运营车辆平均客运量的震荡变化规律，一方面反映了北京市交通出行人口的增加；另一方面也反映了政府在公共交通领域的投入增加。那么，到底北京市常住人口与北京公共交通资源的增长之间是否存在着随时而变的规律呢？为此，结合研究需要和数据特征，采用自回归集成移动平均法（Autoregressive Integrated Moving Average，ARIMA），对公共交通变量和常住人口变量进行建模，以找到二者之间的关系。

一般而言，公共交通受人口集聚的影响，同时良好的公共交通资源配置，也会吸引人口的集聚。所以，人口与公共交通资源之间的关系是一种双向的共变关系。但是，更加现实的常常是公共交通被动地"适应"人口的增长，即政府一般会根据某个地方人口集聚的状况来安排公共交通资源的配置，以满足百姓出行需求。基于此，该部分将公共交通资源作为因变量，而将常住人口变量作为自变量进行建模。结合前文公共交通和公共电汽车资源及使用规律的相似性，以及北京市轨道交通出行比例不断上升的趋势，此处选择公共交通运营线路长度变量、轨道交通运营线路长度变量、公共交通运营车辆数变量、轨道交通运营车辆数变量四个变量分别作为因变量进行建模，模型中的自变量都是常住人口变量。

在此，用北京公共交通运营线路长度变量作为因变量，用常住人口变量作为自变量进行建模。此处将公共交通运营线路长度变量记作 y_{1t}；将常住人口变量记作 x_t。模型①具体结果见表 3 - 3 - 1 所示。

表 3 - 3 - 1　　　　　　　公共交通运营线路长度模型

d_y_{1t}	Coef.	Std. Err.	z	$p > z$
x_t	0.07	2.14	0.03	0.98
ar (1)	-0.54	0.30	-1.83	0.07
ma (1)	0.88	0.23	3.90	0.00
/sigma	1347.07	145.27	9.27	0.00

由表 3 - 3 - 1 可知：北京市常住人口变量对公共交通运营线路长度的一阶差分变量的作用系数为 0.07。但是，对这种作用进行统计检验的结

---

① 对因变量公共交通运营线路长度变量进行平稳性检验的结果显示：$z(t)$ 为 -0.20，P 值为 0.94，该因变量的初始序列为非稳态序列。为此，对该因变量的初始序列进行一阶差分，生成新的一阶差分序列，记作 d_y_{1t}。对 d_y_{1t} 序列进行平稳性检验的结果显示：$z(t)$ 为 -4.88，p 值为 0.00，该序列为平稳序列。所以使用公共交通运营线路长度的一阶差分变量作为因变量建立 ARIMA (1, 0, 1) 模型。模型 -2LL 为 604.24，卡方值为 40.73，p 值为 0.00。残差检验结果显示：q 统计量为 10.52，p 值为 0.79，模型残差通过了白噪声检验，模型结果可靠。

果显示，这种作用并不显著，其 z 值为 0.03，p 值为 0.98，大于 0.05 的显著度标准。当然，这种统计上的不显著也有可能是由于 1978—2013 年仅有 35 个样本，而一阶差分变量仅有 34 个数据点造成的。但是，即便如此，也不能得出北京市常住人口变量对公共交通运营线路长度一阶差分变量具有正向作用的肯定结论。需要指出的是，此处的一阶差分变量实际上反映的是一种增长变化关系。那么，常住人口变量是否会对增速更快的轨道交通运营线路变量具有显著作用呢？为此，此处也对轨道交通运营线路变量进行建模。

轨道交通运营线路长度模型中，选择 1978—2013 年轨道交通运营线路长度作为因变量，记作 y_{2t}；同样将常住人口变量作为自变量，记作 x_t。模型①具体结果见表 3 - 3 - 2 所示。

表 3 - 3 - 2　　　　　　　　轨道交通运营线路模型

d_ y_{2t}	Coef.	Std. Err.	z	$p > z$
x_t	0.05	0.02	2.76	0.01
ar（1）	- 0.61	0.39	- 1.59	0.11
ma（1）	0.71	0.34	2.12	0.03
ma（2）	0.51	0.19	2.71	0.01
/sigma	14.80	1.88	7.87	0.00

由表 3 - 3 - 2 可知：北京市常住人口变量对轨道交通运营线路长度的一阶差分变量的作用系数为 0.05，且对这种作用的检验结果表明：其 z 值为 2.76，p 值为 0.01，小于 0.05 的显著度标准，说明常住人口变量对轨道交通运营线路长度的一阶差分变量具有显著的正向作用。由于因变量是轨道交通运营线路变量的一阶差分变量，所以这种正向的积极作用实际上

---

① 对因变量轨道交通运营线路长度变量进行平稳性检验的结果显示：z（t）值为 4.79，P 值为 1.00，提示该因变量的初始序列为非平稳序列。为此，对该因变量进行一阶差分处理，得出轨道交通运营线路长度的一阶差分变量，记作 d_ y_{2t}。对该一阶差分序列进行平稳性检验的结果显示：z（t）值为 - 3.34，p 值为 0.01，提示该因变量一阶差分变量为平稳序列。为此，使用 1978—2013 年轨道交通运营线路长度的一阶差分变量作为因变量建立 ARIMA（1，0，2）模型。模型结果显示：- 2LL 为 288.73，卡方值为 32.48，p 值为 0.00。残差检验结果显示 q 统计量为 5.86，p 值为 0.98，模型残差通过了白噪声检验，模型结果可靠。

反映了 1978—2013 年间北京市常住人口变量对轨道交通运营线路长度增量所具有的显著的正向作用。

使用北京市常住人口变量作为自变量所建立的公共交通运营线路长度模型和轨道交通运营线路长度模型分析结果表明，常住人口变量并未对北京市公共交通运营线路长度的一阶差分变量产生显著的影响，但常住人口变量对北京市轨道交通运营线路长度的一阶差分变量则产生了显著的正向作用，作用系数为 0.05。这说明，随着北京常住人口的增长，北京轨道交通线路的增量也在不断增长；随着常住人口的增长，北京轨道交通线路运营长度也呈现出明显的增长趋势。

除了公共交通运营线路长度之外，本研究还使用了北京市常住人口变量分别对公共交通运营车辆数和轨道交通运营车辆数变量进行建模。对公共交通运营车辆数变量进行建模过程中，首先对作为因变量的公共交通运营车辆数变量进行平稳性检验。其中，公用交通运营车辆数变量记作 y_{3t}。该公共交通运营车辆数的一阶差分变量模型①见表 3-3-3 所示。

表 3-3-3　　　　　　　　公共交通运营车辆数模型

d_ y_{3t}	Coef.	Std. Err.	z	$p > z$
x_t	1.10	1.02	1.07	0.28
ar（1）	0.93	0.31	3.01	0.00
ar（2）	0.22	0.33	0.68	0.50
ar（3）	-0.29	0.28	-1.06	0.29
ma（1）	-1.00	3776.52	0.00	1.00
/sigma	769.38	1452645.00	0.00	1.00

由表 3-3-3 可知：使用北京市常住人口变量和公共交通运营车辆数

---

① 检验结果显示：$z(t)$ 值为 2.01，p 值为 1.00，说明该初始序列为非平稳序列。为此，对初始序列进行一阶差分处理，之后形成的公共交通运营车辆数一阶差分变量，记作 d_ y_{3t} 然后再对经以上形成的公共交通运营车辆数的一阶差分变量进行平稳性检验。检验结果显示：z (t) 值为 -4.94，p 值为 0.00，小于 0.05 的显著度标准，所以，检验结果显示公共交通运营车辆数的一阶差分变量是一个平稳序列，可以用于 ARIMA 模型建模。为此使用公用交通运营车辆数的一阶差分变量作为因变量建立 ARIMA（3，0，1）模型。其中模型 -2LL 值为 566.25，卡方值为 123.62，p 值为 0.00。模型残差检验结果表明：q 值为 13.50，p 值为 0.56，残差检验显示模型通过了白噪声检验，模型结果可靠。

的一阶差分变量所建立的 ARIMA（3，0，1）模型中，作为自变量的常住
人口变量对作为因变量的公共交通运营车辆数的一阶差分变量的作用系数
为 1.10。但是，对该系数的检验结果显示，其 z 值为 1.07，p 值为 0.28，
大于 0.05 的显著度标准，这提示该作用系数并未表现出统计显著度。尽
管这种不显著的结果有可能是样本规模小造成的，但是，仍然不能据此得
出北京市常住人口变量对公共交通运营车辆数的一阶差分变量具有显著的
正向作用。那么，北京市常住人口变量是否会对增速更快的轨道交通运营
车辆数变量产生显著作用呢？为了回答该问题，该研究也同时使用常住人
口变量对轨道交通运营车辆数变量进行时间序列建模。

　　对轨道交通运营车辆数变量进行建模过程中，首先对作为因变量的
1978—2013 年北京市轨道交通运营车辆数变量进行平稳性检验。此处将
该变量记作 y_{4t}。该模型①的具体结果见表 3 - 3 - 4 所示。

表 3 - 3 - 4　　　　　　　　　　轨道交通运营车辆数模型

$d_{2-}y_{4t}$	Coef.	Std. Err.	z	$p > z$
x_t	0.07	0.01	4.59	0.00
ar（1）	-0.96	0.22	-4.37	0.00
ma（1）	-0.26	3224.25	0.00	1.00
ma（2）	-0.74	2381.14	0.00	1.00
/sigma	94.17	151822.90	0.00	1.00

　　由表 3 - 3 - 4 可知：使用北京市常住人口变量和轨道交通运营车辆数
二阶差分变量所建立的 ARIMA（1，0，2）模型中，常住人口变量对轨道
交通运营车辆二阶差分变量的作用系数为 0.07。对该系数进行检验的结

---

　　①　检验结果显示：z（t）值为 7.51，p 值为 1.00，该结果提示作为初始序列的北京市轨道
交通运营车辆数变量是一个非平稳序列，不可直接用来进行 ARIMA 建模。为此，对该初始序列
进行二阶差分处理，并将处理后的轨道交通运营车辆数二阶差分变量记作 $d_{2-}y_{4t}$。对该二阶差
分变量进行的平稳性检验结果显示：z（t）值为 -9.52，p 值为 0.00，该结果说明经过二阶差分
后形成的轨道交通运营车辆数二阶差分变量是一个平稳序列，适合用来建立 ARIMA 模型。为此，
使用轨道交通运营车辆数二阶差分变量作为因变量，常住人口变量作为自变量，建立 ARIMA
（1，0，2）模型。模型的 -2LL 值为 410.18，卡方值为 144.91，p 值为 0.00。对模型残差进行检
验的结果显示：q 值为 15.61，p 值为 0.41，大于 0.05 的显著度标准，该结果显示模型通过了白
噪声检验，模型结果可靠。

果显示：z 值为 4.59，p 值为 0.00，小于 0.05 的显著度标准，说明常住人口变量对轨道交通运营车辆的二阶差分变量的正向作用是显著的。即北京常住人口变量对轨道交通运营车辆数二阶差分变量具有显著的正向作用，且作用系数为 0.07。以上表 3－3－3 和表 3－3－4 的结果显示：虽然不能明确地得出北京常住人口变量对北京公共交通运营车辆数的一阶差分变量具有显著作用，但是北京市常住人口变量对北京轨道交通运营车辆数的二阶差分变量的作用却是显著的。实际上，一阶差分和二阶差分变量反映的都是变量的增量关系，所以可以认为，随着北京市常住人口的增长，轨道交通运营车辆的增量也在增长；随着常住人口的增长，北京轨道交通运营车辆也在增加。

以上四个模型，使用北京市 1978—2013 年常住人口、公共交通运营线路长度、轨道交通运营线路长度、公共交通运营车辆数、轨道交通运营车辆数变量作为基础数据。使用常住人口为自变量，公共交通资源变量作为因变量分别建立 ARIMA 模型。模型结果表明：虽然不能肯定常住人口变量对公共交通运营线路长度和公共交通运营车辆数变量具有显著作用，但是可以发现，常住人口变量对增速更快的轨道交通运营线路长度变量和轨道交通运营车辆数变量具有显著的正向作用。

四 主要结论

（一）公共交通资源在全国处于领先水平

首先，北京的城市公共交通运营线路长度居全国各省份前列，排名第 7 名，其中，城市公共电汽车运营线路长度排名全国第 8 位；城市公共交通中轨道交通运营线路总长度排名第 2 位。在考虑人口因素的情况下，北京市公共交通运营线路长度区位商指标在全国位居前列，不仅高于全国水平，而且三项指标都处于全国第 2 位的水平。

其次，北京市公共交通运营车辆数指标同样处在全国较高水平上，排名第 4 位，其中，北京轨道交通车辆数指标位居第 1 位。北京市公共交通运营车辆数区位商、公共电汽车运营车辆数区位商、轨道交通运营车辆数区位商都远高于其他省、自治区、直辖市，这反映出北京公共交通在全国的领先优势。

再次，对于公共交通客运量的研究结果显示，2013 年我国大陆地区平均值为 17.91 万人次/辆，北京市公共交通车辆平均客运量为 29.17 万人次/辆，排名第 1 位。

最后，2013 年北京公共交通线路平均客运量为 39.93 万人次/公里，不仅远远高于全国平均水平，而且也是全国各省、自治区、直辖市中最高的。

（二）轨道交通增速更快

首先，对北京市公共交通运营线路长度的研究结果显示，北京市公共交通运营线路长度总体上呈现出随时间推移而不断增长的态势，1996 年以后在较高水平上持续增长。北京市公共交通运营线路长度从 1978—2013 年的 35 年间增长了 13.13 倍，平均每年增长 37.51%，其中，轨道交通运营线路长度 35 年间增长了 18.70 倍，平均每年增长 53.44%。轨道交通运营线路长度增速更高。

其次，对 1978—2013 年北京市公共交通运营车辆数指标的研究结果表明，北京市公共交通运营车辆数在 1978—2013 年间出现了持续增长的基本态势，尤其是 1995 年以后出现了在较高水平上稳步、持续增长的态势，其中，轨道交通运营车辆数从 1978 年的 116 辆，增加到了 2013 年的 3998 辆，平均每年增长 95.62%。

再次，对于北京市公共交通客运量的研究结果显示，1978—2013 年间北京市公共交通客运量呈现出随时增长的基本态势，公共交通客运量从 1978 年到 2013 年的 35 年间增长了 3.66 倍，平均每年增长 10.47%，其中，轨道交通客运量 35 年间增长了 102.58 倍，平均每年增长 293.08%。轨道交通客运量增长速度更快。到 2013 年，乘坐公共交通工具出行的乘客中，乘坐轨道交通出行的比例高达 39.82%。

最后，对于平均客运量的研究结果表明，北京市公共交通线路在每公里上的平均客运量呈现出震荡下降趋势，其中，轨道交通运营线路平均客运量呈现出明显的倒"U"形变化态势。而且，轨道交通运营车辆平均客运量的变化则呈现出随时间变化呈现出明显的倒"U"形分布态势，1988—2013 年之间为高值区间，该时间区间内所有年份的轨道交通运营车辆平均客运量都高达 100 万人次/辆以上。

（三）常住人口对轨道交通具有显著正向作用

本研究使用 1978—2013 年北京市常住人口变量作为自变量，分别使用公共交通运营线路长度、轨道交通运营线路长度、公共交通运营车辆数、轨道交通运营车辆数四个变量作为因变量建立了 ARIMA 模型，结果显示：北京市常住人口变量对公共交通运营线路长度和公共交通运营车辆数的增长没有显著作用。但是，北京市常住人口变量却对增速更高的轨道交通运营线路长度变量和轨道交通运营车辆数变量的增长具有显著的正向作用，其作用系数分别为 0.05 和 0.07。

以上结果共同表明，随着常住人口的增长，北京市公共交通运营线路长度不断延长，公共交通运营车辆数不断增加，其中，轨道交通的运营线路长度和运营车辆数的增加速度更快；平均客运量的震荡下降趋势以及轨道交通典型的倒"U"形增长态势一方面反映出政府为满足百姓出行需求所作出的努力；另一方面则也显示出"跟着人口走的轨道交通"的增长可能具有的未来不断膨胀的风险。因此，如何打破公共交通跟着人口集聚而延伸的被动局面，如何通过更加科学、合理的公共交通布局，尤其是轨道交通安排，在京津冀一体化发展的大背景下有序疏解首都人口，是今后需要继续研究的议题。

第四篇　城市治理因素

第一章　城市治理精细化与人口疏解

城市治理精细化程度是影响人口流动的重要因素。城市治理精细化是对现行城市管理体制、管理方式方法的优化，是对城市运行风险的精准预判，是对管理全过程的精准掌控。目前，北京市在城市治理领域依然存在着体制机制不顺、条块分割、法律法规不完善、社会诚信体系不健全等若干问题，从而对人口有序管理和人口疏解产生一定影响。归纳起来，主要表现在以下两大方面。

一　部门协作与人口有序管理

着眼于人口有序流动和合理分布，目前北京市在城市规划、法律法规、市场引导以及社会组织孵化等方面尚未形成有效的政策合力和部门合力，尚存提升空间。具体来看，涉及以下几个方面：

第一，与经济社会发展相协调的人口和产业布局长远规划相对缺乏。在京津冀迅速推进的人口城镇化进程之中，劳动密集型产业吸引了大量人口涌入京津两个超大城市，但与人口流动相关的户籍、住房、就业、教育、医疗、养老等公共服务和管理配套制度的改革却相对滞后，从而导致了与人口生产和发展不相适应的资源环境和经济社会问题，区域经济发展和居民收入差异明显，人口承载力不均衡等矛盾突出。[①] 因此，未来需要进一步研究超大城市人口增长的基本规律，制定出具有科学性、权威性、协同性的区域规划，完善公共服务设施，努力发挥规划对人口流动和疏解的引领作用。

---

① 王瑜：《京津冀协同发展下人口调控的制度障碍及创新建议》，《理论与思考》2015 年第 5 期。

第二，人口有序管理的地方性法律法规保障不健全。从新中国成立之初到现在，我国针对户籍人口相继颁布了各项法律法规，如《共同纲领》、《中华人民共和国户口登记条例》、《北京市计划生育条例》、《北京市生育服务证管理办法》（第 49 号政府令）、《北京市外地来京人员计划生育管理规定》（第 51 号政府令）以及《北京市人口与计划生育条例》等，主要涵盖了户籍人口流动和计划生育两个方面。改革开放以来，随着流动人口规模的激增，北京市出台了一系列法律法规来调控流动人口，这些法律法规主要是集中在户籍管理、居住管理和计划生育管理上，如《外地来京人员户籍管理规定》、《外地来京人员租赁房屋管理规定》、《北京市外地来京人员租赁房屋治安管理规定》、《暂住证》、《婚育证》、《北京市流动人口计划生育管理规定》等。不可否认，法律法规这一调控举措在历史上发挥过重要作用。然而，目前颁布的法律法规，从流动人口服务上看，主要集中于对义务的强调而权益保障不足；从流动人口管理上来看，人口诚信管理及违规惩戒办法不充分、不明确或可操作性不强，从而造成基层在推进人口疏解和人口有序管理时，处罚无据，执法无力。

第三，推进市场机制的导向不充分。党的十八届三中全会公报提出，要"使市场在资源配置中起决定性作用"。同时，在城市发展和人口政策方面，要"合理确定大城市落户条件，严格控制特大城市人口规模"。人口作为一种最为重要的资源，对其配置起决定性作用的仍然是市场。即使要疏解人口，各行为主体也需要以市场力量为先，遵循经济规律。因此，在城市治理和人口疏解上，需要避免一味地粗放式、"封闭式"的行政手段，需要积极探索彰显"公平、公开、正义、效率"的经济手段，充分发挥市场的作用。国外大城市十分重视利用市场的力量，往往通过建立健全积极的市场导向机制来调控和疏解人口。例如，英国分别于 1945 年、1947 年制定了工业重新安置法和城市农村计划法，对愿意搬迁的工厂给予鼓励和资金补助，并且发给职工雇佣奖励金、职业训练补助费作为奖励。①

第四，社会组织孵化严重滞后。目前，在人口疏解和人口有序管理领域，北京市各级各类社会组织的参与程度明显不足。社会组织作为一种重

---

① 参见尹德挺：《人口有序管理的国际经验与中国实践——基于流动人口服务管理的视角》，《人口与经济》2012 年第 2 期。

要的社会力量，自 20 世纪 70 年代以来在全球范围内得到了迅猛发展，无论在发达国家还是在发展中国家，社会组织都致力于各种社会问题的解决，并在各国的社区建设、社会救助、环境保护、教育、文化、卫生等领域发挥着越来越重要的作用。目前，美国的社会组织已达 160 万个，总支出 6700 亿美元，占 GDP 的 9%；根据日本经济企划厅的统计，1996 年，日本具有正式法人地位的社会组织已达 25 万多个，尚不具有正式社团地位的社会组织约有 85000 个；新加坡截至 2005 年 9 月底，在社团注册局注册的社团总数为 6202 个，每十万人大约拥有社团 177 个。① 但从数据上看，北京市的社会组织相对偏低。2013 年，在北京市共登记社会组织 654 个，社会组织孵化严重滞后。与此同时，与其他国家相比，我国在社会组织的法律制度建设方面仍有很大差距，甚至有很多地方都是法律空白，地方民政部门无法可依。因此，在人口疏解、人口有序管理和公共服务供给领域，政府部门应加强与社会组织相关的法律法规制度建设，更多地与社会组织建立合作关系，即政府部门可以通过对社会组织提供资金支持、减免税收等方式，将部分社会服务职能移交给社会组织，以便于在政府与微观个体、企业之间搭建一座桥梁，建立更为有效的沟通渠道。

　　总体而言，政策合力不足在一定程度上造成了"成本洼地"的产生。正常情况下，在北京市这种超大城市生活，需要具备达到最低生活成本的经济实力，而最低生活成本则受到市场、政策、消费观、城市经济水平等多方面因素的调节，应明显高于普通城镇。然而，目前部分政策法规的缺位，使得正常的居京成本受到影响：一方面，在微观个体层面，违法违规居住的治理政策体系不完善，导致流动人口居住成本明显低于市场预期；聚居区管理政策和制度的缺乏，加速了流动人口自循环、低层次生存圈的形成；隐形就业和非正规就业为流动人口提供了大量劳动密集型的就业机会等。另一方面，在政府城市治理层面，北京市各部门出台的部分相关政策导向不一致，在客观上也抵消了对人口有序管理及疏解所形成的合力。

二　行政手段精细化与人口有序管理

　　目前，北京市的人口管理依然处于亟待优化的阶段。在运用行政手段

---

　　①　中国论文网，http：//www.xzbu.com/1/view－5178393.html。

促进人口有序管理、疏解人口方面，若干机制亟待完善：

第一，人口服务管理统筹协调机制。主要体现为人口服务管理的主体不清。目前，北京市尚未形成一个明确、有效的统筹协调机制，人口管理陷入被动。这种人口管理服务统筹协调机制的缺失具体体现在条块分割、多头管理和城乡统一劳动力市场建设主体缺位等方面：一是条块分割、多头管理。从户籍人口的城市审批来看，目前有多个部门参与其中。以进京户口审批权限为例，共有中央、军队以及北京市属机构三大系统，涉及26个单位41个部门能够审批进京指标。在北京市这样的城市，面对人口过度膨胀、人口迁移流动无序的客观现实，管理部门依然难以实现中央与地方之间、部门与部门之间等领域的统筹协调；从流动人口的服务管理来看，"条块分割"的现象更为严重。公安、人口计生、民政、卫生、工商、教育、统计、人力社保等多个部门各自都负责一部分的人口服务管理工作，但部门之间存在着明显的职责交叉、权责不清、各自为政以及政策冲突等问题，从而造成行政成本高，协调难度大，办事效率低；二是城乡统一劳动力市场建设主体缺位。由于城乡统一劳动力市场建设主体缺位，亲缘、地缘、业缘关系则在流动人口就业机会获取及居住场所获得等方面发挥了重要作用。以亲戚、老乡、朋友这一"社会流动链"为主体的民间社会网络积极替代各种正式关系，使得居京的生活成本、就业成本远低于正常市场杠杆调节下的成本，从而造成人口区域性无序聚集。

第二，人口规划约束机制。北京市的人口规划上限屡设屡破，规划屡破屡调，一方面源于规划的科学性还有待提升；另一方面源于规划的约束机制亟待建立等。目前，规划调整的弹性较大，而且基层规划难以落实、落地。

第三，人口信息整合机制。目前，北京市人口信息缺乏行之有效的整合机制，具体体现为：人口信息采集不健全、不主动，人口信息统筹力度不足，缺乏统一的信息综合管理平台，人口预警机制缺失，人口疏解的决策信息支撑不足。

第四，城市人口疏导机制。北京市为了疏导中心城区密集的人口，试图借鉴发达国家经验，在北京市市郊建设新区和新城，推动职住一体化，以期达到分散中心城区人口的作用。然而，由于产业郊区化和居住郊区化的不同步，出现了较为严重的职住分离现象和通勤的"潮汐"运动，从而加剧了城市交通拥堵和交通压力。由于缺乏配套的人口疏导机制，中心城区周边具有市场竞争力的工作机会不足，因此，即使新区的生活成本低于中心城区，劳动者的心理预期短期内也难以发生偏好上的转向，人口仍然滞留中心城区。

　　总之，北京市人口疏解应在城市治理精细化的基础之上，遵循市场规律，合理配置人口和各类资源；重点切分好政府调控和市场导向的职责分工，将顶层设计、市场导向、制度建设以及法治保障相结合，综合运用多种手段进行宏观调控，构建科学的人口疏解政策体系，实现人口合理分布和首都圈的成功转型。[①]

---

　　① 《光明日报》，http：//epaper. gmw. cn/gmrb/html/2014 – 05/27/nw. D110000gmrb_ 20140527_1 – 11. htm。

第二章　出租屋有序管理与人口疏解

人口迁移到城市，住房是其落脚地，而掌握了落脚地，即可掌握人口的相关信息，为属地化服务管理提供基础。出租屋管理主要是从人与房屋之间的关系入手，对城市人口进行有序管理与服务，其实质是一种以建筑物为载体的城市综合管理手段。具体来讲，出租屋管理是通过加强对用于出租的居民住宅和供人口居住的工厂宿舍、建筑公棚、服务经营场所等房屋的管理，强化对人口的有序管理和服务。本章梳理了北京市现有出租屋管理的经验做法及存在的问题，并就加强出租房屋的有序管理提出了几点想法。

一　经验做法

（一）以"村民自治"为核心的出租房屋契约化模式

出租房契约化是指村委会与村民在法律规范的基础上，签订房屋出租协议，实行契约化管理，同时，把流动人口管理列入村民自治章程，实现出租房屋村民自我管理的政策。此模式以丰台区黄土岗村为代表。具体做法为：

一是制定公约，村民自治。在村干部思想统一的基础上，形成房屋租赁公约草案，召开村民小组会议，修改斟酌，然后召开村民代表大会，再次修改，表决通过。村委会根据本地区出租房屋和流动人口的现实情况，经村民代表同意制定《出租房屋公约》，对于符合公约的出租户，发放出租房屋标识牌，村民出租房屋按照公约规定实行，明确了自身的责任和义务，保障了出租房主和承租人双方的利益，实现了村民对辖区出租房屋和流动人口的自我管理。

二是摸清底数，审核登记。逐门逐户登记出租房屋的间数、居住人数、出租类型以及出租人、承租人详细情况，建立全村流动人口和出租房屋台账。根据公约标准，进行分类管理，确定准予出租的房屋，发放"出租房屋标识牌"。

三是签订合同，奖罚分明。出租户与派出所签订《治安管理责任书》，流管站监督出租房主与承租人签订《房屋租赁合同》，明确责任权利与义务。每周检查出租房屋，发现问题限期整改，整改不彻底则可能被摘除"标识牌"，取消出租资格。

（二）以"长期趸租"为核心的定向安置房回购模式

所谓"趸租"，就是具有国资背景的房屋租赁公司，长期租赁农民手中富余的定向安置房，将这些房源纳入公租房中，由统一平台整体托管、整体配租、整体统筹。此模式以中关村科技园区丰台园为代表。具体做法为：由于近年来中关村科技园区丰台园城镇化迅速推进，"农民上楼"后一户可能分到两套房子，其中的一套往往用于出租，因此，由丰台区房管局下属房管中心具体操作，与农民签订长期租赁合同，再与园区企业签订承租合同，把公租房配租出去。中关村科技园区丰台园的首批 48 套人才公租房，就是以趸租的管理方式进行配租的。

另外，北京市对趸租形式有多方位的探索。比如，租赁公司整体趸租给大型企业时，若企业能安置本村村民就业，企业即可享受租金优惠；房屋空置期交付的资金，来源于政府财政。有的租赁公司大胆签约，一签就是 3 年租约，农民一次性就拿到了 3 万元租金。

事实上，北京市曾经鼓励机关及企事业单位、高校、科研院所等社会单位，利用自有国有土地建设公租房，鼓励产业园区建设公租房，向园区内企业职工出租，鼓励农村集体经济组织利用"存量建设用地"建公租房。为了广开房源，多渠道拓展公租房房源，完善公租房供应体系，除自建房外，趸租是一种大胆突破的城市常住人口服务管理方式。

（三）以"业态优化升级"为核心的平房区域综合治理模式

此模式以东城区为代表。为了规范平房区域的经营秩序，改善平房区域的整体风貌，促进平房区域的业态优化升级，东城区制定了《平房登记注册及治理违法经营办法》，规定企业、个体工商户在申请登记或前置、后置审批时，其《房屋所有权证》载明的"房屋用途"必须与"经营用途"相符，不相符者，不予批准。

作为经营场所的平房，在满足经营场所房屋性质审查的基础上，经营范围必须符合东城区关于平房规划建设的有关规定以及平房区流通业态发展指导目录和特色商业街区业态发展指导目录。东城已建立平房无证无照经营台账，并实行三级平台工作机制和"月曝光"制度。

一级平台为区治理无证无照经营行为领导小组，负责全区平房内无证无照经营行为治理工作。领导小组办公室负责组织联合执法，会同区综治办等部门对各街道办事处和职能部门治理平房无证无照经营工作进行考核。

二级平台为各街道、地区，负责对本地区平房内无证无照经营行为治理工作的组织领导。严格落实属地管理责任，排查平房内无证无照行为，建立平房无证无照经营台账；依托综合执法组，加大综合治理力度，组织协调相关职能部门开展联合执法，发挥职能部门作用，坚决取缔平房内无证无照经营。

三级平台为各社区，依托东城区网格化社会服务管理系统，通过社区网格及时发现和上报平房内的无证无照经营行为线索。

除此之外，东城区完善了区级治理无证无照经营领导小组联席会议制度。定期召开联席会议，各职能部门、街道办事处就治理平房无证无照经营工作进行专题汇报。同时，东城区还建立了治理无证无照经营"月曝光"制度。

（四）以"集约化改造"为核心的组织化经营模式

此模式以朝阳区何各庄村为代表。何各庄村集约化改造后组织化经营是指借助区域产业规划的有利条件，由村集体牵头，成立专业经营公司，在农民自愿的基础上，通过签订合同的方式，将农民的宅基地集中起来，按照国际文化产业集散地的标准统一改造和建设，开展文化等产业的租赁经营活动。通过宅基地的集约化改造和组织化经营，实行流动人口的科学、有序吸纳与管理服务，原有城乡接合部的典型特征得以改观；新迁入的文化产业从业人员，在就业、生活和服务上的需求更为符合区域发展规划。该模式有三个特点：

一是走房屋集约化经营之路，多方吸纳建设资金；为解决城乡接合部面临的流动人口聚集、社区管理无序等问题，在本地政府指导下，组织成立运营公司和企业联合会，公司与村民签订协议，集中宅基地，整院收购，统一规划、统一经营；在决策上，乡镇及其直属企业只提出指导意见，最终决策部署由村集体和公司制定执行。

二是委托协议与村民安置。在政府批准宅基地最低面积的基础上，确定年租金的数额。同时，为防止居民互相攀比，按照面积大小递增，并确定年度递增的比例。

三是发展文化产业。采取整院收购的方式，根据规划需要，将一个院落或两个院落，改造、合并成四合院，发展文化创意产业以及旅游、餐饮、会展、工作室等。在此落户的企业在经营和发展方向上，需要接受村企业发展联合会的引导，不符合产业规划的项目不予引入，原有的低端产业工厂停工，避免劳动密集型人口的过度聚集。

（五）以"以补促管"为核心的委托租赁模式

此模式以大兴区南部五个镇为代表。大兴区南部五镇"以补促管、委托租赁"是指由政府委托房屋中介公司，与村委会一起，对辖区内南部五镇签订委托协议的农民，按年度进行租金补偿。已签订协议的租户实施房屋统一规划、统一管理，中介公司和村委会设置准入制度，有权对承租人的资格进行审查，农民承担租户安全管理责任的一种出租房管理服务方式。这种模式有以下三种特征：

一是政府主导，村民参与。大兴区政府主导"以补促管"的实施，从政策制定、组织动员，到政策执行、检查监督、奖惩制度，建立完善的实施体系。各乡镇将这一政策的实施纳入日常流动人口管理服务工作中来，委托房地产经纪中心，与乡镇政府和村委会一起，负责申请享受补助金的住户进行审批、公示、建档，对签约户出租房屋的承租人进行审查和管理，将政策的实施状况与乡镇、村委会工作业绩挂钩；村民自愿签订合同，保证有房不租或在合同约定下规范出租。

二是签订协议，政府补贴。房地产经纪中心是"以补促管"具体工作的运营主体，由房地产经纪中心与"有房不租"和"规范出租"的村民签订协议，以村民现有的房屋院落为基准，对相应的宅基地使用权人和房屋所有权人，在协议基础上，每年得到一定数额的补助金。在协议有效期内的出租房屋，各镇和房地产经纪中心需要对拟出租房屋和承租人进行评估把关，符合条件即可以出租，并继续享受补助金，房地产经纪中心不分享租金收益，不收取费用。

三是租房准入。按照协议要求，各镇、房地产经纪中心需要对承租人进行审查和评估。符合行业类型和产业性质的、符合当地流动人口管理服务要求的、对村庄生活、居住环境不构成损害的，方可入住。同时，对违反协议规定，擅自出租房屋的村民，除收回补助金之外，予以一定数额的罚款。

二　存在的问题

（一）部门协作机制尚未建立

流动人口的管理涉及公安、房管、工商、卫生、人口计生、规划、税务和城市管理等多个部门，每个部门在各自的业务范围内都掌握有一定的流动人口信息，但各部门之间的信息沟通却不畅通，致使流动人口管理各自为政、效率低下。另外，流动人口与违法违规房屋的出租者容易形成"利益共同体"：违法违规房屋的房东和房客具有直接的利益关系，往往由于共同的需要而形成相互依赖的经济关系，在面临政府相关部门的监督时，他们常选择合作的方式抵制政府相关政策的执行，瞒报、漏报以及不及时申报流动人口的信息，甚至联手应付管理部门。

（二）流动人口租住的房屋违法建筑比例高

中国人民大学人口与发展研究中心组织的"北京市0.1%流动人口调查"显示，60.4%的流动人口居住在农民原建房（指农民原本建来自己居住，后腾出部分用于出租、以增加收入的房屋）和少量楼房中。大体来讲，这两类房屋的来源本身是符合法律法规要求的；14.5%的流动人口居住在农民专门搭建的待租房（基本为私搭乱建）；6.8%的流动人口居住在村（居）委会统一建造的出租房（大多数也是违反规定临时搭建的），剩下流动人口的多集中在地下室、工棚、废旧厂房等，占调查总人数的16.2%；甚至还有2.1%的流动人口住在自己搭建的窝棚内。这些违法建筑内的隐患多，安全风险大，居住其中的流动人口的生命财产安全难以得到有效保障。

（三）租赁方式以口头协议为主

房屋租赁绝大多数以口头协议方式进行。在流动人口的房屋租赁活动中，大多数没有签订书面协议，只要达成口头协议即可。根据中国人民大学的调查结果，88.6% 的流动人口房屋租赁活动是以口头协议方式完成的，只有11.4% 是通过书面协议方式完成的。这种状况一方面导致租赁双方之间容易产生系列纠纷；另一方面造成大量违法违规的房屋租赁活动以"地下"方式进行，使违法违规房屋租赁处于管理者的视线之外，导致税收流失。

三 出租屋有序管理引发的思考

违法违规出租屋的管理是流动人口管理的重要措施之一。然而，出租屋的有序管理不能仅仅把眼光放在"管"字上面，要更多地看到"人"的需求，以人为本，真正为流动人口着想，引导其流动，把管理与服务有机地结合起来，才能收到应有的成效。由此，引发如下几点思考：

（一）加强多方协调合作

房屋管理需要政府部门之间的深度协作。房管部门为出租房屋办理租赁登记备案证明后，应将有关情况通报给公安、工商、税务等部门；工商部门在办理工商营业执照、公安部门在办理暂住证时，对于生产、经营、居住场所为出租房屋的，应查验房地产管理部门出具的房屋租赁登记备案证明；对没有办理房屋租赁登记备案的，应将有关情况定期通报给房地产管理部门。

对于房屋的管理，除了进一步加强部门间的协作外，还应该引入社会手段对流动人口和出租房屋进行监管。这里的社会手段主要可分为两个层面：第一，社区干部队伍组建管理小组，通过在社区建立出租房屋和流动人口管理小组，发挥社区干部在出租房屋管理上的作用，及时登记出租屋的有关信息，并协助做好出租房屋主和承租人的服务管理与监督工作；第二，聘任社区常住居民作为监督员，采取一定的物质与精神激励，对于承担出租房屋监督角色的社区居民，给予适当的奖励，赋予其更多的管理服务职权与职责，以较好地完成服务管理重任。

（二）强化出租房屋分类管理

出租房屋的有序管理是从源头上避免人口无序聚集，但由于出租房屋量大面广，投入出租房屋治安管理的行政力量严重不足，因此，对出租房屋进行分类管理尤为重要。在静态上，对于出租房屋的日常管理工作，可以分为单元楼房、私宅小楼、店铺和大院落出租房屋四种类型，针对这几种出租房屋的不同特点分类进行管理；在动态上，对于承租人员管理也要进行归类，对于居住期限较长，有固定工作的承租人与居住期短，无固定工作，现实表现情况掌握模糊的承租人等采取不同管理办法。

在所有出租房屋中，特别需要进一步加强对违法违规出租房屋的管理，例如，群租房。目前，政府已经出台了管制群租的法规，有关部门也加大了整治力度。例如，2013 年北京市住建委、市公安局、市规划委等部门联合印发《关于公布我市出租房屋人均居住面积标准等有关问题的通知》，对群租进行了界定，明确了群租相关各方责任，并强调建立群租综合治理机制，强化属地监管责任。然而，除了立法和执法之外，治理群租有效措施之一就是居民的齐心抵制。在治理群租过程中，需要建立起市民参与的机制，市民组织化参与和个体参与相结合，保持对群租治理的可持续性与有效性。

（三）建立流动人口信息交换平台

加强各有关部门横向联系，建立流动人口信息交换平台，形成信息共享机制，建立流动人口信息交流制度。借助这个平台，可以随时对流动人口的分布、来源地、结构、居住情况等多方面进行分析，并对全市流动人口总量，特别是人口比例倒挂地区进行动态地预警监测，同时将相关信息提供给部门及区县共享，在领导决策和公众服务方面发挥重要的基础支撑作用。

（四）尽快及早出台城市更新的业态标准

在新城建设和城市更新过程中，市级层面应该尽快专门出台城乡接合部地区和旧城改造区域的工业大院、乡镇企业闲置工厂、平房区域的流通业态发展指导目录及实施细则。若想要在这些区域进行经营，应要符合流通业发展指导目录，否则不予审批通过。同时，相关职能部门还应该建立城乡接合部和旧城平房区域的无证无照经营台账，并实行"月曝光"制度。

第三章　土地管理与人口疏解

　　本篇对房屋管理与人口有序管理之间的关系进行了分析。然而，仅研究房屋管理这一手段以推动人口有序管理还不够充分，房屋之下的土地才是最终的源头。如果从最初的规划开始提早介入，在原有房屋管理的基础之上，强化土地管理，提前谋划、及早布局，避免违法违规出租房屋的规模化，那么将大幅减缓由于城市人口过快无序增长造成的"大城市病"，这才是真正的"源头治理"。

　　土地管理与人口有序管理之间的关系具体表现为：人口有序管理和人口疏解工作不但要强化对违法违规出租房屋的管理，而且还要对违法违规出租房屋所依附的土地进行规划严控，通过土地规划者、使用者、承包者以及房屋所有者、出租人、承租人、企业、社区组织和地方政府等多元主体的参与合作，做到城市土地的合理利用，确保城市常住人口"底数清、情况明、信息准"，这也是完善流动人口服务管理的重要保障。从全市范围来看，土地管理的经验做法、存在的问题以及由此引发的思考如下所述：

一　主要做法

（一）对地下空间进行整治改造

　　地下空间可分为三类：由民防部门管理的人防工程、由住建部门管理的地下储藏空间（普通地下室）以及地下室，其中前两种都不能散租住人。因此，地下空间整治对象主要包括由住建部门管理的地下储藏空间和人防工程。北京市正进一步规范地下室的使用，以确保承租人的居住安全。

　　2011 年 5 月，北京市法制办对《北京市人民防空工程和普通地下室安全使用管理办法》进行了修订，而此办法明确规定，非居住用途的普通地下室禁止开办商品批发市场、出租及开办旅店、幼儿园、医院等。住建部同时出台《商品房屋租赁管理办法》，规定出租住房应当以原设计的房间为最小出租单位——将打隔断群租划入禁止之列。根据《北京市人民防空工程和普通地下室安全使用管理办法》，地下空间从事商业活动或作为居住场所的条件包括：符合防火规定、无危险构件、有通风系统或空调装置、有防倒灌设施、不得使用液化石油气、人均使用面积不少于4平方米、不设置上下床等。

（二）对地上违章建筑进行拆除整治

重点村建设是推进城乡接合部专项整治的工作之一。工作内容包括"调、拆、建、转、管"五个方面。所谓"调"，就是调整规划、平衡资金；所谓"拆"，就是旧村拆除、控制违建；所谓"建"，就是建回迁安置房、建集体产业用房；所谓"转"，就是转制、转居；所谓"管"，就是加强社会管理与人口调控。

（三）对农村宅基地进行规范管理

目前，对于农村宅基地的管理，北京市主要对以下四类情况进行了规范：一是规范农民自建房出租。自建房出租即农民将自己的住宅直接出租，收取租金。二是规范农民小产权房出售。小产权房出售即一些村集体在旧村改造过程中，通过自筹资金或与开发商合作的方式进行新村建设，并将一部分剩余房屋出售，以平衡旧村改造建设资金的不足，如昌平区郑各庄村等。三是规范变相出售小产权房。变相出售小产权房即一些村集体为规避查处，绕开小产权房概念，在原有集体土地上建成住宅后，变售为租，以酒店式公寓出租、会员制出租、观光农业配套设施出租以及旅游地产等名义，将房屋的长期使用权一次性打包出售。四是规范公租房出租。公租房出租即利用国土部集体建设用地建设租赁房试点政策，在集体土地上统一规划建设公共租赁房试点，在承担城市的公共服务功能的同时，使村集体可以获得长期稳定的土地出租收益，如海淀唐家岭、北坞、昌平北七家等地。

（四）对绿化隔离带违建进行拆除

绿化隔离带地区主要位于北京市的四环至五环之间，是典型的城乡接合部地区，范围涉及朝阳、海淀、丰台、石景山、大兴和昌平6个区，户籍人口约60.8万，非户籍常住人口300万以上。经过多年的开发建设，目前北京市可利用的剩余土地资源已很少，部分规划绿地难以实现，农村集体增收难，产业低端，流动人口多，环境"脏、乱、差"。

对于绿化隔离带的管理其主要阻力来自于违建。绿化隔离地区涉及丰台、朝阳、昌平、大兴等多个区县，纳入绿化隔离地区的很多是城乡接合部。在经济的快速发展中，有些原本应该是绿化的地块，变成了密密麻麻的厂房、住宅。另外，有些村庄位于规划绿地范围内，但因为种种原因，多年来未实现搬迁上楼。推进绿化隔离带违建的拆除是目前北京市强化土地管理的重要举措。

（五）对土地规划进行调整完善

中国的土地使用制度是国家所有制和集体所有制并存、行政划拨和有偿出让并存的"双轨制"土地使用制度，其中，国有土地的使用权可转让，集体土地则须先由国家征用，通过改变土地使用后才能进入市场。正是基于这样的客观背景，目前北京市农村和郊区的集体土地主体模糊，土地权属混杂交错，有效保障缺乏，使得区县政府可利用行政强制力控制和掌握集体土地的最终所有权，并以较低的征地成本获取增量土地，这导致区县、乡镇政府产生了以土地为目标的逐利动机和城市的低成本快速扩张。这就是土地财政的典型表现。这种现象既严重影响了土地利用的可持续性，而且还直接催生了城市建成区用地蔓延失控和人口失序的状态。因此，提升土地规划的管控力度是当前北京市在土地管理之中的努力方向。

二　存在的问题

（一）地下室产权属性错综复杂

主要表现在三个方面：一是使用方向和管理政策调整，人防工程由出租经营为主，转向公益便民为主，由无序使用到按规划使用，从允许住人，到限制住人、禁止散租住人，带来许多遗留问题需要逐步消化。二是转租转包利益关系复杂，后续承包人投入较大，成本远未收回，清退难度大。三是部分区属物业公司管理的回迁安置小区，物业费收缴率低，而当年，区政府同意利用人防工程经营弥补物业费不足，有的用于散租住人，一时难以清退。目前，地下室产权与管理较为混乱，有的地下空间属历史遗留问题，至今没有明确产权和管理单位，给地下空间的综合整治工作带来难度。

（二）违建主体多元化

具体表现在三个方面：第一，由于受到违建主体多样、成因复杂、农村建房无标准及拆除无依据等因素的影响，城乡接合部"拆违"难度大、成本高、进展慢。第二，历史遗留问题多。10多年前开始建设城市绿化隔离带主要是占而不征，使得城乡接合部地区产业用地少，发展空间少，给乡村集体经济发展和农民增收带来了很大影响。"有农民无耕地、有集体无就业、有转居无社保、要发展无空间。"第三，城乡接合部的农民主要依靠"瓦片经济"生存发展，综合整治阻力大。从经济层面，本地农户与外来租户之间形成了利益共同体，这就造成了重点村的专项整治尽管提高了居住者的生活质量，但是在人口疏导方面的效果并不明显。

（三）农村宅基地缺乏审批和退出机制

具体表现在两个方面：第一，由于越来越多的农村人口进入城市生活，导致郊区县特别是远郊区县的农村住宅大量空置，土地浪费严重，农村宅基地退出机制缺乏。第二，由于宅基地实行一户一宅制度，没有退出机制，不能循环利用，而农村适龄需要建房的人口却在不断增加，这导致农村宅基地指标十分紧张，加之近年来宅基地拆迁补偿数额巨大，从而形成目前农村只要达到条件的农民全部申请宅基地的局面，甚至很多原本不需要申请宅基地的农民也不断提出申请，这使得本就十分紧张的宅基地指标更加捉襟见肘。目前，北京市部分地区实际上已经基本停止了农村宅基地的审批。

三　土地管理引发的思考

土地管理是流动人口有序管理的重要措施之一，但土地管理涉及的内容非常复杂和庞杂，既有地下空间、又有地上违建，还有宅基地的管理以及绿化隔离带的建设，涉及的管理部门也很多。因此，真正做好土地管理工作，促进城市规划转型与土地利用方式转变相融合，使空间规划与土地规划更为匹配，更好地发挥规划的引领和控制作用，这是未来控制城市开发强度、实现人口有序管理的重要方向。由此，引发如下几点思考：

（一）进一步加强对地下空间的治理

第一，强化行业监管与属地管理相结合的工作机制。充分利用现有的城市公共安全管理平台，把地下空间管理与地上管理结合起来，纳入网格化管理，纳入政府绩效考评，做到地上地下统筹兼顾，一体化管理。

第二，严格落实监管责任、属地责任、主体责任，住建和民防部门分别负责普通地下室和人防工程的综合监管工作，其他相关部门按照各自职责，加强行业监管，实现地下空间常态化管理。

第三，进一步强化市、区县、街道（乡镇）三级管理体制，加强基层协管力量和社区专业社工队伍建设，可以采取政府购买服务的办法，解决街道、乡镇监管力量不足问题。

（二）进一步强化对地上违建的治理

第一，加强"拆违、控违"工作力度，积极稳妥地处理好农村小产权房和宅基地违建问题。尽快开展一次城乡接合部违建普查工作，全面摸清底数，严格落实属地责任，坚决遏制和查处新生违建。对小产权房，要结合"两规"，厘清原因和性质，在杜绝增量的基础上，采取"限期拆除一批，暂时保留一批，合法化一批"等多种方式相结合，分类分布处理。同时，要研究出台农村宅基地建房标准和农村房屋拆除标准，积极稳妥地做好农村宅基地违建的拆除工作。

第二，坚决遏制新生违法建设，切实落实属地责任，强化部门监督管理，从源头上加大对违法建设管理力度，严格追究瞒报责任，主要负责单位：各区县、市规划委、市监察局、市住房城乡建设委、市国土局、市城管执法局和市安全监管局。

第三，加快拆除现有违法建设，与调整产业结构、消除城市安全隐患、环境整治、棚户区改造等工作紧密结合，加快拆除违法建设特别是城乡接合部地区违法建设，减少人口无序聚集，主要负责单位为各区县、市规划委。

第四，应当正视"瓦片经济"。"瓦片经济"的存在有一定的合理性，应当正视"瓦片经济"。在科学规划的指导下，在充分维护农民权益的前提下，通过规范化、合理化的手段，促进人口有序流动，有效疏导人口。

（三）进一步探索农村宅基地的完善之策

第一，城市周边的农村在翻建与扩建过程中，需要加强市级层面对整个区域宅基地统一管理权和统一规划权，与人口密度和经济生产相匹配。

第二，分类探索宅基地集约利用机制。针对城中村，应尽快完成征地转居工作，将这些宅基地直接纳入国有土地范畴；针对城乡接合部及城市近郊区的农民宅基地，应依据城市土地利用规划，城区规划内的征地转为国有，规划外的在政府统一指导和监管下，给予政策，允许由村集体自行集约整理，并按照统一部署，将节约出的土地转为产业用地或者绿地；远郊区应当积极探索宅基地退出机制，规范程序、明确补偿标准，将空出的宅基地或者指标进行集中建设农民住宅楼，解决新增人口的住房问题；山区应当推行合村并镇，促进居民点的逐步集中，将腾退出的土地用以还田、还林。

（四）进一步促进绿化隔离带建设的落实

一是针对历史遗留问题，政府部门应尽快制定一、二道绿隔拆迁腾退还绿的创新政策机制，鼓励和吸引社会资金投入造林绿化建设，推动规划建绿与人口疏导。

二是将现存的拆迁腾退地、沙荒地、废弃坑塘、城镇边角地上建设，以及南水北调、京密引水渠等重点水源保护区周边，农村沟路河渠两侧，乃至农民的房前屋后，从规划上确定为增绿重点，清退与监控人口违法占用。

三是减少当地村民对私搭乱建所带来的租金依赖，引入现代产业部门，为失地农民提供就业和接受正规就业培训的机会；同时，规整城乡接合部破碎化土地，以加速北京绿化隔离带和生态保护区域的建设。

（五）进一步强化对土地规划的管控

一是切实加强对土地资源的管理，集约用地，严格控制城镇建设用地规模；建立城市发展的动态监控机制，依据人口增长和经济发展的趋势与变化，调控城镇建设用地投放总量和建设时序，适时制订规划应对方案；城镇建设用地的投放与城市发展重点紧密结合，积极推动新区建设，优化城镇空间结构。

二是严格按照城市绿线、紫线、蓝线、黄线管理办法，确定规划区范围内需要保护和控制的绿地、历史文化街区和历史建筑、主要地表水体、城市基础设施的用地位置和范围，划定用地控制界线，实施规划管理。

三是对于农村宅基地的整治，建立退出赔偿机制。在整治过程中，农村地区可借助城乡建设用地增减挂钩政策，针对一户多宅现象，一方面通过上楼的形式让农民集中连片居住；另一方面，将整理出的土地复垦为耕地或农用地。针对一户多宅、部分农民进城后宅基地闲置或对外出租的，以及农村居民点、城中村以及近郊区空心村闲置的房屋出租，建立退出赔偿机制，充分盘活现有土地资源，严格规范出租行为。

第四章 城乡接合部治理与人口疏解

城乡接合部是兼具城市和乡村土地利用性质、城市与乡村地区的过渡地带。由于土地管理分割，城乡单位犬牙交错，因此，城乡接合部地区各种服务管理矛盾较为突出，人口规模较大、人口结构复杂，是推进北京市人口有序管理工作需要重点关注的区域。结合北京市流管办数据平台2012年的数据，本章对全市城乡接合部地区流动人口状况及其管理问题进行了梳理，从而探寻城乡接合部地区人口疏解之策。

一 城乡接合部地区流动人口的新情况

（一）流动人口规模大、分布相对集中

从全市来看，城乡接合部地区是流动人口无序聚居的重点区域。2012年，北京市 79 个城乡接合部地区的乡、镇、街道聚集了 490.3 万常住流动人口，占全市同期流动人口总量的 65.6%。此外，流动人口密集是城乡接合部地区典型的人口特征；而从区位上看，流动人口分布又体现出明显的区域差异性（见表 4-4-1）：在流动人口数量排名前 5 个乡、镇和街道中，昌平区和朝阳区分别占了 3 个和 2 个，这 5 个乡、镇流动人口总量达到了 80 万人，约占全市城乡接合部地区流动人口总量的 1/6；从地理位置上看，这 5 个乡、镇主要位于北京市的西北部、东北部和东南部地区。除朝阳区和昌平区外，海淀区、大兴区和丰台区也是流动人口较为密集的区县，而全市其他城乡接合部区域流动人口数量分布较为平均，其规模基本上都在 3 万—8 万人之间。

表4-4-1　2012年北京市城乡接合部地区各乡、镇、街道流动人口规模

（单位：万人）

区县名称	街乡名称	流动人口数量	区县名称	街乡名称	流动人口数量
朝阳区	十八里店地区办事处	21.4	朝阳区	来广营地区办事处	5.0
昌平区	北七家镇	15.8	海淀区	花园路街道办事处	4.9
朝阳区	崔各庄地区办事处	14.8	昌平区	城北街道办事处	4.8
昌平区	回龙观地区办事处	14.1	丰台区	新村街道办事处	4.8
昌平区	东小口地区办事处	13.8	朝阳区	金盏地区办事处	4.7
海淀区	西北旺镇	12.3	朝阳区	东风地区办事处	4.6
大兴区	西红门地区办事处	11.7	朝阳区	八里庄街道办事处	4.6
大兴区	黄村地区办事处	10.3	朝阳区	望京街道办事处	4.5
大兴区	旧宫地区办事处	9.8	海淀区	上地街道办事处	4.5
丰台区	花乡	9.6	海淀区	曙光街道办事处	4.5
海淀区	清河街道办事处	9.3	海淀区	北下关街道办事处	4.4
海淀区	四季青镇	8.9	海淀区	羊坊店街道办事处	4.4
海淀区	北太平庄街道办事处	8.7	海淀区	田村路街道办事处	4.4
通州区	永顺地区办事处	8.5	通州区	宋庄镇	4.3
朝阳区	大屯街道办事处	8.5	朝阳区	南磨房地区办事处	4.2
海淀区	西三旗街道办事处	8.3	朝阳区	东坝地区办事处	4.2
朝阳区	王四营地区办事处	8.2	大兴区	亦庄开发区	4.2
丰台区	南苑乡	7.9	石景山区	鲁谷街道办事处	4.2
通州区	马驹桥镇	7.6	石景山区	苹果园街道办事处	4.1
朝阳区	平房地区办事处	7.6	丰台区	东铁匠营街道办事处	3.9
昌平区	沙河地区办事处	7.4	通州区	张家湾镇	3.9
海淀区	八里庄街道办事处	7.4	大兴区	青云店镇	3.5
海淀区	东升地区办事处	6.7	朝阳区	孙河地区办事处	3.4
朝阳区	高碑店地区办事处	6.6	朝阳区	太阳宫地区办事处	3.4
丰台区	卢沟桥乡	6.4	丰台区	丰台街道办事处	3.4
朝阳区	管庄地区办事处	6.4	朝阳区	和平街街道办事处	3.4
通州区	梨园地区办事处	6.4	朝阳区	三间房地区办事处	3.4
朝阳区	黑庄户地区办事处	6.2	朝阳区	奥运村街道办事处	3.4
海淀区	青龙桥街道办事处	5.8	房山区	拱辰街道办事处	3.3
丰台区	卢沟桥街道办事处	5.6	大兴区	观音寺街道办事处	3.3

续表

区县名称	街乡名称	流动人口数量	区县名称	街乡名称	流动人口数量
海淀区	中关村街道办事处	5.5	海淀区	甘家口街道办事处	3.4
海淀区	学院路街道办事处	5.5	石景山区	古城街道办事处	3.2
丰台区	大红门街道办事处	5.4	大兴区	清源街道办事处	3.2
朝阳区	将台地区办事处	5.3	昌平区	小汤山镇	3.2
海淀区	马连洼街道办事处	5.3	海淀区	香山街道办事处	3.2
朝阳区	小红门地区办事处	5.3	昌平区	南口地区办事处	3.1
海淀区	海淀街道办事处	5.3	房山区	长阳镇	3.1
通州区	台湖镇	5.3	丰台区	方庄地区办事处	3.1
海淀区	万寿路街道办事处	5.2	房山区	城关街道办事处	3.1
朝阳区	劲松街道办事处	5.0	顺义区	李桥镇	3.0
总计					490.3

数据来源：市流管办提供的北京市流动人口数据资料，截至 2012 年 1 月。

（二）流动人口向城市外围扩张的趋势明显

近些年，城市发展新区和城市功能拓展区是吸纳流动人口迁入的重点区域。2005—2010 年，全市共新增 347.2 万常住流动人口。其中，城市功能拓展区和城市发展新区两个功能区分别增长了 169.9 万人和 145.6 万人，占五年间流动人口增长总量的 91%[①]，远高于首都功能核心区的增长量。

从流动人口在城乡接合部地区分布的具体街乡来看，由于产业功能齐全、居住生活便捷程度高等原因，很多乡镇街道都已经形成了相对稳定的流动人口聚居模式和产业业态，其中，以朝阳区、海淀区和丰台区最为典型。如本书第一篇第二章图 1 - 2 - 18 所示，在全市流动人口规模在 3 万人以上的全部乡镇街道中，朝阳区、海淀区和丰台区就占了这些乡镇街道总数的 66%。可以说，流动人口向城市外围迁移的趋势很明显，其中，城市功能拓展区依然是流动人口聚居程度最高区域之一。

---

① 根据北京市统计局发布数据推算，其中，2010 年数据为第六次全国人口普查数据，2005 年数据为北京市 1% 人口抽样调查数据。

（三）聚居区经济社会类型多样化

本部分选取了朝阳区崔各庄乡、海淀区西北旺镇、海淀区北太平庄街道办事处、昌平区北七家镇、通州区马驹桥镇和大兴区西红门镇六个具有典型城乡接合部地区特征的乡镇街道进行详细研究和分析。这几个乡镇街道属于北京市典型的城乡接合部区域，流动人口密集，流动人口服务管理压力大，不同地区的产业结构和当地流动人口的行业分布差异也较大。

虽然六个乡镇街道中流动人口规模同样都较大，但不同城乡接合部地区的人口经济社会结构却差异明显，这种差异性主要表现在人口就业结构、学历构成等若干方面。表4-4-2显示了六个典型街乡流动人口的受教育程度，从中可以发现：本科及以上学历数量较少，只占2.6%，而初中学历的流动人口占据了主体地位，占到66.8%，高中（含职高等）学历其次，占到19.1%。可见，城乡接合部流动人口的学历层次较低，以初中毕业为主。

从职业结构来看，所选取的六个乡镇街道中，商业服务业人员和生产运输工人等两种职业从业人员仍占就业流动人口总数的60.2%，而专业技术人员的比重竟占到25.6%（见表4-4-3）。可见，城乡接合部流动人口职业结构虽以商业服务业人员、生产运输工人为主，但也呈现出明显分化的态势。

表4-4-2　　2012年六个典型的乡镇街道流动人口受教育程度

受教育程度	来京半年以上人数（万人）	百分比（%）
合计	65.3	100.0
研究生及以上	0	0.2
大学本科	1.7	2.6
大学专科	2.7	4.2
高中（含职高、中专、中技、技工）	12.5	19.1
初中	43.6	66.8
小学	3.6	5.5
不识字	1.1	1.6

数据来源：市流管办提供的北京市流动人口数据资料，截至2012年1月。

表4－4－3　　　2012年六个典型的乡镇街道流动人口职业结构

职业	来京半年以上人数（万人）	百分比（%）
合计	41.1	100.0
单位负责人	1.4	3.5
专业技术人员	9.1	22.1
办事人员	4.8	11.7
商业、服务业人员	14.2	34.6
农林牧渔水利生产人员	1.0	2.5
生产运输工人	10.5	25.6

数据来源：市流管办提供的北京市流动人口数据资料，截至2012年1月。

流动人口的社会结构与所在区域主导的产业形态也是密切相关的。以上述六个乡镇街道中的海淀区西北旺镇、海淀区北太平庄街道和通州区马驹桥镇为例，其中，海淀区西北旺镇以商业服务业人员和生产运输设备操作人员为主，两者占流动人口总数的60%以上；海淀区北太平庄街道作为城市功能拓展区的边缘位置，大学及以上学历的流动人口所占比例较高，占到30%以上。与此同时，由于周边小商品批发市场和农贸市场较多，也有近四成的流动人口从业人员从事的是批发零售业。这一街道属于典型的"白领"和"蓝领"混杂状况；通州区马驹桥镇的制造业和产业工人比重很高，占当地流动人口总数的七成以上，属于典型的劳动密集型产业聚集状况。

统筹考察城乡接合部地区的经济社会形态以及流动人口群体的经济社会结构，可以将全市城乡接合部地区流动人口的聚居类型大体分为三类（见表4－4－4）：

（1）职住分离类：仅为流动人口提供居住生活的条件，不具备接纳其本地就业的条件，居住人群主要在外乡镇街道就业。例如，海淀区西北旺镇。

（2）多元混居类：不同经济社会结构的人群多元混居在一起，同时满足"白领"和"蓝领"居住和就业的双重需求，不过，"蓝领"就业具有总量大、分散化、低端性和非正规等特征。例如，海淀区北太平庄街道办事处。

（3）产业聚集类：人口聚集以本地主导产业拉动为主，满足流动人口居住和就业的双重需求。例如，通州区马驹桥镇。

表 4-4-4　　　　　三个典型街乡人口聚居的经济社会类型

乡镇/街道	聚居类型	流动人口规模（万人）	本地业态	流动人口社会结构	就业去向
海淀区西北旺镇	职住分离类	12.8	高新技术产业	商业服务业人员和生产运输设备操作人员比重较高，两者比例达到60%以上	外出就业，去向是中关村和上地等
海淀区北太平庄街道办事处	多元混居类	8.7	批发零售业市场、商务楼宇等	大学以上学历占30%以上。批发零售业人员相对集中，达到四成以上	本地就业，主要从事批发零售业、商业服务业等
通州区马驹桥镇	产业聚集类	7.4	物流业和加工制造业	产业工人占比七成以上	本地就业，亦庄经济技术开发区的产业工人

数据来源：市流管办提供的北京市流动人口数据资料，截至2012年1月。

（四）人口流入的动因存在区域差异

在地区产业发展需求的引导下，不同城乡接合部区域对流动人口的吸引动力存在一定的差异。图 4-4-1 显示了2010年北京市第六次人口普查分行业、分区县的流动人口数量，其中位居全市前三位的区县如图 4-4-1所示。可以看到，全市制造业从业流动人口数量排名前三位的是通州、大兴和朝阳；建筑业从业流动人口数量排名前三位的是朝阳、海淀和昌平；交通运输、仓储和邮政业从业流动人口数量排名前三位的是朝阳、昌平、大兴；批发零售业从业流动人口数量排名前三位的区县是朝阳、海淀和丰台；住宿餐饮业从业流动人口数量排名前三位的区县是朝阳、海淀和东城；信息传输、计算机服务和软件业从业流动人口数量排名前三位的区县是海淀、朝阳和昌平；科学研究、技术服务和地质勘探从业流动人口数量排名前三位的区县是海淀、朝阳和丰台；文化体育和娱乐业从业流动人口数量排名前三位的区县是朝阳、海淀和丰台等。其中，朝阳、海淀和丰台三个区县流动人口的社会结构最为复杂，既集中了规模较大的高新技术产业从业人员，同时也集中了大量的传统劳动密集型产业从业人员；而其他区县流动人口的社会结构则大多与本地的产业结构特征密切相关。

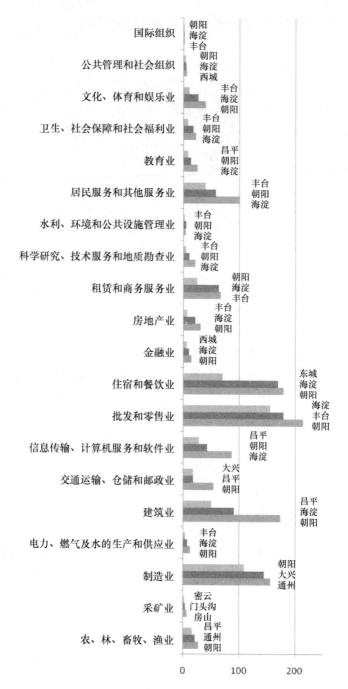

图 4-4-1 2010 年北京市各行业前三位流动人口从业人口规模的
区县比较 (单位：千人)

（五）重大项目人口吸附力强

随着城市建成区不断向外扩张，重大工程项目越来越向郊区县延伸和过渡。以往经验表明，因城乡接合部地区原有基础设施薄弱，所以区域利好将以效应倍增的方式对区域人口规模产生影响。北京市重大工程项目，如地铁、医疗、教育等公共服务中心等，在规划、实施和落地的过程中，将至少经历两次流动人口的大规模迁入：第一次人口迁入是项目建设过程中的建筑业从业人员，将在局部区域形成临时性的人口聚集，其对周边地区的影响取决于项目建设规模；第二次人口迁入是项目建成后，因交通便利、就业机会增多等因素而带来常住流动人口的迁入，对区域人口产生重大的持续影响。以轨道交通为例，随着 2010 年底地铁大兴线和地铁昌平线的开通，昌平区和大兴区的常住流动人口数量从 2008 年的 34.2 万人和 45.5 万人，分别攀升至 2012 年的 95.7 万人和 71.4 万人①，增幅高达 1—2 倍。

（六）同乡流动人口"业缘"聚集特征明显

以往文献曾经对来自同一省市的流动人口从事特定行业的现象有过一定研究，以"浙江村"研究影响最广。本章希望通过对朝阳区崔各庄乡、昌平区北七家镇和海淀区西北旺镇三个典型乡镇的定量分析，观察来自同一省市的"地缘"群体，其所从事行业的分布是否具有"业缘"特征。如表 4-4-5 所示，在调查抽取的三个乡镇中，河北省和河南省来京人员的总数最多，从事各个行业的人数普遍都较高，但从事批发和零售业的人员比重尤其高，三个乡镇就有 3.6 万个河南人和河北人从事批发零售业，约占三个乡镇批发零售业从业人员总数的 50%；山东省来京人员除了一部分人从事批发零售外，在制造业工作的比重相对较高，也就是在工厂打工的相对多；而安徽省来京人员从事建筑业和居民服务业的人员比重较高；四川省来京人员在三个乡镇中从事建筑业的比重最高，在以文化产业为主的朝阳区崔各庄乡，近三分之一的建筑业从业者都是四川人，共计约 0.4 万人；此外，江苏省来京人员中从事建筑业的也相对较高；而其他的省份，如黑龙江省、湖北省、山西省等来京人员总体数量不如其他省份，

---

① 数据来源：北京市统计局，2013 年北京市区域统计年鉴，http：//www.bjstats.gov.cn/nj/qxnj/2013/indexch.htm。

而且大多也在从事批发零售业等行业。

表4-4-5 三个典型城乡接合部地区街道/乡镇流动人口分行业和省份人口数量[1]

街/乡	从事的主要行业	人口		户口所在省份（万人）								
		万人	%	河北	河南	山东	安徽	四川	湖北	黑龙江	山西	江苏
朝阳区崔各庄乡	合计	5.5	100	1.1	0.8	0.4	0.7	0.8	0.2	0.1	0.1	0.2
	批发和零售业	2.0	37.0	0.4	0.4	0.2	0.2	0.2	0.1	0.1	…	0.1
	建筑业	1.6	29.2	0.2	0.2	0.1	0.3	0.4	0.1			0.1
	居民服务业	0.4	6.9	0.1	0.1	…	0.1	…	…	…	…	
	交通、仓储和邮政业	0.3	4.9	0.1	…							
	住宿和餐饮业	0.3	4.7	…	…	…	…	…	…	…	…	…
	制造业	0.2	4.3	0.1								
	房地产业	0.2	3.7	0.1								
昌平区北七家镇	合计	11	100	2.5	1.9	0.9	0.9	0.6	0.5	0.6	0.4	0.4
	批发和零售业	4.8	43.2	1.0	0.8	0.4	0.4	0.2	0.2	0.3	0.2	0.1
	建筑业	1.7	15.3	0.4	0.2	0.1	0.2	0.1	…			0.1
	制造业	1.2	11.0	0.3	0.2	0.1	0.1	…		0.1	…	
	住宿和餐饮业	0.8	7.5	0.2	0.1	0.1						
海淀区西北旺镇	合计	7.0	100	1.9	1.3	0.7	0.4	0.3	0.4	0.3	0.3	0.1
	批发和零售业	2.1	30.6	0.6	0.4	0.2	0.1	0.1	0.1	0.1	0.1	
	制造业	1.5	22.0	0.4	0.2	0.2				0.1	…	
	建筑业	0.7	9.9	0.1	0.1	…	0.1	0.1				
	住宿和餐饮业	0.5	6.9	0.1	0.1							
	信息、计算机和软件业	0.5	6.7	0.1	0.1	0.1	…	…				
	交通、仓储和邮政业	0.4	5.5	0.1	0.1							

数据来源：市流管办提供的北京市流动人口数据资料，截至2012年1月。

二 面临的主要问题

在当前快速城市化的转型背景下，城乡接合部流动人口的总体规模和

---

[1] 表中"…"表示数字过小，在此省略。

结构特征伴随着当地乃至北京市经济社会结构的调整而不断变化，一旦超出城乡接合部地区的资源配置和服务管理能力，就会出现人口发展的需求与城市服务管理水平的不适应性问题，而这些问题的出现则是历史和现实共同交织的结果。

（一）城中村整体改造后的发展问题制约人口管理效果

在城乡接合部地区人口规模调控的问题上，基层政府普遍认为大规模改造"城中村"是唯一的有效途径。虽然近年来市委市政府也为此下了很大决心，投入了很大的人力、物力和财力，并取得了一定的成绩，但实际上，"城中村"是城市化发展的产物，在特定时期它的存在具有一定的必然性。因此，对"城中村"的改造必须坚持"循序渐进，稳步改造"的原则。在当前城乡接合部地区整体化的改造方式下，政策反哺农村能力差，为了平衡改造资金和保持村民一定的收入水平，集体建设用地的比重不断增加，而原有的生产经营形式被打破，物业租赁成了唯一的选择；而对村民来说，传统的"瓦片经济"摇身变成出租楼房，必将带来城乡接合部地区流动人口规模的再次上升。

（二）滞后的基层社会治理体制无法满足流动人口服务管理的要求

流动人口管理是社会管理的重中之重，基层政府和社区组织对此发挥着重要作用。虽然明确了街道办事处和乡镇政府在基层社会管理中的属地责任，但由于体制原因，街乡的行政协调能力和管理能力有限，难以有效应对流动人口服务管理的新需求。在流动人口高度聚居的地区，既有新生代农民工，也有年轻的高学历流动人口；既有大量单身人口，也有许多家庭户，流动人口规模大、结构复杂，而现有的"以房管人"等单边政策一旦缺乏本地居民的配合，就会出现服务管理无序的尴尬局面。

此外，以行政区划为边界的管理方式和体制，无法实现不同区域人口服务管理的联动，由于人口流动性强，就会出现"局部人口降低，而全局人口上升"的局面。例如，通州区马驹桥镇是亦庄开发区的近邻，因亦庄开发区平时需要大量用工，大量流动人口在此等待用工机会，马驹桥镇逐渐演变成为亦庄开发区的"跳板"或"后勤基地"，流动性很大。由于马驹桥镇与亦庄开发区分属通州和大兴两个行政区管辖，马驹桥镇政府难以和亦庄开发区直接沟通流动人口管理问题，因此形成马驹桥镇流动人口"倒挂"严重、服务管理任务艰巨等困难局面。

(三) 城乡接合部地区公共服务超负荷运转

在现有的城乡接合部地区,区县、乡镇和村庄社区是不同的行为主体:区县和乡镇是两级预算主体,但乡镇除了财政预算之外,乡镇还成立了各自的乡镇企业公司等经济实体,各个行政村是总公司的子公司,具备一定的经营和独立收支能力。此外,各个村庄或社区还有自己的村集体产业用地,也具备独立的收支能力。可见,城市公共供给总量由区县、街乡和社区等多个主体共同承担。面对公共需求总量,不同公共服务提供者之间可能是一种"零和"关系、此消彼长。在实践中,镇、村两级不断强化其公共服务供给的职责。由于地区经济发展不平衡,虽然基层自治组织不断提高公共服务开支,但按照本地户籍人口设计建造的基础设施已经严重超负荷运行。例如,有的社区不断增大自建发电站容量和提高垃圾等清运费用,仅此两项已经超出了集体经济组织的承受能力。

三 城乡接合部地区流动人口管理无序的主因

(一) 以户籍而非实有人口为核心的城乡一体化制度设计

城乡一体化的实践过程已经证明,以本地户籍居民数为依据而未完全将实有人口的可持续发展作为目标的制度设计,以"大拆大建"的整体改造方式推进城中村改造而不注重农村经济社会可持续发展的改造方式,既不符合规划先行、科学统筹的城市发展规律,也可能会造成城乡接合部人口规模的再度上升,难以实现人口疏解的政策初衷。

具体来看,当前城乡接合部改造中,对于不同乡镇的土地规划缺乏协调性和科学性。一是规划引导不足,导致部分集体经济陷入完全自我管理、自我运营的无序状态,管理水平要求低、吸纳就业能力强的物业租赁业成为集体产业发展的重要选择;二是多重利益诉求,导致基层治理目标模糊。虽然不同乡镇经济社会发展水平不一,但都要面临发展集体经济和平衡改造资金的挑战,并与绿化指标的要求产生矛盾。为了平衡改造资金,同时保证改造期间及改造之后农民就业和生活水平不下降,因此,集体经济组织一方面加大了对有限的集体产业用地的利用效率，造成局部区域就业人口规模的上升；另一方面对村民房屋出租等行为也缺乏有效的监管动力，这都为日后流动人口无序聚集埋下了伏笔。

（二）城乡接合部地区自我"造血"能力不足

在以旧城人口疏解为重要目标的城市化的推动下，全市范围内以提高城市发展新区公共服务水平、引导旧城人口向外疏解的步伐越来越快。市级财政在保障民生这个"十二五"规划基本目标的引导下、在引导旧城人口向外疏解这个政策背景下，用于城市发展新区的公共财政支出不断增加。例如，城市发展新区及其他城乡接合部地区的基本医疗和教育等公共服务以及轨道交通和快速公交等交通市政基础设施越来越完善。以地铁为例，其通行里程和网线密度已经远远超过中心城。与此同时，城乡接合部地区由于"瓦片经济"和小微企业纳税能力低，因此，农村地区自我"造血"的公共财政能力较差、公共服务水平较低，房租水平较低。在这种背景下，城乡接合部地区成为市政基础设施较完善、房租水平较低的"交汇"区域，迎合了大量流动人口的工作生活需求。因此，在城乡接合部地区的地铁、学校和商贸中心等重点项目周边，容易聚集大量的流动人口，从"点"的聚集到"面"的聚集，直接导致整个城乡接合部流动人口规模的上升。

（三）基层社区社会治理的行政主导性过强

传统上以村委会和居委会为核心的基层社区社会管理机制具有较强的行政主导性，在实有人口服务管理工作中相对缺乏自主、因地制宜地开展工作的能力，而已有的较为成熟、有效的"农村社区化管理"等工作模式只能在社区边界较为清晰、村集体经济组织动员能力较强的特定区域内实施并形成社会效益，尚未在全市范围内全面推广和发挥作用。

在城乡一体化的实践过程中，新兴的城乡社会治理体制在城市化中过渡和衔接不顺畅。传统上的城乡接合部区域，其农村社区的村庄自治以及"农转居"背景下的新型城市管理体制，均有较强的传统户籍人口管理导向，缺乏通过社区登记制度、人口预警制度、社区多元参与制度等新的服务管理方式，开展流动人口服务管理的制度和实践经验。

四 城乡接合部地区流动人口有序管理的思考

城乡接合部地区流动人口有序管理和服务工作是一项涉及首都人口安全和社会稳定发展、具有全局性和战略性意义的任务，需要从北京经济社会发展要求和规划出发，放在全市社会治理体制创新的总体框架内统筹考虑。当前，城乡接合部治理和人口疏解应着重处理好以下几个方面的关系：

（一）处理好规划、建设与服务管理之间的关系

城乡接合部地区人口问题复杂性的根源在于在城乡二元的城市规划体系下，乡镇和集体经济组织在地区建设发展上的自主权实际上并不完全受到控制性详规的约束，因此，城乡接合部地区成为产业发展的"灰色"地带。不要说规划约束，即便企业违法违规经营的成本也是相当低，这就给人口规模无序增长提供了制度空间。此外，当前地区各种发展规划，例如，城乡发展规划、土地利用规划、产业发展规划等并未充分体现人口有序管理硬约束的发展思路，而且各个分项规划缺乏产业结构升级、城市功能调整、住宅用地规模、就业政策、社会保障等涉及人口转移和规模调控的统筹设计。因此，在地区经济社会发展规划上，需要将人口规划作为其他规划的约束性前置条件，并在规划中体现出产业结构升级、城市功能调整、就业政策和社会保障等总体思路和统筹设计，从规划上合理引导人口迁移，实现人口有效疏解。

此外，城乡接合部地区要从重点关注硬件建设全面转移到关注居民的就业、收入和社会保障等人口的全面发展问题上来。硬件建设体现了城市化过程中的空间结构优化，而人口问题也是城市化的重要问题，也是很多城市问题的关键所在。在人口聚居的城乡接合部地区，只有解决好失地农民的就业、收入和社会保障等问题，才能更好地引导居民实现自我发展和自我服务，引导居民在地区社会治理中发挥主人翁精神，参与到社区建设和社区自治中，最终实现城乡接合部地区的人口疏解和经济社会可持续发展。否则，失去土地保障和集体经济收益的农民，必然又回到过去的"瓦片经济"或物业租赁等传统生产经营方式上。

（二）处理好人口分布与产业布局之间的关系

城乡接合部地区的可持续发展不是简单的人口规模控制，而是要从人口结构与产业发展匹配的角度，将规模控制落实到具体的空间上，或者说落实到有不同产业功能的城乡接合部地区。首先，将城乡接合部流动人口调控的重点放在具有产业发展功能、流动人口高度聚居的乡镇。乡镇政府要根据乡镇区域的详细规划和区域功能定位，结合相关人口数据，研究分析本地区人口规模、结构与产业发展之间的匹配程度。考虑到行政村地域范围偏小、难以通过产业调整和空间整合的方式实现人口结构与产业发展相匹配、对流动人口规模调控的作用和力度较弱的情况，在完善"城中村"改造模式的同时，积极探索"城中镇（乡）"的改造途径，即在镇域（乡）范围根据区域功能定位，统一规划，实施整体改造。尤其是要通过区域产业规划和引导，避免乡镇和街道内特定产业的过度集聚；对于目前一些聚集在特定地域中的产业，例如，废旧物品回收和加工等产业，建议试行特许经营制度。

其次，城乡接合部居住和就业功能不平衡的区县要高度重视"居业"协调配置。在当前城区人口密度过高、产业功能过于集中的朝阳、海淀和丰台等区县，可以有选择地将一些产业功能调整出去，而大兴、通州等当前接纳居住人口的能力大于产业发展能力的区县，可以有选择地接纳城市功能拓展区转移出来的成熟产业，形成区域间的产业发展互补。当然，不同区域不能仅从人口结构和产业容纳力的协调度来考虑人口转移和产业功能调整，实现"居业"协调配置的前提是满足整个城市的功能定位和需求。此外，各区县无论功能定位如何，都需要注意产业和行业的协调发展以及公共服务资源的协调配置。

最后，在强调各地区负总责的前提下，加大跨区域流动人口服务管理的协调力度。区县要建立跨区域流动人口服务管理领导小组，统筹协调跨区域流动人口服务管理的衔接与合作，将科技园区和研发基地的流动人口服务管理纳入属地管理和网格化管理，实现流动人口服务管理的无缝对接；加强与周边省市及在京流动人口输入大省之间工作协作的同时，积极引导和鼓励企业根据发展需要，通过与学校建立实习关系，定点招聘流动人口员工，避免流动人口的盲目流入。

（三）处理好公共服务供给与消费之间的关系

如前所述，城乡接合部流动人口的规模和结构呈现出明显的分化状况，朝阳、海淀和丰台等城乡接合部区域呈现出较强的专业技术人员、办事人员和商业服务业人员混居格局，其专业技术人员的比重要远高于其他区县城乡接合部。而传统上，昌平、通州、大兴和房山等区县的人口结构较为单一，比重较大的是商业服务业人员。因此，要进一步提升城市发展新区的公共服务水平，借此进一步引导专业技术人员、国家企事业单位管理人员等消费能力较高的人群在城市发展新区定居，进而提升城市发展新区的整体消费层次，通过消费结构的改善和提升，来达到调控城乡接合部人口的目标。

此外，在提升消费水平的基础上，需要建立起公共服务供给的多元供给机制。一方面，结合本区域一定时期内的实有人口规模，不断保障和提升区域基本公共服务水平；另一方面，引入社会办医疗、教育、养老等民办非营利机构，满足较高层次人员的就医、就学和养老需求，形成公共服务供给和社会化供给相结合、不断提升社会化供给覆盖范围和水平的竞争机制。在"保基本"的同时，用市场化的力量来引导流动人口疏解和结构调整。

（四）处理好重大项目与人口疏解之间的关系

根据重大项目的投资总量和利益相关的人群规模，制订不同的人口迁移预警方案，并交政府相关职能部门备案。具体方案如下：首先，按重大项目投资总量和利益人群规模，将重大项目按对区域人口迁移的影响程度分为"严重""一般"和"无"三个等级，并在项目实施前制订完善的《重大项目人口影响评估方案》；其次，将《重大项目人口影响评估方案》纳入项目的社会影响评估报告中，成为项目立项和评审的重要参考因素；最后，邀请第三方评估机构对方案进行评估，对于对区域人口迁移可能产生重要影响的项目，需要启动"重大项目人口预警机制"，并在流动人口服务管理的软硬件条件上进行提前增配。

（五）处理好人口与资源环境承载力之间的关系

在属地管理和实有人口一体化管理的基础上，充分利用当前和"十三五"时期政务信息化的契机，拓展流动人口信息平台的功能，不断增强社区信息化手段在流动人口服务管理中的功能和作用。依托区域实有人口数据资料，建立城乡接合部地区人口资源环境承载力的分级响应制度。以乡镇、街道为单位，按一定的周期对辖区内的资源环境承载力进行测算，根据承载力指数及实有人口一体化管理系统所采集的人口数量，将地区人口规模分成正常、超标和严重超标三个等级，并定期向所辖社区或村庄定期发布人口响应级别。

（六）处理好住房管理与流动人口之间的关系

首先，在城乡接合部流动人口"群租"现象严重的居民小区中，探索成立房屋租赁中心，对于"群租"现象由被动取缔转向主动应对：由政府进行补贴、社会力量参与，在轨道交通周边等居民楼出租现象，尤其是"群租"现象较为集中的居民小区建立房屋租赁中心。具体做法包括：通过提供低佣金的租赁中介服务及规范、科学的房屋出租合同文本，促使业主得到房屋转租收益分成，规范房屋出租管理。通过经济利益的引导，鼓励业主将房源委托给房屋租赁中心，从源头上减少"群租"房源，降低违法"群租"引发的人口和社会问题。

其次，在政府的引导下，吸引企业、村庄和其他社会力量，在园区和企业周边，面向外地来京工作人员探索公租房等"集中住宿"的居住方式。当前，海淀区推行的集中出租房屋的做法已经得到了回迁村民的认可与支持，可以在有条件的其他区县进行推广。此外，符合公租房建设标准的部分公共住宅，政府也可以将其纳入公租房管理范围，给予政策奖励和补贴，并通过工作年限、专业技术水平等评价机制，重点向符合北京市经济社会发展要求及产业升级需求的专业人才和其他外地来京工作人员提供公共租赁房屋，这既有效保障了公租房的供给，又科学有效地推进了人口疏解。

第五章 户籍制度改革、居住证与 人口服务管理

对于超大城市而言，有一对看似矛盾，但实则具有内在关联的概念客观存在，且无法回避，必须正视，那就是要处理好"人口疏解"和"人口服务管理"的关系。超大城市的人口疏解绝对不等于对流动人口的排斥，绝对不是运用行政手段简单地对人口进行调控，而是要与人口服务管理密切交织在一起，综合运用行政、市场、规划、法律等多种手段，最终实现城市功能定位与人口要素相协调。这对于首都北京市而言，更是如此。因此，本章将聚焦北京市在人口服务管理上所做的历史探索，分析当前面临的人口难题，并结合证件管理的思路，探寻人口疏解和人口服务管理的平衡之道。

一 北京市人口服务管理的演变轨迹

（一）指导思想向"服务与管理并重"转变

中央对流动人口的宏观指导思想演变经历了这样的一个过程：从早期的"因势利导、宏观调控、加强管理、兴利除弊"，到党的十七大之后的"公平对待、搞好服务、合理引导、完善管理"，再到2009年底的"公平对待、服务至上、合理引导、完善管理"，直到后来的"以人为本、服务优先、管理规范、统一高效"。北京市流动人口服务管理工作指导思想是在贯彻落实中央相关流动人口管理精神，同时结合北京市具体情况，尤其是北京市作为国家首都这一特殊功能的基础上作出的。

具体来说，北京市人口服务管理的指导思想经历了从"严格管理"到"服务与管理并重"的发展阶段。1995年，北京市流动人口政策的指导思想是"规模控制、严格管理、加强服务、依法保护"，2005年北京市

流动人口管理思路发生转变，提出了新时期北京市流动人口管理工作的指导思想："管理服务并重、适度规模控制、维护城市秩序、促进和谐稳定"。这一指导思想也构成了目前北京市流动人口和出租房屋管理工作的主体思想。

通过指导思想演变可以看出，中央已越来越注重强调流动人口的服务保障，在服务中加强流动人口的管理，通过管理，完善对流动人口的服务。对于北京而言，对待流动人口问题的指导思想仍然以强调维护稳定为第一要务，突出管理的必要性，但与此同时又强调服务工作与管理工作并重。基于首都维护稳定的需要，北京市流动人口工作在指导思想上会与中央保持一致，即强调"服务意识"，但与全国其他城市相比，北京市同时更要强调流动人口的管理。

（二）管理政策向"寓管理于服务"转变

改革开放以后，北京市流动人口政策法规发展演变可分为三个阶段：20 世纪 80 年代中期开始的允许外来经商务工人员进京阶段；20 世纪 90 年代中后期对于流动人口的严格管理和总量控制阶段；2000 年至今的流动人口政策趋向于服务与管理并重阶段。北京市流动人口管理法规、规章实现了从"重管理，轻服务"向"管理与服务并重，寓管理于服务"的转变，与此同时，北京市的流动人口管理工作也因市流动人口和出租房屋管理委员会办公室的成立而变得更为制度化。

（三）工作机制向"创新型宏观治理"转变

流动人口服务管理工作机制经历了以下几个阶段：

第一，户口管理阶段。以 1958 年《中华人民共和国户口登记条例》颁布实施为标志且延至 1984 年。期间，我国对流动人口实施政策限制、经济制约、城市控制的户口登记制度。北京作为国家从严控制的三个直辖市之一，从严限制迁入户籍，流动人口年均增量基本稳定。

第二，暂住证管理阶段。以 1985 年公安部颁布实施的《城镇暂住人口管理的暂行规定》为标志且延至 1994 年。北京市政府对流动人口采取开放政策，不仅允许外地人员来京经商和务工，而且开始有计划的招收本市或者外地人口参与首都建设与服务。这个阶段对流动人口的管理主要采取"以证管人"和"以房管人"等手段。

第三，传统的宏观管控阶段。以 1995 年中央在厦门召开全国流动人口管理工作会议为标志且延至 2002 年。北京市先后颁布了一系列流动人口的法规和规章以及管理措施，开始全面控制外地来京人口规模。期间主要采取的措施有：确立市、区县、街乡三级管理体系，对来京务工人员增收管理服务费；实施《就业证》，限制来京务工人员就业岗位和工种；设置专门房屋租赁管理机关对外地来京人员的数量进行管控。

第四，融合型宏观管控阶段。以 2003 年取消流动人口服务管理费和收容遣送制度为标志且延至 2005 年。北京市在以人为本的理念指导下对流动人口政策进行调整，不仅逐步清理和废止了对流动人口的歧视性法规、规章和政策性措施，而且不断完善流动人口在就业、就医、子女入学、社会保障等方面的公共服务，逐步实现流动人口和户籍人口公平对待，不断促进流动人口的社会融合，主要体现在取消针对流动人口的歧视性政策和完善流动人口的服务两个方面。

第五，创新性宏观治理阶段。以 2005 年市委、市政府联合下发《关于进一步加强流动人口管理与服务工作的若干意见》为标志且发展至今。此阶段，将流动人口逐步纳入实有人口服务管理体系，通过科学调整产业结构和产业政策、合理控制人口总规模等一系列工作指导思想、工作目标和工作措施，确立"证件管理""出租屋管理""土地管理"相结合的人口疏解总体工作思路。

（四）人口服务管理面临诸多现实压力

第一，人口无序流动和聚集给城市服务管理带来压力。不可否认，流动人口对首都经济社会发展作出了巨大贡献，是北京市不可或缺的建设力量，但大量流动人口无序的涌入也给北京的资源环境、城市管理、公共服务等带来极大的压力和挑战，特别是城乡接合部流动人口聚居区，各方面矛盾更加突出。具体而言，流动人口带来的服务管理问题主要有：交通供给、流动人口子女教育需求、医疗卫生负荷、计划生育工作、违法经营、治安隐患、出租房屋管理、流动人口管理财政投入等问题。流动人口的快速增长给北京市公共服务系统产生了冲击，也对北京市城市管理和服务带来了巨大压力。

第二，人口服务与管理机制仍须突破。自改革开放以来，经过改革和实践，北京市流动人口管理形成了"以证管人""以房管人"和"以业控人"的不同机制。这些工作机制相对侧重于解决某一种流动人口服务管理问题，对基本摸清流动人口底数，通过加强相关管理，落实各项管理措施有着明显的优势，但以往这些管理机制重在管理，以至于涉及多个部门、多个方面的流动人口管理服务没有形成统筹协调、注重服务的局面，尚不能完全满足新时期推进基本服务均等化的要求，因此，仍需要对现行工作机制进行较大力度的改革，才能建立符合各方面工作要求的新机制。

第三，公共服务供给的二元格局亟须改革。我国长期实施户籍登记制度，形成了城乡分割、差别化公共资源配置和公共服务供给的城乡经济社会二元格局。改革开放以来，户籍制度主要发挥着门槛式保护城市本地人口社会福利的功能。目前，主要依据户籍人口而规划的社会管理体制，无论在机构设置、资源配置，还是在人力、财力和物力的投入上，远远不能满足庞大流动人口的需要。面对庞大实有人口的社会生活需求，实行遵循梯度赋权思路的居住证制度是大势所趋。

二　北京市人口服务管理需要考虑的基本问题

（一）《国务院关于进一步推进户籍制度改革的意见》的宏观要求

国务院于 2014 年 7 月印发《国务院关于进一步推进户籍制度改革的意见》，意见指出发展目标为进一步调整户口迁移政策，全面实施居住证制度，加快建设和共享国家人口基础信息库，稳步推进义务教育、就业服务、基本养老、基本医疗卫生、住房保障等城镇基本公共服务覆盖全部常住人口。

户籍制度改革意见提出要秉持"以人为本"的原则，即尊重城乡居民自主定居意愿，依法保障农业转移人口及其他常住人口合法权益；要坚持因地制宜、区别对待原则，即充分考虑当地的经济社会发展水平、城市综合承载能力和提供基本公共服务的能力，实现差别化落户政策；要坚守统筹配套、提供基本保障的原则，即统筹推进户籍制度改革和基本公共服务均等化，不断扩大教育、就业、医疗、养老、住房保障等城镇基本公共服务覆盖面。

意见中明确指出建立居住证制度——公民离开常住户口所在地到设区的市级以上城市居住半年以上的，需要申领居住证。同时规定以居住证为载体，建立健全与居住年限等条件相挂钩的基本公共服务提供机制。具体规定为：首先，居住证持有人享有与当地户籍人口同等的劳动就业、基本公共教育、基本医疗卫生服务、计划生育服务、公共文化服务、证照办理服务等权利；其次，以连续居住年限和参加社会保险年限等为条件，逐步享有与当地户籍人口同等的中等职业教育资助、就业扶持、住房保障、养老服务、社会福利、社会救助等权利；最后，同时结合随迁子女在当地连续就学年限等情况，逐步享有随迁子女在当地参加中考和高考的资格。

北京市人口服务管理制定相关政策需要秉持户籍制度改革意见中的指导原则，坚持以人为本的执政理念，努力实现基本公共服务均等化，努力完成意见中提出的发展目标。

（二）北京市市情的中观要求

区域的可持续发展，要求人口发展与经济和城市发展相适应。目前，流动人口的迅速增长直接拉动了全市人口规模的快速膨胀，成为影响北京市建设宜居城市和世界城市不可忽视的重要因素，也是北京重要市情之一。据统计，最近 10 多年来，北京市常住人口以年均 50 万人的速度增长。到 2013 年末，全市常住人口达 2115 万人，远远超出城市总体规划的调控目标。人口持续多年的快速膨胀，让北京"不堪重负"。除了平时常谈到的水资源紧缺、交通拥堵、大气污染等一系列问题外，也对城市管理和公共服务提出了巨大挑战。2015 年出台的《京津冀协同发展规划纲要》明确了北京"四个中心"的功能定位（全国政治中心、文化中心、国际交往中心、科技创新中心），明确指出要疏解非首都功能，有效控制人口规模。这就要求北京市的各项政策与之相适应，与人口直接相关的人口服务管理政策更是如此，要在贯彻落实中央相关人口管理精神的同时，更加兼顾北京市内部的城市发展现状以及存在的问题等限制条件。

（三）流动人口享受公共服务的个体要求

一个公平正义的社会必须使所有的公民享有一种平等的发展机会和平等享受宪法保障的基本权利。政府参与社会管理的主要目的之一也是使全社会的每一个人全面发展，而不是单个人的发展。党的十七大报告中提出了科学发展、社会和谐的理念，这对政府供给提出了公共服务均等化的基本要求；由于流动人口等人群在基本公共服务领域的部分缺失，因此，实现基本公共服务均等化一方面要为流动人口的义务教育、公共卫生与基本医疗、基本社会保障、就业"埋单"，更为重要的是要解开引导人口合理有序迁移的"结"，更加注重均等公平。此外，随着普通民众平等意识的不断加强，社会各界对流动人口群体平等享受基本公共服务的呼声日益高涨，这些都对北京市基本公共服务均等化的逐步完善提出了迫切要求。

（四）与现行相关制度、政策衔接的现实要求

政策的制定需要相对稳定性，政策频繁变动、朝令夕改往往导致政策显失公正，会导致政府成本增加和资源浪费，导致政府与社会信赖关系破裂，导致非正常秩序的存在，所以政府制定政策要有预见性，长期目标与短期目标相结合。北京市流动人口的相关法规规章存在着废多立少的局面，现存的流动人口法规规章并不多，而目前的有关流动人口服务和权益保障政策主要以北京市各部门通知和文件的形式出台，数量庞杂而且缺乏应有的权威性。因此，在制定新的政策时要避免与以往政策的脱节，既要避免政策倒退太多，引起社会不满，也不能超过北京的承受能力，要在以往政策的基础上，兼顾实际需要与北京市财政能力，综合考量。

三　户籍制度改革背景下加强人口服务管理的思考

户籍制度改革背景下加强人口服务管理工作既需要把握好改革的基本原则，又需要在若干改革要求下，探索符合市情的改革路径。

首先，从基本原则上来看，一是要把握权利和责任对等原则。基本公共服务供给的原则首先是权利和义务对等，不管是流动人口还是户籍人口，依法纳税是享有各种公共福利的前提条件。区域和地方政府享有来源不同的税权、财权和事权，北京市辖区内的实有人口都有直接和间接向地方纳税的义务和责任，也有相应的享受当地政府用当地纳税人的钱提供的公共服务的权利。流动人口对居住地尽了该尽的法定义务后，就应该赋予相应的权利。二是要把握梯度赋权的原则。实行梯度赋予权利的改革，就

是要将居民权力的获得方式从原来的"门槛式"过渡到"阶梯式"。具体来说，就是使原来的"高门槛、一揽子"获得所有权利的方式过渡到"多台阶、渐进式"，即淡化户籍作为唯一的权利门槛的功能，找到其他体现权利与义务对等的替代性管理手段，逐步稳妥的赋予相关权利。这样，既实现了改革的方向性，也控制了改革的冲击波。三是要把握局部与全局兼顾原则。全局与局部的关系是辩证统一的，从根本上说，全局利益和局部利益是一致的。一方面北京市要充分贯彻执行中央政府决定，在制定地方相关政策时与中央保持高度一致；另一方面按照中央全面深化改革的统一部署，具体政策要与整个政策体系相协调，避免政策各自为战、彼此抵消。

其次，在改革路径上，居民权利的获得需要从原来的"门槛式"供给过渡到未来的"阶梯式"供给。以居住证作为基本权利的享受条件，以缴纳社会保险年限、缴税年限或居住年限等作为获得附加权利的条件。根据《国务院关于进一步推进户籍制度改革的意见》中的提法，共涉及13项基本公共服务内容，具体是：劳动就业、基本公共教育、基本医疗卫生服务、计划生育服务、公共文化服务、证照办理、中等职业教育资助、就业扶持、住房保障、养老服务、社会福利、社会救助等权利，随迁子女在当地参加中考和高考的资格。考虑到与目前相关政策的衔接以及北京市人口和区县财政压力等若干因素，根据表4-5-1所示，可在现阶段，将北京市流动人口享受的公共服务大致分为三类①：

一类消除差别类公共服务（居住证持有人享有与户籍人口同等的公共服务）：大体可以包括六项，即基本公共教育、劳动就业、基本医疗卫生服务、计划生育服务、公共文化服务、证照办理。

二类条件享受类公共服务（以连续居住年限和参加社会保险年限为条件逐步享有与户籍人口同等的公共服务）：大体可以包括三项，即中等职业教育资助、养老服务、住房保障等。

三类保留差别类公共服务（除个别符合政策的特殊人群外）：大体可以考虑包括四项，即就业扶持、高考资格、社会福利、社会救助。

---

① 与《国务院关于进一步推进户籍制度改革的意见》中的表述相比：一类六项相同，二类少三个，三类多三个。总的来看，目前的划分相比国务院相关规定要严格。

表 4 - 5 - 1 北京市流动人口梯度赋权的操作性方案

权利类别	权利内容	改革办法	替代性管理手段	现有政策
就业权利	劳动就业	消除差别	居住证	无户籍限制，涉及劳动力的职业指导、职业介绍、岗位推荐、求职登记等公共就业服务
	就业扶持政策	保留差别		促进就业政策基本只对户籍人口开放（未开放）
教育权利	基本公共教育	消除差别	免费义务教育	五证审核：务工就业证明、实际居住证明、户口本、暂住证、户籍地无人监护证明
	中等职业教育资助	有条件享受	居住年限、社保年限	根据2012年《进城务工人员随迁子女接受义务教育后在京参加升学考试工作方案》，符合相应条件的随迁子女可在我市参加中等职业教育和高等职业教育
	高考资格	保留差别		目前未开放
社会保障	基本医疗卫生服务	消除差别	居住证	自2006年开始，流动人口中的适龄儿童与北京市儿童享有同样的预防接种政策。对流动人口中的新发结核病人开展督导化疗工作，对发现的结核病人，免费进行半年以上的抗结核病药物治疗。北京市艾滋病初筛实验室免费为流动人口提供艾滋病自愿血液初筛检查服务和咨询服务。2011年起在北京市居住半年以上的常住外来孕产妇和儿童免费建立《北京市母子健康档案》，为0—6岁父母均为北京市常住流动人口的儿童免费提供健康体检。55岁以下的已婚女职工不限户籍均可预约参加北京市总工会组织的妇科病和乳腺疾病的免费体检
	养老服务	有条件享受	居住年限、社保年限	外来人员在北京市缴纳养老保险累计满15年，且到退休年龄后，可以在北京市按月领取退休金，享受北京市的养老金待遇标准。外埠老人同本市户籍人口一样按60周岁、65周岁两个档次分别办理《北京市老年优待证》和《北京市老年优待卡》
	住房保障	有条件享受	居住年限、社保年限	廉租房只针对户籍人口；商品房、自住型商品房有条件对非户籍人口开放

续表

权利类别	权利内容	改革办法	替代性管理手段	现有政策
其他	计划生育服务	消除差别	居住证	北京市为已婚育龄妇女提供避孕节育、生殖健康、优生优育咨询服务。育龄妇女一年享受不低于两次的免费生殖健康检查。免费获得避孕药具，免费享受国家和北京市规定的基本项目的计划生育技术服务。晚婚晚育或施行计划生育手术的享受休假。2011 年起开始对在北京市居住半年以上的常住外来人员免费实施孕前优生健康检查，2012 年在北京市全面推广
	社会福利	保留差别		外省市户籍孤残儿童发现后及时联系送回原籍；残疾人福利只针对户籍人口；养老机构入住无户籍限制，提供补贴有户籍限制（未开放）
	社会救助	保留差别		户籍低保人群，符合相应条件可享受社会救助以及医疗、教育、住房等专项救助和临时救助（未开放）
	公共文化服务	消除差别	居住证	
	证照办理	消除差别	居住证	

第五篇　人口预测与人口承载力

第一章　人口学和经济学视角的
北京市人口预测研究

人口规模和发展情况对于一个国家或地区的发展有着举足轻重的作用，是制定国民经济和社会发展计划的重要依据和基础。作为我国的首都，北京市未来人口发展的规模、速度对其经济发展和社会事业的运行具有直接影响。因此，对北京市人口进行科学合理的预测十分必要，有利于制定合理的经济社会发展规划，也有利于规避人口疏解的风险。

一　人口学视角的北京市人口预测

本部分将从人口学的角度，利用普查数据，建立人口预测模型，对北京市从 2010—2030 年的人口情况进行预测估计。

（一）预测的基本假定

人口预测结果的质量除了受预测方法的科学性影响外，还会受到一些不确定因素的影响。因此，在进行预测之前，需要对一些不确定因素作出假定。

第一，假定北京市的行政区域基本保持不变。行政区域的变化会对人口规模有较大的影响。因此，本章假定未来行政区域保持现有状态不变，这样才能保证人口规模的预测具有可行性。

第二，假定社会经济的发展较为平稳。社会的不稳定和经济的大起大落会对人口发展产生较为剧烈的影响。因此，本章假定北京市未来的社会经济能够以平稳、健康、持续发展的状态发展。

第三，假定迁移（流动）人口与常住人口的生育水平无差异。北京市人口流入较为频繁，净迁入人口规模较大，这些流入人口虽然多来自农村地区，但一般流入人口会受到迁入地的经济、文化和自身教育的影响，其生育意愿与行为可能会与流出地人口的模式出现差异，而越来越接近流入地人口的生育模式。考虑到近年来信息传播较为便捷和人们受教育程度的发展，本章假定流入人口的生育模式和水平与北京市原有人口并无太大差别。

第四，未来人口的死亡模式保持不变。在现有社会经济状况较为稳定的情况下，人口的死亡模式在短期内相对较为稳定。因此，本章假定未来人口的死亡模式基本不变，此假定可简化人口预测过程。

（二）常住人口预测

1. 北京市常住人口发展的基本情况

改革开放以来，随着社会经济的发展、医疗卫生保健体系的进一步完善及全国各地人口的不断流入，北京市人口总数保持持续增长，出生率、死亡率和人口自然增长率不断下降，人口再生产类型发展成为"低出生、低死亡、低自然增长"的人口增长类型。

北京市 2010 年 11 月 1 日零时的常住人口为 1961.2 万人，同 2000 年第五次全国人口普查相比，10 年共增加 604.3 万人（增长率为 44.5%），平均每年增加 60.4 万人，年均增长率为 3.8%。2010 年全市普查登记的常住人口中，0—14 岁人口为 168.7 万人，占常住人口的 8.6%；15—59 岁人口为 1621.6 万人，占比 82.7%；65 岁及以上人口为 170.9 万人，占常住人口的 8.7%[1]。同 2000 年第五次全国人口普查相比，0—14 岁人口的比重下降了 5 个百分点，15—64 岁人口的比重上升了 4.7 个百分点，65 岁及以上人口比重上升了 0.3 个百分点，北京市的老龄化程度进一步加深。从图 5-1-1 给出的年龄金字塔中不难预见，如果保持现在的人口变动态势，北京市未来的老龄化形势将不容乐观，不过这种老龄化主要是源于本市较长时间地处于低生育状况。

2000 年北京市的出生率为 6.20‰，死亡率为 5.30‰，人口自然增长率为 0.9‰，常住流动人口年净迁入为 98.70 万；2010 年北京市的出生率为 7.27‰，死亡率为 4.29‰，人口自然增长率为 2.98‰，流动人口年净

---

① 数据来源于《北京市 2010 年第六次全国人口普查主要数据公报》，载《北京市 2010 年人口普查资料》。

迁入为 90.50 万①。北京市的死亡率已降至较低水平，死亡率的变动已不再是北京人口自然变动的主要因素，出生率的变动对人口自然增长率起决定性作用，近年来出生率的上升使北京市人口自然增长率呈上升趋势。虽然北京市的出生率有上升趋势，但仍远低于全国的平均水平（2010 年全国出生率为 11.90‰②），人口自然增长对北京市常住人口变动的作用相对较小，人口迁移（包括户籍迁入人口和流动人口）是引起目前北京市人口变动的主要因素。

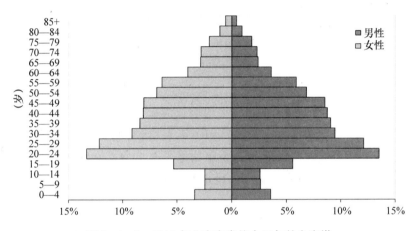

图 5-1-1　2010 年北京市常住人口年龄金字塔

下面将以北京市 2010 年第六次人口普查的人口数为基数，运用队列要素法对北京市 2010—2030 年的人口变动趋势进行预测，并在此基础上对北京市人口发展变化进行分析。

2. 常住人口预测参数设定及预测结果

本章对预测参数的设定将按照不同的人口增长要求来设定，给定不同情景下的本市未来人口变动的趋势。不过，这些"不同情况"将对应着不同的人口政策取向。

采用经典的队列要素法进行人口预测时需要设定的参数主要包括总和生育率、生育模式、出生人口平均预期寿命、出生性别比、死亡模式、净迁移人口等。前面对人口发展基本情况的简要回顾看到，本市人口变化主

---

① 数据来源：《北京市统计年鉴 2014》。

② 数据来源：《中国统计年鉴 2013》。

要取决于人口迁移所引起的机械增长。因此，对于北京市未来的人口变动而言，其气势亦取决于人口净迁移的规模变动。所以，前述提到的"不同情景"的主要差别在于如何对待人口净迁移的规模上。

需要说明一点，人口预测其实要回答的是"如果……，那么……"这样的问题。而"如果……"往往是一种定性的认识或预判，未必与未来的人口发展实际情况相吻合，故"那么……"所得到的结论也只是方向性的。

第一，关于预期寿命的设定。

根据联合国不同水平下出生平均预期寿命年均增长步长的经验值，推测各年北京市分性别的出生平均预期寿命。由 2010 年北京普查数据算得，2010 年北京女性 0 岁人口预期寿命为 83.56 岁，男性人口为 79.79 岁。按照联合国年均增长步长的经验值，选取预期寿命快速增长的模式，男性人口 0 岁预期寿命达到 77.5 岁之后年均增长为 0.1 岁；女性人口达到 82.5 岁之后年均增长为 0.1 岁。根据 2010 年人口预期寿命值与增长规律，2010—2030 年男性人口预期寿命为年均增长 0.1 岁；女性亦为年均增长 0.1 岁。预期寿命在所有方案中的设定保持不变。

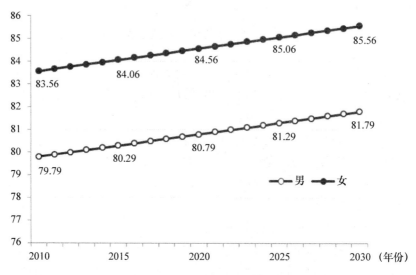

图 5-1-2   2010—2030 年北京市 0 岁人口预期寿命假设（单位：岁）

第二，关于性别比的设定。

以 2010 年北京市常住人口出生性别比 109.5 为基数，到 2030 年按线性插值递减降到 105。我们认为，随着北京市经济社会的发展和城市化水平的提高，特别是随之而来的人口性别观念意识的变化，未来流动人口出生性别比应可以落到基本正常的水平范围。性别比参数设计在不同方案中相同。

第三，关于总和生育率低、中、高水平的设定。

一是低水平总和生育率设定（以下简称"低生育"）。我们将第六次人口普查北京市常住妇女总和生育率 0.71 作为未来 30 年北京市常住人口预测的低方案参数，即保持这一总和生育率不变直到 2030 年。当前极低的生育率保持不变，其预测结果，对于北京市未来常住人口发展的规模与结构，能够起到参照和警示作用。事实上，针对欧洲、日本、韩国以及中国台湾等国家或地区的生育研究表明，一个人口一旦陷入低生育率状态就仿佛掉入了一个陷阱（Lutz et al.，2006），较长时期内都将很难通过政策杠杆有效地刺激其回升。

二是中等水平总和生育率设定（以下简称"中生育"）。我们假设总和生育率从 2010 年的 0.71 线性递增到 2030 年的 1.0。北京市人口研究所 2006 年进行了"北京城市独生子女和双独家庭生育意愿调查"，调查显示，2006 年调查的城市独生子女平均生育意愿为 1.18 个孩子（侯亚非、马小红，2008），2008 年"北京农村地区独生子女和双独家庭生育意愿研究"显示农村独生子女人口平均生育意愿为 1.47（马小红，2011）。随着 2013 年后单独二孩政策的放开，我们认为到 2030 年生育水平恢复到 1.0 是有可能的。

三是高水平总和生育率设定（以下简称"高生育"）。高方案的总和生育率由 2010 年的 0.71 线性递增到 2030 年的 1.3。"2013 年全国生育意愿调查"显示，北京市户籍人口平均生育意愿约为 1.8 左右（庄亚儿等，2014）。在政策放开的背景下，若人们的生育意愿转化为实际生育水平的程度较高，北京市的生育水平至 2030 年达到超低生育率水平的临界点——1.3 也有可能。

以上三个方案均假设未来 30 年生育模式不变。

第四，关于净迁入人口规模的低、中、高方案设定。根据《2014 年北京市统计年鉴》计算，1980—1989 年、1990—1999 年、2000—2009 年户籍人口年均净迁入分别为 5.30 万、5.79 万和 12.80 万。1980—1989

年、1990—1999 年、2000—2009 年流动人口年均净迁入分别为 2.74 万、10.35 万和 45.68 万。2000—2009 年年均净迁入之所以如此之高，与普查年份数据有关，2000 年净迁入为 98.7 万，2010 年为 90.5 万。除去 2000 年，2001—2009 年年均迁入只有 39.79 万，2011—2013 年只有 32.67 万，且年均迁入人口规模有下降的趋势（2011 年为 37.1 万，2012 年为 31.6 万，2013 年为 28.9 万）。净迁入人口包括流动人口和户籍人口的迁入，所以从目前情况来看，北京市一年常住人口净迁入约为 40 万。

首先来考虑人口净迁移规模的两个极端情形。一种情形是净迁入规模的下限值，即人口净迁移为 0，即本市未来人口变化完全表现为自然增长。其政策意义为，实施苛刻的人口调控政策，未来年份不允许任何类型人口迁入本市。这样，全市人口就变成了一个封闭人口。因此，本研究将这种情形称作"严苛调控"。这只是一种假设而已，其结果是人口预测的最低值；另一种情形是保持现有的迁移水平，每年净迁入人口 40 万。从人口规模调控的角度讲，这是未来允许净迁入本市的人口的规模的上限。其政策意义表现为，维持现行的人口规模调控强度。我们将此情形名其为"宽松调控"，其结果是人口预测的最高值。

一是未来每年人口净迁入为 0 万：严苛调控。

若实施严苛调控，2015 年后净迁入人口限定为 0，即人口增长仅体现为自然增长，那么，本市人口规模将在 2021—2024 年间达到峰值，峰值水平以及达到峰值的时间取决于未来生育水平的变动情况。若保持现行生育水平不变，人口规模将于 2021 年达到峰值，为 2197.35 万；若总和生育率参数估计从 2010 年的 0.71 逐步回升，到 2030 年时达到 1.0 并随后保持这一水平，人口规模将于 2023 年达到峰值，为 2214.51 万；若总和生育率参数估计从 2010 年的 0.71 逐步回升，到 2030 年时达到 1.3 并随后保持这一水平，那么，人口规模将于 2024 年达到峰值，为 2237.46 万。可见，苛刻控制下，本市人口自然增长，那么人口增长将非常缓慢，不久人口规模将达到峰值，这个峰值水平略高于当前本市常住人口规模；随后，人口增长将出现拐点，规模开始逐年下降，生育水平回升得越晚，人口增长出现拐点的年份也越早。不过，根据目前处于极低生育率（时期 $TFR \leqslant 1.3$）的国家的情况来看，促使极低生育率回升并非易事，至少现在很少见到通过鼓励政策，成功刺激生育率持续回升的例子。

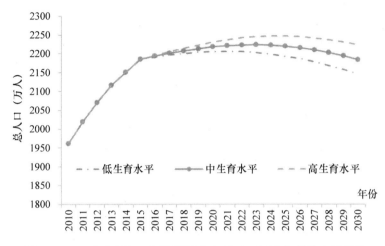

图 5 - 1 - 3 年净迁入 0 万情形下全市 2010—2030 年常住人口规模

表 5 - 1 - 1 年净迁入 0 万情形下全市 2010—2030 年人口规模 （单位：万人）

年份	低生育	中生育	高生育
2010	1961.24	1961.24	1961.24
2016	2182.93	2184.87	2186.92
2017	2188.07	2192.24	2196.63
2018	2192.14	2198.77	2205.73
2019	2195.09	2204.36	2214.06
2020	2196.85	2208.90	2221.48
2021	2197.35	2212.26	2227.82
2022	2196.37	2214.16	2232.68
2023	2193.91	2214.51	2235.93
2024	2189.91	2213.23	2237.46
2025	2184.39	2210.29	2237.17
2026	2177.43	2205.78	2235.18
2027	2169.16	2199.85	2231.65
2028	2159.77	2192.71	2226.82
2029	2149.35	2184.48	2220.84
2030	2137.81	2175.07	2213.64

在严苛预测情形下，即使在未来生育水平出现较大回升，2010—2030

年北京市人口结构仍呈快速老化态势，并保持较高水平。65 岁及以上人口的比重将维持较快的增长水平，由 2010 年的 8.71% 上升至 2030 年的 20.24%—21.00%。这一趋势使在预测年份中，北京市人口金字塔呈现较为严重的倒金字塔结构。比较 2020 年和 2030 年的人口金字塔发现，见图 5-1-4，两个年份的金字塔都呈伞状，但 2030 年的 "伞柄" 要比 2020 年的 "伞柄" 还要细，65 岁以下人口进一步减少。生育数量的减少和预期寿命延长是北京市人口老龄化的主要原因，其中，生育数量减少的作用较大。如此快速且深度的老龄化将使本市未来在健康服务、日常照料等方面面临沉重的负担。

表 5-1-2   年净迁入 0 万情形下 2010—2030 年全市 65 岁及以上

人口占总人口的比例   （%）

年份	低生育	中生育	高生育
2010	8.71	8.71	8.71
2015	9.68	9.68	9.67
2020	12.83	12.75	12.67
2025	16.32	16.12	15.91
2030	21.00	20.62	20.24

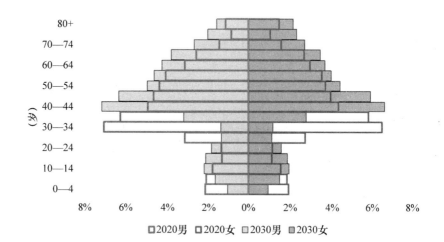

□2020男 □2020女 □2030男 ■2030女

图 5-1-4   年净迁入 0 万、"中生育水平" 情形下全市 2020 年与
2030 年常住人口金字塔

严苛调控（即净迁移规模为 0）情形下，2010—2030 年北京市的劳动年龄人口比重一直呈下降趋势，从 2010 年的 82.68% 下降到 2030 年的 68.97%—71.36%。抚养比则与劳动年龄人口比重的变化趋势相反，从 2010 年的 0.21 上升到 2030 年的 0.40—0.45 左右。不断减少的劳动年龄人口比重和不断增加的人口抚养负担将对北京市的社会经济发展产生十分不利的影响。

表 5-1-3　年净迁入 0 万情形下 2010—2030 年全市劳动年龄人口比重和抚养比

年份	低生育		中生育		高生育	
	劳动年龄人口比重（%）	抚养比	劳动年龄人口比重（%）	抚养比	劳动年龄人口比重（%）	抚养比
2010	82.68	0.21	82.68	0.21	82.68	0.21
2015	80.72	0.24	80.53	0.24	80.32	0.25
2020	76.57	0.31	75.96	0.32	75.33	0.33
2025	73.90	0.35	72.85	0.37	71.77	0.39
2030	71.36	0.40	70.17	0.43	68.97	0.45

严苛调控（即净迁移规模为 0）情形下，严苛调控（即净迁移规模为 0）情形下，出生率在 2010—2030 年先升后降，在 2015 年左右达到峰值，

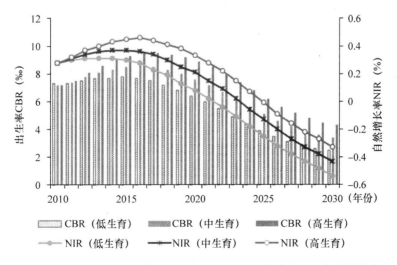

图 5-1-5　净迁入 0 万情况下全市 2010—2030 年出生率和自然增长率

并且在 2015—2030 年期间保持较快的下降速度。随着时间的推移，自然增长率先升后降，2010—2015 年为上升期，但上升的幅度非常小，2015—2030 年为下降期，2015—2020 年下降较为平缓，2020—2030 年开始加快速度，自 0.08%—0.33% 左右降至 -0.54%——0.33%，之后下降速度开始变缓，但不同生育水平间的差别开始变大；生育水平越低，自然增长率越低，下降程度越快。

二是未来每年人口净迁移为 40 万的情形：宽松调控。

若保持现行人口迁移水平，未来每年净迁入规模为 40 万，人口在 2010—2030 年间不断上升，从 2010 年的 1961.24 万人上升到 2030 年的 2777.46 万—2882.08 万人，人口规模将很快突破 2300 万。具体而言，不同生育水平下，2018 年总人口就突破 2300 万，分别为 2313.82 万、2320.73 万和 2327.98 万。而且在此种宽松预测情形下，到 2030 年，人口规模尚未达到峰值。

表 5-1-4   年净迁入 40 万情形下全市 2010—2030 年常住人口规模（单位：万人）

年份	低生育	中生育	高生育
2010	1961.24	1961.24	1961.24
2016	2223.10	2225.07	2227.14
2017	2268.79	2273.08	2277.58
2018	2313.82	2320.73	2327.98
2019	2358.11	2367.93	2378.22
2020	2401.61	2414.61	2428.18
2021	2444.24	2460.63	2477.73
2022	2485.77	2505.72	2526.49
2023	2526.18	2549.78	2574.34
2024	2565.38	2592.72	2621.15
2025	2603.35	2634.48	2666.82
2026	2640.16	2675.14	2711.44
2027	2675.87	2714.78	2755.13
2028	2710.66	2753.59	2798.10
2029	2744.57	2791.66	2840.46
2030	2777.46	2828.85	2882.08

在净迁移规模为 40 万的假设下，2010—2030 年北京市人口结构老化速度要慢于净迁移为 0 的人口老化速度，老化的程度也相对较小。65 岁及以上人口的比重将由 2010 年的 8.71% 上升至 2030 年的 16.40%—17.05%。而前述严苛调控下，至 2030 年 65 岁以上人口比重为 20.24%—21.00%。可以看出，人口迁入在能够明显地减缓人口老龄化发展速度。同样，比较 2020 年和 2030 年的人口金字塔发现，2030 年人口结构进一步老化；2020 年、2030 年的金字塔比严苛调控下的 2020 年、2030 年金字塔年龄分布要相对合理。

表 5 - 1 - 5　年净迁入 40 万情形下 2010—2030 年全市 65 岁及以上

人口占总人口比例　　　　　　　　　　（%）

年份	低生育	中生育	高生育
2010	8.71	8.71	8.71
2015	9.68	9.68	9.67
2020	11.93	11.85	11.78
2025	14.18	14.01	13.83
2030	17.05	16.73	16.40

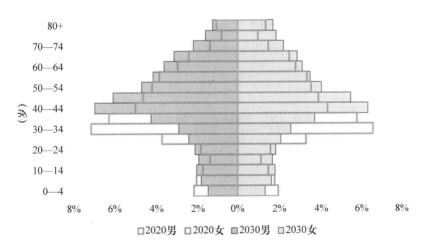

图 5 - 1 - 6　年净迁入 40 万、"中生育水平"情形下全市 2020 年与
2030 年常住人口金字塔

在净迁移规模为 40 万的假设下，2010—2030 年北京市的劳动年龄人

口比重一直处于下降趋势，从 2010 年的 82.68% 下降到 2030 年的 71.94%—74.61%。抚养比则与劳动年龄人口比重的变化趋势相反，从 2010 年的 0.21 上升到 2030 年的 0.34—0.39 左右。同样，劳动年龄人口比重下降的趋势和程度也较人口净迁移为 0 的人口要轻。

表 5 - 1 - 6　　年净迁入 40 万情形下 2010—2030 年全市劳动年龄
人口比重和抚养比

年份	低生育水平		中生育水平		高生育水平	
	劳动年龄人口比重（%）	抚养比	劳动年龄人口比重（%）	抚养比	劳动年龄人口比重（%）	抚养比
2010	82.68	0.21	82.68	0.21	82.68	0.21
2015	80.72	0.24	80.53	0.24	80.32	0.25
2020	77.66	0.29	77.07	0.30	76.45	0.31
2025	76.02	0.32	74.97	0.33	73.89	0.35
2030	74.61	0.34	73.27	0.36	71.94	0.39

宽松预测情形下，年净迁入 40 万人，出生率发展也呈现先升后降的趋势，2010—2030 年每年出生率都要高于净迁移人口为 0 情况下的出生率。随着时间的推移，自然增长率先升后降，2010—2015 年为上升期，但上升的幅度不大，2015—2030 年为下降期，并且下降的幅度较大，自

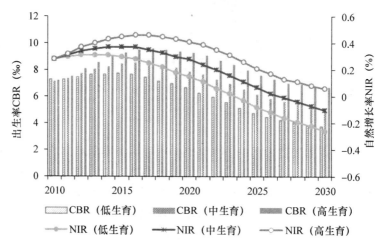

图 5 - 1 - 7　净迁入 40 万时全市 2010—2030 年出生率和自然增长率

0.3%—0.45%左右降至 -0.26%—0.06%左右；生育水平越低，自然增长率越低；该方案下降程度没有净迁移为 0 时的程度剧烈，且不同生育水平之间的自然增长率差别程度要高于有净迁移为 0 时的差别程度。三是未来每年人口增加 20 万的情形：条件调控。

第三种情形是限定北京市每年人口增长为 20 万左右，其中包括自然增长和机械增长。因而首先需要根据上述在人口净迁移为 0 的情况的自然增长来推断每年的人口净增长。每年 20 万人口的年增量主要由三部分组成：原有人口的自然增量、净迁入量和迁移人口的自然增量。所以 20 万人口减去人口迁移为 0 时的自然增量为净迁移量和迁移人口自然增量之和。按照这一原理，假设净迁移人口的生育模式和死亡模式与北京市原有人口一致，则推断出在不同生育水平下北京市每年人口增量为 20 万时的人口迁移情况。不同生育水平的人口年增量虽然相同（20 万每年），但人口净迁移规模并不相同，生育水平越高，净迁移规模越低；随着时间的推移，人口净迁移规模都呈上升趋势，原有人口的自然增长下降越快，为了保持每年 20 万人口的增量，机械增长的增速就会越快。将这种情形称作"条件调控"，因为对人口规模调控程度是因人口自然增长的情况而定。

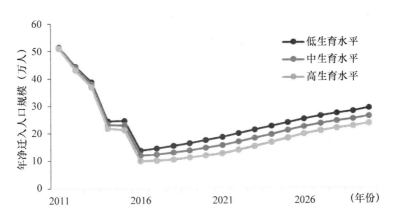

图 5 - 1 - 8　2010—2030 年不同生育水平下全市人口年增量为
20 万时人口净迁入规模

若北京市人口年增量为 20 万，人口在 2010—2030 年间不断上升，从 2010 年的 1961.24 万人上升到 2030 年的 2476.90 万人左右。由于不同生育水平的人口都是维持每年 20 万人口的增量，所以它们每年的人口规模应保持一致，但由于计算存在偏差，所以不同生育水平的人口数会存在略微差别。

表 5-1-7　人口年增量为 20 万情形下全市 2010—2030 年人口规模（单位：万人）

年份	低生育	中生育	高生育
2010	1961.24	1961.24	1961.24
2016	2196.92	2196.90	2196.89
2017	2216.92	2216.90	2216.89
2018	2236.92	2236.90	2236.89
2019	2256.92	2256.90	2256.89
2020	2276.92	2276.90	2276.89
2021	2296.92	2296.90	2296.89
2022	2316.92	2316.90	2316.89
2023	2336.92	2336.90	2336.89
2024	2356.92	2356.90	2356.89
2025	2376.92	2376.90	2376.89
2026	2396.92	2396.90	2396.89
2027	2416.92	2416.90	2416.89
2028	2436.92	2436.90	2436.89
2029	2456.92	2456.90	2456.89
2030	2476.92	2476.90	2476.89

在人口年增量为 20 万的假设下，2010—2030 年北京市人口结构老化较快。65 岁及以上人口的比重将由 2010 年的 8.71% 上升至 2030 年的 18.44%—18.61%。同样，比较 2020 年和 2030 年的人口金字塔发现，2030 年人口结构进一步老化。

表 5-1-8　人口年增量为 20 万时 2010—2030 年全市 65 岁及以上
人口占总人口比例 （%）

年份	低生育	中生育	高生育
2010	8.71	8.71	8.71

续表

年份	低生育	中生育	高生育
2015	9.68	9.68	9.67
2020	12.45	12.43	12.41
2025	15.24	15.19	15.14
2030	18.61	18.53	18.44

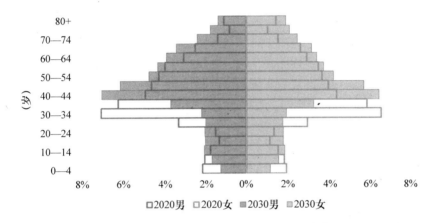

图 5 - 1 - 9　人口年增量为 20 万时 "中生育水平" 下全市 2020—2030 年
常住人口金字塔

在人口年增量为 20 万的假设下，2010—2030 年北京市的劳动年龄人口比重一直处于下降趋势，从 2010 年的 82.68% 下降到 2030 年的 70.47%—73.39%。抚养比则与劳动年龄人口比重的变化趋势相反，从 2010 年的 0.21 上升到 2030 年的 0.36—0.42 左右。

表 5 - 1 - 9　人口年增量为 20 万时 2010—2030 年全市劳动年龄
人口比重和抚养比

年份	低生育		中生育		高生育	
	劳动年龄人口比重（%）	抚养比	劳动年龄人口比重（%）	抚养比	劳动年龄人口比重（%）	抚养比
2010	82.68	0.21	82.68	0.21	82.68	0.21
2015	80.72	0.24	80.53	0.24	80.32	0.25
2020	77.02	0.30	76.35	0.31	75.65	0.32

续表

年份	低生育		中生育		高生育	
	劳动年龄人口比重（%）	抚养比	劳动年龄人口比重（%）	抚养比	劳动年龄人口比重（%）	抚养比
2025	75.01	0.33	73.81	0.35	72.58	0.38
2030	73.39	0.36	71.92	0.39	70.47	0.42

在人口年增量为 20 万的假设下，出生率发展也呈现先升后降的趋势。随着时间发展，自然增长率先升后降，2010—2015 年为上升期，但上升的幅度不大，2015—2030 年为下降期，自 0.30%—0.45% 左右降至 -0.37%——0.14%，之后下降速度开始变缓；生育水平越低，自然增长率越低。

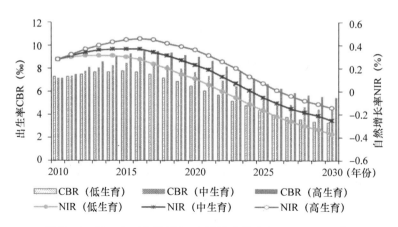

图 5 - 1 - 10　人口年增量为 20 万情形下全市 2010—2030 年
出生率和自然增长率

四是 2020 年总人口规模达到 2300 万的情形：极限规模。

第四种情形考虑本市 2030 年人口规模达到 2300 万后逐年下降的情况。前面已分析年人口净迁移为 0 时的人口规模峰值为 2197.35 万—2237.46 万人，生育水平越高，达到峰值的时间越晚。这里以人口迁移净增量为 0 时的人口峰值为基础，来研究人口在 2020 年达到 2290 万人，到 2300 年达到人口峰值为 2300 万时的人口迁移情况。将此情形称作"极限规模"。

　　2010 年的人口规模为 1961.24 万人，要达到 2300 万这一峰值还需要 340 万左右的人口，且增长的模式有无数种。由于现在自然增量在不断减少，若加上人口调控，那么人口年增量也会逐步减少。因此本方案假定人口线性增加。

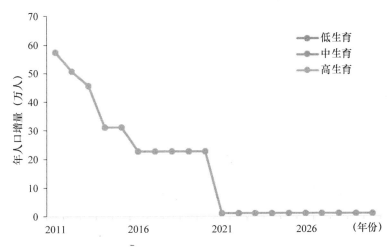

图 5 - 1 - 11　极限规模为 2300 万情形下全市 2010—2030 年人口年增量

　　前面已提到未来各年人口的增量主要由三部分组成：原有人口的自然增量、净迁入量和迁移人口的自然增量。那么，假定净迁移人口的生育模式和死亡模式与北京市原有人口一致，则可推断出在不同生育水平下人口规模极限为 2300 万时本市未来各年的人口迁移情况。不同生育水平的人口年增量虽然相同，但人口净迁入规模并不相同，生育水平越高，净迁移规模越低。随着时间的推移，人口净迁移规模先降后升，2010—2015 年为净迁移规模下降期，主要是由于人口年增量处于下降期，且下降速度较快，此时不同生育水平下的人口迁移规模几乎等同；2015 年后人口净迁移规模开始增加，虽然这时候人口年增量仍在下降，但原有人口（迁移为 0）的自然增量开始减小并呈负增长状态，要维持总人口年增长为正数状态，迁移人口就需要不断增加，原有人口的自然增长下降越快，机械增长的增速就会越快。

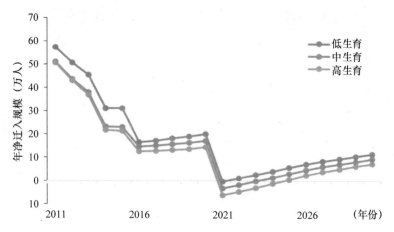

图 5 - 1 - 12　2010—2030 年极限规模为 2300 万情形下全市各年
人口净迁移规模

　　北京市未来人口的极限规模在 2020 年达到 2290 万左右，且在之后逐步下降，则北京市人口在 2030 年为 2300 万。

表 5 - 1 - 10　　极限规模为 2300 万情形下全市 2010—2030 年
常住人口规模　　　　　　　　（单位：万人）

年份	低生育	中生育	高生育
2010	1961. 24	1961. 24	1961. 24
2016	2199. 53	2199. 52	2199. 51
2017	2222. 15	2222. 14	2222. 13
2018	2244. 77	2244. 76	2244. 76
2019	2267. 38	2267. 38	2267. 38
2020	2290. 00	2290. 00	2290. 00
2021	2291. 00	2291. 00	2291. 00
2022	2292. 00	2292. 00	2292. 00
2023	2293. 00	2293. 00	2293. 00
2024	2294. 00	2294. 00	2294. 00
2025	2295. 00	2295. 00	2295. 00
2026	2296. 00	2296. 00	2296. 00
2027	2297. 00	2297. 00	2297. 00

续表

年份	低生育	中生育	高生育
2028	2298.00	2298.00	2298.00
2029	2299.00	2299.00	2299.00
2030	2300.00	2300.00	2300.00

在控制人口规模的假设下，2010—2030 年北京市人口结构老化也非常快。65 岁及以上人口的比重将由 2010 年的 8.71% 上升至 2030 年的 19.65%—19.82%。比较 2020 年和 2030 年的人口金字塔发现，2030 年金字塔的"伞状"特征明显，人口老化速度较快。

表 5-1-11　极限规模为 2300 万情形下全市 65 岁及以上人口占总人口比例　（%）

年份	低生育	中生育	高生育
2010	8.71	8.71	8.71
2015	9.68	9.68	9.67
2020	12.40	12.38	12.36
2025	15.71	15.66	15.61
2030	19.82	19.73	19.65

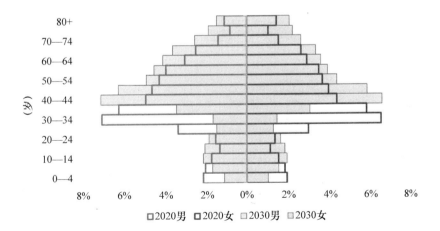

图 5-1-13　极限规模为 2300 万情形下中生育水平全市 2020 年与
2030 年人口金字塔

　　在控制人口规模的情况下，2010—2060 年北京市的劳动年龄人口比重一直处于下降趋势，从 2010 年的 82.68% 下降到 2030 年的 69.40%—72.31%。抚养比则与劳动年龄人口比重的变化趋势相反，从 2010 年的 0.21 上升到 2030 年的 0.38—0.44 左右。

表 5-1-12　　极限规模为 2300 万情形下 2010—2030 年全市劳动
年龄人口比重和抚养比

年份	低生育		中生育		高生育	
	劳动年龄人口比重（%）	抚养比	劳动年龄人口比重（%）	抚养比	劳动年龄人口比重（%）	抚养比
2010	82.68	0.21	82.68	0.21	82.68	0.21
2015	80.72	0.24	80.53	0.24	80.32	0.25
2020	77.09	0.30	76.43	0.31	75.72	0.32
2025	74.47	0.34	73.25	0.37	72.00	0.39
2030	72.31	0.38	70.85	0.41	69.40	0.44

　　在人口年增量为 20 万的假设下，在控制人口极限规模情况下，出生率发展也呈现先升后降的趋势。随着时间发展，自然增长率先升后降，2010—2015 年为上升期，但上升的幅度不大，2015—2030 年为下降期，自 0.30%—0.45% 左右降至 -0.46%—0.28% 左右，之后下降速度开始变缓；生育水平越低，自然增长率越低。

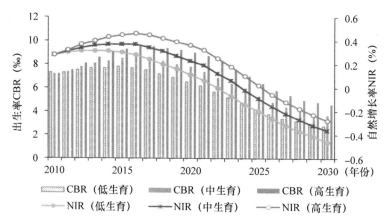

图 5-1-14　　极限规模为 2300 万情形下全市 2010—2030 年出生率和自然增长率

五是 2015—2030 年净迁入人口保持 20 万不变：适度调控。

由前文可见，若要 2015 年的总人口为 2180 万，那么 2010—2014 年的净迁入就需要从 50 万人降至 20 万—30 万人左右，第五种情形是将人口净迁入发展的方案设定为：年人口净迁入在 2015 年后保持每年 20 万的净迁入至 2030 年。前面已考察在限定人口年增量为 20 万和人口极限规模为 2300 万两种情况下的人口净迁移规模，但这两种方案都具有操作难度：若要保持每年 20 万的人口增量，在 2015 年左右就要把人口净迁移控制在 10 万左右，但要把目前 40 万左右的年人口净迁移规模调整至 10 万的难度非常大；后者的净迁移规模则是随时间发展先减后增，符合循序渐进的调控规律，但它限制了人口规模，在限制人口规模的情况下，人口结构老化程度非常严重，不利于人口的可持续发展。因此本方案综合了以上两个方案的优点，将人口规模控制在两个方案的人口规模之间来研究人口迁移情况。将此情形称作"适度控制"。

图 5 - 1 - 15 给出了推算得到的在"适度调控"情形下，北京市未来每年的净迁入人口规模。

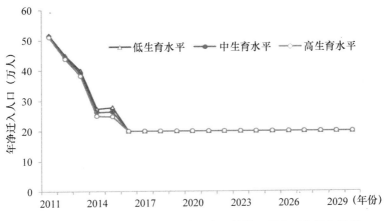

图 5 - 1 - 15　2010—2030 年全市适度调控情况下人口净迁入规模

若 2015 年后保持每年 20 万的净迁入至 2030 年，人口规模在 2015 年为 2180 万左右，但在 2020—2021 年就突破 2300 万，之后不断上升，到 2030 年为 2457.63 万—2547.86 万人。

表 5-1-13　　**适度控制人口迁入情形下全市 2010—2030 年人口规模**（单位：万人）

年份	低生育	中生育	高生育
2010	1961.24	1961.24	1961.24
2016	2203.01	2204.97	2207.03
2017	2228.43	2232.66	2237.10
2018	2252.98	2259.75	2266.85
2019	2276.60	2286.15	2296.14
2020	2299.23	2311.75	2324.83
2021	2320.79	2336.45	2352.77
2022	2341.07	2359.94	2379.58
2023	2360.04	2382.15	2405.14
2024	2377.64	2402.98	2429.30
2025	2393.87	2422.39	2452.00
2026	2408.79	2440.46	2473.31
2027	2422.52	2457.31	2493.39
2028	2435.22	2473.15	2512.46
2029	2446.96	2488.07	2530.65
2030	2457.63	2501.96	2547.86

　　在适度控制人口规模的假设下，2010—2030 年北京市人口结构老化也相当快，但老化的速度和程度要小于控制人口规模极限为 2300 万这一情况的人口老化速度和程度。65 岁及以上人口的比重将由 2010 年的 8.71% 上升至 2030 年的 18.07%—18.77%，之后仍维持较快的增长水平。比较 2020 年和 2030 年的人口金字塔发现，2030 年的金字塔也呈现出"伞状"特征，人口老化速度较快。

表 5-1-14　　**适度控制人口迁入情形下全市 65 岁及以上人口占总人口比例**　　（单位:%）

年份	低生育	中生育	高生育
2010	8.71	8.71	8.71
2015	9.68	9.68	9.67
2020	12.36	12.28	12.20

续表

年份	低生育	中生育	高生育
2025	15.16	14.97	14.78
2030	18.77	18.42	18.07

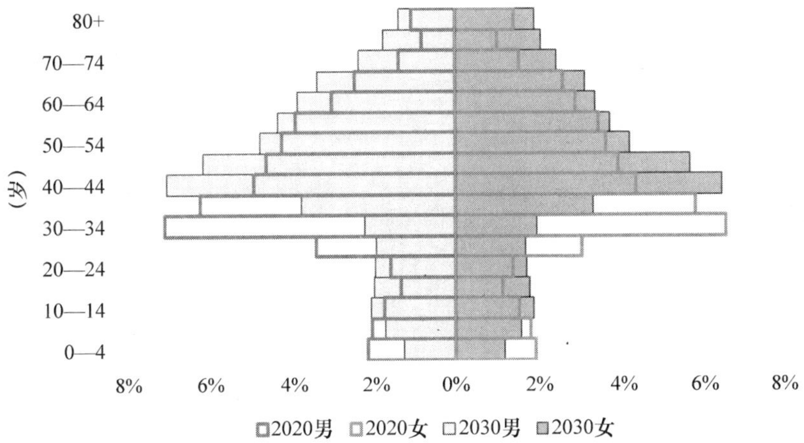

图 5 - 1 - 16　适度调控人口规模时全市 2020 年与 2030 年人口金字塔

在适度控制人口规模的情况下，2010—2030 年北京市的劳动年龄人口比重一直处于下降趋势，从 2010 年的 82.68％下降到 2030 年的 70.65％—73.20％。抚养比则与劳动年龄人口比重的变化趋势相反，从 2010 年的 0.21 上升到 2030 年的 0.37—0.42 左右。

表 5 - 1 - 15　适度控制人口规模情形下 2010—2030 年全市劳动
年龄人口比重和抚养比

年份	低生育		中生育		高生育	
	劳动年龄人口比重（％）	抚养比	劳动年龄人口比重（％）	抚养比	劳动年龄人口比重（％）	抚养比
2010	82.68	0.21	82.68	0.21	82.68	0.21
2015	80.72	0.24	80.53	0.24	80.32	0.25
2020	77.14	0.30	76.54	0.31	75.91	0.32
2025	75.06	0.33	74.00	0.35	72.92	0.37
2030	73.20	0.37	71.92	0.39	70.65	0.42

在适度控制人口规模的假设下，出生率发展也呈现先升后降的趋势，2010—2030 年每年出生率要略高于控制人口极限规模为 2300 万情况下的出生率。随着时间的推移，自然增长率先升后降，2010—2015 年为上升期，但上升的幅度不大，2015—2030 年为下降期，自 0.30%—0.45% 左右降至 -0.38%——-0.11%；生育水平越低，自然增长率越低。

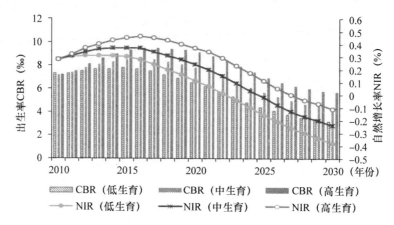

图 5 - 1 - 17　适度调控人口规模时全市 2010—2030 年出生率和自然增长率

3. 常住人口预测结果比较与讨论

前面分别对反映人口调控力度的五种典型情形下未来人口发展态势进行了预测，并于每种情形下人口发展态势的主要方面做了描述，包括人口规模、老龄化、劳动力人口所占比重、抚养比等。下面将就有关结果加以比较，试图凸显人口调控力度不同选择在短期、中期和长期效果上的差别，从而为人口调控政策实践提供参考。

因为生育、死亡和出生性别三类参数设定相同，因此，下面将拟进行比较的五个方案分别称作：严苛调控、宽松调控、条件调控、极限规模和适度调控。具体所指如下：严苛调控方案下，本市未来人口变动完全受自然增长驱动，各年人口净迁入规模严格控制为 0；宽松调控方案下，未来各年保持现有的人口净迁入规模，即每年 40 万；条件调控方案下，全市每年人口增长约为 20 万，而各年净迁入人口规模则取决于自然增长量；极限规模方案下，限定全市 2020 年人口规模为 2300 万；适度调控方案下，2015—2030 年保持 20 万人口年净迁入不变。

第一，若较为严格地限制人口净迁入规模，北京市人口规模持续增长态势和幅度可得到抑制，到"十三五"甚至"十四五"末期，人口规模能控制在 2300 万左右；若按照现在的净迁入水平发展，人口规模大体将在"十三五"期间就将突破 2300 万；而适度调控的话，到"十三五"期末人口规模也将略超过 2300 万。

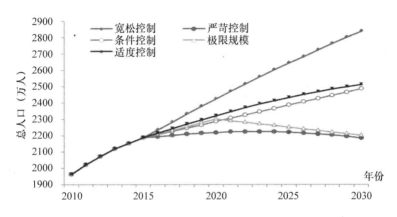

图 5 - 1 - 18　　**不同预测情形下全市 2010—2030 年人口规模变动趋势（中方案）**

第二，人口老龄化和老年人口增多是本市人口发展不可逆转的趋势，因此，本市将面临健康服务、生活照料等养老负担不断加重的形势，对此应当未雨绸缪，规划先行。从短期来看，到"十三五"期末，不同预测情形下不论是 65 岁及以上老年人口绝对规模，从严格调控到适度调控五种情形下的结果很接近，总量从 281.4 万—286.4 万人。然而，从长期来看，五种预测情形下不论是在老龄化程度存在显著差别。显然，从缓解本市老龄化发展速度和程度的角度上说，应该允许适量的迁移流动人口进入本市。

第三，从短期来看，到"十三五"期末，从不同预测情形下劳动年龄人口（15—64 岁）劳动力人口总量上看，严苛预测情形下为 1682 万，而宽松调控下为 1865 万，两种情形将相差 200 多万劳动力资源。而从长期来看，不同预测情形下的劳动年龄人口比例和总量都存在显著的差别。可见，调控过严会导致劳动年龄人口比例和总量在"十三五"期间即呈现下降趋势，略微宽松的调控虽然不能逆转下降态势，但下降的速度更缓慢，倘若实施宽松的调控，预计本市劳动年龄人口到 21 世纪中叶前仍能呈增长趋势。

表5-1-16　不同预测情形下全市2010—2030年人口规模变动趋势

（单位：万人）

年份	严苛调整			宽松调整			条件调整			极限规模			适度调整		
	低生育	中生育	高生育	低生育	中生育	高生育	低生育	中生育	高生育	低生育	中生育	高生育	低生育	中生育	高生育
2010	1961	1961	1961	1961	1961	1961	1961	1961	1961	1961	1961	1961	1961	1961	1961
2016	2183	2185	2187	2223	2225	2227	2197	2197	2197	2200	2200	2200	2203	2205	2207
2017	2188	2192	2197	2269	2273	2278	2217	2217	2217	2222	2222	2222	2228	2233	2237
2018	2192	2199	2206	2314	2321	2328	2237	2237	2237	2245	2245	2245	2253	2260	2267
2019	2195	2204	2214	2358	2368	2378	2257	2257	2257	2267	2267	2267	2277	2286	2296
2020	2197	2209	2221	2402	2415	2428	2277	2277	2277	2290	2290	2290	2299	2312	2325
2021	2197	2212	2228	2444	2461	2478	2297	2297	2297	2291	2291	2291	2321	2336	2353
2022	2196	2214	2233	2486	2506	2526	2317	2317	2317	2292	2292	2292	2341	2360	2380
2023	2194	2215	2236	2526	2550	2574	2337	2337	2337	2293	2293	2293	2360	2382	2405
2024	2190	2213	2237	2565	2593	2621	2357	2357	2357	2294	2294	2294	2378	2403	2429
2025	2184	2210	2237	2603	2634	2667	2377	2377	2377	2295	2295	2295	2394	2422	2452
2026	2177	2206	2235	2640	2675	2711	2397	2397	2397	2296	2296	2296	2409	2440	2473
2027	2169	2200	2232	2676	2715	2755	2417	2417	2417	2297	2297	2297	2423	2457	2493
2028	2160	2193	2227	2711	2754	2798	2437	2437	2437	2298	2298	2298	2435	2473	2512
2029	2149	2184	2221	2745	2792	2840	2457	2457	2457	2299	2299	2299	2447	2488	2531
2030	2138	2175	2214	2777	2829	2882	2477	2477	2477	2300	2300	2300	2458	2502	2548

注：表中加粗数字为人口超过2300万人的情形。

表 5－1－17　　不同预测情形下全市 2010—2030 年人口自然增长量

（单位：人）

年份	宽松调控			严苛调控			条件调控			极限规模			适度调控		
	低生育	中生育	高生育	低生育	中生育	高生育	低生育	中生育	高生育	低生育	中生育	高生育	低生育	中生育	高生育
2010	54971	54311	54311	54971	54311	54311	54971	54311	54311	54971	54311	54311	54971	54311	54311
2015	64593	80799	98056	64593	80799	98056	64593	80799	98056	64593	80799	98056	64593	80799	98056
2020	34996	66714	99664	17565	45370	74227	24281	52330	80960	25398	53694	82579	26280	56042	86946
2025	-20288	17615	56737	-55244	-29421	-2842	-39178	-10982	16451	-46331	-20466	4572	-37767	-5903	26947
2030	-71105	-28119	16223	-115473	-94035	-71985	-90433	-61668	-34840	-106012	-83915	-63757	-93288	-61077	-27881

表 5－1－18　　不同预测情形下全市 2010—2030 年户籍人口迁移量

（单位：人）

年份	宽松调控			严苛调控			条件调控			极限规模			适度调控		
	低生育	中生育	高生育	低生育	中生育	高生育	低生育	中生育	高生育	低生育	中生育	高生育	低生育	中生育	高生育
2015	73802	68919	63717	0	0	0	73802	68919	63717	73802	68919	63717	73802	68919	63717
2020	120000	120000	120000	0	0	0	52716	44301	35712	60232	51750	43094	60000	60000	60000
2025	120000	120000	120000	0	0	0	71754	63295	55065	16899	9140	1628	60000	60000	60000
2030	120000	120000	120000	0	0	0	87130	78500	70453	34802	28172	22123	60000	60000	60000

表 5－1－19　　不同预测情形下全市 2010—2030 年非户籍人口迁移量

（单位：人）

年份	宽松调控			严苛调控			条件调控			极限规模			适度调控		
	低生育	中生育	高生育	低生育	中生育	高生育	低生育	中生育	高生育	低生育	中生育	高生育	低生育	中生育	高生育
2015	172206	160810	148672	0	0	0	172206	160810	148672	172206	160810	148672	172206	160810	148672
2020	280000	280000	280000	0	0	0	123005	103370	83329	140541	120751	100552	140000	140000	140000
2025	280000	280000	280000	0	0	0	167425	147689	128485	39431	21326	3798	140000	140000	140000
2030	280000	280000	280000	0	0	0	203304	183168	164389	81206	65736	51621	140000	140000	140000

表 5 - 1 - 20　　不同预测情形下全市 2010—2030 年 65 岁及以上老年人口规模

（单位：万人）

年份	宽松调整			严苛调整			条件调整			极限规模			适度调整		
	低生育	中生育	高生育	低生育	中生育	高生育	低生育	中生育	高生育	低生育	中生育	高生育	低生育	中生育	高生育
2010	170.9	170.9	170.9	170.9	170.9	170.9	170.9	170.9	170.9	170.9	170.9	170.9	170.9	170.9	170.9
2015	210.7	210.6	210.5	210.7	210.6	210.5	210.7	210.6	210.5	210.7	210.6	210.5	210.7	210.6	210.5
2020	286.4	286.2	286.0	281.8	281.6	281.4	283.6	283.1	282.6	283.9	283.4	282.9	284.1	283.9	283.7
2025	369.3	369.0	368.7	356.6	356.3	356.0	362.1	361.1	359.9	360.5	359.4	358.3	362.9	362.7	362.4
2030	473.5	473.2	472.7	448.9	448.5	448.1	460.9	458.9	456.8	455.8	453.8	451.9	461.2	460.8	460.4

表 5 - 1 - 21　　不同预测情形下全市 2010—2030 年劳动力年龄人口规模

（单位：万人）

年份	宽松调整			严苛调整			条件调整			极限规模			适度调整		
	低生育	中生育	高生育	低生育	中生育	高生育	低生育	中生育	高生育	低生育	中生育	高生育	低生育	中生育	高生育
2010	1622	1622	1622	1622	1622	1622	1622	1622	1622	1622	1622	1622	1622	1622	1622
2015	1757	1753	1748	1757	1753	1748	1757	1753	1748	1757	1753	1748	1757	1753	1748
2020	1865	1861	1856	1682	1678	1673	1754	1738	1722	1765	1750	1734	1774	1769	1765
2025	1979	1975	1970	1614	1610	1606	1783	1754	1725	1709	1681	1652	1797	1793	1788
2030	2072	2073	2073	1526	1526	1527	1818	1781	1745	1663	1629	1596	1799	1799	1800

表5-1-22　不同预测情形下全市2010—2030年人口抚养比

年份	宽松调控			严苛调控			条件调控			极限规模			适度调整		
	低生育	中生育	高生育	低生育	中生育	高生育	低生育	中生育	高生育	低生育	中生育	高生育	低生育	中生育	高生育
2010	0.21	0.21	0.21	0.21	0.21	0.21	0.21	0.21	0.21	0.21	0.21	0.21	0.21	0.21	0.21
2015	0.24	0.24	0.25	0.24	0.24	0.25	0.24	0.24	0.25	0.24	0.24	0.25	0.24	0.24	0.25
2020	0.29	0.30	0.31	0.31	0.32	0.33	0.30	0.31	0.32	0.30	0.31	0.32	0.30	0.31	0.32
2025	0.32	0.33	0.35	0.35	0.37	0.39	0.33	0.35	0.38	0.34	0.37	0.39	0.33	0.35	0.37
2030	0.34	0.36	0.39	0.40	0.43	0.45	0.36	0.39	0.42	0.38	0.41	0.44	0.37	0.39	0.42

表5-1-23　不同预测情形下全市2010—2030年出生人口与育龄妇女数量　（单位：万人）

年份	宽松调控			严苛调控			条件调控			极限规模			适度调整		
	低生育	中生育	高生育	低生育	中生育	高生育	低生育	中生育	高生育	低生育	中生育	高生育	低生育	中生育	高生育
2010	614	614	614	614	614	614	614	614	614	614	614	614	614	614	614
2015	630	628	626	630	628	626	630	628	626	630	628	626	630	628	626
2020	648	646	644	572	570	569	602	596	589	607	600	594	610	608	607
2025	665	664	662	519	517	515	587	575	564	556	545	533	592	590	589
2030	672	673	674	461	462	463	576	562	549	513	501	488	567	567	568

第四，不同预测情形下，本市人口发展都将步入人口抚养负担不断加重的时代。人口调控力度上的差别短期内对缓解本市人口抚养负担并不会产生实质性的差异，"十三五"期末差不多都是每100名劳动年龄人口需要承担29—33名老年人和儿童的抚养负担。但是，从长期来看，如果调控力度加大，则会导致未来年份人口抚养负担呈快速加大的态势。

第五，不同预测情形下育龄妇女的规模呈现出不同的分布状况。具体而言，到"十三五"期末，育龄妇女人数将达到569万—648万人。如果育龄妇女人数过多，无疑将导致本市在妇幼保健方面公共服务支出。如果对人口净迁入规模进行限制，则在一定程度上能够缓解这方面的压力。

（三）户籍人口预测

1. 户籍人口发展的基本情况

北京市2010年11月1日零时的户籍人口为1256.78万，同2000年1107.5万人相比，10年共增加150.28万人（增长率为13.57%），平均每年增加15万人。2010年全市普查登记的户籍人口中，0—14岁人口为120.3万，占户籍人口的9.57%；15—59岁人口为914.34万，占比72.75%；60岁及以上人口为222.14万，占户籍人口的17.68%；65岁及以上人口为158.32万，占总人口比重12.60%。从图5-1-19给出的年龄金字塔不难预见，如果保持现在的人口变动态势，北京市未来的老龄化形势将不容乐观，不过这种老龄化主要是由于本市户籍人口较长时间内处于低生育水平所致。

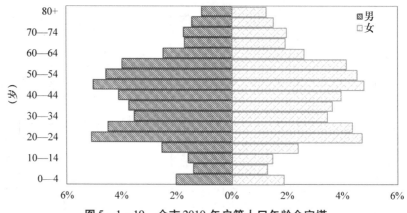

图5-1-19　全市2010年户籍人口年龄金字塔

2000 年北京市的户籍出生率为 6.52‰，死亡率为 7.01‰，自然增长率为 -0.05%，户籍人口净迁入为 8.24 万；2010 年北京市的户籍人口出生率为 8.09‰，死亡率为 7.25‰，自然人口增长率为 0.08%，户籍人口净迁入为 10.95 万[1]。北京市的死亡率已降至较低水平，死亡率的变动已不再是北京人口自然变动的主要因素，出生率的变动对人口自然增长率起决定性作用，近年来出生率的上升使北京市人口自然增长率呈上升趋势。虽然北京市的出生率有上升趋势，但仍远低于全国的平均水平（2010 年全国出生率为 11.90‰[2]），人口自然增长对北京市户籍人口变动的作用相对较小，人口迁移是引起目前北京市户籍人口变动的主要因素。

下面将以北京市 2010 年第六次人口普查的户籍人口数为基数，运用队列要素法对北京市 2010—2030 年的人口变动趋势进行预测，并在此基础上对北京市户籍人口发展变化进行分析。

2. 户籍人口预测参数设定及预测结果

户籍人口在预期寿命、出生性别比、总和生育率上的设定与前述的常住人口设定相同，此处不再重复说明。

第一，关于户籍净迁入人口规模的低、中、高方案设定。

根据《2014 年北京市统计年鉴》计算，1980—1989 年、1990—1999 年、2000—2009 年户籍人口年均净迁入分别为 5.30 万、5.79 万和 12.80 万。虽然本研究是以 2010 年数据作为基年数据进行预测，但本研究进行的时间已处于 2014 年，因此本研究力求 2010—2014 年的预测数据尽量贴近现实发展，即 2010 年北京市年末户籍人口为 1257.8 万，2011 年为 1277.9 万，2012 年为 1297.5 万，2013 年为 1316.3 万。因此各个方案中的净迁入人口参数设定从 2014 年开始设定。

首先介绍一下人口净迁移规模的三种情形。一种情形是净迁入规模的下限值，即人口净迁移为 0，即本市未来人口变化完全表现为自然增长。其政策意义为，实施严苛的人口调控政策，2013 年后北京市不向流动人口开放北京户籍。这样，全市人口就变成了一个封闭人口。因此，本研究将这种情形称作"严苛调控"。另一种情形是保持现有的迁移水平，每年净迁入 10 万户籍人口，这是北京市目前所能够承受的户籍人口迁入，因

---

[1]　数据来源于《北京市统计年鉴 2014》。
[2]　数据来源于《中国统计年鉴 2013》。

此称为"适度调控"。最后一种情形是假设北京市现在开放一定量的户口指标,从现有的每年 10 万人提高到 20 万人,并保持不变。从人口规模调控的角度讲,这是未来允许净迁入本市的户籍人口规模的上限。其政策意义表现为,维持现行的人口规模调控强度。我们将此情形命其为"宽松调控"。

一是未来每年户籍人口净迁入为 0 万:严苛调控。

若实施严苛调控,2015 年后净迁入人口限定为 0,即人口增长仅体现为自然增长,那么,本市户籍人口规模将在 2015—2030 年间不断下降,从 2015 年的 1312.97 万—1315.83 万人下降到 2030 年的 1223.99 万—1266.90 万人。可见,苛刻控制,在不同生育水平下,本市户籍人口自然增长呈现不断下降的趋势,下降的快慢取决于生育水平的高低。不过,根据目前处于极低生育率(时期总和生育率 TFR ≤ 1.3)的国家的情况来看,促使极低生育率回升并非易事。

表 5 - 1 - 24　　年净迁入 0 万情形下全市 2010—2030 年
户籍人口规模　　　　　　　　　　(单位:万人)

年份	低生育	中生育	高生育
2010	1256.78	1256.78	1256.78
2016	1311.25	1313.56	1316.02
2017	1309.07	1312.45	1316.03
2018	1306.35	1310.92	1315.74
2019	1303.05	1308.90	1315.07
2020	1299.14	1306.35	1313.94
2021	1294.60	1303.22	1312.29
2022	1289.40	1299.46	1310.02
2023	1283.53	1295.03	1307.07
2024	1276.96	1289.88	1303.40
2025	1269.71	1284.02	1298.99
2026	1261.80	1277.49	1293.87
2027	1253.28	1270.31	1288.08
2028	1244.14	1262.50	1281.65
2029	1234.38	1254.06	1274.58
2030	1223.99	1245.00	1266.90

在严苛预测情形下，即使在未来生育水平出现较大回升，2010—2030年北京市户籍人口结构仍呈快速老化态势，并保持较高水平。65岁及以上人口的比重将由2010年的8.71%上升至2030年的28.44%—29.45%，大大高于常住人口。这一趋势使2020年和2030年北京市人口金字塔呈现较为严重的倒金字塔结构。比较2020年和2030年的人口金字塔发现，见图5-1-20，两个年份的金字塔都呈"伞状"，但2030年的"伞柄"要比2020年的"伞柄"还要细，65岁及以下人口进一步减少。生育数量的减少和预期寿命延长是北京市户籍人口老龄化的主要原因，其中生育数量减少的作用较大。如此快速且深度的老龄化将使得本市未来在健康服务、日常照料等方面面临非常沉重的负担。

表5-1-25　　　年净迁入0万情形下2010—2030年全市65岁及以上
户籍人口占总人口比例　　　　　　　　　　　　（%）

年份	低生育	中生育	高生育
2010	12.60	12.60	12.60
2015	14.21	14.19	14.18
2020	18.59	18.48	18.37
2025	23.68	23.41	23.13
2030	29.45	28.95	28.44

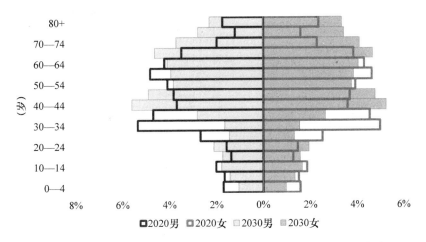

图5-1-20　年净迁入0万情形下"中生育水平"下全市2020年与
2030年户籍人口金字塔

严苛调控（即净迁移规模为0）情形下，2010—2030年北京市户籍人口中的劳动年龄人口比重一直呈下降趋势，从2010年的77.83%下降到2030年的61.87%—63.79%。抚养比则与劳动年龄人口比重的变化趋势相反，从2010年的0.28上升到2030年的0.57—0.62左右。不断减少的劳动年龄人口比重和不断增加的人口抚养负担将对北京市的社会经济发展产生十分不利的影响。

表5-1-26　　　　　年净迁入0万情形下2010—2030年全市劳动年龄户籍人口比重和抚养比

年份	低生育		中生育		高生育	
	劳动年龄人口比重（%）	抚养比	劳动年龄人口比重（%）	抚养比	劳动年龄人口比重（%）	抚养比
2010	77.83	0.28	77.83	0.28	77.83	0.28
2015	76.35	0.31	76.22	0.31	76.06	0.31
2020	71.69	0.39	71.23	0.4	70.75	0.41
2025	68.19	0.47	67.37	0.48	66.53	0.5
2030	63.79	0.57	62.83	0.59	61.87	0.62

严苛调控（即净迁移规模为0）情形下，出生率呈现出先升后降的趋势，在2015—2016年达到峰值，随后不断下降，且下降速度较快。随着

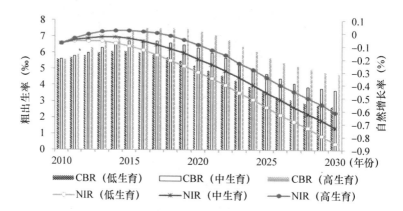

图5-1-21　年净迁入0万情况下全市2010—2030年户籍人口
出生率和自然增长率

时间推移,自然增长率先升后降,2010—2015 年为上升期,但上升的幅度非常小,2015—2030 年为下降期,自 - 0. 10%—0. 02% 左右降至 - 0. 85%—- 0. 61%;生育水平越低,自然增长率越低,下降程度越快。

二是未来每年户籍人口净迁移为 10 万人的情形:适度调控。

若北京市户籍人口年增量为 20 万,户籍人口在 2010—2030 年间不断上升,从 2010 年的 1256. 78 万人上升到 2030 年的 1406. 09 万—1457. 48 万人。由于不同生育水平的户籍人口都是维持每年 10 万人口的迁移增量,所以它们每年的人口规模应保持一致,但不同生育水平的人口数会存在略微差别。

表 5 - 1 - 27　　　　年净迁入 10 万情形下全市 2010—2030 年
户籍人口规模　　　　　　　　　　　　(单位:万人)

年份	低生育	中生育	高生育
2010	1256. 78	1256. 78	1256. 78
2016	1341. 67	1344. 03	1346. 54
2017	1349. 82	1353. 30	1356. 99
2018	1357. 54	1362. 28	1367. 30
2019	1364. 77	1370. 90	1377. 38
2020	1371. 48	1379. 12	1387. 16
2021	1377. 65	1386. 88	1396. 59
2022	1383. 25	1394. 14	1405. 56
2023	1388. 24	1400. 83	1414. 02
2024	1392. 61	1406. 92	1421. 90
2025	1396. 35	1412. 41	1429. 19
2026	1399. 48	1417. 30	1435. 91
2027	1402. 03	1421. 63	1442. 16
2028	1403. 99	1425. 41	1447. 75
2029	1405. 35	1428. 62	1452. 88
2030	1406. 09	1431. 26	1457. 48

在户籍人口年净迁入为 10 万的假设下,2010—2030 年北京市户籍人口结构老化较快。65 岁及以上人口的比重将由 2010 年的 12. 60% 上升至

2030 年的 25.25% —26.19% 。同样，比较 2020 年和 2030 年的人口金字塔发现，2030 年金字塔的"伞状"特征较为明显，人口年龄结构老化较快。

表 5 – 1 – 28　　　年净迁入 10 万情形下 2010—2030 年全市 65 岁及以上户籍人口占总人口比重（%）

年份	低生育	中生育	高生育
2010	12.60	12.60	12.60
2015	14.03	14.01	13.99
2020	17.74	17.64	17.54
2025	21.83	21.58	21.32
2030	26.19	25.72	25.25

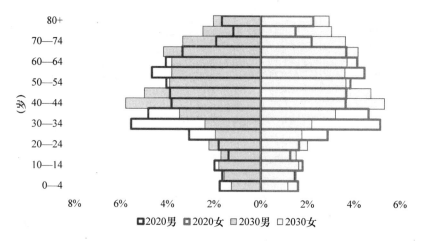

图 5 – 1 – 22　年净迁入 10 万情形下中等生育水平下全市 2020 年与
2030 年户籍人口金字塔

在户籍人口年净迁入为 10 万的假设下，2010—2030 年北京市的劳动年龄人口比重一直处于下降趋势，从 2010 年的 77.83% 下降到 2030 年的 64.40% —66.54%。抚养比则与劳动年龄人口比重的变化趋势相反，从 2010 年的 0.28 上升到 2030 年的 0.50—0.55 左右。

表 5 - 1 - 29　　年净迁入 10 万情形下 2010—2030 年全市劳动年龄
户籍人口比重和抚养比

年份	低生育		中生育		高生育	
	劳动年龄人口比重（%）	抚养比	劳动年龄人口比重（%）	抚养比	劳动年龄人口比重（%）	抚养比
2010	77.83	0.28	77.83	0.28	77.83	0.28
2015	76.57	0.31	76.43	0.31	76.28	0.31
2020	72.57	0.38	72.11	0.39	71.63	0.40
2025	69.84	0.43	68.99	0.45	68.12	0.47
2030	66.54	0.50	65.47	0.53	64.40	0.55

在户籍人口年净迁入为 10 万的假设下，出生率发展也呈现先升后降
的趋势，在 2016—2017 年达到峰值，随后不断下降。随着时间的推移，
在低生育和中生育水平下，自然增长率不断下降，自 2015 年的 - 0.09%
到 - 0.03% 降至 - 0.66% 再到 - 0.37%。高生育水平下，自然增长率先升
后降，在 2016 年达到峰值，之后不断下降。

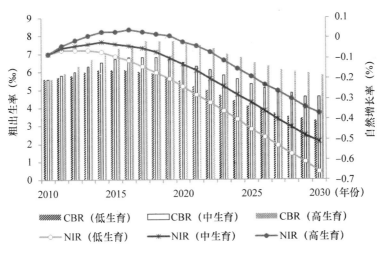

图 5 - 1 - 23　　年净迁入 10 万情形下全市 2010—2030 年户籍
人口出生率和自然增长率

三是未来每年户籍人口净迁移为 20 万人的情形：宽松调控。

　　若保持现行人口迁移水平，未来每年净迁入规模为 20 万，户籍人口在 2010—2030 年间不断上升，从 2010 年的 1256.78 万人上升到 2030 年的 1588.19 万—1648.06 万人。在此种宽松预测情形下，到 2030 年，人口规模尚未达到峰值。

表 5－1－30　　　**年净迁入 20 万情形下全市 2010—2030 年**
户籍人口规模　　　　　（单位：万人）

年份	低生育	中生育	高生育
2010	1256.78	1256.78	1256.78
2016	1372.09	1374.50	1377.07
2017	1390.57	1394.15	1397.96
2018	1408.72	1413.65	1418.86
2019	1426.48	1432.91	1439.69
2020	1443.82	1451.89	1460.39
2021	1460.71	1470.54	1480.88
2022	1477.10	1488.81	1501.10
2023	1492.96	1506.63	1520.96
2024	1508.26	1523.96	1540.40
2025	1522.99	1540.79	1559.39
2026	1537.16	1557.12	1577.95
2027	1550.78	1572.96	1596.11
2028	1563.84	1588.32	1613.85
2029	1576.32	1603.18	1631.17
2030	1588.19	1617.52	1648.06

　　在年净迁入 20 万的假设下，2010—2030 年北京市人口结构老化速度要慢于净迁移为 0 的人口老化速度，老化的程度也相对较小。65 岁及以上人口的比重将由 2010 年的 12.60% 上升至 2030 年的 22.80%—23.67%。而前述严苛调控下，至 2030 年 65 岁以上人口比重高达 28.44%—29.45%。可以看出，人口迁入在能够减缓人口老龄化速度。同样，比较 2020 年和 2030 年的人口金字塔发现，2030 年金字塔的"伞状"特征较为明显；2020 年、2030 年的金字塔比严苛调控下的 2020 年、2030

年金字塔年龄分布要相对合理。

表 5 - 1 - 31　　　年净迁入 20 万情形下 2010—2030 年全市 65 岁及
以上户籍人口占总人口比例（％）

年份	低生育	中生育	高生育
2010	12. 60	12. 60	12. 60
2015	13. 84	13. 83	13. 81
2020	16. 98	16. 88	16. 78
2025	20. 30	20. 06	19. 82
2030	23. 67	23. 23	22. 80

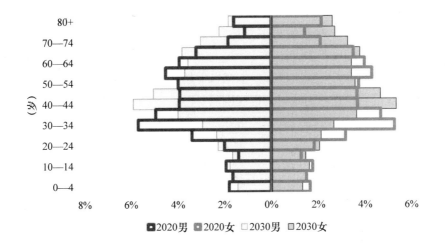

图 5 - 1 - 24　年净迁入 20 万情形下中等生育水平全市 2020 年与
2030 年户籍人口金字塔

在年净迁入 20 万的假设下，2010—2030 年北京市的劳动年龄人口比重一直处于下降趋势，从 2010 年的 77.83% 下降到 2030 年的 66.35%—68.65%。抚养比则与劳动年龄人口比重的变化趋势相反，从 2010 年的 0.28 上升到 2030 年的 0.46—0.51。同样，劳动年龄人口比重下降的趋势和程度也较人口净迁移为 0 的人口要轻。

表 5 - 1 - 32   年净迁入 20 万情形下 2010—2030 年劳动年龄
户籍人口比重和抚养比

年份	低生育		中生育		高生育	
	劳动年龄人口比重（%）	抚养比	劳动年龄人口比重（%）	抚养比	劳动年龄人口比重（%）	抚养比
2010	77.83	0.28	77.83	0.28	77.83	0.28
2015	76.78	0.30	76.64	0.30	76.49	0.31
2020	73.36	0.36	72.90	0.37	72.42	0.38
2025	71.22	0.40	70.34	0.42	69.45	0.44
2030	68.65	0.46	67.50	0.48	66.35	0.51

宽松预测情形下，年净迁入 20 万人，出生率发展也呈现先升后降趋势，2010—2030 年每年出生率都要高于净迁移人口为 0 情况下的出生率。随着时间的推移，自然增长率整体呈现下降趋势，2010—2015 年为上升期，但上升的幅度不大，2015—2030 年为下降期，自 -0.08% — -0.05% 左右降至 -0.51% — -0.19%；生育水平越低，自然增长率越低；该方案下降程度没有净迁移为 0 时的程度剧烈。

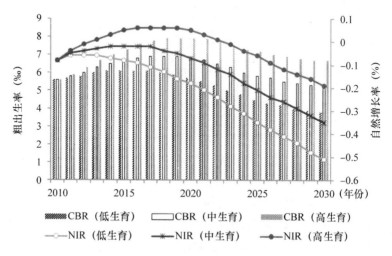

图 5 - 1 - 25   年净迁入为 20 万情形下全市 2010—2030 年户籍
人口出生率和自然增长率

3. 户籍人口预测结果比较与讨论

前面分别对反映北京市户籍人口调控力度的三种典型情形下的未来人口发展态势进行了预测，并对每种情形下人口发展态势的主要方面做了描述，包括人口规模、老龄化、劳动力人口所占比重、抚养比等。下面将针对中等生育水平下几种情形的相关结果加以比较，试图凸显出人口调控力度的不同选择在短期、中期和长期效果上的差别，从而为人口调控政策实践提供一定的参考。

因为生育、死亡和出生性别三类参数设定相同，因此，下面将拟进行比较的三个方案分别称作：严苛调控、宽松调控和适度调控。具体所指如下：严苛调控方案下，本市未来人口变动完全受自然增长驱动，各年人口净迁入规模严格控制为0；宽松调控方案下，未来各年保持现有的户籍人口净迁入规模，即每年20万人；适度调控方案下，2015—2030年保持10万户籍人口年净迁入不变。

第一，若较为严格地限制人口净迁入规模，北京市人口规模持续增长态势和幅度可得到抑制，到"十三五"甚至"十四五"末期，户籍人口规模不断下降；若按照每年10万净迁入水平发展，人口规模大体将在"十三五"期间不断上升，但是上升幅度较缓。

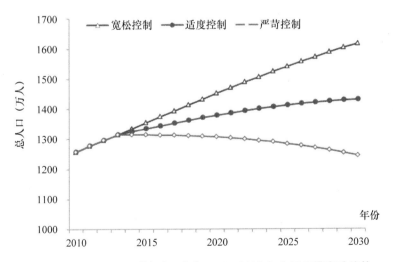

图 5-1-26 不同预测情形下全市 2010—2030 年人口规模变动趋势

表 5 - 1 - 33   不同预测情形下全市 2010—2030 年户籍人口规模变动趋势

（单位：万人）

年份	宽松控制	适度控制	严苛控制
2010	1256.78	1256.78	1256.78
2016	1374.5	1344.03	1313.56
2017	1394.15	1353.3	1312.45
2018	1413.65	1362.28	1310.92
2019	1432.91	1370.9	1308.9
2020	1451.89	1379.12	1306.35
2021	1470.54	1386.88	1303.22
2022	1488.81	1394.14	1299.46
2023	1506.63	1400.83	1295.03
2024	1523.96	1406.92	1289.88
2025	1540.79	1412.41	1284.02
2026	1557.12	1417.3	1277.49
2027	1572.96	1421.63	1270.31
2028	1588.32	1425.41	1262.5
2029	1603.18	1428.62	1254.06
2030	1617.52	1431.26	1245

　　第二，人口老龄化和老年人口增多是本市人口发展不可逆转的趋势，因此，本市将面临健康服务、生活照料等养老负担不断加重的形势，对此应当未雨绸缪，规划先行。从短期来看，到"十三五"期末，不同预测情形下不论是 65 岁及以上老年人口所占比例还是绝对规模，从严格调控到适度调控三种情形下的结果很接近，比例从 17%—18%、总量从 241.46 万—245.13 万人。然而，从长期来看，三种预测情形下不论是在老龄化程度及老年人口规模上都存在显著差别。

表 5 - 1 - 34   不同预测情形下全市 2010—2030 年户籍人口

老龄化及老年人口规模

年份	比例（%）			总量（单位：万人）		
	严苛调控	宽松调控	适度调控	严苛调控	宽松调控	极限规模
2010	12.6	12.6	12.6	158.32	158.32	158.32

续表

年份	比例（%）			总量（单位：万人）		
	严苛调控	宽松调控	适度调控	严苛调控	宽松调控	极限规模
2015	14.19	13.83	14.01	186.57	187.35	186.96
2020	18.48	16.88	17.64	241.46	245.13	243.29
2025	23.41	20.06	21.58	300.58	309.07	304.82
2030	28.95	23.23	25.72	360.44	375.82	368.13

第三，从短期来看，到"十三五"期末，不同预测情形下劳动年龄人口（15—64岁）所占比例差别不明显，为71%—72%；但从劳动力人口总量上看，严苛预测情形下为930.55万，而宽松调控下为1058.44万，两种情形将相差100多万劳动力资源。而从长期来看，不同预测情形下的劳动年龄人口比例和总量都存在非常显著的差别。就总量而言，若严苛调控，全市到2030年的劳动年龄人口仅为782.23万；若宽松调控，则为1091.86万，两者相差300多万劳动力资源。可见，调控过严会导致劳动年龄人口比例和总量在"十三五"期间即呈现下降趋势，略微宽松的调控虽然不能逆转下降态势，但下降的速度更缓慢。

表5-1-35　　**不同预测情形下全市2010—2030年劳动力年龄**
户籍人口比例及规模

年份	比例（%）			总量（单位：万人）		
	严苛调控	宽松调控	适度调控	严苛调控	宽松调控	适度调控
2010	77.83	77.83	77.83	978.16	978.16	978.16
2015	76.22	76.64	76.43	1001.75	1038.35	1020.05
2020	71.23	72.90	72.11	930.55	1058.44	994.49
2025	67.37	70.34	68.99	865.10	1083.86	974.48
2030	62.83	67.50	65.47	782.23	1091.86	937.04

第四，不同预测情形下，本市人口发展都将步入人口抚养负担不断加重的时代。人口调控力度上的差别短期内对缓解本市户籍人口抚养负担并不会产生实质性的差异，"十三五"期末差不多都是每100名户籍劳动年龄人口需要承担39名左右老年人和儿童的抚养负担。但从长期来看，如果调控力度加大，则会导致未来年份人口抚养负担呈现快速加大的态势。

表5-1-36　　　不同预测情形下全市2010—2030年户籍人口抚养比

年份	严苛调控	宽松调控	适度调控
2010	0.28	0.28	0.28
2015	0.31	0.30	0.31
2020	0.40	0.37	0.39
2025	0.48	0.42	0.45
2030	0.59	0.48	0.53

第五，如果保持现有的人口净迁入水平，伴随着生育水平的提高，"十三五"期间将面临户籍人口中的育龄妇女人数和出生人口规模不断下降的趋势。具体而言，到"十三五"期末，育龄妇女人数将下降到288.53万—340.95万人，出生人口则小于10万人。出生人口进一步减少，将会加快户籍人口总体老龄化的进程，对于城市发展和公共服务造成更大的负担。

表5-1-37　　　不同预测情形下全市2010—2030年户籍出生人口与
育龄妇女数量　　　　　　　　（单位：万人）

年份	出生人口			育龄妇女		
	严苛调控	宽松调控	适度调控	严苛调控	宽松调控	适度调控
2010	7.04	7.04	7.04	342.54	342.54	342.54
2015	8.75	9.10	8.93	323.48	338.82	331.15
2020	8.17	9.86	9.01	288.53	340.95	314.74
2025	5.99	8.99	7.49	264.74	351.50	308.12
2030	4.58	8.52	6.55	237.77	355.45	296.61

（四）小结

综上所述，北京市在未来几十年间将会迎来较为严重的老龄化社会，低生育率、低死亡率和平均预期寿命的延长、人口流入的减少决定了北京市人口严重老龄化的发展趋势。严重的老龄化和劳动年龄人口的减少会影响北京市的社会经济发展，不利于社会的稳定和生产。

由于生育水平太低，出生人口减少，同时老年人口较多，因此，若要保持一定的人口规模，就需要迁移人口来填补原有人口自然增长的不足。因此为了减轻老龄化对北京市经济社会的影响，首先需要把北京市育龄妇女的生育率提高或者稳定在合理的范围之内；其次需要保持一定的人口迁入。虽然过多的人口迁入会导致资源紧张等问题，但在高度老龄化的背景下过少的人口流入也会产生一定问题。

二　基于经济指标匡算 2013—2030 年 北京市常住人口规模

（一）推估的方法与思路

参考已有的各种以经济因素预测人口规模的方法，本章将采用两种思路进行预测。

第一，回归模型法。

考虑到本预测主要关注"十三五"期末的情形，属于短期预测，故第一种方法拟基于 1978—2012 年这 35 个年份的数据，建立以常住人口规模对数为因变量、可比价格的 GDP 为自变量的回归方程。

基于 GDP 与人口规模之间的稳健关系，通过假定 GDP 的变动趋势，得到 2013—2030 年各年的 GDP 总量，代入回归模型即可得到预测期内各年份本市的常住人口规模。注意，这背后假定以常住人口规模对数为因变量、可比价格的 GDP 为自变量建立的回归关系模型在未来年份保持不变。

第二，就业弹性系数法。

从宏观角度看，劳动力需求是一个国家或地区对劳动力需求总的状况。影响劳动力需求的因素很多，根据不同的经济理论，考察劳动力需求的影响因素会有所侧重。从我国的实际情况来看，影响劳动力需求的因素主要有两类，一类为经济增长（即 GDP）因素；一类为经济结构变动因素（齐明珠，2010）。出于匡算劳动力需求的目的，本部分以经济增长因素的变化来推估 2013—2030 年各年份大致的劳动力需求量。

根据经济学原理，经济产出的增长总是要依赖于资本、技术和劳动力等要素的投入。因此，经济增长必然会带来就业的增长。当然经济增长并不意味着同等速度的就业增长。因为就业增长还取决于经济增长的就业弹性系数，即 GDP 每增长 1% 所创造的就业岗位增长的百分数。因此，本部分推估外来年份劳动力需求是建立在就业弹性系数基础上的：

$$就业弹性系数 = 就业人数增长率 \div GDP 增长率$$

由此，反过来，通过依据理论知识和历史数据信息设定未来年份

GDP 增长率、就业弹性系数的变动趋势，便可得到 2013—2030 年各年份的就业人数增长率为：

$$就业人数增长率 = 就业弹性系 \times GDP\ 增长率$$

基于此关系式，考虑就业人数增长率，通过《北京统计年鉴 2013》公布的 2012 年从业人员年末人数进行调整即可推估出 2013—2030 年各年份的劳动力需求量。

劳动力需求预测是件比较复杂的事情，涉及多种因素，其中多个自变量往往也都是需要预测或假定的变量，比如 GDP 增长率、就业弹性系数等。尽可能对相关参数的变动趋势作出合理的假定是劳动力需求预测的基础和关键。

在得到未来劳动力需求的基础上，借助现有年份劳动力数量占常住总人口的比例关系变动趋势，反推出预测期内各年份的常住人口数。

（二）对有关参数的假定

第一，对 2013—2030 年 GDP 增长态势的假定。

自 1978 年以来，北京市的 GDP 一直呈增长趋势。到 2012 年末，本市的 GDP 总量为 17879.4 亿元，若按可比价格（1978 = 100）计算，则为 2877.1。

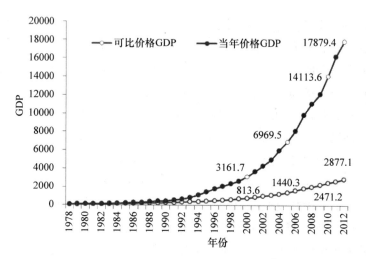

图 5 - 1 - 27　1978—2012 年北京市 GDP 的变动趋势

资料来源：根据《北京统计年鉴 2013》整理。

不过，从增长速度来看，自 2008 年以来，受国际金融危机和本市经济结构调整等国内外宏观经济因素的影响，GDP 增长率开始回落，从 10% 回落到 7.7%。

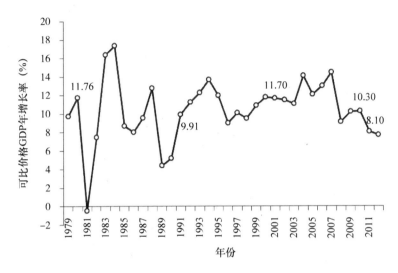

图 5 - 1 - 28　1978—2012 年北京市可比价格 GDP（1978 = 100）年增长率变动趋势

资料来源：根据《北京统计年鉴 2013》整理。

然而，本市经济增长主要靠消费拉动及第三产业推动，而消费和第三产业的特点均是增长较为稳定。因此，未来虽然存在经济增速缓慢回落的可能，但并不会深度回落。由此，本预测假定 GDP 增长率在 2013—2030 年逐渐回落到 7% 的水平。

考虑到如下因素，本市 GDP 增长率存在下行的可能。（1）本市的人口、资源和环境的承载力矛盾已日趋严峻，人口过度膨胀，自然资源严重短缺，大气环境污染明显，已成为制约首都可持续发展的重要因素。（2）产业结构优化升级与经济发展方式转变的任务依然艰巨。因此，本预测预设了两种 GDP 增长率下降的方案，从现在的年增长 7.7% 分别逐渐下降到 2030 年的 6% 和 5%。

第二，对未来就业弹性系数变化的假定。

下图呈现了自 2000 年以来到 2012 年本市就业弹性系数的变动，很明

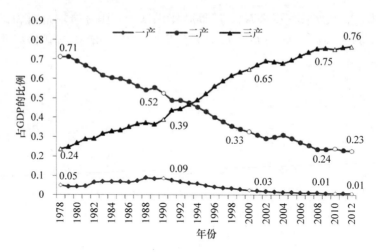

图 5 - 1 - 29 1978—2012 年北京市三次产业结构变动趋势

资料来源：根据《北京统计年鉴 2013》整理。

显，以 2004 年为界，之前呈现增长态势，随后开始回落，到 2012 年大体稳定在 0.46 的水平。

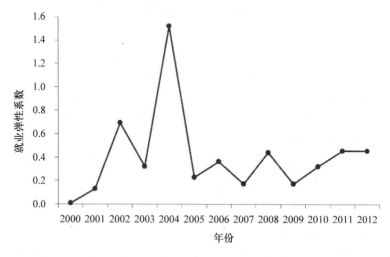

图 5 - 1 - 30 2000—2012 年北京市就业弹性系数的变动趋势

资料来源：根据《北京统计年鉴 2013》整理。

随着经济增长方式的转变和产业结构的优化与调整，本市的就业弹性系数总体上还将会有所下降，但下降空间很有限。因此，对于就业弹性系数，推估中尝试了两种方案：一种是保持现有的就业弹性系数 0.46 不变；另一种是 2012 年到 2030 年弹性系数由 0.46 线性地降低到 0.35。

（三）预测结果及分析

1. 回归模型预测结果

首先以 1978—2012 年各年份的常住人口规模对数为因变量、可比价格 GDP[①] 对数及其平方项为自变量进行回归，得到的回归方程如下：

$$\ln pop = 7.036 - 0.219 \times \ln GDP + 0.037 \times \ln GDP^2$$

表 5－1－38 呈现了回归拟合的具体结果。

表 5－1－38　　　　常住人口规模对 GDP 的回归系数估计结果

变量	回归系数	标准误	t 值	$P > \mid t \mid$	95% 置信区间	
GDP 对数	－ 0.219	0.057	－ 3.83	0.001	－ 0.336	－ 0.103
GDP 对数平方	0.037	0.005	8.05	0.000	0.027	0.046
_ cons	7.036	0.176	39.87	0.000	6.677	7.396

注：F（2，32）=1756.27，R^2 =0.9910。

上述回归模型拟合优度的 R^2 为 0.99，意味着此模型对 1978—2013 年的人口规模数据拟合得很好。这一点从图 5－1－31 直观地呈现出的回归线对观测数据的拟合情形也不难看到，图中的线与散点几乎贴合在一起。一般地，很高的 R^2 是回归模型能够被用来进行趋势外推的基础。当然，由此得到的趋势外推结果还需谨慎对待，因为它内在地假定回归模型确定的关系在 GDP 取值范围外也成立。

通过 GDP 增长率参数设定得到 2013—2030 年各年 GDP 总量，代入前述回归方程并取自然指数，即可得到各年的常住人口规模。下表呈现了此过程和结果。

[①]　以 1978 年价格计算。

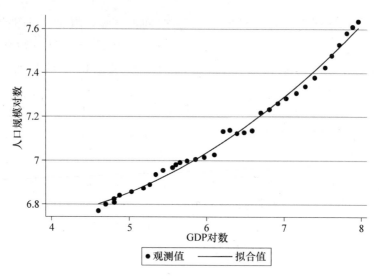

图 5 - 1 - 31 回归拟合值与观测值的比较

表 5 - 1 - 39　　基于常住人口规模对 GDP 的回归结果估计 2016—
2030 年全市常住人口规模及结果

年份	GDP：方案 1		GDP：方案 2		GDP：方案 3		人口规模：万人		
	增长率	总量	增长率	总量	增长率	总量	GDP 方案 1	GDP 方案 2	GDP 方案 3
2016	7.70	3870.95	7.32	3837.11	7.10	3817.30	2244.90	2237.35	2232.92
2017	7.70	4169.02	7.23	4114.45	6.95	4082.60	2310.22	2298.42	2291.50
2018	7.70	4490.03	7.13	4407.95	6.80	4360.22	2378.40	2361.17	2351.09
2019	7.70	4835.76	7.04	4718.22	6.65	4650.18	2449.57	2425.62	2411.64
2020	7.70	5208.12	6.94	5045.87	6.50	4952.44	2523.88	2491.78	2473.10
2021	7.70	5609.14	6.85	5391.51	6.35	5266.92	2601.50	2559.67	2535.41
2022	7.70	6041.04	6.76	5755.74	6.20	5593.47	2682.58	2629.30	2598.51
2023	7.70	6506.20	6.66	6139.14	6.05	5931.87	2767.29	2700.66	2662.31
2024	7.70	7007.18	6.57	6542.27	5.90	6281.85	2855.83	2773.76	2726.75
2025	7.70	7546.73	6.47	6965.70	5.75	6643.06	2948.39	2848.60	2791.75
2026	7.70	8127.83	6.38	7409.96	5.60	7015.07	3045.17	2925.19	2857.21
2027	7.70	8753.68	6.28	7875.55	5.45	7397.39	3146.39	3003.50	2923.04
2028	7.70	9427.71	6.19	8362.96	5.30	7789.45	3252.28	3083.55	2989.16
2029	7.70	10153.64	6.09	8872.64	5.15	8190.61	3363.09	3165.31	3055.46
2030	7.70	10935.47	6.00	9404.99	5.00	8600.14	3479.07	3248.76	3121.83

注：GDP 为按 1978 年计算的可比价格 GDP。

2. 就业弹性系数法预测结果

根据前面针对 GDP 增长趋势所做的三种设定：从 2012 年年增长率 7.7% 递减至 2030 年的 7%、从 2012 年的 7.7% 线性递减到 2030 年的 6% 和从 2012 年的 7.7% 线性递减到 2030 年的 5%，以及对就业弹性系数变动趋势的两种设定：保持现有（2012 年）的就业弹性系数 0.46 不变，和从 2012 年 0.46 线性地降低到 2030 年 0.35，基于公式：

$$就业人数增长率 = 就业弹性系 \times GDP 增长率$$

可以得到 GDP 三种增长趋势方案下的两套 2013—2030 年各年就业人数增长率。通过将 2013 年就业人数增长率乘以 2012 年从业人员数，可得到 2013 年从业人员数，即为当年 GDP 总量所需要的劳动力数量。按照相同的逻辑可得到随后各年份所需的劳动力数量。

借助对历史数据的分析，我们发现，本市 1978—2012 年各年从业人员数量与常住人口规模之间存在一个近乎稳定的比例关系：在 0.54 上下波动，如图 5 - 1 - 32 所示。倘若维持这一比例关系不变，那么，将得到 2016—2030 年各年份劳动力数量除以 0.54 便得到各年份常住人口规模。

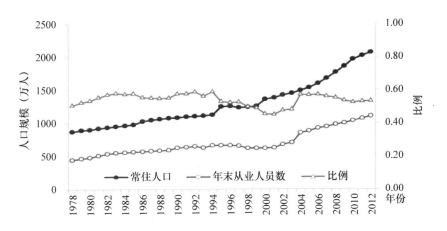

图 5 - 1 - 32　1978—2012 年从业人员数及其占常住人口的
比例（单位:%）

资料来源：根据《北京统计年鉴 2013》整理。

下列表格具体呈现了以上述思路估计 2013—2030 年各年劳动力和常住人口数量的过程和结果。

表 5 - 1 - 40　　基于就业弹性系数法估计 2016—2030 年全市常住
人口规模及其结果：GDP 年增长率从 7.7% 递减至 7%

年份	GDP		就业弹性系数		就业增长率%		劳动力需求：万人		常住人口规模：万人[a]	
	增长率	总量	方案1	方案2	方案1	方案2	方案1	方案2	方案1	方案2
2016	7.54	3856.99	0.460	0.436	3.47	3.29	1270.52	1264.84	2352.81	2342.29
2017	7.51	4146.48	0.460	0.429	3.45	3.22	1314.38	1305.61	2434.04	2417.79
2018	7.47	4456.08	0.460	0.423	3.43	3.16	1359.53	1346.88	2517.65	2494.21
2019	7.43	4787.07	0.460	0.417	3.42	3.10	1405.98	1388.62	2603.67	2571.51
2020	7.39	5140.78	0.460	0.411	3.40	3.04	1453.77	1430.80	2692.16	2649.62
2021	7.35	5518.63	0.460	0.405	3.38	2.98	1502.92	1473.39	2783.19	2728.50
2022	7.31	5922.11	0.460	0.399	3.36	2.92	1553.47	1516.36	2876.79	2808.07
2023	7.27	6352.77	0.460	0.393	3.35	2.86	1605.43	1559.67	2973.02	2888.28
2024	7.23	6812.29	0.460	0.387	3.33	2.80	1658.85	1603.29	3071.94	2969.06
2025	7.19	7302.40	0.460	0.381	3.31	2.74	1713.75	1647.19	3173.61	3050.35
2026	7.16	7824.92	0.460	0.374	3.29	2.68	1770.16	1691.32	3278.07	3132.08
2027	7.12	8381.80	0.460	0.368	3.27	2.62	1828.11	1735.66	3385.38	3214.18
2028	7.08	8975.04	0.460	0.362	3.26	2.56	1887.63	1780.15	3495.60	3296.58
2029	7.04	9606.79	0.460	0.356	3.24	2.51	1948.75	1824.78	3608.79	3379.21
2030	7.00	10279.26	0.460	0.350	3.22	2.45	2011.49	1869.48	3724.99	3462.01

a注：根据 1978—2012 年常住人口数据和三次产业从业人员数比例关系的分析，各年从业人员数占常住人口的比例始终在 0.54 上下波动，具体请见图 5 - 1 - 32。

表 5 - 1 - 41　　基于就业弹性系数法估计 2016—2030 年全市常住人口
规模及其结果：GDP 年增长率从 2012 年的 7.7% 线性递减到 2030 年 6%

年份	GDP		就业弹性系数		就业增长率%		劳动力需求：万人		常住人口规模：万人[a]	
	增长率	总量	方案1	方案2	方案1	方案2	方案1	方案2	方案1	方案2
2016	7.32	3837.11	0.460	0.436	3.37	3.19	1267.38	1261.84	2347.01	2336.74
2017	7.23	4114.45	0.460	0.429	3.32	3.10	1309.52	1301.00	2425.04	2409.27
2018	7.13	4407.95	0.460	0.423	3.28	3.02	1352.49	1340.29	2504.61	2482.02
2019	7.04	4718.22	0.460	0.417	3.24	2.94	1396.28	1379.65	2585.71	2554.91
2020	6.94	5045.87	0.460	0.411	3.19	2.85	1440.89	1419.04	2668.31	2627.85

续表

年份	GDP		就业弹性系数		就业增长率%		劳动力需求:万人		常住人口规模:万人[a]	
	增长率	总量	方案1	方案2	方案1	方案2	方案1	方案2	方案1	方案2
2021	6.85	5391.51	0.460	0.405	3.15	2.77	1486.29	1458.41	2752.39	2700.76
2022	6.76	5755.74	0.460	0.399	3.11	2.69	1532.48	1497.71	2837.92	2773.53
2023	6.66	6139.14	0.460	0.393	3.06	2.62	1579.43	1536.89	2924.88	2846.10
2024	6.57	6542.27	0.460	0.387	3.02	2.54	1627.14	1575.92	3013.23	2918.37
2025	6.47	6965.70	0.460	0.381	2.98	2.46	1675.59	1614.73	3102.94	2990.25
2026	6.38	7409.96	0.460	0.374	2.93	2.39	1724.74	1653.29	3193.97	3061.66
2027	6.28	7875.55	0.460	0.368	2.89	2.31	1774.60	1691.56	3286.29	3132.51
2028	6.19	8362.96	0.460	0.362	2.85	2.24	1825.12	1729.48	3379.84	3202.74
2029	6.09	8872.64	0.460	0.356	2.80	2.17	1876.28	1767.01	3474.60	3272.25
2030	6.00	9404.99	0.460	0.350	2.76	2.10	1928.07	1804.12	3570.50	3340.96

a注: 根据 1978—2012 年常住人口数据和三次产业从业人员数比例关系的分析, 各年从业人员数占常住人口的比例始终在 0.54 上下波动, 具体请见图 5 - 1 - 32。

表 5 - 1 - 42　　**基于就业弹性系数法估计 2016—2030 年全市常住人口**
规模及其结果: GDP 年增长率从 2012 年的 7.7% 线性递减到 2030 年 5%

年份	GDP		就业弹性系数		就业增长率%		劳动力需求:万人		常住人口规模:万人[a]	
	增长率	总量	方案1	方案2	方案1	方案2	方案1	方案2	方案1	方案2
2016	7.10	3771.29	0.460	0.436	3.27	3.09	1264.25	1258.84	2341.21	2331.19
2017	6.95	4035.28	0.460	0.429	3.20	2.98	1304.67	1296.41	2416.06	2400.77
2018	6.80	4317.75	0.460	0.423	3.13	2.88	1345.48	1333.73	2491.63	2469.88
2019	6.65	4619.99	0.460	0.417	3.06	2.77	1386.64	1370.74	2567.85	2538.40
2020	6.50	4943.39	0.460	0.411	2.99	2.67	1428.10	1407.37	2644.63	2606.24
2021	6.35	5289.43	0.460	0.405	2.92	2.57	1469.82	1443.56	2721.88	2673.26
2022	6.20	5659.69	0.460	0.399	2.85	2.47	1511.74	1479.26	2799.51	2739.37
2023	6.05	6055.87	0.460	0.393	2.78	2.38	1553.81	1514.41	2877.42	2804.47
2024	5.90	6479.78	0.460	0.387	2.71	2.28	1595.98	1548.96	2955.51	2868.45
2025	5.75	6933.37	0.460	0.381	2.65	2.19	1638.19	1582.86	3033.69	2931.22
2026	5.60	7418.70	0.460	0.374	2.58	2.10	1680.39	1616.05	3111.84	2992.68

续表

年份	GDP		就业弹性系数		就业增长率%		劳动力需求：万人		常住人口规模：万人[a]	
	增长率	总量	方案1	方案2	方案1	方案2	方案1	方案2	方案1	方案2
2027	5.45	7938.01	0.460	0.368	2.51	2.01	1722.52	1648.49	3189.85	3052.76
2028	5.30	8493.67	0.460	0.362	2.44	1.92	1764.51	1680.14	3267.62	3111.36
2029	5.15	9088.23	0.460	0.356	2.37	1.83	1806.31	1710.95	3345.03	3168.42
2030	5.00	9724.40	0.460	0.350	2.30	1.75	1847.86	1740.89	3421.96	3223.87

　　a注：根据1978—2012年常住人口数据和三次产业从业人员数比例关系的分析，各年从业人员数占常住人口的比例始终在0.54上下波动，具体请见图5-1-32。

3. 结果分析

第一，"十三五"期间，在限定条件下，每年对劳动力的需求约在1300万—1400万人。

表5-1-43对不同方法及不同方案设定下推估本市2013—2030年各年劳动力需求进行了比较。只要经济在增长，对劳动力的需求就是个必然。不过，需求量的大小会受GDP增长率和就业弹性系数的影响。从结果上看，回归模型法得到的劳动力需求量会略小于就业弹性系数法所得结果，差值约为100万。就设定的情形而言，"十三五"期间本市每年对劳动力的需求约在1300万—1400万人。

表5-1-43还将以队列要素法预测得到的劳动年龄人口（15—64岁）规模（总和生育率TFR中方案下）与回归模型法和就业弹性系数法推估的劳动力需求规模进行比较。前者可认为是本市未来各年份可得的劳动力资源，即劳动力供给。不过，考虑到劳动参与率、健康等因素，其实并不能简单地将15—64岁人口视为可得的劳动力资源。而后者是借助GDP增长率推估得到的各年份从业人员规模，可视为给定就业弹性系数前提下支持当年GDP增长率所需的必要的劳动力资源。因此，通过比较表中信息，可以粗略地窥探未来年份劳动力资源是充裕还是有亏欠。一个基本的发现是，若实施较为严苛的人口规模调控，对本市净迁入人口规模加以限制，到2030年可能会出现一定程度劳动力短缺的问题。换言之，更长远地来看，如果不深入、谨慎地处理本市的人口发展特别是人口规模调控问题，很可能出现国民经济发展规划与人口发展规划之间在方向上相背的情形。

表 5-1-43　不同方法下 2016—2030 年北京市劳动力需求估计结果　（单位：万人）

年份	回归模型法			就业弹性系数法						队列要素法：TFR 中方案				
	GDP 递减至 7%	GDP 递减至 6%	GDP 递减至 5%	GDP 递减至 7% 弹性不变	GDP 递减至 7% 弹性降至 0.35	GDP 递减至 6% 弹性不变	GDP 递减至 6% 弹性降至 0.35	GDP 递减至 5% 弹性不变	GDP 递减至 5% 弹性降至 0.35	宽松调控	条件调控	适度调控	极限规模	严苛调控
2016	1210.57	1208.17	1205.78	1270.52	1264.84	1267.38	1261.84	1264.25	1258.84					
2017	1244.89	1241.14	1237.41	1314.38	1305.61	1309.52	1301.00	1304.67	1296.41					
2018	1280.50	1275.03	1269.59	1359.53	1346.88	1352.49	1340.29	1345.48	1333.73					
2019	1317.43	1309.83	1302.29	1405.98	1388.62	1396.28	1379.65	1386.64	1370.74					
2020	1355.73	1345.56	1335.48	1453.77	1430.80	1440.89	1419.04	1428.10	1407.37	1860.87	1738.50	1769.41	1750.14	1677.96
2021	1395.46	1382.22	1369.12	1502.92	1473.39	1486.29	1458.41	1469.82	1443.56					
2022	1436.67	1419.82	1403.19	1553.47	1516.36	1532.48	1497.71	1511.74	1479.26					
2023	1479.40	1458.35	1437.65	1605.43	1559.67	1579.43	1536.89	1553.81	1514.41					
2024	1523.72	1497.83	1472.45	1658.85	1603.29	1627.14	1575.92	1595.98	1548.96					
2025	1569.68	1538.25	1507.54	1713.75	1647.19	1675.59	1614.73	1638.19	1582.86	1975.00	1754.36	1792.56	1681.04	1610.13
2026	1617.34	1579.60	1542.89	1770.16	1691.32	1724.74	1653.29	1680.39	1616.05					
2027	1666.77	1621.89	1578.44	1828.11	1735.66	1774.60	1691.56	1722.52	1648.49					
2028	1718.02	1665.12	1614.15	1887.63	1780.15	1825.12	1729.48	1764.51	1680.14					
2029	1771.16	1709.27	1649.95	1948.75	1824.78	1876.28	1767.01	1806.31	1710.95					
2030	1826.25	1754.33	1685.79	2011.49	1869.48	1928.07	1804.12	1847.86	1740.89	2072.82	1781.35	1799.48	1629.44	1526.14

表5-1-44　不同方法下2016—2030年北京市人口规模估计结果　（单位：万人）

| 年份 | 回归模型法 | | | 就业弹性系数法 | | | | | | 队列要素法：TFR中方案 | | | | |
	GDP递减至7%	GDP递减至6%	GDP递减至5%	GDP递减至7% 弹性不变	GDP递减至7% 弹性降至0.35	GDP递减至6% 弹性不变	GDP递减至6% 弹性降至0.35	GDP递减至5% 弹性不变	GDP递减至5% 弹性降至0.35	严苛调控	宽松调控	条件调控	极限规模	适度调控
2016	2241.79	2237.35	2232.92	2352.81	2342.29	2347.01	2336.74	2341.21	2331.19	2184.87	2225.07	2196.90	2199.52	2204.97
2017	2305.35	2298.42	2291.50	2434.04	2417.79	2425.04	2409.27	2416.06	2400.77	2192.24	2273.08	2216.90	2222.14	2232.66
2018	2371.29	2361.17	2351.09	2517.65	2494.21	2504.61	2482.02	2491.63	2469.88	2198.77	2320.73	2236.90	2244.76	2259.75
2019	2439.68	2425.62	2411.64	2603.67	2571.51	2585.71	2554.91	2567.85	2538.40	2204.36	2367.93	2256.90	2267.38	2286.15
2020	2510.61	2491.78	2473.10	2692.16	2649.62	2668.31	2627.85	2644.63	2606.24	2208.90	2414.61	2276.90	2290.00	2311.75
2021	2584.19	2559.67	2535.41	2783.19	2728.50	2752.39	2700.76	2721.88	2673.26	2212.26	2460.63	2296.90	2291.00	2336.45
2022	2660.49	2629.30	2598.51	2876.79	2808.07	2837.92	2773.53	2799.51	2739.37	2214.16	2505.72	2316.90	2292.00	2359.94
2023	2739.63	2700.66	2662.31	2973.02	2888.28	2924.88	2846.10	2877.42	2804.47	2214.51	2549.78	2336.90	2293.00	2382.15
2024	2821.70	2773.76	2726.75	3071.94	2969.06	3013.23	2918.37	2955.51	2868.45	2213.23	2592.72	2356.90	2294.00	2402.98
2025	2906.82	2848.60	2791.75	3173.61	3050.35	3102.94	2990.25	3033.69	2931.22	2210.29	2634.48	2376.90	2295.00	2422.39
2026	2995.08	2925.19	2857.21	3278.07	3132.08	3193.97	3061.66	3111.84	2992.68	2205.78	2675.14	2396.90	2296.00	2440.46
2027	3086.60	3003.50	2923.04	3385.38	3214.18	3286.29	3132.51	3189.85	3052.76	2199.85	2714.78	2416.90	2297.00	2457.31
2028	3181.51	3083.55	2989.16	3495.60	3296.58	3379.84	3202.74	3267.62	3111.36	2192.71	2753.59	2436.90	2298.00	2473.15
2029	3279.92	3165.31	3055.46	3608.79	3379.21	3474.60	3272.25	3345.03	3168.42	2184.48	2791.66	2456.90	2299.00	2488.07
2030	3381.95	3248.76	3121.83	3724.99	3462.01	3570.50	3340.96	3421.96	3223.87	2175.07	2828.85	2476.90	2300.00	2501.96

第二，回归模型法和就业弹性系数法高于队列要素法的预测值。

表 5 - 1 - 43 呈现了回归模型法和就业弹性系数法得到的不同 GDP 增长趋势、就业弹性系数变动趋势下 2016—2030 年各年的常住人口规模推估结果。值得注意，这一结果是假定每年就业人口占常住人口的比例为 0.54 得到的。进入"十三五"时期后，每一方法相应方案下各年得到的常住人口规模几乎都高于队列要素方法不同情形下的结果。未来年份对净迁入人口规模控制越是严格，两者之间的差别就越大。

第二章 资源环境承载力视野下的北京市人口预测研究

一 北京市人口承载力研究回顾

关于北京市承载力的讨论，目前多集中于人口方面，而且不同的研究团队，其研究结论是不一致的。之所以出现如此大的差距，主要源于所使用的"承载力"概念及计算标准的差异。

表 5 – 2 – 1　　　关于北京市人口承载力研究的不同结果

来源	结果	计算依据
《北京城市总体规划（2004—2020 年)》	1800 万	采用生态及水资源承载力法、就业岗位需求预测法、综合增长率法三种方法综合测算
中国人民大学人口与发展研究中心	1700 万	将南水北调工程因素考虑在内，按照人均300 立方米水资源的最低量匡算
北京市社会科学院	1277.77 万	不详
首都经贸大学	1500 万—1600 万	不详

二 基于不同资源承载力的人口预测

（一）基于水资源承载力的人口预测

北京市是我国严重缺水的超大城市，水资源总量不足。从自然条件看，北京市境内没有大江、大河，没有充足的过境水，从 1980 年开始，北京市就开始通过密云水库、官厅水库向北京市供水；近几年来，北京市连续干旱，平均降水量仅为多年平均降水的 70% 左右，造成地表水骤减，水库蓄水入不敷出；地下水连年超采，水位持续下降。从社会条件看，北京市 21 世纪以来人口规模急剧增加、经济社会迅猛发展，水资源的需求量大幅度上升，这对水资源的承载能力提出了很大的挑战。由于自然原因和人为原因的共同作用，水资源已成为限制北京市人口集聚和区域发展的一个短板。所以，研究北京市水资源承载力，对于制定与水资源承载力协调的城市人口、经济、社会发展战略，促进城市人口、经济、社会与环境的协调发展具有重要的意义。

第一，21 世纪以来北京市水资源极其缺乏，供需差距明显。

一是境内水资源量严重偏低。从水资源状况看，北京市境内的水资源主要包括地表水资源和地下水资源两部分。20 世纪末由于降雨量相对较多，北京市多年平均的天然水资源总量达到 39.99 亿立方米。21 世纪以来，北京市一直处在枯水期的状态，地表水资源量严重偏低。2002 年地表水资源量为 5.3 亿立方米，地下水资源量 14.7 亿立方米，均为 21 世纪最低值。近 13 年来只有 2008 年和 2012 年两年全年水资源总量达到 30 亿立方米以上，其中，2008 年为 34.2 亿立方米，2012 年为 39.5 亿立方米。其余年份全年水资源总量均在 18 亿—27 亿立方米范围之内。近 13 年来，北京市平均年水资源总量约为 24.2 亿立方米，其中平均地表水资源量为 8.7 亿立方米，平均地下水资源量为 16.6 亿立方米。

表 5 - 2 - 2　　　　　　　北京市水资源状况

	2001年	2002年	2003年	2004年	2005年	2006年	2007年	2008年	2009年	2010年	2011年	2012年	2013年
全年水资源总量（亿立方米）	19.2	16.1	18.4	21.4	23.2	22.1	23.8	34.2	21.84	23.1	26.81	39.5	24.81
地表水资源量（亿立方米）	7.8	5.3	6.1	8.2	7.6	6.7	7.6	12.8	6.76	7.2	9.17	17.95	9.43
地下水资源量（亿立方米）	15.7	14.7	14.8	16.5	15.6	15.4	16.2	21.4	15.08	15.9	17.64	21.55	15.38
人均水资源（立方米）	139.7	114.7	127.8	145.1	153.1	140.6	145.3	198.5	120.3	120.8	134.7	193.3	118.6

从人均水资源占有量看，2001—2013 年北京市人均水资源年平均值为 142.5 立方米，其中，最高值为 2008 年的 198.5 立方米，最低值为 2002 年的 114.7 立方米，远远低于联合国规定的丰水线（3000 立方米/人）和警

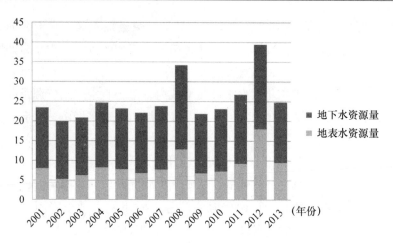

图 5 - 2 - 1 2001—2013 年北京市水资源量（单位：亿立方米）

戒线（1700 立方米/人），甚至低于北京市自己制定的《北京市城市总体规划（2004—2020 年）》的标准（300 立方米/人）。

同时结合北京市水资源量可以看出，由于常住人口的快速增加，北京市的人均水资源量也受到了很大的威胁。例如，与 2008 年相比，2012 年北京市水资源总量多出了 5.3 亿立方米，但是人均水资源量却比 2008 年下降了 5.2 立方米。可见，随着年份的推移，"争夺"水资源的情况越发激烈。

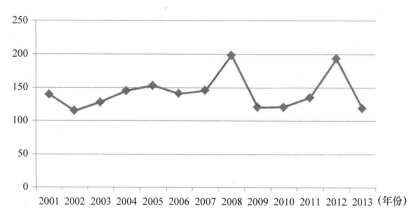

图 5 - 2 - 2 2001—2013 年北京市人均水资源（单位：立方米）

二是水资源供需差距明显，以多种手段弥补需求。从北京市实际供水情况看，北京市每年的实际供水量始终保持在每年35亿立方米左右，与水资源量相差较大。自2001年至今，只有2012年一年当地的水资源量能够满足当地实际供水量，其余年份除2008年两者相对比较接近之外，其余年份两者之间的差距均在9亿立方米以上，特别是2001—2003年这两年的差距都在17亿立方米以上，当地的所有水资源仅能满足五成左右的使用需求。

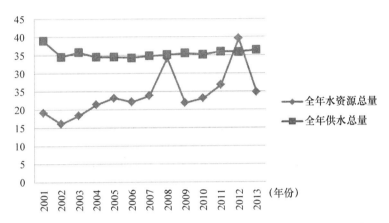

图5-2-3 北京市水资源量与实际供水量的差距（单位：亿立方米）

北京市在自然用水资源受限的基础上，通过一系列手段，不断扩大着实际的供水量以满足生产和生活的需求。供需差距主要通过几个方面得到弥补：过量的开采地下水、使用再生水、南水北调以及使用应急水。

从供水量上看，北京市2001—2013年每年的实际供水总量始终保持在每年35亿立方米左右，其中，2001年供水量最多，为38.93亿立方米，2007年供水量最少，为34.30立方米。地表水和地下水一直是北京市的水源，其中地表水几乎全部得到开发，但是近年来由于地表水资源量的减少，导致地表水供水量也呈现逐渐减少的趋势，从2001年的11.7亿立方米下降到2013年的3.91亿立方米；地下水资源每年的开采量都超过了地下水资源量，连年超采。2001年北京市地下水供水量为近13年来最高，达到27.23亿立方米，2013年下降到17.94亿立方米，为13年来最低。2003年以来再生水开始供应，并且供应量逐年增大，从2003年的2.5亿立方米增长到2013年的8.03亿立方米。此外应急用水和南水北调水也先后于2005年和2008年开始供给，2013年两者分别能够为北京市供给用水 2.98 亿立方米和 3.51 亿立方米。

从供水结构上看，供水量中地下水所占的比重最大，2003 年曾经达到占总供水量 77.6% 的比重。近年来，这一比重虽有所下降，但 2013 年依然占据供水总量的一半左右。与地下水占比变化趋势相同，地表水占北京市供水量的比例也在不断下降，自 2001 年的 30.1% 下降到 2013 年的 10.8%，下降趋势明显。与此相对应的是再生水、南水北调水和应急供水所占比例的增加，其中，再生水比例增加最为明显，从 2003 年占总供水量的 5.7% 上涨到 2013 年的 22.1%，南水北调水和应急供水所占比例也在 2013 年分别达到了 9.7% 和 8.2%。地下水的供水量是在过量超采的情况下得到的，由此引起的环境问题包括地面沉陷、地下水资源进一步衰减以及地下水污染加剧等，已经影响到北京市的可持续发展。

表 5 - 2 - 3　　　　　　　　2001—2013 年北京市供水量及其结构

供水量 （亿立方米）	2001年	2002年	2003年	2004年	2005年	2006年	2007年	2008年	2009年	2010年	2011年	2012年	2013年
全年供水总量	38.93	34.62	35.80	34.55	34.50	34.30	34.80	35.10	35.50	35.20	35.96	35.88	36.38
地表水	11.70	10.38	8.33	5.71	6.40	5.70	5.00	4.70	3.80	3.90	4.80	4.39	3.91
地下水	27.23	24.24	25.42	26.80	23.10	22.20	21.60	20.50	19.70	19.10	18.82	18.33	17.94
再生水			2.05	2.04	2.60	3.60	5.00	6.00	6.50	6.80	7.03	7.53	8.03
南水北调								0.70	2.60	2.60	2.62	2.78	3.51
应急供水					2.50	2.80	3.20	3.20	2.90	2.90	2.69	2.85	2.98
供水结构 （%）	2001年	2002年	2003年	2004年	2005年	2006年	2007年	2008年	2009年	2010年	2011年	2012年	2013年
地表水	30.1	30.0	23.3	16.5	18.6	16.6	14.4	13.4	10.7	11.1	13.3	12.2	10.8
地下水	69.9	70.0	71.0	77.6	67.0	64.7	62.1	58.4	55.5	54.3	52.3	51.1	49.3
再生水			5.7	5.9	7.5	10.5	14.4	17.1	18.3	19.3	19.5	21.0	22.1
南水北调								2.0	7.3	7.4	7.3	7.7	9.7
应急供水					7.2	8.2	9.2	9.1	8.2	8.2	7.5	7.9	8.2

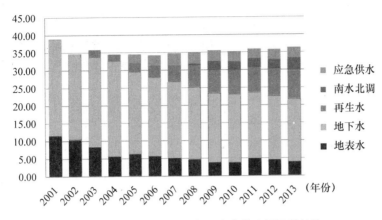

图 5 - 2 - 4　2001—2013 年北京市供水量及其结构

　　分区县看，北京市供水主要集中在城六区和五个新城区，生态涵养区的供水量相对较少。

表 5 - 2 - 4　　　　　2009—2013 年北京市分区县供水量　　（单位：万立方米）

		2009 年	2010 年	2011 年	2012 年	2013 年
全市合计		354667	351647	359630	358829	363788
城六区（核心区＋功能拓展区）		157203	158421	162567	160665	161615
新城区	房山区	29484	27789	28507	28701	28381
	通州区	37383	38165	38505	39254	40091
	顺义区	30965	30315	30759	29750	29683
	昌平区	21851	21435	22377	22499	22095
	大兴区	38129	36784	36327	36232	37548
生态涵养区	门头沟区	3749	3574	5794	6012	7542
	怀柔区	8082	7899	7529	7840	9604
	平谷区	9324	9087	9108	9573	8029
	密云县	8883	8700	8846	8555	8431
	延庆县	6983	6515	6127	6400	6388
北京经济技术开发区		2632	2962	3188	3349	4381

　　三是生活用水成为北京市实际用水构成的主要部分。从北京市的实际用水量和用水结构来看，在总用水量变化不大的情况下，不同用途的用水

量在 2001—2013 年有比较明显的变化。农业用水从 2001 年的 17.4 亿立方米持续减少，到 2013 年仅为 9.1 亿立方米，其占总用水量比例也由 2001 年的 44.7% 下降到 2013 年的 25.0%，下降了近 20 个百分点；工业用水数量和比例同样逐年下降，2001 年工业用水 9.2 亿立方米，占总用水量的 23.7%，2013 年工业用水下降到 5.1 亿立方米，占总用水量的 14.1%；生活用水逐渐成为最大的用水需求端，并且这也是今后提高水资源承载力的进一步努力方向，2001 年生活用水 12.0 亿立方米，占当年总用水量的 30.8%，2013 年生活用水量上升到 16.2 亿立方米，占当年总用水量的 44.7%；环境用水同样上升趋势明显，2001 年环境用水量仅为 0.3 亿立方米，占总用水量的 0.8%，2013 年环境用水量达到 5.9 亿立方米，占总用水量的 16.3%，超过了工业用水占比。

表 5 - 2 - 5　　　　　　　　2001—2013 年北京市用水量及其结构

用水量（亿立方米）	2001年	2002年	2003年	2004年	2005年	2006年	2007年	2008年	2009年	2010年	2011年	2012年	2013年
农业用水	17.4	15.5	13.8	13.5	13.2	12.8	12.4	12.0	12.0	11.4	10.9	9.3	9.1
工业用水	9.2	7.5	8.4	7.7	6.8	6.2	5.8	5.2	5.2	5.1	5.0	4.9	5.1
生活用水	12.0	10.8	13.0	12.8	13.4	13.7	13.9	14.7	14.7	14.8	15.6	16.0	16.2
环境用水	0.3	0.8	0.6	0.6	1.1	1.6	2.7	3.2	3.6	4.0	4.5	5.7	5.9
用水结构（%）	2001年	2002年	2003年	2004年	2005年	2006年	2007年	2008年	2009年	2010年	2011年	2012年	2013年
农业用水	44.7	44.8	38.5	39.0	38.3	37.3	35.6	34.2	33.7	32.3	30.3	25.9	25.0
工业用水	23.7	21.7	23.5	22.3	19.7	18.1	16.7	14.8	14.7	14.5	13.9	13.6	14.1
生活用水	30.8	31.2	36.3	37.0	38.8	39.9	39.9	41.9	41.3	42.0	43.3	44.6	44.7
环境用水	0.8	2.3	1.7	1.7	3.2	4.7	7.8	9.1	10.2	11.3	12.4	15.8	16.3

2. 城市水资源承载力的概念和计算原理

联合国教科文组织在 20 世纪 70 年代提出的"人口承载力"是指："一国或一地区在可以预见的时期内，利用该地的能源和其他自然资源及智力、技术等条件，在保证符合社会文化准则的物质生活水平条件下，所能持续供养的人口数量"。参考此定义，我们可以将"水资源人口承载力"定义为：在一个可以预见的时期内，一个国家或者地区在保证符合社会文化准则的用水条件下，其水资源条件所能持续供养的人口

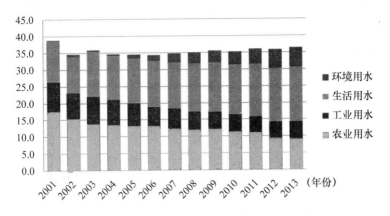

图 5 - 2 - 5　2001—2013 年北京市用水量及其结构

数量。水资源人口承载力涉及两个关键要素：一个是可预见的时期内某地区水资源的供应量；另一个是符合社会文化准则的人均用水标准。一个区域的水资源承载力为区域水资源总量（生活用水量）与人均水资源占有量标准（人均生活用水标准）相除计算出区域水资源人口承载力：

$$水资源人口承载力 = \frac{水资源总量（生活用水量）}{人均水资源占有标准（人均生活用水标准）}$$

由于在一个特定时期内一个城市所拥有的水资源总量是有一定限度的，同时人们在生产和生活当中所需要的用水量也有一个社会公认的平均标准，所以利用水资源计算人口承载力是可行和可信的。

3. 北京市水资源人口承载力的测算

从上述分析中可以看出，在计算水资源承载力时，按照不同的水量指标所计算的承载力差别很大。根据北京市 2013 年实际情况以及相关用水标准，分别按照水资源量、实际供水量和实际生活用水量，测算北京市水资源承载力。

一是按照水资源量测算北京市水资源承载力。

将联合国规定的缺水标准线（人均水资源占有量 1000m³/人），《北京市城市总体规划（2004—2020 年）》的标准（人均水资源占有量 300m³/人），和 2013 年北京市人均水资源占有量作为人均指标。根据北京市 2001—2013 年水资源平均量作为总量指标计算，北京市分别能够承载人口为 241.9 万、806.3 万和 2039.6 万；根据北京市 2013 年水资源总量作为总量指标，北京市分别能够承载人口为248.1万、827万和2091.9万（见表5-2-7）。

表5-2-6　　　**水资源量不同情境下北京市水资源承载力**　　　（单位：万人）

人均水资源标准	缺水标准 （1000 立方米/人）	极度缺水标准 （300 立方米/人）	北京市 2013 年人均水资源占有 量为标准（118.6 立方米/人）
按照多年平均水资源量 24.19 亿立方米	241.9	806.3	2039.6
按照 2013 年实际水资源量 24.81 亿立方米	248.1	827.0	2091.9

二是按照实际供水量测算北京市水资源承载力。

同样将联合国规定的缺水标准线（人均水资源占有量1000m³/人），《北京市城市总体规划（2004—2020年）》的标准（人均水资源占有量300m³/人），和2013年北京市人均水资源占有量作为人均指标。根据北京市2001—2013年实际供水量的平均值作为总量指标计算，北京市分别能够承载人口为355万、1183.3万和2993.3万；根据北京市2013年实际供水量作为总量指标，北京市分别能够承载人口为363.8万、1212.7万和3067.5万（见表5-2-7）。

表5-2-7　　　**供水量不同情境下北京市水资源承载力**　　　（单位：万人）

人均水资源标准	缺水标准 （1000 立方米/人）	极度缺水标准 （300 立方米/人）	北京市 2013 年人均水资源占有 量为标准（118.6 立方米/人）
按照多年平均供水量 35.5 亿立方米	355.0	1183.3	2993.3
按照 2013 年实际供水量 36.38 亿立方米	363.8	1212.7	3067.5

分区域来看，将各个区县2013年供水量作为总量指标，人均指标依然采取以上三种标准，则北京市各个区县和功能区的水资源人口承载力如表5-2-8所示。

表5-2-8　　　供水量不同情境下北京市分区县和功能区水资源承载力

（单位：万人）

人均水资源标准		缺水标准 （1000 立方米/人）	极度缺水标准 （300 立方米/人）	北京市 2013 年人均水资源占有 量为标准（118.6 立方米/人）
全市合计		363.8	1212.7	3067.5
城六区（首都功能核心区+城市功能拓展区）		161.6	538.7	1362.7
城市发展新区	房山区	28.4	94.6	239.3
	通州区	40.1	133.6	338.0
	顺义区	29.7	98.9	250.3
	昌平区	22.1	73.7	186.3
	大兴区	37.5	125.2	316.6
生态涵养发展区	门头沟区	7.5	25.1	63.6
	怀柔区	9.6	32.0	81.0
	平谷区	8.0	26.8	67.7
	密云县	8.4	28.1	71.1
	延庆县	6.4	21.3	53.9
北京经济技术开发区		4.4	14.6	36.9

三是按照实际生活用水量测算北京市水资源承载力。

以中华人民共和国建设部（现住建部）2002 年发布的《城市居民生活用水量标准》华北地区人均生活用水量的下限（85 升/人·天）、上线（140 升/人·天）和北京市 2013 年人均生活用水量（212 升/人·天）作为人均指标。将北京市 2001—2013 年平均生活用水量 14 亿立方米作为总量指标计算，北京市分别能够承载人口为 4512.5 万、2739.7 万和 1807.8 万；根据北京市 2013 年实际生活用水量作为总量指标，北京市分别能够承载人口为 5221.6 万、3170.3 万和 2091.9 万。可以发现，北京市人口生活用水量超过城市居民用水量标准，这将使人口承载力下降。

表5-2-9　　　生活用水量不同情境下北京市水资源承载力　（单位：万人）

生活用水标准	华北地区生活用水基准 下限（85 升/人·天）	华北地区生活用水基准 上限（140 升/人·天）	北京市 2013 年人均生活 用水量（212 升/人·天）
按照多年平均生活用水量 14 亿立方米	4512.5	2739.7	1807.8

续表

生活用水标准	华北地区生活用水基准下限（85 升/人·天）	华北地区生活用水基准上限（140 升/人·天）	北京市 2013 年人均生活用水量（212 升/人·天）
按照 2013 年实际生活用水量 16.2 亿立方米	5221.6	3170.3	2091.9

在此基础上，如果北京市能够继续增加生活用水在现有用水结构当中的比例的话，将能够承载更多的人口。但这将引起另一个问题，即其他方面的用水将减少，给诸如生产、生态带来影响，导致生产能力下降，生态环境质量恶化。

（二）基于土地资源承载力的人口测算

土地资源是一种不可转移的资源，是限制人口规模的重要因素。北京市全市土地面积 16411 平方公里，其中，平原面积 6339 平方公里，占 38.6%；山区面积 10072 平方公里，占 61.4%。从长期看，土地资源会是限制全市人口增长的主要因素之一。土地使用主要分为农业用地与建设用地两个方面，由于目前第一产业产值占北京市的总产值已经低于 1%，同时北京市人口聚集主要发生在城镇区域，尤其以城六区为主，所以在本次土地资源承载力的研究中将着重讨论建设用地这一因素。土地资源人口承载力的计算公式可表示为：

$$土地资源人口承载力 = \frac{城市建设面积}{城市人均建设面积标准}$$

根据 2014 年北京市统计年鉴提供的信息，2009—2012 年北京市城市建设面积变动不是很大，由 2009 年的 284791.79 公顷增长到 2012 年的 297758.79 公顷（见图 2-2-6）。研究采用 2012 年的具体数据，如表 5-2-10。

从城镇建设用地方面来看，2012 年北京市的城镇建设用地面积为 297758.79 公顷。根据 2011 年新修订的《城市用地分类与规划建设用地标准（GB 50137-2011）》中对于首都地区城市建设用地人均标准（人均 105.1—115.0 m²/人）的规定，北京市城镇地区可承载人口约 2589.2 万—2833.1 万人。该范围可认为是全市土地资源目前的人口承载力。

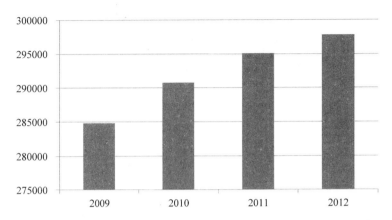

图5-2-6 2009—2012年北京市城市建设面积变动情况（单位：公顷）

数据来源：《北京市统计年鉴（2014）》。

表5-2-10　　　　　　　　　2012年北京市土地使用情况

土地总使用面积（公顷）		1606273.74
农用地	耕地	220856.16
	园地	137117.72
	林地	739633.48
	牧草地	85491.29
	合计	1183098.65
建设用地	城镇建设用地	297758.79
	交通水利用地	46327.98
	合计	344086.77
其他用地	水域及水利设施用地面积	79088.32
	合计	79088.32

数据来源：《北京市统计年鉴（2014）》。

　　由上述分析可以看出，北京市现阶段城镇建设用地开发面积过大，在今后相当长的时间里仍然具有容纳人口的空间。也就是说，北京市的土地资源并不是制约人口承载力的关键因素，现有的土地资源存在超前开发、过度开发的现象。在这种情况下，针对土地资源尤其是城镇建设用地的进一步开发应遵循审慎、集约的原则，注重提升现有土地资源的利用效率和开发质量。

（三）基于住房承载力的人口测算

住房既是经济问题，又是影响社会稳定的重要民生问题，是限制某一区域人口规模的重要因素。近年来，北京市的住房问题也成为社会各界关注的热点问题，一方面是房价问题；另一方面是住房面积问题。对于人口承载力的探讨，主要从住房面积角度出发。住房人口承载力的公式可表示为：

$$住房人口承载力 = \frac{住房总建筑面积}{人均住房建筑面积标准}$$

根据 2011 年新修订的《城市用地分类与规划建设用地标准（GB 50137—2011）》中对于北京市所处的第二类建筑气候区人均住房建筑面积的规定，北京市的人均住房建筑面积应该控制在 28—38 m^2/人。2014 年 2 月，北京市统计局、国家统计局北京调查总队联合发布了《北京市 2013 年国民经济和社会发展统计公报》。公报显示，2013 年全市城镇居民人均住房建筑面积 31.31 平方米，处于该范围之内，所以本次研究采用 31.31 m^2/人作为人均住房建筑面积指标。

现阶段北京市住房面积存量没有明确的统计数据，相关数据可以参考北京市"十一五"期间发布的《北京市住房建设规划（2006 年—2010 年)》。该规划指出，到 2010 年，北京居住用地总面积约 410 平方公里，住房总建筑面积达到约 4.2 亿平方米。而 2011 年、2012 年、2013 年，北京市住宅竣工面积分别为 1316.1 万平方米、1522.7 万平方米、1692.0 万平方米（见图 5 - 2 - 7），则到 2014 年，北京市的住宅总面积约为 4.65 亿平方米。以最低 28 m^2/人的标准测算，2014 年北京市住房所能承载人口约为 1660.7 万；以最高 38 m^2/人的标准测算，2014 年北京市住房所能承载人口约为 1223.7 万；以 2013 年全市城镇居民 31.31 m^2/人的人均住房建筑面积为标准测算，2014 年北京市住房所能承载人口约为 1485.1 万。若设定北京市最大承载人口 2300 万，则以最低 28 m^2/人的标准测算，北京市未来还应增加 1.79 亿平方米住房；以最高 38 m^2/人的标准测算，北京市未来应增加 4.09 亿平方米住房；以 2013 年全市城镇居民 31.31 m^2/人的人均住房建筑面积为标准测算，北京市未来则应增加 2.55 亿平方米住房。

在考察北京市住房人口承载力时，除了常规住房以外，还应注意到北京市地下空间及违章住房也承载了数量不小人口的现实，这部分住房承载了大量的流动人口。2013 年，北京市住建委、规划委、公安局、卫生局等部门联合发布通知，明确提出出租房屋人均居住面积不得低于 5 平方米，单个房间不得超 2 人（有法定赡养抚养义务关系的除外）。实际上，目前存在的违法群租现象很难达到这一标准，亦缺乏这些违章住房的面积及所承载的流动人口的明确统计数据。有一点可以肯定的是，由于北京市高房价的压力，地下空间及违章住房不仅将长期存在，也会是吸纳流动人口的一个重要方面。

北京市"十二五"规划对房地产行业作出了更为细致的规划，其中，最核心的建议则是合理测算住房供应规模，同时严控住房规模。在此基础上，一系列政策措施将与之联系，比如，长期实行住房"限购"政策，提出要调整房地产投资结构，大力发展公租房，引导群众通过租赁形式解决住房问题。可以预料，北京市未来住房方面的人口承载力增长是有限的，住房因素也将成为制约北京市人口规模的一个关键因素。

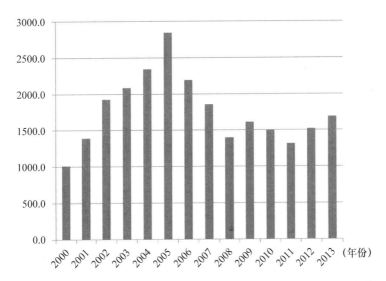

图 5 - 2 - 7　2000—2013 年北京市历年住宅竣工面积（单位：万平方米）
数据来源：《北京市统计年鉴（2014）》。

三　人口调控目标下的资源需求测算

为了缓解北京市日益增长的资源环境压力，北京市在 2014 年针对

《北京城市总体规划（2004—2020 年）》进行了修订，其中，人口调控成为重要的修改内容之一。本章将根据北京市设定的 2020 年人口调控目标 2300 万开展研究，针对人口调控目标，调节水资源、土地资源和住房建设等方面的供给规模，以实现人口、产业、生态和区域的协调发展。

（一）水资源需求测算

1. 供水量需求测算

以 2300 万作为北京市常住人口总量控制目标，将联合国规定的缺水标准线（人均水资源占有量 1000m³/人），《北京城市总体规划（2004—2020 年）》的标准（人均水资源占有量 300m³/人）和 2013 年北京市人均水资源占有量作为人均指标，得到北京市在达到 2300 万常住人口时所需要的供水量分别是 230 亿立方米、69 亿立方米和 39.56 亿立方米。

表 5 - 2 - 11　　　　　　　　北京市供水量需求测算　　　　　　（单位：亿立方米）

	缺水标准 （1000 立方米/人）	极度缺水标准 （300 立方米/人）	北京市 2013 年人均供水量 为标准（172 立方米/人）
2300 万常住人口	230	69	39.56

2. 按照实际生活用水量测算北京市水资源承载力

以 2300 万作为北京市常住人口总量控制目标，以中华人民共和国建设部（现住建部）2002 年发布的《城市居民生活用水量标准》华北地区人均生活用水量的下限（85 升/人·天）、上线（140 升/人·天）和北京市 2013 年人均生活用水量（212 升/人·天）作为人均指标。得到北京市在达到 2300 万常住人口时所需要的生活用水量分别是（见表 5 - 2 - 12）。

表 5 - 2 - 12　　　人口调控目标下北京市生活用水量需求测算 （单位：亿立方米）

	华北地区生活用水基准 下限（85 升/人·天）	华北地区生活用水基准 上限（140 升/人·天）	北京市 2013 年人均生活 用水量（212 升/人·天）
2300 万常住人口	7.14	11.75	17.80

（二）土地资源需求测算

以 2300 万作为北京市常住人口总量控制目标，以 2011 年新修订的

《城市用地分类与规划建设用地标准（GB 50137—2011）》中对于首都地区城市建设用地人均标准的下限（105.1 m²/人）和首都地区城市建设用地人均标准的上限（115.0 m²/人）作为人均指标，得到北京市在达到2300万常住人口时所需要的城市建设用地面积分别是2417.3平方公里和2645.0平方公里。

表5-2-13　　人口调控目标下北京市城市建设用地需求测算（单位：平方公里）

	首都地区城市建设用地人均标准 下限（105.1 m²/人）	首都地区城市建设用地人均标准 上限（115.0 m²/人）
2300万常住人口	2417.3	2645.0

（三）住房资源需求测算

以2300万作为北京市常住人口总量控制目标，以2011年新修订的《城市用地分类与规划建设用地标准（GB 50137—2011）》中对于北京市人均住房建筑面积规定的下限（28 m²/人）和上限（38 m²/人）以及2013年北京市城镇居民人均住房建筑面积（31.31 m²/人）作为人均指标，得到北京市在达到2300万常住人口时所需要的住房建筑面积分别是6.44亿平方米、8.74亿平方米和7.20亿平方米。

表5-2-14　　人口调控目标下北京市住房建筑面积需求测算（单位：亿平方米）

	人均住房建筑面积规 定的下限（28 m²/人）	人均住房建筑面积规 定的上限（38 m²/人）	北京市2013年城镇居民人均 住房建筑面积（31.31 m²/人）
2300万常住人口	6.44	8.74	7.20

四　提高人口承载力的思考

第一，加强战略研究，提高人口发展的科学性和预见性。

人口发展与优化既是社会经济发展的目的和归宿，也是经济社会发展的推动力量。由于人口发展影响因素复杂，涉及面广，所以应当加强人口调控方面的研究工作，利用首都的人才和科研优势，加强政府与有关科研机构、专家学者的交流合作，鼓励公众参与，建立起人口发展优化研究的长效机制，研究人口规模发展趋势，人口结构调整方向等课题，为合理调控人口规模、统筹解决人口问题、优化人口发展提供决策依据，促进北京市人口、资源、环境的协调与可持续发展。

第二，节约用水，提高水资源利用率，充分挖掘水资源利用潜力。

水资源是制约整个北京市发展的最大瓶颈，极度缺水的现状短时期内难以得到改善，为了使北京市提高人口承载力，开发水资源、保护水资源和充分利用水资源成为需要长期坚持开展的工作。按照节约优先、配置优化、保护有效、有效利用的原则，对水资源实行总量控制和供需双向调节，提高水资源的节约保障程度。水资源节约要从产业调整入手，提高水资源利用率。同时还要强化城镇用水管理，改善北京市的用水结构，充分挖掘水资源利用潜力，加强资源节约、节能减排和生态建设，加大城市污水管网改造，加强污水处理和中水回用工程建设方面力度，提高废污水集中处理率和回用率，切实推进节水型社会建设。

第三，节约土地资源，提高土地资源利用率，保障新城土地利用规范化。

北京市在土地方面需要在严格控制土地资源的前提下实现充分利用。针对北京市土地资源现状，北京市应当加强土地利用的合理性和规范性。调整土地利用内部结构，合理布局，加强地域分工，合理安排建设用地；对于城区土地加强集约利用，通过建设高层建筑提高市区土地的空间利用率；对于农村地区土地应加强农田基本建设，提高耕地生产力；同时政府应当加强土地的监管监察工作，妥善处理好经济社会发展与保护土地资源的关系，统筹兼顾，提高土地资源对社会可持续发展的保障能力，提高土地利用总体规划的科学性和可操作性。

第四，加强住房建设管理，严格控制住房规模。

北京市应当在合理测算住房供应规模的基础上，严控住房规模。一方面通过一系列行政调控手段，加强房地产市场的建设与管理。例如，长期实行住房"限购"政策，调整房地产投资结构，大力发展公租房等；另一方面利用市场机制，通过调节住房供应量和住房价格，稳定北京市住房供需平衡。最终通过行政手段与市场手段的双管齐下，引导北京市住房有效配置，合理调控人口规模。

第六篇　它山之石

第一章　国外特大城市人口发展特征扫描

　　随着经济发展水平的提高和城市化进程的推进，北京市人口问题逐步凸显：人口规模迅速增长，人口老龄化进一步加深，人口就业结构亟待调整，人口空间分布有待优化。"它山之石，可以攻玉"。基于若干世界大城市人口发展的演变过程，本章试图提炼出其中的关键特点和发展趋势，以期为北京市未来人口发展和人口疏解提供借鉴。

　　本章旨在解决以下两个问题：一是利用纽约、伦敦、东京、首尔、香港等世界大城市的人口数据，归纳其在人口增速、人口年龄结构、人口空间分布、就业结构等方面的发展特点，为北京市的人口发展找准定位、指明方向；二是通过建模，以日本东京为例，重点研究世界大城市人口规模变动的影响因素，包括人口学因素、经济发展因素及社会文化环境因素的作用。选择东京进行建模的原因有二：一是东京数据较为丰富且完整，而其他大城市与人口相关的数据相对不足；二是日本东京都和中国北京市都是亚洲国家的首都，在城市发展上具有相似性，其结论对北京市的人口发展有一定的借鉴意义。

　　本章的数据来源包括：纽约数据来源于美国国家统计局以及《国际大都市与宜居城市研究》；伦敦数据来源于大伦敦管理局以及《国际大都市与宜居城市研究》；东京数据来源于日本和东京市统计局以及《日本国势图绘》；香港数据来源于《近代香港人口试析》以及香港统计年刊；首尔数据来源于韩国国家统计局；北京市的数据来源于北京市统计局以及全国第六次人口普查资料。

一　世界大城市人口发展的八个特点

（一）每隔十年人口年均增速收敛且长期低于1%

1790—2010 年纽约、伦敦、东京、首尔、香港五个世界大城市人口历史数据显示，这些城市的人口增速表现出三个方面的共性（见图 6 - 1 - 1）。

第一，发展呈现明显的阶段性特征，主要分为"前期缓慢—中期加速（快速）—后期平稳"三个阶段。世界大城市人口增速变动的阶段性可能与城市经济发展水平、生育观念转变等因素相关，即城市前期到中期的人口增长主要是受经济的驱动，而后期的平稳发展主要是人们生育观念改变导致生育率降低、城市群分流核心城市人口等因素综合作用的结果。在中期到后期的过程中，甚至还可能出现人口负增长的现象，这主要是逆城市化造成的。世界大城市人口增速进入后期平稳阶段的时间先后顺序，反映了不同城市人口发展所处的不同阶段，即在这五个世界大城市中，欧美两个城市（纽约和伦敦）人口发展所处的阶段领先于亚洲三个城市（东京、首尔和香港）。

第二，每隔十年平均的人口年均增速在波动中逐步收敛于1%。这些城市每隔十年计算的年均人口增长率在经历长时期振荡后振幅减小，曲线日益平缓，逐渐收敛于1%。例如，2000—2010 年纽约、伦敦、东京、首尔及香港的人口年均增速分别为 0.2%、0.6%、0.9%、- 0.2%、0.5%，而此阶段北京市人口增速为 3.7%。

第三，每隔十年平均的人口年均增速长期稳定的低于1%。例如，纽约和伦敦在 1930 年以后、东京在 1970 年以后、首尔在 1990 年以后、香港在 2000 年以后十年年均人口增速一直都低于1%，甚至出现过负增长。

与已进入人口发展后期平稳增长阶段的五个世界大城市不同，当前北京市人口增速仍处于快速增长的中期发展阶段。自 1960 年以后，北京市每隔十年的人口年均增速一直在升高，即 1960—1970 年、1970—1980 年、1980—1990 年、1990—2000 年及 2000—2010 年的年均增速分别为 0.6%、1.1%、2.2%、2.3% 和 3.7%。在 2015—2020 年期间，若北京市按世界大城市人口增长率控制在 1% 以下进行增长，那么到 2020 年，北京市常住人口规模能控制在 2300 万人以内；若北京市按自身 2000—2010

年人口增长率3.7%进行增长，那么2020年北京市常住人口规模将突破2600万人，两者相差约300万人。

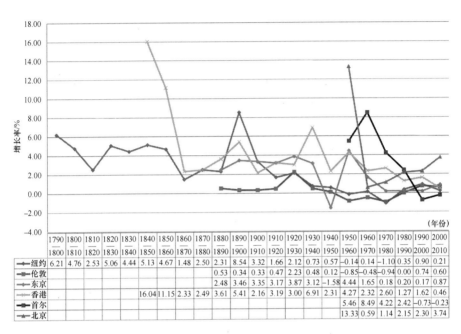

	1790 1800	1800 1810	1810 1820	1820 1830	1830 1840	1840 1850	1850 1860	1860 1870	1870 1880	1880 1890	1890 1900	1900 1910	1910 1920	1920 1930	1930 1940	1940 1950	1950 1960	1960 1970	1970 1980	1980 1990	1990 2000	2000 2010
纽约	6.21	4.76	2.53	5.06	4.44	5.13	4.67	1.48	2.50	2.31	8.54	3.32	1.66	2.12	0.73	0.57	-0.14	0.14	-1.10	0.35	0.90	0.21
伦敦										0.53	0.34	0.33	0.47	2.23	0.48	0.12	-0.85	-0.48	-0.94	0.00	0.74	0.60
东京										2.48	3.46	3.35	3.17	3.87	3.12	-1.58	4.44	1.65	0.18	0.20	0.17	0.87
香港						16.04	11.15	2.33	2.49	3.61	5.41	2.16	3.19	3.00	6.91	2.31	4.27	2.32	2.60	1.27	1.62	0.46
首尔																	5.46	8.49	4.22	2.42	-0.73	-0.23
北京																	13.33	0.59	1.14	2.15	2.30	3.74

图6-1-1　各大城市每隔十年计算的年均人口增长率历史变动

（二）流动人口是大城市人口增长的要因

1958—2010年东京迁移人口和常住人口数据显示，东京内迁人口[①]主要表现出两个特点：

第一，城市内迁人口增量与常住人口增量具有高度相关性，特别是1995年以来，内迁人口增量占城市人口规模增量的比重相当大。例如，2000年、2005年和2010年，东京内迁人口增量占常住人口增量的比重分别为82.0%、97.0%和95.2%。

第二，近十余年，东京新增内迁人口数量保持相对稳定。2000—2010年，东京每年新增内迁人口数量变动不大，基本维持在10万人左右。最多一年是2007年（12.7万人），最少一年是2000年（7.4万人）。可以

①　东京内迁人口指的是当年净迁入东京的人口，计算公式为：内迁人口＝向东京迁入的人口－迁出东京的人口。

说，世界大城市以其发达的经济水平、良好的城市化建设和完善的基础设施对流动人口形成了强大的吸引力，大量涌入的流动人口造成了人口规模的扩张。

北京市与东京的人口状况既存在相似性，也存在一些差异。相似之处在于：2000 年以来，北京市流动人口增量也是构成常住人口增量的主要部分，例如，2000 年、2005 年和 2010 年流动人口增量占常住人口增量的比例分别为 92.8%、60.7% 和 88.8%；不同之处在于：2010—2015 年以来，北京市每年新增流动人口数量下降很快，2015 年新增流动人口 3.9 万人，不足 2010 年的 1/20。同时，流动人口增量占常住人口增量比例持续降低，2013 年、2014 年和 2015 分别为 63.5%、43.5% 和 20.6%。可见，北京市新增流动人口数量下降的速度要快于东京，这主要是受到调控政策等因素的影响。

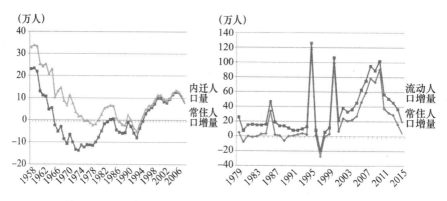

图 6 - 1 - 2　东京（左图）和北京市（右图）迁移流动人口和
常住人口历史变动情况

（三）"老龄化"与"少子化"并存

1990—2010 年，纽约、伦敦、东京、首尔、北京人口年龄结构数据显示（见表 6 - 1 - 1）：五个世界大城市均存在人口老龄化[①]、少

[①]　65 岁及以上人口在总人口中所占的比例，反映了各城市人口老龄化的程度。国际上通常把 65 岁以上人口占总人口比例达到 7% 时作为一个地区进入老龄化社会的标准。当 65 岁及以上人口占总人口的比例超过 14%，则进入"深度老龄化社会"；超过 20% 则进入"超级老龄化社会"。

子化①现象。总体来看，欧美城市生育率接近更替水平，人口年龄结构变动基本稳定，老龄人口比例略有降低，少子化程度较轻，而亚洲城市生育率低下，老龄化和少子化趋势更为明显，社会抚养负担日益加重：

一是亚洲城市"老龄化"程度的迅速加深。东京 2010 年 65 岁及以上老年人口比例达到 20.4%，较 1990 年（10.6%）翻了一番，进入深度老龄化状态；首尔 2010 年 65 岁及以上老年人口比例达到 9.6%，是 2000 年的近两倍。相比之下，北京市人口老龄化程度较轻，这是由于其享受到了全国的人口红利，常住老年人口比例并不高，即 2010 年（8.7%）较 1990 年（6.3%）略有增加。然而，北京市户籍人口的老龄化问题日益严重，2011 年 65 岁及以上户籍老年人口比例达到 14.1%，进入深度老龄化状态，2014 年继续增长至 15.3%。若对北京市 60 岁以上户籍老年人口占比进行分析，那么 2007—2014 年该比例分别为 17.3%、17.8%、18.2%、18.7%、19.4%、20.3%、21.2% 和 22.5%，老龄化程度不断加深。

二是亚洲城市"少子化"问题更为严重。1990—2010 年，东京少儿人口比重由 14.7% 下降至 11.4%，首尔由 24.8% 骤降至 14.1%，而北京"少子化"现象更加明显，2010 年常住少儿人口比重仅为 8.6%，较 1990 年（20.2%）减少了 11.6 个百分点，而户籍少儿人口比重为 9.6%，与东京、首尔同处于"超少子化"阶段。

"老龄化"与"少子化"并存是城市人口发展过程中不可避免的阶段。由于欧美城市较早地完成了人口的转变，早在 19 世纪末至 20 世纪三四十年代就出现了老龄化问题，经过将近一个世纪的努力，现如今生育率回复至更替水平左右，人口年龄结构较为稳定。然而，亚洲城市人口转变和城市发展要晚于欧美城市，尤其是北京市，至今都没进入人口稳定发展阶段。当前，中国人口红利即将消失，虽然北京市因有大量外来劳动力人口的补充，城市人口抚养比并不高，但常住人口少儿比例过低的结构特点势必会令人口"倒金字塔"特征愈发凸显，未来社会抚养负担将会急剧加大。

---

① 少子化是指生育率下降，造成幼年人口逐渐减少的现象。国际上通常认为，0—14 岁人口占总人口的比例在 18%—20% 的为少子化，15%—18% 的为严重少子化，15% 以下的为超少子化。

表 6 - 1 - 1　　　　1990—2010 年纽约、伦敦、东京、首尔、
北京人口年龄结构　　　　　　　　（%）

城市	年龄段	1990 年	2000 年	2010 年
纽约	0—17 岁	23	24.2	21.6
	18—64 岁	64	64.1	66.3
	65 岁及以上	13	11.7	12.1
伦敦	0—14 岁	18.7	20.2	18.5
	15—64 岁	67.2	67.5	69.6
	65 岁及以上	14.1	12.3	11.5
东京	0—14 岁	14.7	11.8	11.4
	15—64 岁	74.8	72.3	68.2
	65 岁及以上	10.6	15.9	20.4
首尔	0—14 岁	24.8	18.5	14.1
	15—64 岁	71.8	76.1	76.3
	65 岁及以上	3.4	5.4	9.6
北京	0—14 岁	20.2	13.6	8.6
	15—64 岁	73.5	78	82.7
	65 岁及以上	6.3	8.4	8.7

（四）高龄老人中的女性占比极高

　　世界大城市老龄人口明显的"女性化"特点对城市老龄事业及相关产业提出了挑战。如图 6 - 1 - 3 所示，2010 年东京、首尔两个亚洲城市呈现出明显的老龄人口"女性化"特点，即随着年龄阶段的递增，老龄人口中女性占比增大。例如，东京和首尔 65—69 岁人口性别比（男：女，下同）在 89—94 之间，而在 80 岁及以上人口性别比竟迅速下降至 42—53 之间。目前，北京市 75 岁以上人口的性别比与东京、首尔相应年龄组存在明显差异，北京市明显高于东京和首尔。然而，随着时间的推移，未来北京市高龄组人口性别比是否会出现明显的"女性化"特征，值得密切关注。由于男性和女性老年人养老方式和行为的不同，未来北京市在发展养老事业及相关产业时，需要注重供需配比问题。

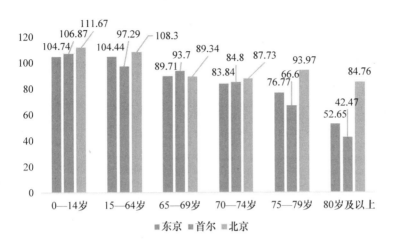

图 6 - 1 - 3　2010 年东京、首尔和北京分年龄别的性别比

（五）城市中心人口依旧聚集但日趋合理

纽约、伦敦、东京三个大城市人口历史空间分布数据显示了两方面的特点：

第一，世界大城市依然存在城市中心人口聚集的现象。2000 年和 2010 年纽约、伦敦、东京三个大城市城中心/外围人口密度比值均大于 2。

第二，世界大城市的城市中心人口聚集程度远低于北京市。从纽约、伦敦、东京、北京四个城市城中心/外围人口密度比值大小来看，从大到小依次是北京市、东京、纽约、伦敦，北京市的城中心/外围人口密度比值远高于其他三个大城市，是伦敦的近 7 倍，是纽约的 6 倍左右，是东京的 3 倍多。

表 6 - 1 - 2　　　　纽约、伦敦、东京、北京城中心/外围人口密度比

城市 年份	纽约	伦敦	东京	北京
2000	2.91	2.48	5.22	17.59
2010	2.95	2.57	5.36	16.32

注：纽约市共有 5 个区，其中以曼哈顿区经济最为繁荣，将其作为纽约城市中心，其他四个区构成城市外围；伦敦的城市中心即内伦敦，城市外围即外伦敦；东京的城市中心即东京 23 区，城市外围是其他市、郡、岛部等；北京的城市中心即城八区，城市外围是其他区县。

同时，1951—2011 年东京都市圈 60 余年的历史数据显示：处于城市发展高级阶段的东京都市圈，其 50 公里圈层以内的人口空间分布近些年已经呈现出稳定的"双峰形"特征，即第一个人口聚集高峰位于距离城市中心 10—20 公里的圈层，此圈层人口占比为 27.8%；第二个人口聚集高峰圈层出现在距离城市中心 30—50 公里，此圈层人口占比为 37.4%。然而，我国 2010 年人口普查数据显示，处于城市发展中期阶段的北京市，人口空间分布格局表现出明显的"单峰形"特征，即以天安门为原点，半径 10—20 公里圈层（约四环与五环之间）人口占比高达 40.7%；而30 公里（约六环外围）以外人口占比仅为 12.9%（见表 6 - 1 - 3），明显低于东京都市圈，相当于其 20 世纪 50 年代的水平。

表 6 - 1 - 3　东京都市圈与北京市 50 公里以内人口空间分布比例对比　　（单位：%）

		0—10 公里	10—20 公里	20—30 公里	30—50 公里
东京都市圈	1955 年	30.8	30.6	12.8	25.7
	1975 年	16.2	31.1	19.9	32.8
	2011 年	11.1	27.8	23.7	37.4
北京市	2010 年	31.3	40.7	15.1	12.9

注：表中北京市的"距离"按照各街道办事处、乡镇政府与天安门的直线距离计算得到。

（六）批发零售、住宿餐饮业从业人员占比相对稳定

1981—2012 年日本东京 30 余年的就业结构数据显示，其从业人员占比表现出两个突出特点：第一，部分服务业，例如，学术研究技术服务业、娱乐服务业、医疗、教育、复合型服务业和未纳入其他分类的服务业，其从业人员占比逐渐提高，由 1981 年的 21.5% 增加至 2012 年的 30.7%；制造业从业人员占比迅速下降，由 1981 年的 21.7% 下降至 2012 年的 8.2%，反映了东京产业升级换代的情况。而 2010 年我国人口普查数据显示，在北京市常住人口就业结构中，与东京相对应的服务业占比约占 21.3%，制造业占 15.6%，这仅相当于东京 20 世纪八九十年代的水平；第二，传统生活性服务业就业结构基本保持稳定，甚至部分行业还略有增加。30 多年的时间里，东京批发零售、住宿餐饮业从业人员的比例基本稳定在 32% 左右，即占就业人员总数的 1/3 左右，而 2010 年人口普查中北京市常住人口该比例为 25.8%，这一比例竟低于产业结构更加先进的东京。此外，东京不动

产业从业人员比例由 1981 年的 2.0% 增加到 2012 年的 4.0%。这些都引发了北京市对拆除低端有形市场等措施的反思,北京的人口疏解需要注意不要伤及城市人口的刚性需求。

表 6 - 1 - 4　　　　　　东京与北京分行业就业人口比例的对比　　　　（单位:%）

城市	年份	建筑业	制造业	批发零售、住宿餐饮业	金融保险	不动产	服务业
东京	1981	7.4	21.7	31.5	4.9	2.0	21.5
	1986	6.7	19.1	32.8	5.1	2.2	23.9
	1991	6.9	17.5	30.4	5.8	2.6	27.0
	1996	6.9	14.8	31.6	5.2	2.5	29.0
	2001	5.9	11.7	31.6	4.5	2.8	28.4
	2006	5.2	10.3	30.2	4.1	2.9	30.8
	2009	5.5	10.2	31.1	4.5	3.9	29.4
	2012	5.4	8.2	32.0	4.8	4.0	30.7
北京	2010	6.7	15.6	25.8	2.8	3.6	21.3

注:服务业包括学术研究技术服务业、娱乐服务业、医疗、教育、复合型服务业和未纳入其他分类的服务业。

(七) 第三产业内部的分行业劳动生产率高

2012 年东京数据显示,东京三次产业的劳动生产率达到国际较高水平:第一产业为 12.4 万元/人[①];第二产业为 64.9 万元/人;第三产业为 88.0 万元/人。特别是第三产业内部的批发零售业劳动生产率达到 128.6 万元/人,而北京市此行业 2010 年仅为 17.9 万元/人;2012 年东京金融保险业为 220.6 万元/人,而北京市 2010 年仅为 66.8 万元/人;东京不动产业为 342.4 万元/人,而北京市 2010 年仅为 23.7 万元/人。

总体来看,北京市诸多行业的劳动生产率明显偏低,远落后于东京。劳动生产率决定于城市的社会生产力,包括技术、劳动组织和生产管理等若干方面,这意味着随着生产力的提高,在 GDP 保持不变的情况下,北京市各行业都存在释放大量劳动力的发展空间。

---

① 因为数据资料限制,此处的劳动生产率是以东京 GNP 作为分子,并利用当年期末的汇率换算成人民币数值,所以东京劳动生产率单位中的万元指的是人民币,下同。汇率数据来自"中经网统计数据库"。

(八) 处于"产业——就业"协同的中高级阶段

无论是产业结构还是就业结构,第二和第三产业均是城市经济的主体,大城市更是如此。因此,两者的结构均衡状态可以作为衡量大城市产业结构发展阶段的重要指标。与北京市相比,东京、香港产业结构偏离度①存在"第二产业劳动力吸纳能力下降"和"第三产业劳动力吸纳能力趋于饱和"两个明显特征。

东京、香港、北京三个亚洲大城市产业偏离度主要表现为大致可以分成三种类型,即三个阶段:第一,北京市处于"产业——就业"协同的初级阶段,即第二产业和第三产业均存在一定的劳动力吸纳能力,但第二产业劳动力吸纳能力远高于第三产业,亟须实现产业梯度转移和升级换代,降低第二产业劳动力吸纳能力,增加第三产业就业人口;第二,香港处于"产业——就业"协同的中级阶段,即第二产业仍具备一定的劳动力吸纳能力但已经开始下降,同时第三产业开始处于劳动力相对过剩的状态,此时产业结构调整已经初步完成,仍需进一步优化第二产业产值比例,提升第三产业就业吸纳能力;第三,东京处于"产业——就业"协同的高级阶段,即通过产业升级,第二产业劳动力吸纳能力已经饱和甚至出现过剩的状态,同时第三产业劳动力达到相对均衡的状态,标志着产业结构调整正式完成(见表6-1-5)。

表6-1-5　　　　　东京、香港、北京产业结构偏离度情况

	东京 (2012)	香港 (2010)	北京 (2010)
第一产业偏离度	0.40	—	-0.85
第二产业偏离度	-0.03	0.09	0.20

---

① 产业结构偏离度是衡量产业结构和就业结构匹配程度的指标,一般以某一产业 GDP 所占比重与该产业就业人口所占比重的差异来表示,用公式表示为:产业结构偏离度=该产业 GDP 比重/该产业就业人口比重-1。若产业结构偏离度为正,表明该产业所创造的 GDP 比重高于该产业就业人口比重,劳动力相对不足,转入劳动力能更好地促进产业发展;若为负,则表明该产业所创造的 GDP 比重低于该产业就业人口比重,劳动力相对过剩,转出劳动力能更好地促进产业发展。产业结构偏离度的绝对值越大,表明产业结构和就业结构偏离程度越高,两者之间匹配程度越差。

	东京（2012）	香港（2010）	北京（2010）
第三产业偏离度	0.00	− 0.01	0.02

资料来源：北京市原始数据来源于《北京统计年鉴（2011）》；东京原始数据来源于东京市统计局；香港原始数据来源于《香港统计年刊（2011）》。

二　东京人口规模变动的影响因素分析

从以上世界大城市的人口发展关键特征看，人口规模增长是核心问题之一。因此，本部分以东京人口数据为基础，从三个部分考察影响东京人口规模变动（包括常住人口数量和内迁人口数量）的因素，分别是人口学因素、经济发展因素和社会文化环境因素，进一步细分可划分为6个变量，以常住人口规模和内迁人口规模为因变量，共12个模型。根据《东京都统计年鉴》，收集了1960—2010年间的相关数据，表6-1-6和表6-1-7介绍了自变量的有关情况。

表6-1-6　　　　自变量分布情况（以常住人口规模为因变量）

	变量名	数量	有效百分比（%）
人口学因素	婴儿死亡率	59	100
	育龄妇女比例	58	98.3
经济发展因素	东京人均 GDP	54	91.5
	日本城市化率	53	89.8
社会文化环境因素	大学数量	55	93.2
	医院数量	55	93.2

表6-1-7　　　　自变量分布情况（以内迁人口规模为因变量）

	变量名	数量	有效百分比（%）
人口学因素	婴儿死亡率	59	100
	育龄妇女比例	58	98.3
经济发展因素	东京 GDP 增长率	54	91.5
	日本城市化率增量	52	88.1
社会文化环境因素	大学增量	54	91.5
	医院增量	54	91.5

　　表6-1-9和表6-1-10分别是以常住人口规模和内迁人口数量为因变量建立的回归分析。由于人均 GDP 与城市化率之间存在高度的相关性（R^2达到0.722），所以将其放置在一个模型内会出现多重共线性问题，故将两变量分置两个模型。模型结果显示：除了模型八不显著之外，其他11个模型均统计显著，拟合度较好。

　　通过表6-1-8和表6-1-9中的数据，我们可以得出以下结论：

　　第一，随着医疗条件的不断改善，常住人口规模不断扩大。婴儿死亡率反映了城市的医疗水平。随着医疗水平的提升，婴儿死亡率会降低。模型一、模型四、模型五中，婴儿死亡率的回归系数都为负值，且都在0.001水平上显著，说明婴儿死亡率的降低，即医疗条件的改善，使得常住人口规模不断扩大。

　　第二，育龄妇女比例对常住人口规模的影响有待进一步验证。模型一与模型六、模型七中的育龄妇女这一变量均为显著，但系数方向并不一致，从简单模型（模型一）的系数判断育龄妇女比例的升高会降低人口规模，这显然与预设不符。可以说，随着社会发展，人们的生育观也发生着改变，导致总和生育率不断降低，育龄妇女比例对人口规模扩大的影响减小，其对人口规模是否还存在显著的确定性影响有待进一步验证。

　　第三，经济发展促进了常住人口规模的扩大，其中，城市化水平的提高促进了流动人口数量的增加。模型二和模型三分别是东京人均 GDP 和日本全国的城市化率对于人口规模的影响，其结果是正向的且显著的。同时，经济发展因素中的全国城市化率是引起流动人口增长的原因，模型九、模型十一、模型十二中，日本全国城市化率的增长会相应地促进流动人口数量的增加，且在统计上显著。

　　第四，社会文化环境的改善吸引了大量内迁人口，从而扩大了人口规模。大学数量和医院数量的增加与人口规模、内迁人口规模增长具有显著相关性，模型四、模型十说明了这一情况，但其中的作用逻辑要进一步考察。若将人口自然增量作为因变量，学校数量增数、医院数量增数作为自变量，这一模型结果显示：学校数量增数和医院数量增数并不显著，所以说，学校和医院数量影响的是内迁人口。可以说，随着东京社会文化环境的不断改善，教育和医疗资源的相对丰富吸引了大量内迁人口，使得其人口数量大大增加，从而扩大了常住人口规模。

表6-1-8 东京常住人口规模影响因素分析

自变量		模型一	模型二	模型三	模型四	模型五	模型六
人口学因素	婴儿死亡率	-0.873 ***				-0.553 ***	-0.315 ***
	育龄妇女比例	-0.193 **				0.265 ***	0.121 ***
经济发展因素	东京人均GDP		0.792 ***				
	日本城市化率			0.933 ***		0.634 ***	0.384 **
社会文化环境因素	大学数量				0.793 ***		0.410 ***
	医院数量				0.397 ***		0.131 **
ValidN		58	54	53	55	52	51
R^2 (sig.)		0.969 ***	0.628 ***	0.871 ***	0.979 ***	0.983 ***	0.991 ***

注：* $p < 0.05$，* * $p < 0.01$，* * * $p < 0.001$。

表6-1-9 东京内迁人口数量影响因素分析

自变量		模型七	模型八	模型九	模型十	模型十一	模型十二
人口学因素	婴儿死亡率	1.111 ***				0.677 **	0.343
	育龄妇女比例	-0.865 ***				-1.084 ***	-0.895 ***
经济发展因素	东京GDP年增长率		-0.017				
	日本城市化率增量			0.520 ***		0.346 **	0.224 *
社会文化环境因素	大学增量				0.224 **		0.314 **
	医院增量				0.805 ***		0.223
ValidN		53	54	50	54	49	49
R^2 (sig.)		0.570 ***	0.000	0.271 ***	0.836 ***	0.613 ***	0.675 ***

注：* $p < 0.05$，* * $p < 0.01$，* * * $p < 0.001$。

综上所述，影响东京人口规模变动的三大因素为：全市大学的数量、全市医院的数量以及日本全国的城市化率，即在经济因素中，日本全国范围内城市化率的提高（与人均GDP具有共线性）以及东京该市社会文化资源的聚集等因素，共同推高了东京的人口总量。例如，东京人口增速最快的20年（1950—1970年），人口年均增速达到3.0%，而在此期间，日本全国的城市化率由53.4%提高到71.9%，大学数量由73所增至 103 所，医院数量由 338 所增至 743 所。

对于我国而言，2013 年全国城市化率达到 53.7%，同时，首都北京市聚集着大量的优质大学和医院，这与日本东京 1950—1970 年人口激增 20 年的外部环境是极其相似的。因此，北京市人口疏解一方面要注意全国经济发展对拉动首都人口增长的规律性影响；另一方面也要关注到疏解非首都功能的重要性，如疏解教育、医疗功能等。例如，对于首都高校而言，核心培养对象是研究生和普通本专科学生，而全市这一群体占高校学生数的比例由 2001 年的 50.0% 降至 2015 年的 35.1%，每年下降约一个百分点。相反，网络本专科以及进修培训人数明显增加，其中，网络本专科学生由 2001 年的 4.6 万人增至 2015 年的 64.4 万人，后者是前者的 14 倍；进修培训学生数由 2001 年的 6.5 万人激增 2015 年的 37.6 万人，后者是前者的 5.8 倍。此外，成人本专科学生的规模也不小，每年基本稳定在 20 万人左右。可见，北京市高校的学生构成与首都的功能定位不相匹配，亟待突出首都对全国人才培养的引领功能。

三　思考与启示

通过前文的论述，我们总结了世界大城市人口发展的关键特点和发展趋势。同时，以东京为例，分析了城市人口规模变动的影响因素，为北京未来进行人口发展和疏解提供了相关信息支撑。基于此，本章可得出以下几点启示：

第一，北京市人口规模若要趋于平稳，仍需假以时日。研究发现，很多世界大城市呈现明显的阶段性特征，即"前期缓慢—中期加速（快速）—后期平稳"，同时人口增速逐步收敛。然而，目前的北京市仍相当于其他世界大城市发展历程中的中期阶段，北京市的产业结构和就业结构仍处于不断调整变化之中，人口规模低速增长有赖于其他因素的重大变化。

第二，北京市人口流动态势的根本性转变依赖于区域性资源配置格局的调整及配置效率的提高。迁移和流动是引起世界大城市人口规模扩大的最主要原因，这主要是因为大城市经济发展程度高、优质医疗条件和教育资源相对丰富等因素造成的。从我国目前的区域发展来看，经济、公共服务等资源的配置过于集中于北京，各类资源分布的空间落差太大，这既是北京市人口过度集聚的根源之一，也是阻碍北京市人口流动态势发生根本性转变的关键因素。

第三，北京市人口发展需要特别关注人口老龄化和城市活力问题。世界大城市人口老龄化、少子化现象普遍，这是人口转变的必然阶段。在北京市未来人口结构转型中，北京市常住人口"少儿比例过低、劳动力比例过高"的结构特点会令老龄化趋势愈发明显并不断加深，未来社会抚养负担将会急剧加大。北京市需要借鉴国外先进经验，加强社会养老保障体系的建设。同时，北京市还需要考虑人口疏解后的城市活力问题，特别是中心城的活力问题。

第四，北京市卫星城的人口占比亟待提高，公共交通便捷化是重要的促进因素。虽然其他世界大城市"城中心/外围人口密度比值"较高，城市中心人口聚集现象依然存在，但其人口空间分布总体上呈现合理化发展，人口高密度区不断由城中心向外扩散。然而，对于仍处于人口空间分布巨大调整期的北京市来说，应该加强六环以外卫星城的建设，借鉴其他世界大城市职住一体、交通便捷的发展理念，不断疏散城市中心人口，降低局部人口密度，促进人口的合理空间分布。

第五，北京市人口疏解需要把握就业结构上的"度"，注意保持生活性服务业和生产性服务业从业人员的平衡。世界大城市就业结构不断调整，但部分世界大城市的发展经历显示，传统型服务业从业人员保持相对稳定的比例，例如，即使产业升级，但东京批发零售和住宿餐饮业从业人口占比长期维持在32%左右。因此，北京市需要警惕跌入"产业升级即减人口"的理想化陷阱之中，需要注意一个城市对传统生活服务业在一定程度上的刚性需求问题。

第六，北京市人口发展要特别注意第三产业分行业劳动生产率的提高。在劳动生产率方面，北京市远落后于东京，这是未来北京市必须面对和突破的人口经济问题。此外，北京市还需要进一步降低产业结构和就业结构的偏离度，并逐步加强第三产业内部就业人口的比例变化。

第二章　发达国家人口管理经验扫描

　　本章深入研究了主要发达国家在人口登记和信息管理、流动人口证件管理以及常住人口社会融合等方面的成功经验，以期为我国超大城市，特别是首都北京市加强人口有序管理工作提供参考借鉴。

　　针对人口的有序管理，发达国家是在确保公民自由迁移权的前提下，综合运用行政、法律、税收、规划、市场、福利、信息等各种手段，夯实人口管理系统的基础，吸引人口主动接受管理，合理引导人口流量和流向，从而有效调控城市的人口规模，保障区域内的社会融合进程。

一　人口有序管理的五条经验

（一）信息化的"双轮驱动"

　　从发达国家人口信息管理经验来看，建立以生命事件和生活事件"双核心"的信息系统是进行人口有序管理的重要手段，两套系统定位不同，功能不同，但相辅相成。在美国，人口微观信息的日常统计主要来源于两大系统的制度支持：生命登记制度（Vital Registration System）和社会安全号制度（Social Security Card），这两套系统分工明确，各有侧重。"生命登记制度"侧重于记录人口生命事件的微观信息，即出生、死亡、婚姻、领养、胎儿死亡、流产、父母基本情况、父母与子女的社会关系等[1]，但较少涉及国内人口迁移和流动信息。在美国，包括出生、死亡以及绝大部分的结婚信息等生命事件记录主要由各州人口统计局保存，而各

---

① John R. Weeks, Population: An Introduction to concepts and Issues, California: Wadsworth Publishing Company, 1999. 19—22.

州主要通过公共卫生统计和信息系统协会①（the Association for Public Health Statistics and Information Systems）来完成联邦政府所要求的生命登记工作②；其他生命事件记录，诸如契约、抵押、姓名变更、离婚以及部分州不集中统计的结婚记录等信息，主要由所在郡的法院书记员保存。③生命登记制度除了提供个体微观信息外，还能够与人口普查数据结合，为人口管理提供翔实的宏观数据资料，即郡与郡以上人口估计的基数来源于人口普查，更新数据的信息基于生命登记资料等各种行政记录。不过，详尽而完备的生命事项登记需要耗费大量人力、物力，美国出生、死亡等事项的登记也未做到100%完善。

另外，"社会安全号制度"侧重于记录公民身份及日常生活的微观信息，是政府管理常住人口的重要手段，它记载着包括居住、纳税、迁移、驾照、补助金额等在内的多维信息，它是申请入学、贷款、信用卡、银行开户等重要事件的凭证，由美国社会保障局针对个人发行并由其负责管理，居民终身使用。申请社会安全号（Social Security Number，SSN），需要提供父母的SSN，最后由生命登记办公室分配一个SSN。由于美国不实行迁移登记制度，因此，人口迁移和流动的微观信息主要来自于社会安全号系统，各个地区、行业、部门都可以通过存储社会安全号信息的电脑系统查询个人纳税和医疗登记情况，实现了对迁移和流动人口进行有效的信息追踪和服务管理，其中，对于65岁以下的纳税人及其家属，商务部人口普查局从财政部联邦税务局的个人税收记录单上获取其当前住址，再通过社会安全号反查当事人上一年度的住址，以此判断公民在这一年度内是否发生了国内迁移；而65岁及以上人口的迁移率则是通过老年人的医疗登记单来推算。

日本采用以户籍簿与住民票为双核心的人口管理体制，其中，户籍簿以家庭为单位，采取"依人编制"（记载个人的重要身份事项）和"家庭卡片"（记载个人与其他家庭成员间的社会关系）相结合的方式，记录出生、死亡、婚姻及遗产继承等信息，起到登记身份和公证的作用，类似于

---

①　这个协会（APHSIS）是专业组织，主要由人口统计行政主管以及各州登记处的雇员等组成。

②　James A. Weed, Vital Statistics in the United States: Preparing for the Next Century, Population Index 61（4）：527 – 539. Winter 1995.

③　Ibid.

中国的"户籍卡";而住民票以个人为单位,依据公民的居住地设立,公民只要满足了一定的居住年限并拥有固定职业均可申请登记住民票,是公民确认日常住址、迁移、纳税、选举、接受义务教育乃至领取健康和年金保险、米谷配给等的根本依据①,类似于中国的"暂住证"或"居住证"。从管理系统上来讲,住民基本台账系统负责住民票的管理,它由税务系统、国民健康保险系统和选举系统以及住民服务系统组成。

(二) 福利引导、责权统一

证件和信息管理与个人利益相捆绑、与公共福利相关联,是发达国家成功实施人口有序管理的有效诱因。在美国,社会安全号已经成为国民"身份证"②,在没有户口和个人档案制度的美国,它已成为一种有效的社会管理工具③:第一,社会安全号码与领取工资紧密相连。通常,雇主要向国税局报告给予受薪者的全部收入,而在税务领域,社会安全号码则是唯一的个人识别号码;第二,社会安全号与政府提供公共福利和社会救助紧密相连。例如,在医疗方面,只要向有关机构提供儿童的社会安全号码以及父母的有效收入证明,有些州就能向儿童提供免费的医疗保险;在教育方面,社会安全号中具有本学区纳税记录的居民能够享受免费的义务教育,但跨学区及学区内的非居民则不能享受优惠;在高等教育阶段,要根据社会安全号所提供的居住地点和居住时间等信息,综合判定州内的居民能否享受本州的教育优惠。因此,美国居民会向政府部门主动提供人口的真实居住信息,以确保享受各项优惠政策;第三,社会安全号码与个人信用消费紧密相连,记录着个人信用消费的全过程。如果一个人的记录良好,信用度高,还可以在许多方面得到优惠,例如,教育、贷款等。反之,有关部门将出面予以法律制裁等。

在日本,住民票是反映人口迁移和流动的重要依据。日本法律明确指出,住民登录制度只是与户籍相关,而不等同于户籍。日本国民在哪里居住和工作由自己选择,办理完迁入手续后就享受迁入地的所有福利,并按照当地的相关政策和数额交纳保险和税金等,即在日本,保险、纳税以及

①　王新华译:《日本户籍法》,中国人民公安大学出版社 2003 年版,第 152—159 页。

②　Kouri, Jim "Social Security Cards: De Facto National Identification". *American Chronicle.* March 9, 2005, http://www.americanchronicle.com/articles/viewArticle.asp?articleID=3911.

③　薄晓光:《美国的社会保障制度》,《中外企业文化》2004 年第 6 期。

福利都与现住地的地址相关。但是，公民在迁出之前先要到当地政府办理住民票迁出证明，注明迁出原因和计划前往地址，迁入新址后 14 天内到新住地政府办理迁入登记。随着"电子政府"计划的实施，日本新近出台了《住民基本情况网络登记制度》，公民凭借个人登录号就可以在网上方便地完成迁移登记，政府也可以根据电子记录掌握公民的行踪。[①] 迁移人口如果逾期尚未办理迁入登记，那么会影响到个人的国民健康保险和驾照，不过，在法律上一般不会承担什么责任。总的来说，在日本，迁入居民主动办理住民票的原动力包括两个方面：一个是与住民票捆绑在一起的政府福利；另一个是住民票不变更会给迁入者个人的医疗保险和车辆驾驶等带来重要影响。

此外，发达国家的福利供给是以履行公民义务为前置条件的。以美国为例，美国基本公共服务供给原则是义务和权利的对等，不管是流动人口还是本地居民，依法纳税是享受各种公共福利的前提条件。以美国教育为例，教育经费由三级政府投入组成，大体上联邦政府占 4%，州政府占 88%，地方政府占 8%[②]；从经费来源看，联邦政府主体税种是个人所得税，州政府主体税种是消费税，而地方政府和学区主体税种则是财产税。美国联邦政府通过建立地方学区征收财产税的分税制，来确保本学区义务教育的经费支出。在美国公立学校中，从学前班到 12 年级，学生按照家庭住址就近免费上学。公立学校完全按照居住地划分的，不管是租房或买房，学校看的不是房产证，而是家庭近期的电话账单或水电账单[③]，以证明其居住信息的真实性，并结合社会安全号中本学区的纳税记录（如财产税等），为地方学区居民提供免费的义务教育服务。此外，为了增强地方政府提供公共服务的能力，联邦政府对州和地方政府建立了比较全面的财政转移支付制度[④]，以解决各地区间的财政不均衡，实现基本公共服务的均等化。

---

① 接栋正：《发达国家人口管理办法对我国的启示与思考》，《人口与经济》 2008 年第 4 期。

② 重庆市教委德育考察团，"美国义务教育考察报告"，http：//www.bjaoxiao.com/html/2009－04/278_1.html，2008 年 12 月 23 日。

③ 美国义务教育不收课本费，http：//xian.qq.com/a/20080901/000135.htm，2008 年 9 月 1 日。

④ 高如峰：《农村义务教育财政体制比较：美国模式与日本模式》，《教育研究》2003 年第 5 期。

（三）人口准入及分类管理

在美国，公民自由迁徙同样必须符合一些准入条件。例如，美国公民从一个州到另一州的迁移虽然在地理意义上是自由的，但是完全进入目的地州社会权利体系是有条件的。最为常见的限制条件是：（1）特定的居住期限。例如，有些州规定居住不满一年的大学生，需要支付较高的高等教育学费；（2）在迁入州内具有固定居所；（3）真诚居住的要求，即现在实际居住，且打算无限期的居住下去。一旦被确认为某州的真诚居住者，即可享受本州居民待遇。不过，"真诚居住"的判定比较困难，可以通过客观物质因素等来识别，例如，孩子是否与父母或者其他法定监护人一起居住在学区内等。①

此外，美国还通过社会安全号的不同类型实现对人口的分类管理。从社会安全卡片的种类来讲，社会保障局针对不同人群提供不同类型的社会安全号卡片，并通过不同卡片的种类来限制就业机会和就业行为：最普遍的卡片发给美国公民和永久居民（绿卡持有者），注明了持卡人的姓名和号码，此卡拥有者就业相对自由；注明"NOT VALID FOR EMPLOYMENT"的卡片发给在美国有合法身份但不能在美国合法工作的外国人，它无法用于就业所需的证明；注明"VALID FOR WORK ONLY WITH DHS AUTHORIZATION"的卡片发给有美国国土安全部工作许可在美国可以临时短期工作的外国人。

发达国家还通过税收和法律的手段来限制人口的流入或过度聚集。例如，法国巴黎在市区比郊区征收更多的"建筑用地税"；巴黎还曾经规定流动人口要获得居住权必须先缴纳10年的赋税；韩国首尔通过对大型建筑物的建筑商征收"人口过密"税，来缓解中心城区人口压力②；美国纽约州出台了《1901年出租房屋法案》，该法律针对纽约市制定了比先前法案更为严格的强制条款，包括对电灯、卫生、通风设备和使用期的要求，

---

① 曹淑江、张辉：《美国流动和迁徙人口的教育法律与政策及其对中国的启示》，《外国教育研究》2007年第1期。

② 翟振武、杨凡：《世界城市人口调控的政策措施及启示》，《北京社会建设论坛（2010）》，中国人民大学，2010年。

还对新住房及其维修标准以及对建造不合格房屋进行了定罪。① 英国也运用法律规定了最低的人均居住面积，政府只需要通过控制房屋建筑总面积就能达到控制人口规模的目的。

（四）城市总体规划及市场机制引导人口流出

在城市总体规划方面，发达国家主要做了四项工作促进人口有序分布：第一，加强城市功能分区的规划。例如，法国巴黎在郊区建设了汽车、航空、基础化学、制药等一系列新的工业区，在近郊建设了相对发达的金融、保险、商业性服务业和运输业等，有效缓解了城市中心区的人口压力；第二，建设大都市圈，统筹规划城市人口。例如，美国在以芝加哥为中心的 480 公里范围内建立了芝加哥都市圈，集中了全国近 20% 的人口；第三，建设新城和卫星城，疏导城市中心区人口。例如，英国在 20 世纪 70 年代中期先后建立了 33 个新城，其中 11 个分散在伦敦外围 129 公里周长范围内；第四，加强城市基础设施建设，引导城市中心区教育、医疗、生活保障资源和基础设施向城市发展新区转移，吸引大量人口迁移。

此外，国外大城市十分重视利用市场的力量，往往通过建立健全积极的市场导向机制来调控人口。第一，以产业结构升级、产业布局调整为导向，优化人口结构。例如，英国分别于 1945 年、1947 年制定了工业重新安置法和城市农村计划法，对愿意搬迁的工厂给予鼓励和资金补助，并且发给职工雇佣奖励金、职业训练补助费作为奖励；第二，调动个人、企业、行业协会等各类市场主体投入城市建设，加速城市建设和人口空间重塑的步伐；第三，完善劳动力市场管理制度，提供丰富的就业信息。例如，美国劳动力统计局每月对非农业公共和私人部门企业的总工作量、招聘职位数、已雇佣数、辞职数、下岗人数、解雇人数和其他一些市场招聘职位与劳动力供给状况进行调查。

（五）以移民整合指数保障区域内的社会融合

在社会融合方面，欧盟移民社会融合政策的核心原则就是反对歧

---

① 翟振武、杨凡：《世界城市人口调控的政策措施及启示》，《北京社会建设论坛（2010）》，中国人民大学，2010 年。

视，要求成员国给予移民国民待遇，实现全面彻底的社会融合政策。欧盟成员国的人口在欧盟区域内享有比较全面的权利，包括自由流动和自由居住权、平等就业权、受教育权、社会保障权、政治权、家庭团聚权。为了实现全面彻底的移民融合政策，欧盟还采取了有效的融合政策管理和协调机制，通过开放式协调方案，来确保政策目标的实现。第一，制定共同目标。欧共体或欧盟分别于 1999 年和 2004 年提出了坦佩尔方案（1999—2004 年）和海牙方案（2004—2009 年）来推动移民的社会融合进程；第二，开发一套共同的测量指标来监控成员国工作。欧盟于 2004 年提出了欧洲公民资格和融合指数用来监测流动人口社会融合状况。该指数包含劳动力市场融合、长期居住、家庭团聚、入籍和反歧视五个方面共 99 个指标，2007 年被修改为"移民整合指数"，不仅将政治参与纳入了移民整合指数，并将移民整合指标增加到 140 个政策指标，而且政策考察范围扩大到欧盟的 25 个成员国；第三，成员国必须定时向欧盟汇报全国性行动战略报告；第四，欧盟每年发布成员国的政策执行情况的联合报告，给出欧盟平均指标，并提供成员国比较出色的实践；第五，在欧盟层面成立专项工作协调委员会。2004 年 10 月欧盟成立欧盟外部边界协调管理机构，专门对欧盟人口流动以及移民进行管理。

二　启示与思考

由于我国在人口有序管理内容及其目标的各个环节存在一系列的断裂，因此，我国人口服务管理工作不可能一蹴而就，未来改革肯定是艰难的、分阶段性的。在人口有序管理的指导下，我国人口服务管理工作既要注重管理理念，又要注重管理政策；既要注重规模调控，又要注重结构优化；既要注重依法行政，又要注重配套服务；既要注重近期改革，又要注重长远规划。综合起来考虑，我们认为，我国要实现人口服务管理的有序规范，必须在人口信息管理、资格审查、公共服务供给三个方面同步改革，形成合力。

第一，建立两轮驱动的"双核心"人口服务管理信息平台。美国生命登记制度与社会安全号制度的分离、日本户籍簿与住民票的分立都给我们一个重要启示：在我国，可以尝试建立两权分立的两套人口信息系统，其中，一套信息系统反映个人的生命事件信息，与户口相关，体现人口登记的职能；另一套信息系统反映个人的生活事件信息，体现公共福利供给凭证之一的职能，引导人口有序流动。我国未来改革的目标很明确：还原"户口"的人口登记职能，各种公共福利与户口脱钩，通过抓住流动人口的公共福利需求，达到流动人口主动登记的目的。

第二，以成本调控为突破口，建立人口管理协作机制。首先，尽早建立以人口有序管理为导向的政策统筹协调机制和会商制度，降低因政策冲突导致区域流动人口过度聚集的政策成本，减少政府对市场的干预行为，还原流动人口正常的就业成本和生活成本。在各项政策法规颁布之前进行审查，对不符合流动人口成本调控思路或其他重大执政目标的政策提出修改和完善意见，交由相关部门进行充分协调，待形成一致意见后再颁布实施。其次，强化以流动人口服务管理为导向的部门统筹机制，降低因政策设计和执行漏洞导致流动人口成本费用不实的问题。与人口服务管理相关的部门需要全面树立"成本调控"的理念，形成部门合力：在就业成本调控方面，要着力严惩违法用工单位，既强化劳动执法力量，维护流动人口合法的劳动权益，又要重点查处流动人口聚居区内的个体工商户、"六小七黑"等存在事实劳动关系的单位，间接提高特殊区域和特殊行业流动人口从业人员的择业成本；在居住成本调控方面，各个部门要统筹协作，加快城乡接合部城市化工程建设，严格控制违法建设的新增，加大对违法建筑的依法拆除力度，保证流动人口居住环境安全；积极建立并完善出租房屋综合执法长效机制，尽快出台违法出租的处罚性法律法规，如地下空间及群租房的管理罚则；强化对违规中介机构和个人房东的间接执法，规范房屋租赁行为，如加强对出租房主偷税漏税的监管力度和处罚力度等。

第三，依托居住证制度，实现流动人口渐进式福利供给。美国和日本两套人口信息登记系统告诉我们，我国应该将各种公共福利，包括教育、医疗、养老等从户口上剥离下来，并运用居住证的形式，将这些福利分阶段、渐进式地给予流动人口。我国部分城市进行居住证制度改革时，要特别注意四个问题：一是要实行居住证的分类管理。针对不同类型的人群发放不同阶段的居住证，以达到渐进式给予公共福利的目的。二是要重点区分"真诚居住"和"福利旅游"的两类人群。要通过居住时间、纳税记录等多项指标，综合判断流动人口是否仅仅只是为了享受城市较优的公共福利或优惠而迁移流动。三是凸显居住证的综合管理职能。要将居住、纳税、子女义务教育、医疗保险、驾照、贷款等多项记录于此证，使之成为流动人口必须使用的身份证件，从而达到政府部门掌握人口流动信息的目的。四是通过居住证，建立流动人口的诚信系统。通过居住证记录的各项记录，建立人口信用指标体系，提高违规成本，形成良好的社会导向，如遵纪守法、实行计划生育等。

第四，通过分税和转移支付，实现公共福利均衡供给。从美国社会安全号以及日本住民票的管理经验我们可以发现：实现人口合理流迁、有序管理的关键在于地区间公共福利相对无差异供给，而在其背后是以有效的财政税收体制作为支撑。因此，未来财税体制应该着重进行以下两项改革：其一，要深化分税制改革。在保证中央财政收入增长的情况下，建立地方财政，特别是基层财政税种，类似于美国地方学区的财产税。这样，人口流动能够增加地方政府的财政收入，而不会加重其财政支出的额外负担，从而实现人口自由流动、地方政府良好服务的双赢局面；其二，强化中央转移支付制度，必要时可以建立某项公共服务的专项资金，支持地方财政。通过这项制度，改变国内城乡差异、地区差异的现状，实现公共服务的均衡供给，促进人口有序流动和合理分布，避免人口过度向大城市、特大城市聚集。

第五，建立以"城市功能定位"为导向的公共资源合理配置机制。我国要力争提高城市公共资源，特别是土地资源的配置效率，在区域功能定位的指导下，更大程度地发挥土地资源在疏解人口与产业分布方面的重要功能。土地供给和使用应该符合城市空间结构的调整方向，统筹考虑中心城与新城的协调发展，兼顾不同区域的城市发展现状；在产业调整方面，着重淘汰调整低端产业，控制低级次产业吸纳流动人口的规模。逐步建立起产业退出机制和产业准入制度。结合土地市场专项整顿，强化土地资源的集约利用，着重提高农村集体建设用地开发效益，在我国主要特大城市坚决停止审批经济和社会效益低下的市场、仓储、简单加工等低效项目。

第六，实现彰显人性关怀的城市社会融合。在人口有序管理的同时，必须树立迁移流动人口社会融合的根本理念。对于"非事实移民"式的流动人口，可以尝试利用市场的手段，引导其在区域之间合理分布，而对于"事实移民"式的流动人口，必须建立社会融合机制，即在一定的财力和监管机制等客观约束下，流动人口能够有机会逐步获得包括政治选举权、平等就业权、家庭团聚权等在内的多项权利，但是这种权利的赋予应该是有条件的、分阶段性的。

第三章　市郊"微中心"人口分流经验扫描

　　为了对接《京津冀协同发展规划纲要》中以"一核、双城、三轴、四区、多节点"为骨架的京津空间格局，修订中的北京城市总体规划将按"一主、一副、两轴、多点"的城镇空间结构，对北京市各区承担的功能进行重新定位和布局。其中，"一主"是指中心城区。根据定位，这里将是政治中心、文化中心的核心承载区，是历史文化名城保护的重点地区，也是体现国家形象和国际交往的重要窗口地区；"一副"是位于通州的北京城市副中心，是区域协同发展的桥头堡，重点承接北京市属行政事业单位及相关服务部门的疏解转移，带动城市东部区域协同发展；"两轴"即长安街与中轴线，并有所延长；"多点"为顺义、亦庄、大兴、昌平、房山、怀柔、密云、平谷、延庆、门头沟10个新城和海淀山后、丰台河西、北京新机场地区3个重要城镇组团。"多点"主要负责承接中心城区人口和适宜功能的疏解，完善公共服务和基础设施，从而带动所在区域城市化和城乡一体化发展。分别来看，位于平原区的顺义、亦庄、大兴新城及新机场地区，是承接中心城功能和人口疏解、面向区域协同发展的重点地区；位于山前地区的昌平、房山、怀柔、密云、平谷、门头沟新城，丰台河西和海淀山后组团，适度承接与环境禀赋、资源特色相适宜的功能，合理控制人口和建设规模，突出特色发展；位于山区的延庆新城，则会严控规模，以生态保育为重点，建设成为北京的"后花园"。

　　由此可见，在未来的规划中，特别提到位于平原区的顺义区是承接中心城功能和人口疏解的重点地区。因此，本章将以顺义为例，探讨在市郊建立"微中心"以分流人口的国际经验和改革设想。

一　以功能疏解带动周边城镇发展的国际经验

从国外都市化解大城市病的案例来看，区域协调、建设卫星城以促进人口和产业的同向转移基本是各国政府的优先政策选项。本研究中的关键概念——"反磁力""微中心"，就与这些经验密切相关。

（一）东京经验

举措：（1）先后三次实施"城市副中心"战略，使副中心和中心城区一起承担起东京的城市功能，逐步形成了"中心区——副中心——周边新城——邻县中心"的多中心多圈层城市格局。（2）通过《工业控制法》对首都圈内一定规模以上的工业、大学等设施的新增项目进行控制，推动劳动力密集型企业外迁，资本和技术密集型产业在东京高度聚集，以此降低城市人口总量，促进人口合理流动。（3）完善公共交通设施与促进公共服务均等化。以环市中心铁路沿线的各交通枢纽为依托，将各副中心串联起来，再以各副中心为起点，修建众多呈放射状、向近郊或邻近城市延伸的轻轨线，并在线路末端发展新的中小城市和工业中心；通过促进教育、医疗等公共服务的均等化，避免中心城区公共服务资源的过度集中。

对周边城镇的影响：（1）筑波：世界知名的科技新城，距离东京50多公里、为分流东京人口而建，集聚了数十个高级研究机构和两所大学，以设备精良、人才众多、研究基础雄厚著称。（2）涩谷：为分解东京功能而建，如今已是集交通枢纽、信息产业、商务办公、时尚设计以及娱乐购物为一体的副中心，是东京首屈一指的时尚潮流风向标。

（二）伦敦经验

举措：（1）通过在伦敦市中心50公里半径内建成8个卫星城，解决城市人口集中、住房条件恶化、工业发展用地紧缺等问题，实现"既能生活又能工作，内部平衡和自给自足"的目标。同时，在中心城与卫星城之间保留宽13—24公里的绿化带，以避免在空间上的连成一体。（2）通过构建完善的公共交通体系与分层次的住房保障体系，缓解中心城区的交通压力与人口压力。

对周边城镇的影响：（1）英国的伦敦城市群，追求小城镇的"小而精"，英国政府为此将政府部门或其下属机构成批次大规模向小城镇转移。（2）大企业总部落户小城镇渐成趋势，比如，英国泰晤士水公司总部在斯文登小城，英国燃气公司总部设在温莎小镇。（3）古德伍德小镇，位于英国西萨塞克斯郡，拥有久负盛名的古德伍德速度节（世界著名的汽车赛事盛会，车迷最向往的去处之一），同时也是超豪华品牌劳斯莱斯（世界顶级豪华轿车厂商）的唯一产地。

（三）纽约经验

举措：（1）建立跨区域协调机构——纽约大都区委员会，对整个区域内的城市发展与规划进行统筹协调，以较好地实现区域内的资源整合与产业合理布局。（2）发挥政府调控作用，通过公共资源与服务的合理配置，抑制人口和资源向中心城的过度集中。

对周边城镇的影响：（1）美国格林尼治基金小镇，利用纽约附近的区位优势，集中了500多家对冲基金，仅6万余人的小镇，2011年GDP超过了诸如智利、马来西亚等国家全国当年GDP。该镇实行优惠的税收政策，注重城镇建设和宜居环境的打造，吸引了一批从事金融投资为主的财富人群，成为典型的财富聚集区。（2）耶鲁大学所在的小城纽黑文，毗邻纽约，交通发达，医疗和教育系统完善，拥有学生3万—5万人，教职工1万—2万人，相关配套服务数万人，小型机场一个，宜居宜业。

（四）巴黎经验

举措：（1）沿巴黎市区切线方向的两条东南——西北走向的发展轴，建设诸个副中心，以缓解市中心的拥挤问题。（2）在不超过巴黎市区30公里范围内建设5个新城，以吸纳市中心的新增人口，同时承接巴黎市区的相关产业。（3）注重区域整体的协调发展，将新城作为城市区域空间内的组成部分，强调城市居住、服务与就业融为一体。

对周边城镇的影响：新城距离巴黎市区约30—50公里，配备了良好的公共换乘系统，聚集了商务金融、服务业、轻工业和研发等产业，形成了各有侧重的增长中心：（1）著名的迪士尼乐园位于新城之一的马恩拉瓦莱，为该区直接提供了1万多个就业岗位。（2）欧洲著名的生物科技园坐落于埃夫里，主导科技和研发。（3）伊夫林中金融、保险和房地产业的工作人员占到了总就业人数的1/3，服务业人员接近总就业人数的70%。此外，每座新城都有自己的大学和职业技术学院。

（五）小结

东京、伦敦、纽约、巴黎这些世界著名都市疏解功能、打造周边特色主题小镇的案例给我们以下启发：

一是中心城区的功能疏解，将为周边城镇带来重大发展机遇，甚至可以借此契机，成为世界闻名的特色城镇。

二是良好的交通和基本公共服务条件，是特色城镇发展必不可少的基础，而这些保障设施的获得和发展，必须通过积极的争取和承接才能实现。

三是科技创新产业和高端服务业是功能承接的重点，特色城镇的塑造过程，与这些产业的发展是相互融合、互相促进的关系。

四是特色主题小镇与中心城区存在适度半径，过近则无法形成有效的分隔，过远则失去了"近水楼台先得月"的空间优势。据估算，这一适度半径在30—50公里，而顺义区大部分区域均位于该适度半径内。

二 特色主题小镇"业镇融合"的经验

（一）"人无我有型"

此类型以浙江杭州云栖小镇——中国首个云计算产业生态小镇为代表。小镇特色：云栖小镇，地处之江核心，四面环山、碧水中流，地理特征与美国的"硅谷"相似，是杭州发展云计算产业的"排头兵"。该镇以云计算为科技核心，以阿里云计算为龙头，计划通过3—5年时间的努力，打造中国首个富于科技人文特色的云计算产业生态小镇，推动信息经济、智慧经济发展。

建设经验：以"政府主导、名企引领"的创新模式，发挥政策洼地集聚效应，推动云产业生态迅速集聚。（1）政府方面：一是西湖区率先在浙江省出台扶持云计算产业发展的专项政策——《关于促进杭州云计算产业园发展的政策扶持意见》，为小镇整体发展提供配套服务。二是以"产业特色化、创业服务社区化、环境生态化、氛围人文化"原则统领小镇建设全局。（2）企业方面：阿里云公司出台多项专项扶持政策，涉及云产品优惠、佣金减免、云示范补贴以及沙龙、培训等，着重支持在云栖小镇内创业创新的企业和团队。

（二）"人有我专型"

此类型以斯坦福大学孕育硅谷为代表。小镇特色：硅谷位于美国加利福尼亚州，旧金山湾以南，毗邻斯坦福大学，是享誉世界的高科技产业聚集地。历史上，斯坦福大学经过出租土地成立了美国首个校园内的"工业园区"，在斯坦福大学向世界一流大学迈进中，该工业园区成为现代硅谷的孵化地。硅谷承袭了斯坦福大学开拓创新的精神和自由的学风，发展成为全美乃至全世界科技创新的集合地。

建设经验：硅谷与斯坦福大学合作互动，共同发展。硅谷给予斯坦福大学经济上的支持，而斯坦福大学则是硅谷人才技术的源泉；在科技创新方面，斯坦福大学为硅谷提供创新理念、创新能力以及创新成果的支撑。它们在科技创新领域目标一致、相互作用，从创新人才的培养、应用到创新技术的研发、生产都保持着高度紧密的联系，正因为两者相互影响、互相促进才造就了二者在科技创新领域不可动摇的地位。

（三）"人专我精型"

此类型以享誉世界的达沃斯小镇为代表。小镇特色：达沃斯小镇，位于瑞士东南部格里松斯地区，坐落在一条17公里长的山谷内，是阿尔卑斯山系最高的小镇，只有两条主要街道，因每年在这里举行的"世界经济论坛"而国际知名。除此之外，达沃斯还是瑞士著名的温泉度假、会议、运动度假胜地。

建设经验：（1）独特的国家政治特点。瑞士是永久中立国，作为会议地点，容易被各参与方接受。（2）独特的地理环境。达沃斯被群山环抱，安全而不受打扰，适宜于高层会谈。（3）独特的发展定位。达沃斯小镇定位于提供所有利益相关者共同商议解决全球化问题的平台，让最有权利和最优秀的领导者坐在一起，迎合了个人、企业、国家的需要，为世界性问题的解决提供了共同努力的机会。

（四）"人精我转型"

此类型以浙江台州路桥沃尔沃小镇——汽车产业特色小镇为代表。小镇特色：该镇位于路桥区蓬街镇和台州湾循环经济产业集聚区核心区域，以汽车产业、汽车文化、汽车旅游为三大特色，分为三大功能区：一是吉利沃尔沃整车生产基地；二是汽车零部件产业基地；三是体现北欧风情的生活区。该小镇在全国各地大力发展汽车产业大背景下，及时顺应汽车产业链条由初期的加工制造环节向汽车文化和旅游等高附加值环节转型的实际，大力建设生态小镇，其目标是打造现代汽车的标杆地、汽车文化的体验地、特色风情的游玩地。

建设经验：（1）充分发挥产业基础和产业特色优势。一是台州是中国经济型汽车及零部件生产出口基地，汽车产业已形成规模集聚；二是小镇位于浙江省重点规划建设的 14 个产业集聚区之一台州湾循环经济产业集聚区，政策优势明显；三是已有 82 年历史的沃尔沃，是欧洲著名的豪华汽车品牌，被誉为"世界上最安全的汽车"，品牌认知度和美誉度较高。（2）开发目标明确。遵循"一次规划、分步实施、滚动发展"原则，高起点做好规划，并按市场发展需要及时调整规划。（3）组织管理落实到位。专门设立了小镇建设推进工作领导小组和小镇建设指挥部，主要区领导担任负责人，从谋划布局到实施推动均具有清晰的思路和强有力的扶持。

三　顺义总体情况及人口承接能力

顺义区位于北京市东北方向，距市区 30 公里，总面积 1021 平方公里，其中平原面积占 95.7%。全区户籍人口 60.1 万，常住人口 100.4 万，下辖 12 个镇、7 个地区办事处（加挂镇牌）和 6 个街道办事处，共426 个村民委员会、85 个居民委员会。顺义作为北京东北部发展带的重要节点、重点发展新城之一，是首都国际航空中心核心区，是服务全国、面向世界的临空产业中心和现代制造业基地，"十三五"时期将建设成为北京市东北部面向区域、具有核心辐射带动作用的现代化综合新城。2011年，全区地区生产总值首次突破千亿元，成为引领首都郊区科学发展的"排头兵"。2014 年，全区地区生产总值比上年增长 7.3% 左右，公共财政预算收入完成 110.3 亿元。

顺义作为北京市东北部发展带的重要节点、重点发展新城之一，是首都国际航空中心的核心区，是服务全国、面向世界的临空产业中心和现代制造业基地。以首都机场为核心，集聚航空类企业 300 余家。区内临空经济区是首都六大高端产业功能区之一，并逐步成长为与中关村、CBD、金融街等并驾齐驱的首都经济重要增长极。2013 年，全区完成工业总产值 2810 亿元，总量占全市工业的 1/6，形成了以北京现代、北京汽车两大整车企业为核心的"百万辆"汽车产业集聚区。大力发展金融产业，华夏基金、民生银行总部、正德人寿总部、中信银行数据中心等 180 家金融机构先后落户顺义。

顺义区是北京市首个充分就业区，被人力社保部评为全国百家职业能力建设示范城市，全区城乡劳动力二、三产业就业率达到 95.3%。2013 年，城镇居民人均可支配收入 33329 元，农村居民人均纯收入 17703 元，分别增长 9.5% 和 10.9%；城镇登记失业率控制在 1.11% 以内。2008 年以来，累计实施各类保障性住房 29 项，建设面积 265 万平方米，先后为 3.1 万人提供了住房保障。高考录取率连续多年处于北京市前列。公共卫生、医疗保险、基本医疗服务"三个全覆盖"水平稳步提高，在全区免费开展了 30 类 122 项公共卫生和基本医疗服务，新型农村合作医疗参与率达到 99.8%。

（一）经济相对发达

以临空服务、科技创新、绿色生态三大板块为依托，顺义区产业形成了点块相间的空间总体分布格局，全区所辖 19 个乡镇均有不同产业分布。以航空和汽车两大千亿级产业集群为代表的第二产业、以舞彩浅山旅游业和会展业为代表的第三产业，为推动乡镇转型升级发展、打造特色主题小镇提供了坚实的产业基础。

（二）基础设施较为完备

第一，交通路网便捷通达，外部产业和人群"进得来"。顺义区地处京东北，毗邻未来首都行政副中心通州，与朝、昌、怀、密相接，区位优势明显。在现有"六横""十四纵""二放射""六高速"路网体系的基础上，"十三五"时期，轻轨 M15 号线西延至海淀学院路后，顺义区与海淀区的高校和科研机构联系将更加紧密；机场南线西延、机场北线等健全完善后，昌平南部至顺义区将更加便捷；以通怀路、R5 号线等一批"十三五"时期即将开工建设的重大交通工程为依托，顺义区南北走向联络通州副中心的交通将更加便捷，也必将促成顺义区北京市东北部交通枢纽地位，带动产业和人群向区内转移。

第二，市政基础设施逐步完善，外部产业和人群"接得住"。顺义区河西地区市政设施已经较为完备，河东地区市政基础设施水平与河西地区相比，存在较大差距。然而，随着《关于推动河东河西协调发展的实施意见》的推进，未来三年逐步实施的交通、环境、水资源、能源项目，将切实提高河东地区基础设施承载能力；地铁15号线东延工程和木孙路、通怀路等主干道路建设，将切实改善河东地区出行条件；城市骨干市政管线向河东重点镇的延伸，自来水、燃气、集中供热、电力等基础设施建设的稳步推进，将大幅提高河东地区城镇运行服务保障能力。

第三，商贸设施规模逐步增大，外部产业和人群"留得下"。顺义区已初步形成以区域商圈、社区商业中心、镇乡商业中心为特征的三级商业格局，规模集聚、层次分明。一是形成了三大城市商圈。包括城市商业消费圈（以新顺南大街为中心）、新国展商务消费圈（以新国展、首都机场、天竺综保区等为中心）和浅山生态消费圈（浅山五镇）三大商圈，能够满足高端消费需求和旅游人群需要。二是社区商业中心加快布局。主要存在于马坡、牛栏山等重点居住小区内，以超市、百货、社区菜市场等业态为主，满足社区居民日常生活。三是镇乡商业中心加快完善。主要存在于高丽营、杨镇等重点镇内，以小型超市、小卖部和供销社为主，满足农资生产和日常生活需求。

（三）环境比较优美

顺义区环境优美，自然风光秀丽，森林覆盖率高，已初步形成了山水相依、林城相伴、景镇相连的生态格局。

第一，山水相依：梦栖诗画里、乐享山水间。舞彩浅山环绕顺义区东北部，高低起伏，宛转绵延，六段登山健身步道贯穿南北，景韵独特：焦庄户地道战遗址写满沧桑，北大沟生态园神奇瑰丽，千亩双源湖风景旖旎，农家民俗游淳朴谐趣，百果采摘园飘香万里。与此同时，顺义区"十纵、五横、七点"的水系格局已初步形成：温榆河沿岸风光秀美，已成为高档别墅聚集区；潮白河旖旎而下，是顺义区的城市内河；汉石桥湿地等宛若"城市之肺"，在点缀环境的同时，净化了空气，涵养了生态。

第二，林城相伴：城在林中、居在绿中。2014年顺义区森林覆盖率28.59%，绿化覆盖率为53.65%，湿地资源占全区总面积的2.32%，整座新城披青被绿，区域整体绿化水平较高，河东地区的一抹"绿色"更是成为寄托乡愁、怀念乡村的独特景观。此外，北部浅山区森林带、潮白河两岸森林带、温榆河绿色生态走廊将全区包围其中，形成了林城相伴的优美景致。

第三，景镇相连：人在景中。2014年顺义区已拥有国家级生态镇15个，市级"环境优美乡镇"17个，市级"文明生态村"322个，占全区自然村的75.6%（扣除搬迁村后，占比超过90%），人居环境绿色和谐。"十三五"时期，随着环境建设力度的持续加大，优美镇数量和质量将不断提升，城市绿色空间将进一步拓展，山水林田生态系统将更加完善，一座首都东北部的花园式新城将逐步形成。

（四）开发空间广阔

包括河东新区在内的顺义区潮白河以东地区，可供开发的空间十分广阔。一直以来，河东地区都是作为顺义区的后备用地，发展较为滞后，正因如此，该区域后发优势明显，是顺义今后发展的最重要支撑。该区域自然资源丰富，平原面积广阔，人文地理条件优越，民风淳朴包容。相对于河西部分地区已经形成集聚的产业布局，河东地区在特色主题小镇建设方面存在三大优势：一是可塑性强。河东地区产业分布较为稀疏，特色主题小镇建设受到的产业约束限制不多，可供塑造和创新的空间大。二是实施难度相对低。河东地区以乡镇和农村为主，打造特色主题小镇是发挥资源优势，改善居民生活环境，提高生活品质，真正让群众感受到发展成果的顺民心之举。三是地理条件独特。河东地区均为平原，各镇域相接无碍，路网四通八达，极易形成特色主题小镇的集聚效应。

（五）存量资源优势

功能区、乡镇、国有企业等拥有闲置的土地、厂房等存量资源，具备快速转化的基础。一是功能区和乡镇。据统计，2015年1月至9月顺义区各镇、经济功能区累计实现规模以上工业总产值1828.32亿元，占全区总数（1940.6亿元）的94.2%（18个镇无龙湾屯、4个经济功能区为综保区、临空经济核心区、科技创新功能区和天房）；可盘活工业资源项目分布在16个镇域及功能区；闲置土地分布在12个镇域及功能区，均为工业用地；已建成并投入使用的楼宇项目51个，总建筑面积318万平方米；二是国有企业。13家国有企业可利用土地面积总和为3153.06亩；三是国家地理信息产业园。产业园总占地面积2400余亩,建有楼宇152栋,总建筑面积270万平方米。目前,产业园剩余可利用楼宇面积约200万平方米。

(六)距离中心半径合理

根据国外的经验,城市中心疏解距离半径不宜过大。中心城区功能疏解应遵循适度半径原则。比如,20世纪40年代,英国政府为解决伦敦人口过于密集问题,成立了"巴罗委员会"开展功能疏解的研究和推动工作,并出台《新城法》在距离伦敦市中心50公里范围内建设了8个卫星城,划定了"限制区"和"鼓励区"。20世纪50年代,日本政府出台"首都圈整顿方案",提出以东京为中心、在半径100公里范围内构建"首都圈",涵盖了周边7个县,形成了1都7县的"多核心分散网络"空间格局。在20世纪70年代,日本政府在大东京内划定了"搬迁鼓励区"和"布局接收区"。顺义距北京市中心城区约30公里,正处于疏解半径的核心位置,具有较好的先天优势。

四 打造反磁力微中心的设想

(一)打造产城融合示范区和产业主题小镇

以镇为节点,以村为支撑,建设产业主题小镇。例如,文化小镇、医疗小镇、养老小镇、"互联网+"小镇等。镇村城市化,农民农村产业化、职业化,保持土地性质不变、开发强度不变,体现"互联网+"、区域化、产业化,打造花园城市。

打造产城融合示范区或"互联网+"产业化、区域化示范区为前提。在包括北京市部分区县在内的京津冀区域,有城无业"空壳化"和有业无城"孤岛化"现象并不少见,因此,疏解非首都功能要以促进承接地产城融合而不是加剧当地产城分离为工作取向。"互联网+"对培育新兴业态、扩大本地就业、促进产城融合具有积极作用。

树立和坚持产城融合理念,提升资源配置效率是破解大城市病的必然选择。与中心城区产业化高度发达和城市边界屡屡突破形成鲜明对比的是,一方面职住分离趋势更加明显,加剧了交通拥堵、上班潮汐人口等大城市病;另一方面北京市远郊区县工业化和城镇化进程相对滞后,特别是近年来各区县大力创建国家级和北京市级环境优美镇、村取得较好成绩，但是普遍缺乏有效的产业支撑，缺乏可持续发展的后继动力。加快建设产城融合示范区或者"互联网＋"产业化区域化示范区，促进中心城区及其周边产业聚集区和人口聚集区融合发展，特别是将中心城区过度集聚的部分功能疏解与远郊区县打造主题特色小城镇紧密联系起来，将大幅提升区域发展资源配置效率，进一步缩减区域之间和城乡之间发展差距，实现协同发展、一体化发展。

通过打造特色主题小镇，结合互联网＋花园城市＋优质企业＋优质资源，形成总部街区和绿色出行体系，是形成反磁力微中心，疏解中心城区人口资源的有效途径。

（二）把握建设原则

打造产城融合示范区，建设特色主题小镇，以下几个原则需要高度重视。

第一，产业支撑。示范区或乡村的示范镇、村必须要有主导产业支撑才能可持续发展，即可以是企业总部，可以是某个科研结构或组织，也可以是一个完整的产业链条，让示范区或小镇区域化、产业化。比如，英国伦敦市中心区将泰晤士水公司总部疏解到斯文登小城，将劳斯莱斯总部疏解到德比小城。再如，农业科研结构、健康和养老产业可以依托示范镇、村打造高端籽种、田园休闲、健康疗养、乡村养老等特色主题小镇、村，并实现双赢发展。

第二，健全服务。示范区、镇在购物、居住、电信、医疗、交通、教育或者其他生产、生活服务方面都要比较健全，符合和谐宜居首善之区标准，要让引入的产业或机构从业人员没有不适应，只有更舒适，才能实现可持续发展、长久发展。

第三，注重"互联网＋"。"互联网＋"可以创造多种产业，多种就业，是解决人口和产业疏解导致的再就业难的有效手段，同时也是缓解大城市病的有力手段。比如，丈夫去示范区或示范镇工作，留守妻子怎么办，需要借助"互联网＋"促进个体创业、微就业等就业机会大量涌现。比如，滴滴打车软件一定程度上发挥了调控出租车供需之间的矛盾，"互联网＋"现在已经初步应用到城区停车位、医院挂号、电子商务等越来越多的领域。

第四，适度半径。即示范区与核心区要有适度半径距离。根据疏解的企业、机构或组织提供产品和服务特征的差异，研究并制定的适度半径距离应有所区别，符合发展规律。

第五，布局合理。对城区建设融合示范区要突出"产业集聚区、人口集聚区、综合服务区、生态保护区"等功能分区的有效衔接，对乡村建设融合示范小镇、村要突出"以镇域为核心，以村庄为支撑"的结构体系，既能促进镇域的资源集约节约利用，也能充分惠及周边乡村发展。

第六，注重实效。产城融合是减少潮汐流动人口、促进职住合一的工作理念，也是工作方向。比如，国贸地区的 CBD 产业发达，而顺义的天竺、后沙峪等地区人口聚集，可以考虑将 CBD 部分产业疏解到这些地区，实现产城融合、职住合一。

（三）优化布局

顺义区不同镇域之间，产业基础、资源禀赋、地理条件存在差异，这就要求特色主题小镇的规划建设，必须进行恰当合理地布局，以优化空间结构，实现业、镇互动协调，提高资源配置和运行的效率。

第一，以"产城融合发展"原则统领特色主题小镇规划建设全局。特色主题小镇产业空间布局的合理性在很大程度上影响着小镇未来的健康发展。在特色主题小镇的规划建设进程中，必须注重以产业发展支撑小镇发展稳步推进，以小镇发展助推产业集聚升级，积极推动产业布局与小镇发展相融合的格局。经济发展和增加就业是小镇发展的两驾马车，一方面需要以此为核心促进资源和产业要素的优化配置，合理安排产业空间布局，形成相互协调、特色鲜明的区域产业格局；另一方面通过承接中心城区功能疏解大力发展特色经济，推动产业转型升级，向高端化、精细化、国际化、高附加值方向发展，着力打造规模化、集约化的优势主导产业，使其成为支撑小镇发展的强大动力，进一步增强小镇的核心竞争力和发展的可续性。

第二，"分地域、分层次、分功能"布局特色主题小镇。依据顺义区现有的产业基础、资源分布、基础设施情况，考虑避免出现小镇风格趋同和同质化竞争，兼顾产业应适当集聚的原则，宜重点建设以下三类特色主题小镇：

"人无我有型"：建设依托首都机场的园林式综合小镇。空港组团是综合型发展地域。空港组团依托首都机场，区位优势独特，区域内既有中央别墅区、新国展等高端服务业，也有航空周边及战略性新兴产业，建设伊始，便以综合性发展为原则。小镇设计上，以"国际化、高端化、花园式"为原则，以现有人群、品牌、生态资源为基础，以湖、河、林为建筑背景，以欧式建筑为硬件建设主体，以西方"休闲文化"打造为内核，以高端制造业和服务业双轮驱动为支撑，以"别墅小镇""航空小镇"等为具体形态，打造成为首都标杆式、综合性业镇融合发展的典范。

"人有我专型"：建设产学研用一体发展的专业化小镇。M15 号线西延后，顺义区与海淀高校及科研机构的联系将更加紧密。以 M15 号线及京承、京平高速为依托，以现有高端制造业和战略性新兴产业为基础，以创新创业为驱动，打造若干具有浓郁现代气息、工业文明特色、人类科技特征的产业小镇。小镇设计上，以"产业、文化、风情""三位一体"为特色，以传统产业向"微笑曲线"两端的转型发展为支柱，以环境优美镇为基础，以"中试基地聚集区""汽车小镇""啤酒小镇""会议小镇"等为具体形态，打造成为首都东北部高端特色产业的小镇群、现代工业文明的体验地、顺义产业转型的实验区。

"人专我精型"：建设都市康体休闲养老的度假型和服务型精品小镇。浅山区域为燕山余脉，蜿蜒而下，襟四区而带五镇，环绕顺义东北部；临山而立，云淡风轻，清秀静谧，是建设康体、休闲、疗养区的良好选择。目前，浅山开发已经成为全区重大战略，在此基础上，进一步发挥浅山五镇各自优势，开发旅游资源，打造生态型旅游度假小镇。小镇设计上，以"康体、休闲、疗养、服务"为主题，突出自然和原生态特点，以高端服务业为支柱，以登山步道、特色温泉、民俗文化、高端娱乐设施为基础，以"大学小镇""鲜花小镇""郊区登山健身小镇""温泉疗养小镇""高端养老社区小镇"等为具体形态，打造成为自然风光旖旎、建筑风格鲜明、服务设施高端、产业支撑坚实的小镇群。

（四）完善配套

第一，优化公共资源配置。积极推进城乡规划、产业布局、基础设施、公共服务、社会治理、市场监管等领域城乡一体化，优化资源空间配置，实现基础设施共建共享，力度向特色主题小镇倾斜。促进教育科技、医疗卫生、文化体育、社会福利等公共服务设施建设，向以"邻里中心"

为代表的综合性的社区中心服务平台倾斜，实现社会服务资源向特色主题小镇集聚，带动周边村居和社区发展。

第二，健全社会保障体系。进一步提升新型农村合作医疗及医疗救助、新型农村社会养老保险、被征地农民基本生活保障扶持标准。加强农村五保对象和城镇"三无"人员集中供养制度建设，并引导集中供养人员向主题小镇布局，实现小镇优质资源利用和集中供养保障水平双提升。探讨建立"小康型社会保障体系"，即以商业保险项目和社会福利项目为主，在防范基本生活风险和保障基本生活的基础上，进一步提高居民社会保障和社会福利水平。将符合条件的特色主题小镇医疗机构纳入全市医保范畴，以即时结算方便小镇外来居民。

第三，优化公共交通体系。根据历史传统、风俗习惯、景观分布、生活便利与否等不同功能需求，不断优化特色主题小镇路网布局；推进客货分流，保障公交车辆、行人和非机动车辆的交通安全，形成安全、高效、文明的交通秩序；配置大容量高性能低排放的公交车辆，设置公交专用道，提供安全舒适的候车环境与快速方便的乘车服务，采用科学灵活的运营组织方式，建立快速公交系统，为特色主题小镇居民出行提供便利。

第四，提高原居民综合素质。将社会主义核心价值体系及本地传统乡土文化按照通俗易懂、贴近百姓的要求，利用生动案例，潜移默化地宣传引导原居民，深入开展文明和谐创建活动，扎实开展全民普法教育和终生学习活动，不断提高社会文明程度，提升小镇特色乡土文化凝聚力。将提高科学文化素质与强化劳动技能培训、拓宽居民就业渠道结合起来，通过开辟多元化教育方式和渠道，举办各种技能培训和职业教育，提高特色主题小镇居民的就业能力。

第七篇　反思与未来

第一章 人口疏解困局的"三种效应"

首都人口疏解的复杂性在于既要"控规模",又要"优分布",还要"调结构"。为何首都北京会屡次突破人口规划目标,并面临人口规模、人口分布和人口活力这三个困局呢?综上所述,本书认为这是三种循环综合作用的结果:一是人口经济循环的"发展阵地效应",处于人口系统中的最高层级,是影响当前人口发展的"首要"规律;二是人口社会循环的"服务高地效应",处于人口系统中的第二层级,对家庭整体需求产生重要影响;三是人口管理循环的"成本洼地效应",处于人口系统中的第三层级,对人口产生叠加影响。

一 "发展阵地效应"

人口经济循环中的"发展阵地效应"是指长期以来超大城市一直都是全国经济增长的主阵地,从而对人口产生重大的吸引力。人口经济循环中的"发展阵地效应"是影响首都人口发展的第一层级因素。在目前超大城市的人口经济循环中,三个重要因素推动着人口规模的增加:

第一,全国GDP增速推动首都人口增加。从日本东京的数据来看,第二次世界大战以后,日本首都东京人口增速最快的十年出现在1958—1968年,十年年均人口增长率达2.2%,而当时日本全国GDP十年年均增速高达10.8%;相反,在1970—1980年这十年,东京都年均人口增长却十分缓慢,仅为0.2%,而此时日本全国GDP十年平均增速已降至4.5%,这在一定程度上说明超大城市人口的增加受到全国GDP增长的影响。在我国,1979—2014年全国GDP年均增速为9.7%,而在此期间,超大城市北京和上海常住人口年均增长率分别为2.5%和2.2%,与20世纪60年代日本全国经济增速和首都人口增速极为相似。可见,超大城市人口增长与全国 GDP 的变化具有关联性。

第二，首都自身经济开发强度大，带动其人口增加。GDP、财政收入、建成区面积及一般公共预算支出等指标从不同侧面反映出了超大城市的开发强度。从建成区面积和一般公共预算支出来看，首都北京市这两个指标的增长速度明显快于人口增长的速度。2000—2014 年期间，北京市建成区面积、一般公共预算支出、常住人口的年均增长率分别为 7.7%、18.1% 和 3.2%，其中，建成区面积年均增长率是常住人口年均增长率的 2.4 倍，而全国二者之间仅为 1.3 倍。有研究表明，从平均规模来看，中国城市人口和用地规模大小与其行政等级的高低密切相关。随着城市行政等级的提高，城市人口和用地规模均呈现指数递增的趋势（魏后凯，2014）；一般公共预算支出年均增长率是常住人口年均增长率的 5.6 倍，而全国二者之间仅为 4.4 倍。

表 7-1-1　全国及超大城市土地资源、财政资源与人口之间的配置关系对比

	2000—2014 年年均增速			增速比较	
	建成区面积①	一般公共预算支出②	常住人口③	①/③	②/③
全国	5.9	19.7	4.5	1.3	4.4
北京	7.7	18.1	3.2	2.4	5.6
上海	4.4	16.1	2.7	1.6	6.0
天津	5.3	21.6	3.0	1.8	7.2

数据来源：建成区面积和常住人口数据来源于相应年份的《中国城市建设统计年鉴》；一般公共预算支出数据来源于相应年份的《中国统计年鉴》。

从 GDP 和财政收入来看，在高强度生产要素配置的影响之下，我国超大城市的经济发展在全国占据了举足轻重的作用，从而进一步加剧了人口聚集。例如，2014 年六个超大城市地区生产总值之和占全国国内生产总值的 16.9%，约占全国的 1/6；六个超大城市公共财政预算收入之和占全国地方财政总收入的 21.4%，约占全国的 1/5。通过对经济合作与发展组织（OECD）"区域经济——人口分布协调度"指标的分析，结果还发现：在奥地利、澳大利亚、比利时、法国、芬兰、荷兰、加拿大、美国、葡萄牙、日本、瑞典、西班牙、西德、希腊、意大利、英国 16 个发达国家的 323 个一级行政区中，其经济聚集和人口聚集显现出高度的一致性，

即在这 323 个样本中,"省一级行政单位所创造的 GDP 占全国 GDP 的比例"与"该省所吸纳的人口占全国人口的比例"之比,均值接近于 1。然而,2014 年我国超大城市"区域经济——人口分布的协调度"指标则显示北京为 2.1、上海为 2.1、天津为 2.2、重庆为 1.0。可见,在这些超大城市中,除重庆接近国际标准外,其他城市经济聚集明显高于人口聚集,其城市开发强度和经济贡献在全国位居前列,推动了城市自身人口规模的增加。

第三,超大城市资源配置效率不高,导致大量劳动密集型就业机会的存在。以劳动生产率为例,目前中国超大城市各行业的劳动生产率明显落后于发达国家的主要城市,从而对城市人口规模的增长产生直接影响。例如,2010 年北京、上海、广州、天津、深圳批发和零售业的劳动生产率分别仅为 17.9 万元/人、14.4 万元/人、10.1 万元/人、10.6 万元/人和 8.1 万元/人,而 2012 年日本东京则高达 139.3 万元/人;国内这五个城市金融业的劳动生产率分别仅为 66.8 万元/人、80.9 万元/人、77.1 万元/人、48.5 万元/人和 106.8 万元/人,而 2012 年日本东京则高达 238.71 万元/人。

二 "服务高地效应"

人口社会循环中的"服务高地效应"是指超大城市的公共服务水平明显高于全国其他地区,从而对人口产生吸引力。人口社会循环中的"服务高地效应"是影响超大城市人口发展的第二层级因素。在人口社会领域,基本公共服务严重不均等不仅推动着超大城市周边地区人口向超大城市聚集,而且还加剧了超大城市内部非中心城区人口向中心城聚集以及中心城人口结构的老化。

首先,区域公共服务落差大,加剧人口流入。在京津冀,2014 年北京人均公共服务财政支出高达 1404.9 元,天津为 983.1 元,而河北仅为 714.8 元,河北仅为北京的 50.9%;具体从教育和医疗的财政支出来看,2014 年北京人均教育财政支出高达 3221.1 元,天津为 3133.8 元,而河北为 1142.34 元,河北仅为北京的 35.5%、天津的 36.5%;2014 年北京人均医疗卫生财政支出高达 1305.56 元,天津为 875.83 元,河北为 519.26 元,河北仅为北京的 39.8%、天津的 59.3%。

其次，首都公共服务资源的"中心化"布局，推动户籍人口"向心化"流动和中心城深度老龄化。例如，从北京市内医疗资源的分布来看，67.7%的医院、79.5%的医务人员集中在北京的中心城区，驻京部队的三甲医院全部位于中心城，中心城和郊区县的医疗资源落差明显。同时，教育资源也在复制这样的格局，因此，"一老一小"人群加速向中心城聚集。

三 "成本洼地效应"

人口管理循环中的"成本洼地效应"是指因城市管理不精细导致在超大城市形成了低于市场调节的居留成本，从而对人口产生吸引力。人口管理循环中的"成本洼地效应"是影响超大城市人口发展的第三层级因素。"成本洼地效应"并非要否定我国超大城市的管理水平，而是指在世界罕见的人口流动巨浪下，超大城市人口管理的压力明显高于其他城市，由于在全世界范围内并没有现成的经验可循，所以超大城市不同程度地存在因城市管理不够精细、不够完善导致人口居留成本偏低的"成本洼地效应"。"成本洼地效应"不仅进一步加剧了超大城市人口规模的增加，而且还严重影响了超大城市的人口空间布局，流动人口加速向城郊的城乡接合部以及中心城的地下空间聚集。超大城市人口管理领域的"成本洼地效应"主要有以下四个方面的表现：

一是基层规划不明确且落地难，部分区域居住成本低。例如，在京郊部分城乡接合部地区，政府只明确了产业禁限项目，却未有明确的产业规划或规划常年不落地，从而造成村集体经济及村民长期依赖"瓦片经济"，极其低廉的房屋租金（200—300元/月）大量存在，不仅推动了村集体经济、村民与流动人口形成"利益共同体"，而且还加速了城乡接合部地区流动人口自循环、低层次生存圈的形成。

二是行业监管不充分，部分区域就业成本低。隐形就业和非正规就业为流动人口提供了大量劳动密集型的就业机会。例如，由于劳动执法力量严重不足，企业违法用工有效监督不足，造成流动人口与用人单位签订劳动合同的比例不高，形成"低成本用工——牟取暴利——再投资低端产业——吸引更多的劳动密集型劳动力"的恶性循环；同时，土地供应门槛较低，各类批发市场和单一仓储设施的审批不严等，为流动人口劳动密集型就业创造了机会。

三是人口疏解的法制体系不完善，违规成本低。例如，现有法律法规对流动人口居住场所管理，特别是治安、安全管理的规定较为滞后，出租房主履责不到位。如《北京市房屋租赁管理若干规定》（市政府令194号）对群租房未有规定；对违法建设并出租的房屋有禁令无罚则；出租房主偷税漏税普遍，监管处罚不足等问题；对中心城区地下空间的使用管理，同样缺乏明确的法律法规规定：地下空间产权关系的复杂性造成管理主体和执法主体不清，对地下空间的管理与监督不到位，造成中心城地下空间的人口聚集，这些都带来了"人治思维"的风险。

四是政策和部门合力不足，协作效能低。对于人口的服务管理工作没有形成有效的政策合力，人口政策缺乏衔接，协调机制不完善，不同部门之间、各项政策之间不同程度地陷入"推诿打架"的尴尬局面，从而加速了"成本管理洼地"的形成，加剧了人口的无序流动和聚集。

第二章　人口疏解的四个认识误区

在未来，破解超大城市人口调控困局，不仅需要从"发展阵地效应""服务高地效应""成本洼地效应"的理论源头入手，解决"为什么""是什么"的问题，而且还需要在实践层面消除超大城市人口调控的若干认识误区，解决"怎么办""办到什么程度"的问题，以最大限度地降低人口调控风险。因此，在实践层面，厘清若干认识误区，既能避免超大城市更多地陷入人口调控困局之中，而且有助于探寻缓解人口调控困局之策。

一　"减人"和"添秤"同步推进

超大城市"人口规模困局"形成的一个重要原因就是人口经济领域的"发展阵地效应"。也就是说，经济高速发展和功能过载带动了人口的聚集。因此，人口规模调控需要疏解超大城市过多的城市功能。然而，目前从超大城市人口调控的思路来看，有一部分人陷入一个认识误区之中，即认为在保持经济高速增长（"添秤"）、保持城市已有开发强度不变的情况下，依然能够实现人口规模的调控（"减人"）。本研究认为，在超大城市的人口经济领域，"减人"和"添秤"难以同步推进，原因有二：

一是从实地调研的情况来看，超大城市将"减人"的着力点集中于疏解低端产业上，但为了"稳增长"和"添秤"，在低端业态退出的同时，超大城市依然需要竞相发展"高精尖"产业，不同程度地增加新建项目，进而形成新的人口聚集，难以同时协调好人口调控"减法"与"加法"的关系。

二是从理论层面来看，超大城市人口规模与 GDP 之间在统计上表现出显著的正相关性，而且其相关系数明显要高于全国的水平。基于北京、上海、广州以及全国 1978—2015 年、深圳 1979—2015 年、天津 1986—2015 年、重庆 1996—2015 年的历史数据，研究发现，北京、上海、广州、深圳、天津、重庆六个超大城市人口规模和 GDP 之间的相关系数分别高达 0.969、0.976、0.798、0.866、0.993、0.856，都高于全国 0.781 的水平。

此外，本研究基于两类经济指标还大体估算出了 2020—2030 年北京市常住人口规模，从中可以看出经济增长对人口增加的拉动作用（具体计算过程参见本书第五篇）。

一是回归模型法。基于 1978—2012 年这 35 个年份的数据，我们建立了以常住人口规模对数为因变量、可比价格 GDP 为自变量的回归方程并得到两者之间的关系模型；在建立 GDP 与人口规模之间稳健关系的基础上，通过假定 GDP 的变动趋势，得到 2013—2030 年各年的 GDP 总量，代入回归模型即可得到预测期内各年份北京市的常住人口规模（pop）。回归方程如下：

$$\ln\hat{pop} = 7.036 - 0.219 \times \ln GDP + 0.037 \times \ln GDP^2$$

上述回归模型的拟合优度 R^2 为 0.99，意味着此模型对 1978—2012 年的人口规模数据拟合得较好。预测结果显示，若假设 GDP 增速由 2012 年的 7.7% 逐步下降到 2020 年的 6.5%、2030 年的 5%，那么北京市仍有可能在 2018 年前后突破 2020 年的人口规划目标 2300 万人。

二是就业弹性系数法。根据经济学原理，经济产出的增长依赖于资本、技术和劳动力等要素的投入。因此，经济增长会带来就业的增长。当然，经济增长并不意味着同等速度的就业增长，因为就业增长还取决于经济增长的就业弹性系数，即 GDP 每增长 1% 所创造的就业岗位增长的百分数。因此，本研究匡算预测期年份劳动力需求是建立在就业弹性系数基础之上的：就业弹性系数 = 就业人数增长率÷GDP 增长率。由此，反过来，通过依据理论知识和历史数据信息设定未来年份 GDP 增长率、就业弹性系数的变动趋势，便可得到 2013—2030 年各年份的就业人数增长率为：就业人数增长率 = 就业弹性系数×GDP 增长率。若假设就业弹性系数从 2012 年的 0.46 线性地降低到 2030 年 0.35，GDP 增速由 2012 年的 7.7% 逐步下降到 2020 年的 6.5%、2030 年的 5%，以 2012 年从业人员年末人数为基数，可以推估出 2013—2030 年各年份的劳动力需求量。之后借助现有年份劳动力数量占常住总人口的比例关系（假设保持 0.54 不变）反推出预测期内各年份的常住人口数。预测结果显示，若按此假设，北京市常住人口可能会在2017年前后突破2020年的人口规划目标2300万人。同时，2020年的劳动需求量将达到1400万，常住人口规模有可能达到2600万人。

表7-2-1　　　　基于回归模型法和就业弹性系数法预测北京市常住人口规模结果

年份	两种方法共用的参数	就业弹性系数法的参数		常住人口规模预测（万人）	
	GDP 增长率（%）	就业弹性系数	就业增长率（%）	回归模型法	就业弹性系数法
2012	7.7	0.46	3.54		—
2020	6.5	0.41	2.67	2473.1	2606.2
2025	5.75	0.38	2.19	2791.8	2931.2
2030	5.0	0.35	1.75	3121.8	3223.9

注：GDP 为按 1978 年计算的可比价格 GDP。

数据来源：原始数据来源于历年《北京统计年鉴》。

二 "拆市场"即"减人口"、"产业升级"即"减人口"

在实践过程中，部分人认为"拆市场"即"减人口"、"产业升级"即"减人口"，以"拆"代"疏"、以"拆"代"管"、以"升"代"疏"。这一认识误区会让超大城市进一步深陷"人口活力困局"之中。原因有二：

一是从实践调研情况来看，倘若仅仅寄希望于拆除违法建筑及低端有形市场来减少人口，那么实际情况很可能事与愿违，往往人口"散而不走"；若仅依赖产业升级、发展"高精尖"，忽视不同行职业人口之间内在的比例关系，忽视不同人群之间相互依存的"生态链"关系，那么这样的人口疏解既有可能伤害到超大城市固有的刚性需求，也有可能对超大城市未来的可持续发展带来风险。

二是从理论数据分析来看，我们通过对发达国家主要城市历史数据进行研究后发现，大城市的人口就业结构表现出以下三个特点，并未印证"拆市场""产业升级"与"减人口"之间明显的正向互动关系：

（1）国外一些城市"批发零售业"从业人员比例并不低，城市对一定比例的此类人群存在刚性需求。从日本东京 2001—2012 年的数据中我们发现，近十余年来，东京都"批发零售业"从业人员的比例基本维持在 22% 左右，而 2010 年北京、上海、广州三市该行业从业人员比例分别为 19.9%、15.6%、20.5%，均低于日本东京的比例，这一现象值得引起对中国超大城市"拆市场"力度的把握和反思。

（2）即使产业不断升级，但国外一些城市部分"传统生活性服务业"从业人员比例基本保持不变，甚至略升。从 1981—2012 年东京 30 余年的就业结构数据来看，尽管产业结构在升级，但其"批发零售业""住宿餐饮业"从业人员合计比例基本稳定在 32% 左右，即占就业人员总数的 1/3 左右，而 2010 年人口普查中中国北京市常住人口该比例为 25.8%，上海为 20.5%、广州为 26.0%，均低于东京的相应比例。此外，美国的数据还显示，产业越升级，对于技能劳动力的需求较大，即在美国 1 个制造业岗位带动 1.6 个服务业岗位，而 1 个高科技行业岗位带动 5 个服务业岗位，其中，有 2 个高端的岗位，例如律师、医生等，有 3 个其他消费型服务岗位（陆铭，2014）。同时，东京 1981—2012 年的数据显示，传统服务业——"不动产业"从业人员比例竟由 2.0% 升至 4.0%，此比例甚至高于我国北京、上海和广州。

（3）在产业升级过程中，国外一些城市部分"生产性服务业"从业人员比例并没有出现预想的大幅增加。例如，东京 1981—2012 年的数据显示，"金融保险业"从业人员比例竟从 1981 年的 4.9% 略降至 2012 年的 4.1%。从以上国外城市人口就业结构的特点可见，城市内部各行业人口之间存在着一个相对稳定、相互嵌套的比例关系，这一比例关系受到市场力量的调节且与城市功能定位相匹配。因此，过多地依靠行政手段干预这一人口比例关系，可能会对城市人口结构、城市人口活力以及城市的刚性需求产生影响。

表 7 - 2 - 2　东京与北京、上海、广州部分行业的人口就业结构对比　　（单位:%）

		第二产业		第三产业			
		建筑业	制造业	批发零售和住宿餐饮业	其中：批发零售业	金融保险业	不动产业
东京	1981 年	7.4	21.7	31.5	—	4.9	2.0
	1986 年	6.7	19.1	32.8	—	5.1	2.2

续表

		第二产业		第三产业			
		建筑业	制造业	批发零售和住宿餐饮业	其中：批发零售业	金融保险业	不动产业
东京	1991 年	6.9	17.5	30.4	—	5.8	2.6
	1996 年	6.9	14.8	31.6	—	5.2	2.5
	2001 年	5.9	12.8	30.8	22.5	4.6	2.6
	2006 年	5.2	10.3	30.2	21.3	4.1	2.9
	2009 年	5.5	10.2	31.1	21.2	4.5	3.9
	2012 年	5.4	8.2	32.0	22.2	4.1	4.0
北京	2010 年	6.7	15.6	25.8	19.9	2.8	3.6
上海	2010 年	6.3	35.4	20.5	15.6	2.2	3.1
广州	2010 年	3.3	34.7	26.0	20.5	1.9	2.3

注：2001 年以前，东京都并未单独呈现批发零售业的从业人员数。东京都的原始数据来源于《东京都统计年鉴》。北京、上海、广州的原始数据分别来源于《北京市 2010 年第六次人口普查资料》《上海市 2010 年第六次人口普查资料》和《广州市 2010 年第六次人口普查资料》。

三 人口调控就是"减规模"

从目前实践来看，超大城市人口调控往往陷入"人口分布困局"之中，往往忽视人口的空间分布，而将人口调控狭隘地理解为人口规模的减少和调控，这是当前超大城市必须纠正的一个认识误区。其实，放眼全世界，更多地超大城市则是从人口空间合理分布、城市群协同发展的角度来解决中心城人口规模膨胀和"大城市病"问题。在"人口调控就是减规模"这种认识误区的影响下，甚至有些人认为人口集中于中心城区是一种必然现象。然而，我们对东京都市圈和多伦多都市圈 50 公里圈层以内的人口分布演变规律进行研究后发现，这些城市正是通过卫星城、都市圈的建设等手段，引导中心城人口的分流，以解决中心城的"人口规模困局"和"人口分布困局"。东京都市圈和多伦多都市圈的历史演变显示，城市人口空间分布大致要经历三个阶段：在城市发展的第一阶段里，人口高度聚集于城市最中心，距离城市中心越远，其人口占比就越低；在城市发展的第二个阶段里，人口开始向城市中心外缘的拓展区域转移，城市中心人口占比开始下降；在城市发展的第三个阶段里，不仅在城市中心外缘的拓展区域人口占比较高，而且在城市的卫星城所在区域人口占比也较高（具体计算过程参加本书第二篇第三章）。

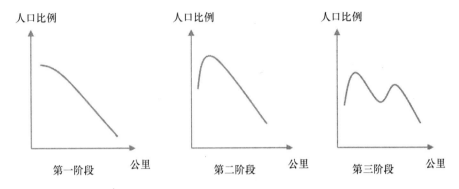

图7-2-1 城市人口空间分布模式的三个阶段

通过对东京、多伦多和北京的对比，我们发现，处于城市发展高级阶段的东京都市圈和多伦多都市圈，其人口空间分布近些年已经呈现出稳定的"双峰形"特征，即第一个人口聚集高峰位于距离城市中心10—20公里的圈层，东京此圈层人口占比为27.8%，多伦多为28.8%；第二个人口聚集高峰圈层出现在距离城市中心30公里以外，东京此圈层人口占比为37.4%，多伦多为29.1%。然而，2010年人口普查数据显示，处于城市发展中期阶段的北京，人口空间分布格局表现出明显的"单峰形"特征，即以天安门为原点，半径10—20公里圈层（约四环与五环之间）人口占比高达40.7%；而30公里（约六环外围）以外人口占比仅为12.9%明显低于东京都市圈和多伦多都市圈。因此，加快中国超大城市30公里圈层以外卫星城的建设迫在眉睫（详见本书第三篇）。

表7-2-3　东京都市圈、多伦多都市圈与北京50公里以内
人口空间分布比例的对比 （单位:%）

		0—10公里	10—20公里	20—30公里	30—50公里
东京都市圈	1955年	30.8	30.6	12.8	25.7
	1975年	16.2	31.1	19.9	32.8
	2011年	11.1	27.8	23.7	37.4

续表

		0—10 公里	10—20 公里	20—30 公里	30—50 公里
多伦多都市圈	1951 年	30.6	23.1	19.2	27.1
	1981 年	25.5	25.2	23.4	27.5
	2011 年	15.4	28.8	26.8	29.1
北京	2010 年	31.3	40.7	15.1	12.9

注：表中北京的"距离"按照各街道办事处、乡镇政府与天安门的直线距离计算得到；多伦多都市圈的"距离"按照各普查单元与多伦多市政府的直线距离计算得到。东京都市圈数据来自日本和东京市统计局以及《日本国势图绘》；多伦多都市圈数据来自多伦多统计局和多伦多大都市区的普查单元数据。北京市数据来自 2010 年全国第六次人口普查北京市分街道数据。

四　人口调控就是针对个人施策

目前，很多超大城市"人口规模困局"和"人口分布困局"难以破解的重要原因就是在于过度重视以个人为单位的疏解，而忽视了家庭的视角；更多地关注就业人口个人的疏解，而对其家庭诉求的关注不够、引导不足，没有找到人口疏解与家庭愿景实现之间的最佳结合点。超大城市人口调控不能忽视人口的社会融合，人口调控和社会融合并不矛盾，只有在社会融合的理念指导下，才能更好地增强人口调控后的稳定性。由于历史文化等方面的综合影响，中国人口流动最终受到家庭民生性需求整体性满足的制约，因此，中国超大城市的人口调控不应忽视家庭对个人行为的重要影响，人口疏解和区域规划要和家庭民生需求的整体谋划结合起来，需要深入剖析流动人口"愿意来"、本地人口"不愿走"的复杂心理因素，考虑到家庭对就学、就医、就业等领域的综合诉求，有针对性地寻求解决路径。

第三章　人口疏解的风险与挑战

2014 年，北京市常住人口达 2151.6 万人，人口高度聚集于中心城在一定程度上造成了交通拥堵、环境恶化和资源紧张，因此，做好中心城人口疏解工作，使北京市人口规模与资源环境相适应，使人口结构、分布与城市功能定位相吻合是当务之急。党的十八大以来，党中央一系列重大决策部署为北京未来的人口疏解和服务管理工作既带来了机遇，也提出了不小的挑战。由于人口发展具有惯性，其影响往往滞后于社会经济发展，因此，人口疏解带来的风险需要提前预警，一旦累积到一定程度，很容易形成积重难返的局面，需要相当长的时间才能够消除其负面影响。因此，具有前瞻性的人口疏解风险研究具有重要价值。本章将在认识误区的基础之上，对人口疏解的事前、事中和事后风险进行识别，并构建人口疏解政策风险分析模型，为制定具有前瞻性的人口疏解政策提供依据。

一　事前风险

人口疏解政策制定之前必须要对政策的合理性、可行性进行分析和论证。一方面人口疏解不能与人口发展的客观规律相违背，国际大都市的人口发展规律固然可以借鉴，但从国际视角和历史视角全面掌握北京市人口发展的阶段、特征、困境，正确认识北京市人口疏解同户籍制度改革、京津冀协同发展之间的关系，才能使人口疏解政策的制定更为合理和有效；另一方面人口疏解需要拟定整体战略目标和规划，且人口规划需要与城市规划等相协调，才能增强政策的可行性。

（一）规律认知风险

1. 人口增长速度快、时间短、基数大等特殊性和复杂性

北京市人口疏解恰处于本市人口快速增长期，人口增长变化"速度快、时间短"。东京、伦敦、纽约等大城市人口规模都经历过快速增长期。东京在1945—1975年经历了战后恢复和人口快速增长期，持续时间三十年，人口增量819万人，年均增量约27万人；伦敦市在1900—1950年经历人口快速增长期，持续时间五十年，人口增量360万人，年均增量约7万人；纽约市在1890—1950年经历了人口快速膨胀阶段，持续时间六十年，人口增量638万，年均增量约11万人。然而，北京市人口的增长主要发生在新中国成立之后，其中，在1980—2010年改革开放三十年期间，人口增量1057.6万人，年均增量高达35万人。特别是在2000年以后，北京市进入人口的高速增长期，2000—2010年十年间增长598.3万人，年均增量高达60万人，明显高于东京、伦敦、纽约等其他大城市。可见，北京市在人口快速增长期面临的形势更加严峻。

北京市人口疏解面临人口基数大的问题。一是全国的人口基数大。我国人口规模庞大是北京市人口疏解和管理面临的客观现实。2014年，我国人口已经达到13.68亿人。伴随中国城镇化的快速增长，每年增长近2000万城市人口，而处在人口快速增长期的东京、伦敦和纽约，当时日本、英国和美国的人口分别仅是8411万人、2226万人和5016万人[①]。二是北京市的人口基数大。人口众多是首都发展所必须面临的基本市情。在人口快速增长期，东京的人口最大规模达1167.4万人，伦敦960万人，纽约789.2万人，而北京市2010年的规模达1961.9万人，2013年北京市常住人口增长至2114.8万人，相比国际特大城市而言，庞大的人口基数也是北京市在进行人口疏解时面临的特殊形势。

比较发现，东京、纽约和伦敦等大城市的人口规模虽然也经历了快速增长期，但这一时期持续时间长，伴随人口快速增长而来一系列矛盾风险，可以用较长时间来解决和缓解。然而，北京市人口规模则是在短时期内快速增长，人口调控的时间紧，任务重，这一形势会导致一些发展中的

---

① 李铁、范毅、王大伟：《北京人口疏解该往哪走》，《光明日报》2014年5月27日第11版。

矛盾更加显性化。

2. 人口疏解同户籍制度改革需要同步纵深推进

城乡分治的户籍制度一直以来承担着控制城市人口规模的重要任务。近年来，北京市居住半年及以上的流动人口规模持续攀升，2000—2013年十三年间，增加了546.6万人，2013年突破800万人，2000年流动人口占常住人口的比重为18.8%，2013年提高至38%[①]。长期以来，北京市人口疏解在一定程度上依然存在一种思维定式，即主要以流动人口为调控主体，以实行户籍身份标签下的区别对待等户籍管控和行政限制为调控手段。[②]

2014年，国务院印发《国务院关于进一步推进户籍制度改革的意见》要求落实放宽户口迁移政策，合理引导农业人口有序向城镇转移，有序推进农业转移人口市民化。目前，北京市流动人口"不流动"现象明显，"六普"数据显示，全市常住流动人口中有29.8%的离开户口登记地五年以上的流动人口，流动人口呈现长期居留北京的特点；人口流动原因中随迁家属的比例在2005—2013年间上升了3.6个百分点，举家迁移趋势显现。[③] 因此，继续采用行政手段强制性排斥流动人口，会带来社会的不公平，也难以取得预想的效果。既要控制人口规模，又要改革户籍管理制度，如何恰当处理好两者之间的关系，给政府带来了挑战。

3. 借力京津冀协同发展是一个长期的探索过程

长期以来，北京市人口疏解政策及规划的视角局限于北京市本地范围，对于流动人口的调控措施以行政强制措施居多，服务和管理缺位，而且缺少京津冀协同发展战略下人口疏解的实证分析与科学预测。[④]

北京市人口疏解恰处于人口增长期，短时期内"人口流动滞胀"的特征难以改变。首先，北京市人口流出停滞。一方面，户籍人口流出几乎停滞。2013年有4.2万外出半年以上的户籍人口，仅占北京市户籍人口的0.3%，仅有8.9万人将户籍迁往市外，迁出原因多为大中专毕业生分

---

① 尹德挺、闫萍、杜鹃：《北京人口发展研究报告（2013）》，《新视野》2013年第6期。

② 冯晓英：《城市人口规模调控政策的回顾与反思——以北京市为例》，《人口研究》2005年第5期。

③ 尹德挺：《首都人口疏解难点在哪里》，《北京日报》（理论周刊）2014年12月29日。

④ 陈功、王瑜、武继磊、程云飞：《京津冀"新首都圈"人口疏解战略方向和路径选择》，《光明日报》2015年3月25日第16版。

配迁出及复员转业等原因①；另一方面，如前所述，流动人口呈现长期居留特征；其次，北京市人口快速流入，导致人口数量急剧增长。2000—2013年间，北京常住人口年均增长57.8万人，2000—2005年北京常住人口年均增速分别为2.4%，2005—2013年升至4.1%，2000—2005年北京市常住流动人口年均增速6.9%，2005—2013年升至10.6%，北京市人口流入在2005年以后进一步加速。②

河北省各城市人口集聚和吸纳能力的提升需要漫长的过程，劳动力尤其是农业劳动力向北京、天津等大城市集聚的特征短期内无法改变。2013年，天津城市居民人均可支配收入32658元，农村居民人均纯收入15405元，河北省城镇居民人均可支配收入22580元，农民居民人均纯收入9102元，北京城镇居民人均可支配收入40321元，是天津的1.2倍，河北的1.8倍，农村居民18337元，是天津的1.2倍，河北的2倍。京津冀区域发展不平衡的状况很难短时期改变，北京市的收入、就业等吸引力，会继续吸引周边城市的人口的流入。北京市常住流动人口中占比最高的始终是河北籍流动人口，"六普"时达22.1%。河北省61.0%县（市、区）人口都是净流出，其中，邢台、张家口、承德、衡水四市人口净流出的县（市、区）比例分别高达84.2%、76.5%、72.7%、72.7%。

这些特征的出现，既是人口正常增长客观规律性的体现，也有人口疏解体制机制亟待转变的主观能动性问题。如何通过调整城市功能和产业定位、转移优质资源、培育其他区域的城市品位等多种手段，从经济、公共服务、文化等多各方面，引导人口有序流出北京，如何在户籍制度改革和京津冀协同发展的视野下，通过调整完善与人口疏解密切相连的财税体制、绩效考核体制、人口信息化建设以及人口服务管理体系等体制机制，逐步提升人口疏解的有效性，这些都是亟待解决的问题。

（二）规划协同风险

首先，北京市"城业联动"的同步性有待改善。"建城"与"兴业"的联动性有待统筹规划和动态调整，尤其在高端产业发展、新城以及园区建设中，人口的居住、就业以及公共服务配套尚未实现基本同步，带来

---

① 尹德挺：《首都人口疏解难点在哪里》，《北京日报》（理论周刊）2014年12月29日。
② 同上。

"钟摆式"的人口交通问题以及职住分离等矛盾。第一次经济普查显示，2004 年北京主城区集中了 72.47% 的就业岗位，第二次经济普查时提高了1.27 个百分点，职住分离特征更加明显，增加了城市管理和人口疏解的难度。[①]

其次，城市规划的科学性影响未来人口合理分布。以商务办公用地面积为例，同世界城市金融产业集聚发展相比，北京市的商务办公用地空间分布显得过于分散，重点不突出。北京市在金融街、CBD 以及中关村西区等多个区域都配备了办公用地面积，而纽约市办公面积主要集中在曼哈顿和郊区分散办公空间。这样的空间规划，对人口的分布以及通勤产生了显著影响，商务办公用地的分布一定程度上引导着人口的分布。

二　事中风险

人口疏解政策执行过程中存在各种风险因素，如人口疏解过程和手段的规范性和合法性、人口服务管理的均衡性以及资源环境的硬约束性等，都会影响人口疏解政策的顺利执行。

(一)　法律环境风险

人口疏解过程及手段的规范性和法律性亟待增强。传统的计划和简单强制的人口疏解过程和手段，容易发生行政作为不当，带来矛盾集结，人口疏解要正确利用法律手段进行充分、合法、合理的干预与调控。国际特大城市广泛使用法律手段来疏解和管理人口，英国立法规定房屋建筑总面积以及人均最低居住面积来调控人口规模；韩国制定《工业布局法》《人口登记法》来引导人口合理分布；美国颁布《住房和城市发展法》，为中低收入者提供低租金水平住房，以实现人口有序管理。[②③]

北京市人口疏解和服务管理的法治建设近些年虽然取得了很大成效，但与依法治国、依法治市的目标还有一定差距：第一，在立法方面，存在立法漏洞，没有及时地调整法律法规来解决已经存在的社会问题和关系，

---

① 尹德挺、闫萍、杜鹃：《北京人口发展研究报告（2013）》，《新视野》2013 年第 6 期。
② 陈功、王瑜、武继磊、程云飞：《京津冀"新首都圈"人口疏解战略方向和路径选择》，《光明日报》2015 年 3 月 25 日第 16 版。
③ 宋迎昌、裴雪姣：《特大城市人口疏解的国际经验》，《新重庆》2014 年第 2 期。

例如，房屋租赁管理和群租房的处置等；存在下位法与上位法，或者部门间规范性文件相互抵触、相互矛盾等立法冲突现象，例如，人口疏解与义务教育法的衔接问题；存在"限权立法"，一些立法过多地体现部门和地方利益；第二，在执法方面，与人口管理相关的公检法力量和行政执法力量不足，法治队伍建设问题突出；在人口疏解和人口服务管理工作中仍然存在执法缺位、执法不严等问题。同时，部分居民在面临劳动权、社会保障权、子女平等受教育权等权利的缺失时，"信访不信法""越法、违法维权"现象较多。[①]

因此，政府进行人口疏解时要积极践行服务型执法，超越传统的管制型执法[②]，需要将人口服务管理的全过程纳入法治轨道，既要依法监督政府、法院以及执法人员在人口疏解中的法治意识，又要引导居民群众在享受人口服务时合规、合法。

（二）服务管理风险

人口疏解与人口服务管理的平衡性亟待推进。人口疏解过程，既要尊重和维护非本地户籍人口享有公共服务的合法权益，又要摒弃对流动人口的歧视性和排斥性管理手段，因此，未来的居住证制度将承担推动非京籍人口享受公共服务及引导人口有序流动的重要任务。

1. 流动人口基本公共服务均等化纵深推进艰难

一是随迁子女基础教育和高等教育升学机会受限。2012年《北京市教育委员会关于2012年义务教育阶段入学工作的意见》（京教基二〔2012〕10号）规定，除了往年需要的居住证明、户口簿外，还需要由其父母或其他法定监护人持本人在京暂住证、在京实际住所居住证明、在京务工就业证明等五种证件或证明，到居住地所在区县教委确定的学校联系就读。该政策在规范和强化管理方面的确有一定的积极作用，但客观上导致部分学龄儿童只能选择一些办学条件差、缺少办学资质的打工子弟学校学习，实际上提高了非京籍随迁子女义务教育阶段公立学校入学难度；另外，随迁子女高考等升学机会也面临困难。2012年12月北京市出台的

---

① 王增杰：《推进基层治理法治化的思考》，《中共山西省直机关党校学报》2015年第1期。

② 郑毅：《农村转移人口市民化的法律保障机制构建》，《贵州农业科学》2014年第2期。

《北京市随迁子女升学考试工作方案》对学生教育年限、随迁子女家长的职业年限以及社保情况进行了详细规定。高考招生体制、招生计划、户籍制度以及区域发展不平衡给随迁子女的高等教育入学带来了困境，政府有效平衡京籍学生和非京籍学生升学利益的难度很大。①

　　二是流动人口社保参保率低于本市居民。2012年北京市地方财政在公共服务方面的投入大幅提高，达到3685.3亿元，比2011年提高了13.6%。北京市规定农民工按照1%比例参加医疗保险的参保人员，自2012年4月起，全市统一按照城镇职工缴费标准参加医疗保险，并将外地农民工的生育费用纳入基本医疗保险报销范围。但是，目前流动人口参保率仍旧与本市居民存在差距，原因之一来自于用工单位，用工单位为了自身利益，控制用工成本，不给外来务工人员办理或者不规范办理各项保险；原因之二来自于政策，由于存在政策真空，部分劳动者无法被纳入到社会保障体系中，从而降低了流动人口的社保参保率。②

　　2. 人口疏解可能会与居住证制度产生对接风险

　　人口与公共服务之间存在交融性和模糊性，公共服务与人口发展之间的互动关系紧密而复杂。一方面，公共服务的"高地"效应会吸引人口的加速流入，加剧公共服务的供给压力。北京市统计局根据"六普"数据得出结论，北京市流动人口大量增加的主要原因之一便是"北京市的公共服务日趋完善"，日益完善的服务与管理和相关社会保障措施成为流动人口来京就业和就学的重要拉力；另一方面，公共服务的"引导"效用又能够推动人口的有序流动，在一定程度上疏解北京核心区，甚至全市的人口压力。然而，现实情况却是北京市公共服务的"引导"效用不足：本研究利用教育资源、医疗卫生资源、财政支出、人口数据分别对2005—2013年北京市各区县间教育资源配置和医疗卫生资源配置变量同常住人口变量建立动态面板分析模型，以识别教育资源和医疗卫生资源同常住人口变量之间的关系，结果发现，当前北京公共服务管理与人口之间的主导逻辑是"被动适应逻辑"，而非"主动引导逻辑"，即人口走到哪儿，公共服务就被动地跟到哪儿。2005—2013年数据估测，就平均水平来看，常住人口每增加100万人，将约增加30家幼儿园，6所小学，

---

① 尹德挺、闫萍、杜鹃：《北京人口发展研究报告（2013）》，《新视野》2013年第6期。

② 同上。

2300 张左右医院床位，4 万元左右医疗卫生支出（详见本书第三篇）。因此，居住证到底要附加多少社会功能和福利才能既达到公共服务均等化，且不陷入福利陷阱之中？如何在保障民生与适度人口之间，找到一条相对适宜的公共服务供给之路？这些都对人口疏解政策的出台提出了很大的考验。

（三）资源环境风险

北京市资源环境的硬约束性仍需重视。近十年来，北京市年均供水缺口 12 亿立方米，对用水需求的控制到了极限。根据水务部门数据，至 2020 年全市可提供综合水资源量仅为 46.58 亿立方米，按照《北京城市总体规划（2004—2020 年）》中人均水资源占有量 300 立方米/人作为人均指标，仅可提供 1550 万人的用水需求。[①] 本研究分析发现，北京市常住人口总量控制目标设定为 2300 万人的情况下，以人均水资源占有量 300 立方米/人为标准，北京市达到 2300 万人口时供水量需求为 69 亿立方米，供水缺口将高达 34 亿立方米。长期的超常用水带来了一系列的问题：水源安全问题：目前密云水库蓄水量约为 9.5 亿立方米，低于安全储备蓄水量；官厅水库水源不满足水质要求；地下水位下降问题：北京市地下水的适宜生态埋深为 8 米左右，目前已达 24 米；地质安全—地面沉降问题，尤其是出现极端天气，可能发生自然灾害，如泥石流、崩塌等。功能区的新增建设将进一步加剧全市水资源的紧缺和风险。[②]

以《城市用地分类与规划建设用地标准（GB 50137—2011）》中北京市人均住房建筑面积下限（28m²/人）和上限（38 m²/人）作为人均指标，北京市在达到 2300 万常住人口控制目标时所需要的住房建筑面积分别是 6.44 亿平方米和 8.74 亿平方米，与 2014 年现有的住宅总面积相比，缺口分别为 1.79 亿平方米和 4.09 亿平方米（详见本书第五篇）。

因此，如何将人口总量、人口结构控制与资源环境相适应的程度，这是政府必须面对的环境伦理难题。

---

① 陈刚（市）：《北京市人口、空间、功能及规划实施综合分析报告》（内部资料）。
② 北京市规划委课题研究报告：《北京城市功能区建设与人口资源环境协调发展研究》（内部资料）。

三　事后风险

人口疏解政策实施后，政策效果的衡量一方面通过人口规模、结构及分布的硬指标来判断；另一方面也要通过社会稳定、政策对象的满意程度等软指标来衡量。人口疏解政策实施后可能会带来人口结构风险、家庭发展风险以及治安稳定风险，需要未雨绸缪。

（一）人口结构风险

人口疏解会带来劳动力结构性短缺的风险。一方面，在"十三五"末期，人口疏解可能会加剧未来劳动力供给市场紧张的风险，造成劳动力"总量荒"。2000年以来，北京市15—64岁劳动适龄人口规模一直在增长。2000年、2010年和2013年北京市劳动年龄人口规模分别是1058.3万人、1621.6万人和1720.1万人，但劳动适龄人口占常住人口的比例，在2000年为78%，2010年为82.7%，2013年下降为81.3%[①]，虽然目前北京市处于"人口红利"的黄金时期，人力资本充足，且伴随流动人口的不断流入而将持续一段时期，但未来需要更多补给。[②]

北京市常住人口的年龄结构表现出明显的"底部收缩"态势。北京市0—14岁人口比例在2010年急剧下降为8.6%后略微回升，2013年达9.5%，但依然低于15%，属于"超少子化"的水平，未来劳动年龄阶段的人力资本储备将明显减少。此外，流动人口对北京市人口年龄结构的变动影响较大，"六普"数据显示，16—34岁常住流动人口占常住人口的比例为52%，已经成为北京劳动力市场的主体人群。因此，如果不调整经济发展方式，北京市的经济发展仍然需要外省市流动人口的补给；根据"六普"数据进行推算，如果不考虑已有人口的流出以及其他省市人口的再流入，在未来，河北、河南、山东、安徽和黑龙江5个人口流出大省中的部分省份可能会出现劳动年龄人口规模减少的情况。2010—2020年，15—64岁劳动年龄人口除河南依然会增长80万人以外，其他4个人口流

[①]　尹德挺、闫萍、杜鹃：《北京人口发展研究报告（2013）》，《新视野》2013年第6期。

[②]　尹德挺、张洪玉、原晓晓：《北京人口红利的结构性分析和形势预判》，《北京社会科学》2014年第1期。

出大省都将出现较大程度地劳动年龄人口的减少（见表 7 - 3 - 1）。如果不考虑经济发展方式的转变，那么五大人口流出地劳动力资源补给不足将会对北京流动人口的规模和结构产生实质性影响。[①]

表 7 - 3 - 1　　2010—2020 年五大人口流出省份 15—64 岁劳动年龄人口规模变化　　　　　　（单位：万人）

	2010 年		2020 年
	5—9 岁人口数	55—59 岁人口数	劳动年龄人口净变动
河北	404.13	480.70	-77
河南	648.00	568.04	80
山东	496.79	663.48	-166
安徽	332.56	364.13	-32
黑龙江	149.72	267.83	-118
合计	2031.2	2344.18	-313

数据来源：第六次全国人口普查数据，其中，表中 2020 年的数据是依据 2010 年的数据进行的推算。

此外，人口疏解还可能导致劳动力市场出现年龄结构性的"用工荒"。2013 年，全市 65 岁及以上常住老年人口占总人口的比重达 9.3%，比 2000 年上升了 0.9 个百分点，京籍人口中 65 岁及以上人口的比例达 14.9%，人数达 195.7 万人，人口老龄化程度不断加深。人口疏解会加速北京市的人口老龄化，在经历一个较短的劳动力资源"黄金时期"之后，北京市在未来可能会面临劳动适龄人口比重下降的挑战，面临劳动适龄人口老化的挑战，未来整个劳动力人群将面临缺乏弹性和可塑性的风险，面临经济发展失去活力和动力的危险，这将成为威胁北京市经济增长潜力和可持续发展的大问题。

因此，人口疏解与城市活力需把握适度的平衡点。北京市人口疏解既不能简单地将人口挤走，影响首都的城市活力与创造力，也要满足北京市自身城市发展对劳动力的刚性需求。"六普"数据显示，16—19 岁、20—24 岁、25—29 岁的黄金年龄段的常住就业人口中，流动人口是主体，分

---

① 尹德挺、张洪玉、原晓晓：《北京人口红利的结构性分析和形势预判》，《北京社会科学》2014 年第 1 期。

别约占 92%、70% 和 54%。因此,探索就业人口与非就业人口的"人口生态链"数量关系,研究北京人口疏解"适度增速"和"适宜结构"的"双适"目标是北京人口疏解的重要环节。①

(二) 家庭发展风险

人口疏解可能会加速人口老龄化,2013 年北京户籍人口中 65 岁以上人口比例已经达到 14.9%,属于深度老龄化,伴随少子老龄化而来的养老问题、相关的社会经济问题逐渐由隐性转为显性,各种问题日益凸显。② 人口老龄化的加剧将增加家庭层面的养老风险,削弱家庭发展能力,促使家庭矛盾加速外化。目前,北京市从事第三产业服务业的劳动力构成主要是流动人口,人口疏解之后,老年人口占总人口比例的持续快速增长,增加了北京市老龄问题的复杂性,尤其对"四二一"家庭结构会带来很大的冲击。人口老龄化的加剧使得老年人的照料护理需求增加,人口疏解一方面可能会带来老年人照料护理市场的不足;另一方面随着少子老龄化趋势的加剧,家庭户的平均户规模日趋缩小,核心家庭日益增多,家庭养老和照料能力减弱。2012 年常住人口家庭户中二人户占 30.9%,三人户占 29.8%,一人户占 22%。独生子女的家庭养老能力不足,独生子女所能依靠的诸如兄弟姐妹及其他亲属等家庭养老资源极少或者没有,在社会养老保障制度及养老服务不够成熟的情况下,独生子女的养老责任重大、面临沉重的心理压力,形成"养老风险"。"四二一"家庭是风险家庭,长期来看,独生子女家庭或多或少都会存在生活照料、经济支持和精神慰藉方面的"养老风险"。从全生命周期来看,独生子女是负担最重的一代人。独生子女家庭到了生命周期的晚期迎来的是"独子老龄化""空巢老龄化"等挑战。因此,未来老年人的照料护理将会面临挑战。③

(三) 治安稳定风险

人口疏解最大的风险点就在于对整个社会系统和社会稳定的综合影响。在控制一个风险的同时,往往会衍生出新的风险或加剧另一个风险,

① 尹德挺:《首都人口疏解的理论思维和现实应对》,《人口与计划生育》2015 年第 8 期。
② 尹德挺、闫萍、杜鹃:《北京人口发展研究报告 (2013)》,《新视野》2013 年第 6 期。
③ 穆光宗:《独生子女家庭本质上是风险家庭》,《中国社会科学报》第 235 期,2011 年 11 月 3 日。

这种影响不仅涉及在北京市域范围内重新分布的户籍人口，而且更涉及可能在京津冀或更大范围内实现社会融合的非京籍流动人口。流动人口的城市融入情况对城市和谐稳定、经济发展有着至关重要的影响。然而，由于城乡二元的社会经济结构、户籍制度壁垒、社会保障的差异以及流入地的排斥等问题，造成流动人口融入困难。2003 年，在党的十六届三中全会提出"以人为本"的理念后，北京市调整流动人口政策，完善流动人口公共服务，促进流动人口在就医、就业、子女就学和社会保障等各方面的社会融合。但是，由于北京市流动人口社会融合还处于低水平阶段，在经济、政治、公共权益、社会关系等方面的融合程度总体都较低。2012 年的《社会管理蓝皮书》指出，"流入易"与"融入难"并存是流动人口普遍面临的问题。流动人口与户籍人口收入差距扩大会导致个别流动人口出现心理不平衡[1]，严格的人口疏解政策有可能会诱发更多的犯罪，带来更多的影响社会稳定的事件。此外，户籍制度改革以及某些人口疏解政策可能会造成贫富分化加剧，社会矛盾激化、社会治安状况恶化，影响社会稳定。例如，经济手段调控可能会形成差异明显的经济社会群体效应，低收入人群容易受到伤害，从而激化社会矛盾。[2]

四　风险防范

以上，本章对人口疏解政策的全过程进行了风险识别。接下来，本章将进一步构建人口疏解政策风险分析模型：

人口疏解风险的识别意义在于预测未来。因此，这要求政府部门在制定政策时未雨绸缪，即在对人口疏解全过程进行风险识别的基础上，将风险及时反馈应用于整个政策过程，使人口疏解政策的制定具有前瞻性：制定人口疏解政策前，需要客观分析人口形势，充分了解和研究人口疏解的国内外规律；合理制定人口规划，对于人口疏解政策执行的过程中出现的问题和风险要及时跟踪，评估和反馈，第一时间采取措施进行补救或者转移风险。由于人口的发展惯性，人口疏解政策还可能会在事后带来长期的

---

① 秦宏宇、刘昂：《北京市流动人口的现状、特点、趋势与政策应对》，《北京政法职业学院学报》2014 年第 2 期。

② 宋迎昌、裴雪姣：《特大城市人口疏解的国际经验》，《新重庆》2014 年第 2 期。

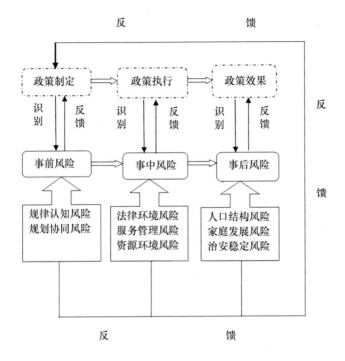

图 7 - 3 - 1　人口疏解政策风险分析模型

风险。对事后风险的控制，一方面要着眼于模型的起点，即人口疏解政策的事前规划；另一方面还需要采取合理、及时的相关措施，控制人口疏解政策执行完毕后引起的风险。总之，人口疏解政策需要事前规划预防，事中化解转移，事后的反馈控制。

第四章　人口疏解的对策思考

基于全书以上篇章的理论解释和实践反思，本书认为，认识和破解我国超大城市人口疏解的困局，需要站在人口经济、人口社会及人口管理"三位一体"统筹协调的角度进行系统思考和配套改革。全书最终认为，首都的人口疏解需要坚持以城市功能定位为导向的战略谋划，需要强化以内外协作为导向的区域规划，需要树立以城市治理精细化为导向的三大理念，需要打出一套以科学决策为支撑的微观治理组合拳。

一　战略谋划——立足城市功能定位

（一）社会网络与城市功能定位

社会是一个巨大且边界不清晰、内部结构错综复杂的立体网络。城市是整个社会网络的网结。首都北京市是一个连接全国乃至全世界、特殊的超大网结：首先是政治网结，与此同时还蕴含交通网结、信息通信网结、市场网结、计算机网络等，全国其他大、中、小城市（镇）是大、中、小网结，乡村是微型网结，千家万户则是网络末梢。从社会网络的视角，人口疏解需要厘清首都在全国乃至全球大网络中的特殊结构和功能，据此制定人口向外疏解的政策和行动方案。

（二）京津冀协同发展与城市功能定位

2014 年 2 月 26 日，京津冀协同发展座谈会在京召开，习近平同志强调实现京津冀协同发展是实现京津冀优势互补、促进环渤海经济区发展、带动北方腹地发展的需要，是一个重大国家战略。北京市的城市功能定位决定着城市的发展走向，影响着天津、河北的发展布局，是京津冀一体化的关键。

习近平同志就推进京津冀协同发展提出七点要求：一是要着力加强顶层设计，抓紧编制首都经济圈一体化发展的相关规划，明确三地功能定位、产业分工、城市布局、设施配套、综合交通体系等重大问题，并从财政政策、投资政策、项目安排等方面形成具体措施。二是要着力加大对协同发展的推动，自觉打破自家"一亩三分地"的思维定式，抱成团朝着顶层设计的目标一起做，充分发挥环渤海地区经济合作发展协调机制的作用。三是要着力加快推进产业对接协作，理顺三地产业发展链条，形成区域间产业合理分布和上下游联动机制，对接产业规划，不搞同构性、同质化发展。四是要着力调整优化城市布局和空间结构，促进城市分工协作，提高城市群一体化水平，提高其综合承载能力和内涵发展水平。五是要着力扩大环境容量生态空间，加强生态环境保护合作，在已经启动大气污染防治协作机制的基础上，完善防护林建设、水资源保护、水环境治理、清洁能源使用等领域合作机制。六是要着力构建现代化交通网络系统，把交通一体化作为先行领域，加快构建快速、便捷、高效、安全、大容量、低成本的互联互通综合交通网络。七是要着力加快推进市场一体化进程，下决心破除限制资本、技术、产权、人才、劳动力等生产要素自由流动和优化配置的各种体制机制障碍，推动各种要素按照市场规律在区域内自由流动和优化配置。

京津冀协同发展意义重大，对这个问题的认识必须要上升到国家战略层面。增强推进京津冀协同发展的自觉性、主动性、创造性，明确北京市城市功能定位，并将二者有机地结合起来，将成为未来首都人口疏解的宏观指导。

（三）城市功能定位是制定人口疏解政策体系的圆点

经过多年反复探索，中央将北京城市战略定位调整为政治中心、文化中心、国际交往中心和科技创新中心，并提出终级目标是把北京建设成为国际一流的和谐宜居之都。从战略高度立足北京的城市功能定位，是制定和实施一切疏解人口政策和措施的圆点。

1. 政治中心

政治中心功能是一个国家首都的首要核心功能。建设全新的政治首都是未来中国政治发展和经济社会发展的内在要求。当下再次强调北京城市的政治中心，目的在于把那些因政治优势而衍生的一些非首都核心功能疏解掉，使北京市的政治中心地位清晰地凸显出来，以更好地发挥政治中心作用。

2. 文化中心

文化是一个城市的灵魂和名片。北京市有着 3000 多年建城史和 860 多年的建都史，拥有独特的城市文化、数目众多的世界文化遗产以及难以计数的文物保护单位和博物馆。北京市既是一座著名的古都，也是一部灿烂的史书。北京要参照巴黎发展模式，充分利用文化名牌和自身丰厚的文化积淀，依托文化中心优势，大力发展旅游、会展、博物、印刷出版等现代文化创新产业，建立高端产业链，进而辐射全国和全球。

3. 国际交往中心

国际交往能力是首都城市展现一国政治、经济、文化、军事、科技、信息等综合发展水平的基本能力。新定位明确北京朝着国际城市的目标发展，旨在建设国际交往中心。北京市应根据国外交往中心城市发展的内在规律，从提高交流层次、完善交流设施、健全服务体系、培养优秀涉外人才、营造良好涉外环境入手，整体提升北京的国际交往能力。依据备前作为国际交往中心的功能，北京市的人口应该是"大进大出"的。

4. 科技创新中心

科技创新中心是党中央赋予北京的最新功能定位，将成为北京未来发展的强力引擎。北京市云集了全国最一流的高等院校和科研机构，人才优势、科技优势、信息优势十分明显，从理论意义上讲，北京市已经具备建成科技创新中心的条件，但距科技创新中心的建设目标还有一定距离。科技创新中心决定北京城市的功能和产业在"产学研"一体化的定位中，要主攻学研结合的高端研发，生产链条应向域外投射。

二　区域规划——域内统合协调、域外错位互补

从全市四个功能区来看，北京市的四个功能区需要实现区域内统筹协调，区域外错位互补的发展态势。

首都功能核心区属于优化开发区域，产业发展应整体上呈现向外转移、释放压力的态势。可着重发展金融、文化、旅游等现代服务业。严格控制发展层次较低、占用空间较大、资源消耗高和生态破坏严重的产业进入。

城市功能拓展区属于开发强度较高，但尚未完全实现城市化。区域内既有中心商务区（CBD）、中关村科技园区核心区等较为成熟高端产业功能区，也有大片城乡接合部地区，仍具有一定的功能承接和产业规模增长空间。重点发展科技教育、文化体育、商务服务、现代物流等现代服务业和高新技术产业。做好内部空间协调，已成熟的产业功能区要进一步控制规模过度集聚，促进结构集约优化；待城市化地区要把握好产业类型，使其符合首都发展核心竞争力的需要。

城市发展新区属于北京未来工业化和城镇化的主阵地。将成为最重要的功能、产业与人口承载地，经历显著的特定功能和产业集聚过程。依托新城建设和工业园区，集中发展现代制造业和为生产、生活配套的服务业。继续优化经济技术开发区和顺义空港经济区等高端产业功能区，培育一批产业集聚区。

生态涵养发展区属于限制、禁止开发区域。着重发展生态农业、特色林果、旅游休闲等环境友好型产业。严禁发展层次较低、占用空间较大、资源消耗高和生态破坏严重的产业进入，同时，引导产业在空间上向平原地区和城区集中。

三 理念引导——强化"三大理念"

（一）依法管理人口的理念

加强人口管理地方立法，立足制度创新。导致人口管理困境的主要问题之一，是北京市地方立法相对滞后。北京市是首都，是超大城市，各种"城市病"日渐凸显，必须严格控制人口无序过快增长。缺乏地方人口管理法制保障，导致北京市人口的无序流入，无口流出，各项调控人口的政策成效甚微。要依据中央的大政方针，针对北京市特殊市情，科学调查论证并出台几部首都人口管理的地方法规。近期急需调研、论证、出台的地方法规包括：

1. 《北京市人口居住地登记条例》

主要内容包括：①离开户籍地一定期限的人口，依法在居住地人口管理部门进行登记。②政府人口登记部门及人员依法入户登记、核实属地住户人口信息。③房屋出租人有义务协助政府人口登记管理部门登记、核实租房户人口信息。④在属地居住的人口要积极配合人口登记部门及人员入户登记、核实人口信息。⑤给予在居住地登记的人口享有属地公共服务的优先权,激励流动人口主动登记。

2. 《北京市人口信息数据库建设管理条例》

建立全市性的人口数据库,统一采集、录入、核实和使用人口信息。政府各职能部门依据各自对人口提供的不同公共服务,列出所需要的人口信息指标(如教育局——育龄儿童的性别、年龄、户籍地等指标;劳动社保局——就业、失业,"五险一金"等),把这些指标汇集到负责人口信息采集登记部门(如公安局)进行加工整理,形成统一的人口信息采集指标体系。进而按照这个指标体系,形成人口信息采集、登记的表格,入户登记。

由负责全市人口地理信息系统的部门统一设计、建立、维护人口信息。政府各职能部门按照统一的指标体系和采集规范,采集各自领域的人口信息,并把这些信息汇总到大人口地理信息系统平台。

人口地理信息系统平台依据不同管理和使用权限,分层、分类开发和使用信息。如根据政府各职能部门的权限和合法要求,提供相关信息。汇总并开发综合人口信息,向有关部门提供信息,为相关部门的工作和决策提供信息支撑,并把有关信息定期向社会公布,增加政府城市管理信息的透明度,提升市民的知情权和参与权。

3. 《北京市房屋租赁管理条例》

人口管理和登记面临的一大难题,是政府和社会管不住住房,自然也就数不清、管不着住房人。因此,政府、特别是北京这样超大城市的政府,要先从数清房、管好房入手,进而实现对人口的有效登记、服务和管理。数清房,即整合各区县的管理方格数据系统,建立全市性的地理及房屋数据库。数清住房人,在地理及房屋数据库中,填入有人长期居住的房屋,标出出租房、空置房。

出台北京市地方法规,政府授权给有代理人口登记行政职能的房屋租赁公司承接房屋租赁事宜。现实中,建立完善人口地理信息系统的障碍和问题出在房屋租赁过程中。目前,由房屋中介公司承接的服务,是政府行政职能难以约束的完全的市场运作。城市、特别是特大城市的房屋租赁必须有行政约束机制介入。建议政府出台北京市有关规范房屋租赁市场的地方法规。

（二）人口信息共享与科学决策的理念

实有人口数据（重点是流动人口）的实时调查核实、数据采集汇总统计，是首都人口统筹综合治理工作的基础，需要建立统一的实有人口数据库，为市委、市政府及各部委办局、各区县提供及时可靠的人口数据。

（三）促进人口合理流动的理念

人口流动是市场经济常态，人口不流动是非常态。北京市人口疏解值得关注的不是人口流动，而是人口不流动。促进人口流动、特别是向外流出是主要着眼、着力点。北京市的人口问题不是流入太多，而是户籍和流动人口不流动，流动人口流入不流出，不断积淀日渐庞大的"流动梗阻人口"。北京市作为政治首都、历史古都和国际交往中心，应大力促进人口流出，形成"大进大出"的人口流动常态。要创新促进人口流出的制度和举措，如通过奖励、补贴、引导等办法，向外疏解机构。

四　改革实操——人口疏解的若干抓手

（一）控制城市开发强度

人口调控困局的根源在于城市功能过载、城市开发强度过大。过多的城市功能，过快的经济增速以及过大的开发强度，只会让人口调控问题变得更为复杂。因此，未来的人口调控需要消除"减人"和"添秤"可同步推进的认识误区，抑制与城市功能不相符合的"发展阵地效应"，正确处理好"舍"与"得"的关系。即便是符合北京市城市功能定位的产业，也不是将其所有功能衍生的产业链条都留在北京，需要做到留高端、甩中端、抛低端。在城市整体性治理的宏观思维下，建立以"控制城市开发强度"为核心的条件约束型人口决策机制，合理设定与人口调控目标相匹配的参数体系，即在不同阶段对城市GDP增速、开发强度、公共服务均等程度提出合理的约束性指标，避免人口调控目标的短期化和短视化。

（二）同步推进非首都功能的疏解及劳动生产率的提升

通过与纽约州的对比，本研究发现，北京市制造业、交通运输业两大行业的产值占比偏高，教育产值占比也偏高，而公共管理、社会保障和社会组织、卫生和社会工作、金融等行业的产值比例偏低，因此，北京市需要结合城市功能定位，进一步明确对具有高能耗、高水耗、高地耗、高污染、聚人多、聚车多等特点的非首都功能进行精准疏解。

通过与国内外超大城市的对比，本研究还发现，北京市分行业的劳动生产率亟待提升，不管是对于第二产业、第三产业中的传统服务业，还是对于符合首都核心功能的生产性服务业等都有待寻求效率的突破。这是人口疏解重要的努力方向。

（三）提升城市治理精细化水平

若要还原市场调控人口，政府部门除了"控开发""强规划"之外，也需要做到"强监管""优服务"。人口疏解需要消除人口社会领域的"服务高地效应"以及人口管理领域的"成本洼地效应"，需要在城市治理精细化的基础之上，最大限度地还原市场对人口流动的指挥棒作用。首先，亟待提升城市管理精细化水平，破解生产、生活场所监管执法无据等问题，还原超大城市应有的、正常的人口居留成本；其次，区域性整体规划亟待缩小超大城市与其周边地区公共服务的现实落差，在流入地整体性满足被疏解对象的家庭愿景（如教育、医疗、养老等），增强对被疏解对象的人文关怀。综合以上"管理"和"服务"两个方面，超大城市需要建立以"城市管理精细化、基本公共服务均等化"为核心的居民基本台账系统，这一系统能够集税务、健康保险、选举及居民服务于一体，将个人迁移流动信息与纳税义务、福利享有整合起来，既规范居留成本，又明确合理权益，寓"管理"于"服务"之中，更好地协调人口调控与服务管理之间的互动关系。

（四）降低人口疏解对城市居民刚性需求的影响

破解人口调控困局，需要消除"拆市场"即"减人口"、"产业升级"即"减人口"的认识误区，需要明确与城市功能定位相匹配的人口就业结构，降低人口调控对城市居民刚性需求所造成的负面影响。在明确了城市功能定位和产业定位之后，政府部门更多地需要依靠市场的手段建立人口结构自我调节机制，更为准确地把握不同行业人口之间、就业与非就业人口之间内在的"生态链"关系，建立以维护"城市生机活力"为核心的人口结构市场调节机制。一味地寄希望于"拆市场""产业升级"

来疏解城市人口，既会影响居民生活质量，也会伤害超大城市的生机和活力，加剧人口结构失衡的困局。

与此同时，建立市场调节机制，还需要特别注意不可置换资源的使用成本或消耗成本问题。与城市功能和人口承载力相比，北京市很大资源都呈现极大的稀缺性特征，相当程度上具有不可替代性和不可置换性。比如，城市的清洁水、空气和土地等不仅极为稀缺，而且是不可置换的资源。因此，需要提高中心城不可置换资源的使用成本，引导一些机构和人员向相关资源较为便宜的地区迁移。

（五）在人口空间分布重塑中寻求人口疏解的突破口

人口调控需要消除"人口调控就是减规模"的认识误区，应在人口空间分布上寻求突破口，致力于在超大城市城郊及周边建立"有城有业、城业联动、配套完善、生活宜居"的"微中心"，以整体性满足家庭需求；打造以"区域协作"为核心的人口圈层分布规划格局，以促进中心城人口向郊区乃至都市圈里的城市群转移，缓解人口膨胀的规模困局及中心城老龄化的活力困局。

（六）整合人口疏解中的家庭整体需求

随着人口调控工作的纵深推进，家庭视角在其中的地位和作用应被逐步放大，而过去"仅针对个人施策的人口调控"认识误区应予以调整，否则，调控效果不好、成效不稳。未来，需要树立以"整体谋划家庭民生需求"为核心的人口调控理念，在一定区域范围内，整体性满足家庭成员的不同需求，这样既能缓解超大城市中心城区人口过载之困，又能减少职住分离、家庭成员分离之苦。

未来北京市公共服务的供给应在确保城市人口良性发展的基础上，在"建机构、创体制、强规划、调布局、统信息"等五大方面作出实质性的制度安排，以实现公共服务、人口管理与家庭发展的良性循环。

一是建立统筹区域人口调控和公共服务配置的协调机构。本研究发现，北京市公共服务中的教育和医疗领域目前依然处于被动适应人口增长的状况，而通过公共服务再布局来引导人口流动仅存理论上的可能性，并未完全转化为现实。因此，为了改变公共服务被动适应人口增长的尴尬局面，未来需要切实加强公共服务部门和人口管理机构之间的协同与合作，需要在明确城市功能定位的基础之上，建立统筹区域基础设施建设、产业发展、人口调控、空间布局、环境保护、公共服务资源配置的协调机构，甚至可以考虑将此协调机构扩展到京津冀都市圈。充分发挥协调机构在北京市整体公共服务事业发展以及人口发展中组织规划、资源整合和统筹协调的作用，减少不同部门之间的政策冲突及相关政策执行过程协调成本。

二是加快创建符合新形势要求的首都人口服务管理体制机制。本研究发现，流动人口的显著增长对北京市教育和医疗领域的公共服务状况提出了更高的要求。例如，非京籍少儿的激增加剧全市幼儿园和小学的就学压力，流动人口的聚居加剧城乡接合部地区卫生资源的供给压力等。这些新形势和新问题都要求加快建立符合特大城市要求的首都人口服务管理体制，不断拓展与提高全市公共服务体系的整体服务范围和水平，逐步实现服务对象从户籍人口家庭向常住人口家庭的扩展。同时，立足全市功能定位、资源状况和发展实际，努力提升全市人口调控机制的有效性，实现人口合理有序流动，为优化公共服务资源布局创造有利的条件。在管理机制上，为应对公共服务局部供给不足的现实难题，逐步建立健全各级各类公共服务机构之间相互衔接、相互配合和相互支撑的体制机制，快速推进基本教育公共服务均衡化，重视对薄弱环节的扶持，进一步确立城乡教育一体化长效机制，促进区域、城乡、校（院）际、师（教师、医师）资的均衡；在管理手段上，逐步剥离附着在户籍制度上的福利待遇，依托居住证制度，建立分层、分类、有梯度的公共服务供给制度，优先实现实有人口家庭在教育、就业、医疗卫生等方面机会均等。进一步明确居住证的前置性和管理性职能，在就业、就学、居住、纳税、社保、车辆驾驶等环节与居住证挂钩，体现流动人口责、权、利的统一；在服务机制上，建立与城市功能定位、人口调控相挂钩的政府投资和公共资源分配机制，将北京市教育、养老、医疗、公交、文娱等优质服务资源向周边地区转移，以更好地分流北京人口；按照权利和义务对等原则，把人口流向作为确定财政转移支付方向和力度的重要依据，建立"费随人转"的公共服务和财税支付理念，并设立新的地方主体税种，增强流入地为流动人口提供服务的动力和能力；在服务供给模式上，充分发挥政府资金引导和调控作用，通过政府购买、特许经营、合同外包等多种模式在公共服务领域引入社会资本，促进形成服务的多元供给机制，引入市场竞争，以满足居民多元化的家庭服务需求。

三是强化公共服务发展规划及其实施。本研究发现，在常住人口不断增长的态势下，全市义务教育的学校数量却在进一步缩减，城市功能拓展区和城市发展新区人口就医需求难以有效满足，这充分体现了北京市目前的公共服务规划缺乏一定程度的弹性空间以及前瞻性。因此，应尽快建立健全北京市公共服务资源供给与空间布局调整工作协调机制，明确各级政府职责，协调规划引导、经费投入、土地储备、资源整合、体制改革等相关政策，加快确定公共服务资源在全市以及各区县供给的规模和结构，以应对人口变化给公共服务体系带来的严峻挑战。此外，在未来公共服务规划编制的过程中，要强化各类公共服务资源对人口发展的疏导作用，可以考虑在"大首都"财政的设想下，构建以北京、天津为双核的京津冀一小时生活圈，以便于更有效地分流北京人口。

四是调整公共服务资源配置结构和布局。本研究发现，相对人口而言，北京市卫生资源呈现强非均衡性特征，中心城区卫生资源明显优于其他区域，而城市功能拓展区和城市发展新区是就学的主要区域。因此，未来要有效鼓励和引导中心城区优质公共服务资源向郊区县扩展，使得新增医疗卫生和教育资源优先向城市功能拓展区和城市发展新区布局，重点向郊区县区域中心倾斜，并兼之公共财政投入的配合，强化对基层、农村和公共领域倾斜。在教育领域，应根据常住人口家庭布局和适龄入学人口的持续高峰，加强居住区配套幼儿园、中小学的统筹管理，提高学前教育和中小学的教育资源供给能力，进一步缓解城市新区人口入学难、功能核心区入学适龄人口有效疏散难、功能核心区中小学改善办学条件难等问题。具体来说，教育资源功能过载的有海淀区的学前教育、小学教育、初中教育、高中教育，朝阳区的学前教育、初中教育；教育资源出现缺口的有丰台区、大兴区的学前教育，顺义区的小学教育，应加大对这些地区学校建设的扶持力度。高等教育阶段，可适当控制市属高等院校数量及招生数量，同时缩紧研究生招生数量并提升研究生培养质量；在医疗领域，应根据常住人口布局和就医人口的持续涌入，探索"京外建分院、郊区强中心、京内入社区"的布局调整路径，分流中心城区的就诊压力，引导外地就医人群京外就医，北京市郊区县就医人群在区域中心就医，全市居民在社区首诊。

五是推动公共服务信息和人口家庭信息的融合共享。本研究发现，全市公共服务局部地区供给相对滞后，部分源于公共服务信息尚未与人口信息采集相整合。未来应依托居住证制度的改革，加强人口流量、流向、生存发展状况的动态监测，推动人口基础数据的采集及其部门共享，建立融人口、土地、产业、资源环境、公共服务等方面信息和服务管理功能于一体的精细化的城市管理体系。充分发挥人口信息管理会公共服务的重要作用，将人口规模、人口结构、人口分布、人口素质及家庭结构等信息与公共服务的信息结合起来，从而促进人口服务管理效率的提高。

总之，人口疏解需要消除认识误区，寻求政府、市场、社会三者相协作，人口规模、结构、分布相协调的改革路径：避免城市过度开发，要在功能瘦身中实现人口与经济的平衡；避免过度地依赖行政手段拆除市场，要在管理与服务的合力下实现人口的疏解；避免盲目追求产业升级，要在市场机制的调节下维持城市人口的活力；避免过度关注个人行为，要在家庭需求整体性满足的作用下激发人口向外流动的动力；避免持续强化中心城的公共服务投资，要在区域协同发展的视野下实现人口由中心城向外疏解。

附录　决策咨询系列报告

报告 1　优化首都人口分布的五点建议[*]

首都人口疏解不单是人口规模的调控，更重要的是在京津冀协同发展的视角下实现人口结构和空间布局的优化。本研究根据北京与东京都市圈区域面积的相近性、北京与多伦多大都市区城市规划垂直管理模式的相似性特征，对三者距离城市中心 50 公里圈层以内的人口分布演变规律进行比较研究后发现，国际成熟城市的人口空间布局特征对北京人口分布的优化路径具有重要参考价值。

一　减少 10 公里圈层内人口规模，疏解非首都核心功能

2010 年第六次人口普查数据显示，北京 0—10 公里圈层（约四环以内）人口占比明显高于东京和多伦多，北京为 31.3%，东京仅为 11.1%，多伦多仅为 15.4%，这说明北京此圈层的人口占比有很大的下降空间，而加快推进四环以内非首都核心功能的疏解是带动此圈层人口转移的重要途径。

二　人口空间分布格局需要由"单峰形"向"双峰形"转变，应加快推进周边卫星城建设

处于城市发展高级阶段的东京和多伦多都市圈，其人口空间分布近些年已经呈现出稳定的"双峰形"特征，即第一个人口聚集高峰位于距离城市中心 10—20 公里的圈层，两城市此圈层人口占比约为 28%；第二个

人口聚集高峰圈层出现在距离城市中心30公里以外，东京此圈层人口占比为37.4%，多伦多为29.1%。2010年第六次人口普查数据显示，处于城市发展中期阶段的北京，人口空间分布格局表现出明显的"单峰形"特征，即以天安门为原点，半径10—20公里圈层（约四环与五环之间）人口占比高达40.7%；而30公里（约六环外围）以外人口占比仅为12.9%。因此，加快北京30公里圈层以外卫星城的建设，提升中心城至卫星城向外疏解的交通便捷性迫在眉睫。

三 明确30公里圈层人口分界线，增设外围生态缓冲区

东京和多伦多都市圈的发展轨迹显示，国际大城市人口空间聚集特征稳定，半径30公里圈层是重要分界线。长期以来，东京、多伦多通过规划、改造和产业调整等多种手段，提升卫星城或新城的人口吸引力，并将30公里圈层以内人口比例控制在60%—70%的水平（东京63%、多伦多70%）。而2010年北京30公里圈层（约六环外围）以内人口比例高达87%，甚至比2000年还提高了2.8个百分点。因此，北京亟须在六环外围增设生态缓冲区，以控制此圈层以内的城市开发强度。

四 把握50年城市人口空间演变周期，优化人口空间布局，不可操之过急

东京和多伦多都市圈的实践表明，城市人口空间分布从"剧烈变动"到"趋于稳定"大约耗时50年左右，且与全国的经济发展阶段密切相关，即东京和多伦多基本都从1950年开始起步，至2000年前后人口空间分布趋于稳定。日本和加拿大人均GDP分别于2000年和2005年达到3.5万美元左右，而2000年我国人均GDP仅为949美元，与1965年时的日本相近。从人均GDP近千美元到3.5万美元日本历时35年，据此估算，受我国经济发展水平和城市化进程的影响，预计北京人口空间分布模式可能要到2035年前后逐渐趋于稳定，虽然短期干预可以缩短周期，但难以完全改变阶段性特征，不可操之过急。

五　由"单一城市"规划向"全局式"城市群区域发展规划转变,在协同发展中实现人口疏解和布局优化

多伦多大都市区通过成立金色委员会①的方式消除区域规划的内部冲突，执行全都市区统一的基本建设规划，最终在多伦多大都市圈内，多伦多市人口占比由 1991 年的 53.7% 下降至 2011 年的 43.2%，其经验值得处于协同发展起步阶段的京津冀地区借鉴，即京津冀地区"全局式"城市群协同发展规划对于首都人口疏解及京津冀城市群的孵化具有重要意义。

---

① 金色委员会（The Golden Commission）：又称皇家调查委员会（Royal Commission），是普遍存在于英国、澳大利亚、加拿大、新西兰等君主制国家的一种专项正式组织，一般是由政府指定的研究特定问题的工作小组。多伦多金色委员会成立于 1990 年，是由安大略省政府指定的专门研究多伦多地区城市治理的工作小组，主要由政府官员、专家学者和著名公众代表组成，负责对大多伦多地区的整体规划研究并提供决策建议，将结果上报省政府。

报告 2　北京人口发展的趋势研判[*]

人口调控是北京市本届政府的一项重要而艰巨的任务。为明晰首都人口的走势，把握人口调控的难点，本研究通过数据分析和研究发现，若无重大举措出台，首都人口将表现出如下五大趋势：

一　人口"虹吸效应"短期内难以遏制

目前，2000—2013 年北京常住人口年均增速达 3.43%，增速居全国超大城市之首，全市常住人口占全国人口的比重由 1978 年的 0.91% 上升至 2013 年的 1.55%。通过对东京、纽约、伦敦等发达国家首都人口增长规律的分析，结果发现，"全国人均 GDP" 及 "城市化率" 的提升、首都 "大学" 和 "医院" 数量的扩张是拉动首都人口增长的显著因素，而北京正处于这样的发展阶段。若假设人口净迁入从 2010 年的 40 万人线性下降至 2030 年的 20 万人，本市常住人口将在 2018 年突破 2300 万人；若本市保持年均 7.7% 的 GDP 增速，"十三五" 期间劳动力需求预计每年将在 1300 万—1400 万人左右。

从人口调控的角度看，缓解未来本市人口压力的思路有二：一是功能转移和业态升级。2010 年全市批发零售业就业人员仍占主导地位，而北京的信息通信业（5.7%）以及卫生、社会保障和社会福利业（3.7%）的发展又远低于东京，甚至低于东京十年前 2001 年的相应水平（分别是 8.7% 和 6.6%）；二是提升服务业的劳动生产率。与上海、天津、广州、深圳相比，北京诸多行业劳动生产率低于其他超大城市的水平，例如，金融业北京市仅为 66.80 万元/人，而最高的深圳达 106.83 万元/人；信息

---

　　* 作者：尹德挺。

传输、计算机服务和软件业北京市仅为 20.79 万元/人，而最高的上海达 33.75 万元/人。

二 "十三五"期末劳动力供给或将现拐点

本市户籍人口的"超少子化"和"深度老龄化"将深刻影响未来本市本地劳动力的补给规模。全市 0—14 岁户籍少儿人口所占比例由 1953 年的 30.1% 急降至 2013 年的 10.2%，低于国际上公认的"超少子化"标准（15%），甚至低于超低生育率的东京市（11.4%）；2013 年，北京户籍人口 65 岁以上老年人口比例达到 14.9%。已高于国际上公认的"深度老龄化社会"标准（14%）。目前，北京常住人口家庭户均规模由 1982 年平均 3.8 人/户骤降至 2010 年 2.5 人/户，因此，少子老龄化、家庭核心化导致的养老问题将逐渐由隐性转为显性，并对生活类服务业的流动人口产生巨大的刚性需求。然而，从统计数据看，未来支撑北京流动人口供给的五个大省——河北、河南、山东、安徽、黑龙江，其 15—64 岁劳动年龄段人口会在 2020 年以后呈减少态势，五省劳动适龄人口规模合计将缩小约 400 万人左右，届时或对北京劳动力资源的补给产生一定影响。

三 户籍人户分离人口"向心化"流动
难以短期内消除

目前，一方面户籍人口加速流向中心城。户籍人户分离人口在中心城所占的比例由 2000 年的 41.94% 增加到 2010 年的 64.06%；另一方面非经济活动人口中心城聚集程度严重。2010 年全市 62.5% 的非经济活动人口集中在中心城，首都功能核心区、城市功能拓展区的劳动参与率分别仅为 52.42% 和 59.80%，低于城市发展新区（63.01%）和生态涵养区（61.21%），其中，东城区劳动参与率仅为 46.34%，明显低于其他区县。未来，中心城的优质资源不疏解，经营成本和居住成本不提升，那么中心城人口密度将难以降低。

四　人口调控的政策风险加大

目前，全市 1980 年以后出生的新生代流动人口占流动人口总量的比例已过半，1/4 的流动儿童在京出生，因此，在网络时代及权利意识、公平诉求普遍觉醒的时代，人口调控的政策风险骤增。"十三五"时期需预防反歧视游行等事件的发生，目前已有苗头，例如，义务教育阶段学生家长、高考生家长的上访等。据预测，"十三五"期间，在本市户籍人口子女义务教育需求将呈增长态势的同时，流动人口子女的义务教育需求也将远超"十二五"期间的水平，特别是在"十三五"末期，流动人口初中阶段就学人数可能比 2013 年增加 80%—90% 左右。因此，如何有效满足流动人口的基本公共服务需求，此乃人口调控之难题。

五　境外人口增长将成定势

北京做大做强"国际交往中心"和"文化中心"，必将提升城市的国际化水平，而"境外人口规模"和"入境旅游人口规模"必将增加。1997 年，港澳台和外国人在京居住 3 天以上的仅为 8024 人，2010 年在京居住 3 个月以上的境外人口就达 10.7 万人，年均增速在 17.6% 以上，高于常住人口增速。从城市对比来看，2010 年上海境外人口为 20.83 万人，是北京的 1 倍；2008 年纽约外籍人口占比为 28.4%，而北京目前仅为 0.5%。此外，境外旅游人口的"大进大出"，也是未来的发展趋势。2008 年伦敦、纽约入境旅游人数分别是 1480 万人次和 950 万人次，而北京 2013 年仅为 450.1 万人次，分别仅为前者的不足 1/3 和 1/2。

报告3 首都人口疏解的五大风险及应对策略[*]

首都人口疏解是一个连续的政策过程，其风险需要不断地反馈控制。本研究在对首都人口疏解全过程进行风险识别的基础上，针对人口疏解事前、事中、事后的系列风险，提出了应对策略。

一 事前：建立条件约束型的决策支持系统，防范人口目标短期化风险

发达国家大城市发展轨迹显示：城市人口增长主要受到全国GDP、全国城市化率、市内教育资源、市内医疗资源四个因素的影响。例如，在东京，1958—1968年人口年均增长率高达2.2%的同时，日本GDP年均增速为10.8%，且此时期东京集中了日本30%的大学和10%的医院。研究显示，在假定人口规模与GDP关系稳健的基础上，北京市"十三五"期间，GDP每增长1%，常住人口将年均增加10万人左右，传统劳动密集型产业每提供一个就业岗位，将会有1.8个人滞留；若假设GDP增速由2012年的7.7%降至2020年的6.5%、2030年的5%，那么北京市依然有可能在2018年前后突破2020年的人口规划目标2300万人，2030年人口将可能突破3000万人。因此，在"有限责任"的基本思想指导下，首都人口疏解需要在事前建立系列条件约束的多阶段决策支持系统，即在不同阶段对城市GDP增速、开发强度、公共服务疏解提出合理的约束性指标等，避免人口目标的短期化。

---

* 作者：闫萍、尹德挺。

二 事前：构筑高效运行的法治保障体系，防范疏解过程中的城市治理风险

首都人口疏解政策将加剧人口流动，城市治理风险亦会增加。建议以法治化措施应对北京人口疏解的这一风险：一是以法律的形式，保障城市规划的权威性、连续性、有效性。例如，京郊地区长期依赖"瓦片经济"，拆迁疏解后，政府只明确了产业禁限项目，却未明确产业规划或规划常年不落地，从而造成旧有人口存量问题未解决，又带来新的人口增量风险。二是优化人口疏解的纵向法制运转系统。例如，群租房的处置、直管公房的管理等存在立法漏洞；与人口管理相关的公检法力量和行政执法力量不足，法治队伍建设问题突出，这将会重蹈"人治思维"的风险。三是依法解决疏解政策冲突问题，充分挖掘疏解政策效能。例如，探索开展第三方评估解决京津冀协同发展中的法律与政策冲突，提高三地疏解和接纳配套政策的协调性和规划共振效应。

三 事中：建立全覆盖的居民基本台账系统，防范人口无序流动和聚集的风险

人口调控要合理掌控人口空间布局，警惕陷入人口无序流动和聚集的城市化陷阱。在人口疏解政策的推动下，人口在城乡接合部空间上的过度扩张，容易形成流动人口贫困化聚集，"拉美陷阱"就是前车之鉴。目前，北京存在人口到哪儿，公共服务跟到哪儿的"被动适应逻辑"。基于已掌握的2005—2013年数据估测，常住人口每增加100万人，将约增加30家幼儿园，6所小学，2300张左右医院床位，4万元左右医疗卫生支出，其强福利吸引可能会起着"固化"或"吸引"生活移民的作用。因此，北京市亟待建设集税务、健康保险、选举及居民服务于一体的居民基本台账系统，将个人迁移流动信息与个人纳税义务、福利整合于一体，寓"管理"于"服务"之中，处理好人口疏解与服务管理的关系，有效引导人口在京津冀范围内的合理布局。

四　事中：构建多元一体的调控格局，防范单一化的产业升级风险

美国数据显示：一个制造业岗位带动 1.6 个服务业岗位，而一个高科技行业岗位会带来 5 个服务业岗位，其中有 2 个高端的，例如，律师、医生，有 3 个分布在消费型服务业。也就是说，产业越升级，对低技能劳动力的需求也随之提高。因此，未来需要形成政府、市场、社会"三位一体"的调控格局，通过社会组织、行业协会等社会力量规范服务业的行业门槛和从业标准，确保产业升级与人口疏解的平衡。

五　事后：打造人口安全预警平台，防范"后人口调控时代"三期叠加风险

人口疏解可能加速北京人口超少子化、劳动力供给紧张化和深度老龄化的"三期叠加"。2000—2014 年，北京市 0—14 岁人口比例由 13.6% 降至 9.9%，超少子化加重，且表现出不可逆的态势。根据国际经验，总和生育率低于 1.5 的警戒线后便难以回升，因此，虽已普遍放开二孩，但早在 20 世纪 90 年代总和生育率就已经低于 1 的北京，很难改变超少子化现状。此外，2014 年北京市常住人口中劳动力人口和老龄人口的比值是 7.7，从日、美、韩的经验看，当该比值低于 7.5 时，经济将从 8% 以上的高速增长逐渐转为 4% 左右的中速增长。因此，北京人口疏解不能"摸黑作战"，需依靠人口信息的数据支撑，探索就业人口与非就业人口的"人口生态链"数量关系，打造人口安全预警平台，做到防患于未然。

报告 4　北京人口调控的几点建议*

党的十八届三中全会指出，要合理调控各类城市人口规模，严控特大城市人口规模。本研究发现，要缓解北京人口压力的"堰塞湖"，必须以京津冀协同发展为视野，"跳出北京看北京"，"跳出人口看人口"，应以功能外迁为抓手，以市场化机制为杠杆，以居住证为载体，以绩效考核为导向，以特别管理措施为保障，探索北京人口调控的统筹之道。

一　以功能和产业外迁为抓手，引导人口外迁

重塑首都圈国际高端产业链，推动部分传统服务业人口分流。"商业、服务业"和"生产、运输设备操作业"聚集了北京流动人口第一大就业群体，约327万人，占流动人口从业总数的73%。未来可在首都圈内，将北京打造成国际科技创新中心，加快高耗能、高污染和聚人多产业的退出，推进研发、科技人才聚集；将天津打造成国际物流中心，以促进北京生产运输业流动人口的分流；将河北打造成现代化高端制造业和服务业中心，以吸引北京劳动密集型产业人口的转移。

打造"环首都异地养老生活圈"，为老年人口提供更多的养老选择。可尝试在环北京的河北生态涵养区建设多个异地养老社区，由北京对其进行援建，以养老地产为依托，打造医疗、商业、养老以及康复服务的综合体，满足老年人追求优美环境、优质医疗的需求。

构建"环首都休闲度假及会展综合体"，引导河北籍流动人口回流。京内河北籍常住流动人口约156万人，占常住流动人口总量的22%，是北京人口流入的第一大省份。打造环首都产业带，创造新的就业机会，可

---

* 作者：尹德挺。

促进此类人群回流。例如，北京户籍人口京内旅游量占北京旅游总量的39%，因此，可进一步做强京外周边旅游和会展经济，打造首都圈新干线，带动京籍旅游人口向外输出，成就河北休闲度假和会展产业链，以促进河北籍流动人口的回流。

加快医疗资源的区域转移，推进部分就医人口和护工的疏解。北京专科医院60%的医疗资源服务于外省就医人员，未来可根据发展需要，在京外适当建立专科医院分院，缓解就医人口和护工的京内聚集；对于综合医院，应加快北京中心城区优质医疗机构对郊区县的医院托管，缓解北京中心城区的人口压力和交通压力。

培育"环首都大学城"，避免就学人口京内过度聚集。部分民办大学、成人教育机构、名校分部可考虑外迁至河北，以带动高端人才的区域流动以及就学人口的京外聚集。

探索建立"飞地"型产业园区共建机制，促进部分新增人口和创业人口外迁。提升京外周边土地资源的开发效率，探索把一些可以实现异地管理的企业调至京外，如软件制造等，给予部分企业以北京的相应待遇，鼓励其在河北投资。对愿意搬迁的企业，给予鼓励和资金补助，并发给职工雇佣奖励金、职业训练补助费等作为奖励。

二 以市场化机制为杠杆，减少特大城市对流动人口的过度需求

尝试培育社区经济，规范流动人口的就业环境。推动居委会事权和财权的统一，试点培育以居委会主导的社区经济，建立不符合进入标准的社区商业服务人员及企业的退出机制，压缩低端流动人口的就业空间。

提升政府补贴效率，还原正常的通勤成本。因政府补贴，北京通勤成本位居全球大都市第二低。2012年全球调查显示，北京每趟公交车票价约0.26美元，居民工作3分钟38秒就能支付一趟公交车票，而英国伦敦每趟公交车票价约4.07美元，工作11分钟49秒才能支付一趟公交车票，是北京票价的近16倍。可考虑将北京公共交通财政补贴由"明补"改为"暗补"，即由"直接补贴票价"改为"投向公交系统便捷性的基础设施改造"上，更有利于人口向外疏导。

破解"瓦片经济"利益链，还原正常的居住成本。因城乡接合部改

造滞后，村集体、本地人、流动人口三者利益共生，造成北京居住成本偏低，人口调控阻力加大。因此，要加快城乡接合部升级改造，全面升级"瓦片经济"；创新出租房屋契约化管理，建立出租房主纳税申报的诚信系统及出租房主监管不力的惩罚机制；运用法律法规，规定最低人均居住面积，并明确违规处罚办法。

三　以居住证为载体，突出证件管理在人口管理的调控功能

建立"双核心、全覆盖"的人口信息决策平台。率先尝试建立"人口生命事件信息系统"和"人口生活事件信息系统"，其中，前者记载出生、死亡及家庭成员等生命事件信息，与户口相关，体现人口登记的职能，福利逐步与户口脱钩；后者记载居住、纳税、子女义务教育、医疗保险、驾照、贷款、流动等多项个人生活信息，与居住证相连，公共福利供给与之逐步挂钩，在福利的引导下，变"政府被动采集人口信息"为"流动人口主动登记"，提高人口信息的动态性和准确性，服务于政府决策。

明确居住证的前置性和管理性职能，体现流动人口责权利的统一。在前置性上，居住证应以各种形式的住房证明为领证条件；在管理性上，要加强居住证与人口管理的关联性。如，流动人口就业必须持有此证，以记录其收入和纳税等信息，并提升流动人口的就业门槛；子女就学时，借鉴美国经验，租户子女义务教育应以居住证承载的纳税、居住期限为依据，未达固定期限者，要以缴纳一定费用为代价，以提升流动人口就学时权利与义务的对等；出租屋管理时，以居住证承载的居住、纳税、出租房屋等信息为依据，对出租人和承租人进行双向约束，规范流动人口的居住空间；在居住地点与居住证所载地点不一致时，应对个人的医疗保险、子女教育及车辆驾驶等带来负面影响。此外，设立居住证签注制度，未按规定办理签注的居住证使用功能自动终止。

四　以绩效考核为导向，提升地方政府人口转移动力

尝试出台"人口限批制度"。探索重大规划、重大政策、重大项目的

人口评估细则，人口评估可作为地方重大项目的参考指标，强调人口违规项目的行政决策责任，建立追责机制，提升人口评估的约束性。如，在人口过密区内开发 100 万平方米以上的宅地、30 万平方米以上的工业或观光设施用地，在计划立项阶段必须接受严格审批。

建立流动人口和出租房屋有序管理责任制。北京各级政府逐级签订责任书，建立流动人口总量有序管理督察考核机制。对于人口严重倒挂的街乡镇，建立重点监测机制。

五　以特别管理措施为保障，促进
京津冀人口格局的优化

建立人口调控的特别机制。重点建立京津冀统一协调的人口服务管理机制、与事权相匹配的财政保障机制、人口与"城业"的联动机制、城际间人口分流帮扶机制、转移人口配套服务机制等，对突破京津冀协同发展的瓶颈作出特别的制度安排。

建立人口调控的特殊政策。建立促进人口分流的奖励政策、人口分流实验区试点的创新性政策、紧缺人才和特殊人才的调配政策等，为加快京津冀协同发展而实施支持力度更大的政策保障。

总之，北京人口调控要减少"运动式"人口疏解，减少短视行为，减少表面化措施，应紧密围绕人口流动的经济利益、发展机会及服务需求三大驱动因素，开展人口调控工作。

报告5 北京人口疏解需要把握空间分布八大特征[*]

人口疏解不仅仅是人口规模的调控,更需要在优化人口空间分布中寻求突破。本研究在对最新的人口普查、经济普查和统计年鉴等多源数据进行综合分析后发现,要提升北京人口疏解的有效性和科学性,需要准确把握北京人口空间分布的八大关键特征。现将主要观点呈报如下:

一 京津冀区域经济重心与人口重心均加速向北京聚集

运用"区域重心法"对2000—2014年数据分析后发现:第一,京津冀经济重心经历了向北、向东"锯齿状"转移过程,即由"霸州"向"廊坊"方向移动,持续向北京逼近;第二,京津冀人口重心正经历"快速向北、持续向东"的转移过程,即由"任丘"向"霸州"方向移动,持续向北京聚集;第三,人口重心与经济重心高度相关,但人口重心滞后于经济重心的转移,经济重心对人口重心的移动具有显著的引领作用。因此,尽早提高北京周边区域的经济发展水平,推动北京部分产业外迁,对于引导北京人口向外疏解意义重大。

二 更多常住人口向更少的街道集中,人口高密度组团向五环蔓延

北京人口空间分布的不均衡性加剧,中心城人口分布问题格外突出。

---

[*] 作者:尹德挺。

用于测量人口分布分离程度的空间 Gini 系数显示，该系数合理区间为
0.3—0.4 之间，而北京该系数已由 1990 年的 0.31 攀升至 2010 年的
0.47，特别是中心城自 20 世纪 90 年代开始就已超出合理范围。

北京人口空间分布的集中度加剧，更多的人口集中于更少的街道乡
镇，而且常住人口高密度聚集已经由城市核心区扩散至距离城市中心 20
公里处（约五环左右），包括：海淀的西北旺、西三旗、东升、清河；昌
平的回龙观；朝阳的来广营；石景山的八角；大兴的黄村、西红门、旧
宫、和义以及通州的台湖、玉桥等乡镇街道。

三　户籍人口加速流向中心城，中心城承接
六成以上的人户分离人口

从各功能区的本市人户分离人口占全市本地人户分离人口的比例来
看，2000—2010 年期间，首都核心功能区和城市功能拓展区本市人户分
离人口占比迅速上升。核心区此比例由 5.17% 增至 11.45%，拓展区由
36.77% 上升到 52.61%，中心城合计由 41.94% 上升到 64.06%。可见，
北京市户籍人户分离人口存在一定程度的"向心化"趋势。

四　流动人口空间"强聚集"圈层持续
扩大至城市发展新区

根据最新的人口普查数据，流动人口局部空间相关分析结果显示：
(1)强聚集圈层向外扩散："高—高"类型区域（即高密度人口组团）开
始向城市发展新区转移，西北扩散至沙河、西北旺等区域，东南扩散至亦
庄、台湖和青云店等区域，西南方向扩散至黄村地区，东北方向扩散至东
小口、北七家和高丽营等区域；(2)弱聚集圈层缩小：显著的"低—低"
类型区域（即低密度人口组团）主要集中在生态涵养区。值得注意的是，
房山区作为城市发展新区之一，其大部分地区也呈现出人口聚集不足的特
征，未能充分有效承接人口疏解的功能。

五　中心城非经济活动人口聚集程度严重，核心区近半数人口不工作

北京市有 62.5% 的非经济活动人口集中在中心城。从功能区来看，首都功能核心区非经济活动人口占区内人口的比例达到 47.58%，远高于其他功能区；从区县来看，东城区非经济/经济人口比高达 116，在全市 16 个区县中最高。

值得特别关注的是，60 岁以上老年人口大多集中于中心城区，80 岁以上的高龄老人则进一步向首都功能核心区聚集。这种人口分布特征与全市优质医疗资源"中心化"的分布状况密切相关。

六　中心城单位数量激增加剧人口吸引力

第二次经济普查和第三次经济普查数据显示：北京中心城法人单位数量由 2008 年的 21.03 万个猛增至 2013 年的 43.25 万个，增长了 1 倍多。更值得注意的是，中心城的机关法人单位数、事业法人单位数、社会团体数、民办非企业法人单位数也都有了明显增长，其中，社会团体单位数量 2008—2013 年的增幅达到了 149%。可见，降低中心城区就业单位数量，提升非中心城区单位注册的政策吸引力，是破解中心城区人口"虹吸效应"的重要手段。

七　职住分离明显，北部和西南方向城市发展新区形成居住组团格局

从 2002—2012 年的住宅分布变化来看，北京人口居住状况向北部、西南部的城市发展新区聚集，而且呈现出成片聚集、不断扩大的发展态势，但就业地点依然聚集中心城区，通勤压力增大。我们使用 Bivariate Moran'I 指数测量常住人口与经济活动人口分布之间的关系，结果显示，Bivariate Moran'I 系数为 0.39，表明经济活动人口与常住人口存在相关关系，但在空间上又并不完全重合，即存在明显的空间分离性，这为北京市经济活动人口存在较为严重的"职住分离"提供了数据支持。

八　30—50公里圈层人口分布比例明显偏低

北京、东京和多伦多分别是京津冀经济圈、东京都市圈和多伦多大都市区的中心，而北京与东京圈的区域面积、北京与多伦多的城市规划垂直管理模式具有相似性，本研究对三都市50公里圈层以内的人口分布演变规律进行比较后发现，在北京，距离天安门30（约六环外围）—50公里圈层的人口比例明显偏低，仅占总人口的12.9%，而东京都市圈和多伦多大都市区30—50公里圈层人口比例高达37.4%和29.1%。可见，加快北京30公里圈层以外卫星城的建设，提升中心城至卫星城的交通便捷性是疏解北京人口的重要途径。

此外，北京0—10公里圈层（约四环以内）人口占比显著高于东京和多伦多，北京为31.3%，东京仅为11.1%，多伦多仅为15.4%。因此，加快推进四环以内非首都功能的疏解是助推中心城区人口下降的重要途径。

总之，"十三五"期间北京应寄"人口疏解"于"人口分布优化"之中，以"分布"促"疏解"，以"疏解"优"分布"，并力图在以下两方面取得明显进展：

第一，在京津冀层面，大力推进以首都为核心的城市群建设，修复城际间产业链的断裂，通过成立京津冀协作委员会等方式消除区域规划的内部冲突，执行统一的基本建设规划和产业规划，以避免区域经济重心和人口重心向北京过度聚集。

第二，在北京层面，强调疏解非首都功能，严控中心城的就业单位数和常住人口数；明确30公里圈层（约六环外围）的人口分界线，在六环外围增设生态缓冲区，以控制此圈层以内的城市开发强度；加快北京30公里圈层以外卫星城的建设，提升中心城至卫星城向外疏解的交通便捷性，以优化人口的空间分布。

报告 6　北京市当前教育资源配置的几个特征*

根据发达国家大城市发展经验，教育资源是城市人口增长四大影响因素之一，而摸清现有教育资源布局和特征是提高教育资源配置效率和实现与首都人口疏解良性互动的前提。本研究对 21 世纪以来北京市各级各类教育事业统计资料进行了横纵向分析，梳理出北京市教育资源配置状况的以下特征：

一　在校生规模："两头大、中间小"，中等教育就学人数少

"两头大"是指幼儿园、小学这些低龄组和高等教育阶段高龄组就学人数较多，且增长明显。2003—2015 年，幼儿园就学人数由 22.7 万人激增至 39.4 万人，占全市各阶段在校生总数的比例由 7.5% 升至 10.6%；小学就学人数由 69.1 万人增至 85.0 万人，占比由 19.8% 上升到 22.8%；高等教育阶段就学人数由 117.9 万人激增至 189.5 万人，占比由 39.0% 上升到 50.8%，增加了 11.8 个百分点，上升幅度最大。

"中间小"是指全市初中、普通高中、中等职业教育阶段就学人数较少，且下降明显。2003—2015 年，初中就学人数由 45.3 万人减至 28.3 万人，占比由 15.0% 锐减到 7.6%；普通高中就学人数由 25.1 万人减少至 16.9 万人，占比由 8.3% 锐减到 4.5%；中等职业教育就学人数由 21.7 万人减少至 13.4 万人，占比由 7.2% 锐减到 3.6%。然而，"十三五"期间，这几类教育阶段的就学规模在一定程度上会受到低龄组补给人口增加的影

＊　作者：胡玉萍、尹德挺。

响，存在止跌回升的可能。因此，教育部门应顺应人口发展的惯性，把握各类教育阶段的人口数量拐点，更为合理地做好教育规划。

二 非京籍学生：基础教育阶段骤增，目前小学约占2/5，初中占1/3

2001—2013 年峰值时，学前阶段非京籍就学人口的比例由 8.3% 上升至 27.2%，接近三成；小学阶段非京籍就学人口由 11.3% 增至 46.8%，年均增幅高达 3 个百分点，接近一半；初中阶段非京籍就学人口由 3.4% 猛增至 33.3%，年均增幅达 2.5 个百分点，约为三成；而普通高中阶段非京籍就学人口比重虽仅占一成多，但上升明显，由 2.0% 增至 11.4%。2014 年以来，北京市中等教育以下阶段非京籍就学人口除初中占比变化不大外，都有不同程度下降，2015 年学前教育阶段、小学、高中非京籍在校生占比分别下降至 26.6%、41.6%、8.8%，表明近两年北京市人口疏解、严格非京籍基础就学政策的效果明显。但是非京籍学生的快速增长要求我们在基本公共服务均等化与非首都功能疏解、人口疏解之间寻求一个平衡点，实现服务与管理的协调。

三 学校数量："高校和高中增长、其他皆降"

在各级各类学校中，仅普通高等学校和普通高中数量保持相对稳定的增长，而其他皆降。2001—2015 年，全市普通高校数量由 61 所增至 90 所，增加了 29 所。其中，中央部委属高校数量变化无几，增加较多的主要是市属、市管高校，由 30 所增至 53 所，增加了 76.7%。与此同时，高校学生规模扩招的速度更快，全市高校的校均生数由 1.3 万人/所激增至 2.4 万人/所，增长了近 1 倍。因此，在疏解非首都功能的视野下，市属高校发展方向的调整和优化亟待关注。普通高中学校数量先降后升，2001 年为 289 所，至 2013 年期间持续下降，2014 年又快速反弹至 306 所。受户籍适龄人口下降和中小学结构调整的影响，学前、初等和中等职业教育学校数皆降，但随着非京籍就学人口的快速增加，校均在校生规模皆增。一方面应着力加强居住区配套幼儿园、中小学的统筹管理；另一方面要发挥教育资源引导人口流动的作用。

四　就学空间布局：基础教育倒"U"形特征强化，城市功能拓展区压力加大

从空间分布来看，基础教育就学人口随着由中心城向外扩展呈现倒"U"形分布特征，即21世纪以来城市功能拓展区就学人口的占比始终最高且仍在进一步集中。2015年城市功能拓展区集中了近一半（46.6%）的在园幼儿，但园数仅占全市的37.9%，其中，朝阳区在园幼儿占比最高，占全市的17.0%；聚集了全市44.8%的小学生，但小学的学校数量仅占全市的29.1%。海淀、朝阳两区容纳了超过三成的义务教育在校生。城市功能拓展区和城市发展新区集中了超六成的高中在校生，特别是海淀区占全市的比例最高，达到23.9%，明显高于其他区县。

分户籍来看，京籍在校生呈现"向心化"趋势，继续向城市功能拓展区和首都功能核心区集中，以海淀、朝阳、东城和西城等区最多；非京籍在校生呈现"离心化"趋势，继续向城市功能拓展区和城市发展新区集中，海淀、朝阳、丰台、昌平、通州、大兴等区较多。因此，北京市教育规划中的结构优化和空间布局应与《北京市城乡接合部建设三年行动计划（2015—2017年）》衔接起来，以提升空间配置的前瞻性和有效性。

五　高等教育结构：全日制培养对象降至不足四成

从统计数据来看，北京市普通高校学生的构成已经发生了明显变化，2001—2015年，主要培养对象的全日制的研究生和普通本专科学生占高校学生数的比例由50.0%降至35.1%，每年下降约1个百分点。相反，网络本专科学生由4.6万人增至64.4万人，后者是前者的14倍；进修培训学生数由6.5万人激增到37.6万人，后者是前者的5.8倍；成人本专科学生的规模也基本稳定在每年20万人左右。可见，北京市高等教育功能调整还有很大空间，应以疏解首都非核心功能，促进京津冀协同发展为契机，重新思考和研究首都高等教育功能的准确定位和合理调整，确定京津冀高等教育协同发展的思路。

报告 7　构建"四位一体"的人口调控模式[*]

首都人口疏解是一个复杂的系统工程，需要在京津冀一体化的视野下，实现人口疏解与生产、生活、生态、生机之间"四位一体"的统筹协调。

一　人口疏解与"生产"的统筹

以功能疏解和规划布局为先导，推动北京人口的分流。在功能疏解上，应依据国家主体功能区划对京津冀优化开发区的定位，可考虑将高污染、高耗能、高水耗产业、制造业生产环节、大型批发市场、教育机构、医疗园区、部分行政事业、公路运输等非首都核心功能向京外疏解，以引导人口流出；在产业定位上，可在首都圈内打造具有国际竞争力的高端产业链，利用市场机制，以"产业链"带动"人口链"的转移。如，北京可强化文化和国际科技创新中心等功能，精准甄别首都功能定位所需的各类人才；依托港口优势及政策优势等，天津可打造国际航运中心等，以促进北京生产运输业流动人口的分流；依托土地资源和人力资源优势，河北可培育现代化高端制造业和服务业中心等，以吸引北京劳动密集型产业人口的转移等。

二　人口疏解与"生活"的统筹

以服务和管理为双轮驱动，修复财税环节、公共服务环节、人口信息

* 作者：尹德挺。

整合环节的断裂，以引导人口有序流动。在服务上，建立与城市功能定位、人口疏解相挂钩的政府投资和公共资源分配机制，特别是探索建立财力与事权相统一的基层财税制度，将北京教育、养老、医疗、公交、文娱等优质服务资源向周边地区转移，以更好地分流北京人口；在管理上，强调居住证在人口服务和人口疏解中的重要功能。以居住证为载体，以福利梯度供给为引导，京津冀地区可尝试建立"人口生命事件信息"和"人口生活事件信息"双核心人口信息决策平台，服务于政府规划与决策。进一步明确居住证的前置性和管理性职能，在就业、就学、居住、医保、车辆驾驶等环节与居住证挂钩，体现流动人口责权利的统一。

三　人口疏解与"生态"的统筹

京津冀创新发展需要以可持续发展为前提，并着力修复绩效考核环节的断裂。一方面，政府应建立京津冀不同节点城市"人口聚集"、"经济聚集"及"生态文明"三者的协同性考核，发挥绩效考核的指挥棒功能；另一方面，在设立人口疏解目标时，应注意分解人口规模与人口行为对生态环境的独立影响，以明确与城市功能定位相适应的人口疏解目标。

四　人口疏解与"生机"的统筹

这是保证人口系统活力的重要组成部分。一方面，人口疏解不能伤害首都自身的城市活力，忽视对部分行业劳动力的刚性需求。"六普"数据显示，流动人口已成为北京黄金年龄段的就业主体，如在北京 16—19 岁、20—24 岁、25—29 岁的常住就业人口中，流动人口分别约占 92%、70%、54%，部分行业对流动人口的刚需增强。此外，目前的流动人口红利还掩盖了未来北京的养老危机。北京 0—14 岁常住少儿人口所占比例已由 1953 年的 30.1% 急降至 2013 年的 9.5%，2013 年 65 岁以上老年户籍人口比例达到 14.9%，常住人口家庭户均规模由 1982 年的 3.8 人/户骤降至 2010 年的 2.5 人/户，养老问题逐渐由隐性转为显性，并对流动人口产生严重依赖。更为雪上加霜的是，如果劳动生产率不提高，北京劳动力供给拐点则可能出现在 2020 年前后。这是因为支撑北京流动人口供给的五个大省——河北、河南、山东、安徽、黑龙江五省 15—64 岁劳动适龄人口会在 2020 年以后呈现减少态势,合计将缩小约 400 万人左右,届时可能会对北京劳动力资源的补给产生一定影响。因此,北京必须明确人口疏解"适度规模"和"适宜结构"的"双适"目标,确保城市的生机活力;另一方面,首都人口疏解应有助于激发京津冀圈层内不同节点城市的活力,培育生机焕发的京津冀城市群。北京需要处理好"舍"与"得"的关系,给京津冀地区其他城市留下更多的发展空间,必须通过城市功能的转移、产业链条的整合、交通规划的串联以及科技文化的引领,带动首都人口的输出,促进周边城市的人口回流。

总之,首都人口疏解应紧紧围绕"经济利益""服务需求"及"发展机会"三大人口流动的驱动因素,开展"四位一体"的人口疏解工作,其中,生产是主线,生活是辅线,生态是外围,生机是内核,而建立区域之间、部门之间特别的协调机构和特殊机制,则是实现首都人口分流的重要保障。

参考文献

英文文献

1. Champion A. Population distribution in developed countries: has counter-urbanization stopped? Population Distribution & Migration, 1998 (3).

2. Charles M. Tiebout. A. Pure Theory of Local Expenditures. The Journal of Political Economy, 1956, 64 (5).

3. Geddes P. S. Cities in Evolution. Routledge/Thoemmes Press, 1998.

4. Geddes P. Cities in Evolution: An Introduction to the Town-planning Movement and the Study of Cities. London.

5. Gottmann, Jean. Megalopolis: The Urbanized Northeastern Seaboard of the United States. New York: The Twentieth Century Fund, 1961.

6. Gordon P., Richardson H. W., Wong H. L. The distribution of population and employment in a polycentric city: the case of Los Angeles. Environment and Planning A., 1986 (2).

7. Kim, Sukkoo, and R. A. Margo. "Chapter 66 Historical perspectives on U. S. economic geography." Handbook of Regional & Urban Economics 4. 04 (2004).

8. Lutz, W., V. Skirbekk, and M. R. Testa. The Low Fertility Trap Hypothesis: Forces That May Lead to Further Postponement and Fewer Births in Europe. Vienna Yearbook of Population Research, 2006.

9. M. P. T., Klaasen L. H., Molle W. T., et al. Dynamics of Urban Development. Population & Development Review, 1983, 9 (1).

10. Marshall J. U. City Size, Economic Diversity, and Functional Type: The Canadian Case. Economic Geography, 1975, 51 (1).

11. Ontario. Regional Development Branch, Design for Development: The To-

ronto Centred Region，Toronto：Queen's Printer and Publisher，1970.

12. Perroux F. ECONOMIC SPACE：Theory and Applications. Quarterly Journal of Economics，1950，64（1）.

13. Salvati L.，Carlucci M. Urban Growth and Land-Use Structure in Two Mediterranean Regions. SAGE Open，2014（4）.

14. Zhang J. Urbanization，population transition，and growth. Oxford Economic Papers，2002，54（1）.

中文文献

1. 常进雄、楼铭铭：《关于我国工业部门就业潜力问题的研究——基于产业结构偏离度的分析》，《上海财经大学学报》2004 年第 3 期。

2. 陈光庭：《北京城市化发展趋势及郊区应采取的对策》，《城市问题》1996 年第 6 期。

3. 陈俊峰、张鸿雁：《郊区化的内涵及其二重性研究》，《社会》2003 年第 5 期。

4. 储金龙、王志强：《合肥城市人口空间分布变化特征研究》，《城市发展研究》2006 年第 4 期。

5. 邓丽君、张平宇、李平：《中国十大城市群人口与经济发展平衡性分析》，《中国科学院大学学报》2010 年 27（02）。

6. 段成荣：《从无序到有序：北京市人口规模调控的思考》，《人口研究》2011 年第 1 期。

7. 段成荣等：《我国流动人口的最新状况》，《西北人口》2013 年第 6 期。

8. 范晓莉、黄凌翔：《京津冀城市群城市规模分布特征》，《干旱区资源与环境》2015 年 29（09）。

9. 方大春、杨义武：《城市公共品供给对城乡人口迁移的影响——基于动态面板模型的实证分析》，《财经科学》2013 年第 8 期。

10. 冯晓英：《城市人口规模调控政策的回顾与反思——以北京市为例》，《人口研究》2005 年第 5 期。

11. 付文林：《人口流动、增量预算与地方公共品的拥挤效应》，《中国经济问题》2012 年第 1 期。

12. 辜胜阻等：《中国特色城镇化道路研究》，《中国人口、资源与环境》2009 年第 1 期。

13. 顾朝林：《城市群研究进展与展望》，《地理研究》2011 年第 5 期。

14. 侯东民：《北京人口规模调控应从源头做起》，《北京观察》2007 年第 1 期。

15. 侯亚非、马小红：《北京城市独生子女生育意愿研究》，《北京社会科学》2008 年第 1 期。

16. 韩颖、马萍、冯艳：《辽宁省劳动力供给与需求预测研究》，《东北大学学报》（社会科学版）2009 年第 3 期。

17. 黄荣清：《是"郊区化"还是"城市化"？——关于北京城市发展阶段的讨论》，《人口研究》2008 年第 1 期。

18. 黄荣清等：《北京人口规模控制》，《人口与经济》2011 年第 3 期。

19. 金福子、崔松虎：《产业结构偏离度对经济增长的影响——以河北省为例》，《生产力研究》2010 年第 7 期。

20. 李仲生、马寿海：《国际大都市与宜居城市研究》，中国人口出版社 2008 年版。

21. 梁琦、陈强远、王如玉：《户籍改革劳动力流动与城市层级体系优化》，《中国社会科学》2013 年第 12 期。

22. 刘洁、王宇成、苏杨：《中国人口分布合理性研究——基于发展方式角度》，《人口研究》2011 年第 1 期。

23. 陆杰华等：《特大城市人口规模调控的理论与实践探讨——以北京为例》，《上海行政学院学报》2014 年第 1 期。

24. 陆铭：《中国大城市的生与死》，《视野》2015 第 6 期。

25. 陆铭：《大城市人口规模配置：市场先于控制》，《社会科学报》2014 年 3 月 20 日。

26. 马小红：《北京市未来 50 年户籍人口变动趋势预测》，《北京社会科学》2003 年第 4 期。

27. 马忠东、吕智浩、叶孔嘉：《劳动参与率与劳动力增长：1982—2050 年》，《中国人口科学》2010 年第 1 期。

28. 毛新雅、王红霞：《城市群区域人口城市化的空间路径——基于长三角和京津冀 ROXY 指数方法的分析》，《人口与经济》2014 年第 4 期。

29. 南亮进、薛进军：《1949—1999 年中国人口和劳动力推算》，《中国人口科学》2002 年第 3 期。

30. 齐明珠：《我国 2010—2050 年劳动力供给和需求预测》，《人口研究》

2010 年第 5 期。

31. 清华大学社会学系课题组：《北京市人口预测研究》，《北京规划建设》2012 年第 4 期。

32. 仇保兴：《我国城镇化高速发展期面临的若干挑战》，《城市发展研究》2003 年第 6 期。

33. 冉淑青、刘晓惠、冯煜雯：《大城市发展过程中经济、人口、空间相互作用力空间分异研究——以陕西西安为例》，《改革与战略》2015 年第 2 期。

34. 盛亦男、童玉芬：《北京市外来人口调控政策效应的定量分析》，《中国人口科学》2015 年第 6 期。

35. 宋尚玲、张晓青：《20 世纪 90 年代以来京津冀城市群规模结构的时空演变分析》，《鲁东大学学报》（自然科学版）2015 年第 2 期。

36. 孙贵艳、王传胜、肖磊等：《长江三角洲城市群城镇体系演化时空特征》，《长江流域资源与环境》2011 年第 6 期。

37. 孙平军、丁四保：《人口—经济—空间视角的东北城市化空间分异研究》，《经济地理》2011 年第 7 期。

38. 田雪原：《警惕人口城市化中的"拉美陷阱"》，《宏观经济研究》2006 年第 2 期。

39. 王桂新等：《北京人口规模控制》，《人口与经济》2011 年第 3 期。

40. 汪光焘：《1990 年代北京郊区化的最新发展趋势及其对策》，《城市规划》2004 年第 3 期。

41. 王静文、毛其智：《北京城市近 10 年人口分布演变态势分析》，《北京规划建设》2010 年第 1 期。

42. 王小鲁：《中国城市化路径与城市规模的经济学分析》，《经济研究》2010 年第 10 期。

43. 王雯菲、张文新：《改革开放以来北京市人口分布及其演变》，《人口研究》2001 年第 1 期。

44. 魏后凯：《中国城市行政等级与规模增长》，《城市与环境研究》2014 年第 1 期。

45. 吴群刚：《北京市人口规模现状与调控》，《城市问题》2009 年第 4 期。

46. 许庆明、胡晨光、刘道学：《城市群人口集聚梯度与产业结构优化升

级——中国长三角地区与日本、韩国的比较》，《中国人口科学》2015
年第1期。

47. 徐日彪：《近代香港人口试析（1841—1941）》，《近代史研究》1993
年第3期。

48. 姚兵：《关于首都人口规模调控的思考》，《前线》2015年第5期。

49. 叶裕民等：《京津冀都市圈人口流动与跨区域统筹城乡发展》，《中国
人口科学》2008年第2期。

50. 尹德挺、史毅、卢镱逢：《经济发展、城市化与人口空间分布——基
于北京、东京和多伦多的比较分析》，《北京行政学院学报》2015年第
6期。

51. 尹德挺：《人口有序管理的国际经验与中国实践——基于流动人口服
务管理的视角》，《人口与经济》2012年第2期。

52. Yiu Por Chen：《财政分权下的地方经济发展、地方公共品拥挤效应和劳
动力流动——以1982—1987年为例》，《世界经济文汇》2009年第4期。

53. 张车伟等：《中国特大城市的人口调控研究——以上海市为例》，《中
国人口科学》2016年第2期。

54. 张车伟、蔡翼飞：《中国城镇化格局变动与人口合理分布》，《中国人
口科学》2012年第6期。

55. 赵领娣、张磊：《财政分权、人口集聚与民生类公共品供给》，《中国
人口·资源与环境》2013年第12期。

56. 赵新平、周一星：《改革以来中国城市化道路及城市化理论研究述
评》，《中国社会科学》2002年第2期。

57. 赵千钧、张国钦、崔胜辉：《对中小城市在城市化过程中的主体地位
及城市效率研究的思考》，《中国科学院院刊》2009年第4期。

58. 周毅：《城市化理论的发展与演变》，《城市问题》2009年第11期。

59. 周一星：《北京的郊区化及引发的思考》，《地理科学》1996年第3期。

60. 周一星、于海波：《中国城市人口规模结构的重构（二）》，《城市规
划》2004年第8期。

61. 朱顺娟、郑伯红：《从基尼系数看中国城市规模分布的区域差异》，
《统计与决策》2014年第6期。

62. 庄亚儿、姜玉、王志理等：《当前我国城乡居民的生育意愿》，《人口
研究》2000年第5期。

后　记

　　本书是北京市社会科学基金项目重大课题"北京人口规模调控决策研究"的核心成果。按照北京市社科规划办的要求，本课题研究需要体现"决策咨询"的价值。因此，在课题研究的过程中，我们在学术研究的方向上强调应用性和针对性，而在本书成文过程中，我们同样坚持问题导向、学理思维、数据支撑以及观点鲜明的基本原则，以期更好地为相关部门提供决策参考。

　　本课题自2014年7月启动，至2015年12月结题，研究时间历时一年半。此后，再历时一年多的时间，将课题稿修订、润色至此书稿。值得一提的是，最终的书稿还以附录的形式将多篇决策咨询报告集合在一起附在了全书的最后，每篇决策咨询报告字数控制在1500—2000字左右。这些咨询报告相对精练地提炼了全书的部分研究成果，是全书学术产出的重要体现。

　　对于全书书稿的形成，各课题组成员付出了巨大的努力，同时也得到了各方的帮助和支持。北京市委党校（北京行政学院）对此书给予了出版资助。在此一并表示感谢！

　　由于受到主客观因素的限制，书稿尚存提升的空间，仍有未尽之研究，但出于时效性等方面的考虑，我们只能就此搁笔，待日后有更深思考时再续新篇。

尹德挺

2016年12月于北京